U0453033

中国社会科学院学部委员专题文集
ZHONGGUOSHEHUIKEXUEYUAN XUEBUWEIYUAN ZHUANTI WENJI

亲历与求索

张海涛 ◎ 著

中国社会科学出版社

图书在版编目(CIP)数据

亲历与求索 / 张海涛著. —北京：中国社会科学出版社，2014.12

（中国社会科学院学部委员专题文集）

ISBN 978－7－5161－5082－5

Ⅰ.①亲… Ⅱ.①张… Ⅲ.①世界史—文集 Ⅳ.①K107－53

中国版本图书馆 CIP 数据核字（2014）第 262009 号

出 版 人	赵剑英
责任编辑	刘志兵
责任校对	韩海超
责任印制	戴 宽

出　　版	中国社会科学出版社
社　　址	北京鼓楼西大街甲 158 号（邮编 100720）
网　　址	http://www.csspw.cn
	中文域名：中国社科网　010－64070619
发 行 部	010－84083685
门 市 部	010－84029450
经　　销	新华书店及其他书店
印刷装订	北京七彩京通数码快印有限公司
版　　次	2014 年 12 月第 1 版
印　　次	2014 年 12 月第 1 次印刷
开　　本	710×1000　1/16
印　　张	31.25
插　　页	2
字　　数	499 千字
定　　价	96.00 元

凡购买中国社会科学出版社图书，如有质量问题请与本社联系调换
电话：010－64009791

版权所有　侵权必究

《中国社会科学院学部委员专题文集》
编辑委员会

主任　王伟光

委员　（按姓氏笔画排序）

　　　　王伟光　刘庆柱　江蓝生　李　扬
　　　　李培林　张蕴岭　陈佳贵　卓新平
　　　　郝时远　赵剑英　晋保平　程恩富
　　　　蔡　昉

统筹　郝时远

助理　曹宏举　薛增朝

编务　田　文　黄　英

前　言

哲学社会科学是人们认识世界、改造世界的重要工具，是推动历史发展和社会进步的重要力量。哲学社会科学的研究能力和成果是综合国力的重要组成部分。在全面建设小康社会、开创中国特色社会主义事业新局面、实现中华民族伟大复兴的历史进程中，哲学社会科学具有不可替代的作用。繁荣发展哲学社会科学事关党和国家事业发展的全局，对建设和形成有中国特色、中国风格、中国气派的哲学社会科学事业，具有重大的现实意义和深远的历史意义。

中国社会科学院在贯彻落实党中央《关于进一步繁荣发展哲学社会科学的意见》的进程中，根据党中央关于把中国社会科学院建设成为马克思主义的坚强阵地、中国哲学社会科学最高殿堂、党中央和国务院重要的思想库和智囊团的职能定位，努力推进学术研究制度、科研管理体制的改革和创新，2006年建立的中国社会科学院学部即是践行"三个定位"、改革创新的产物。

中国社会科学院学部是一项学术制度，是在中国社会科学院党组领导下依据《中国社会科学院学部章程》运行的高端学术组织，常设领导机构为学部主席团，设立文哲、历史、经济、国际研究、社会政法、马克思主义研究学部。学部委员是中国社会科学院的最高学术称号，为终生荣誉。2010年中国社会科学院学部主席团主持进行了学部委员增选、荣誉学部委员增补，现有学部委员57名（含已故）、荣誉学部委员133名（含已故），均为中国社会科学院学养深厚、贡献突出、成就卓著的学者。编辑出版《中国社会科学院学部委员专题文集》，即是从一个侧面展示这些学者治学之道的重要举措。

《中国社会科学院学部委员专题文集》（下称《专题文集》），是中国社会科学院学部主席团主持编辑的学术论著汇集,作者均为中国社会科学院学部委员、荣誉学部委员,内容集中反映学部委员、荣誉学部委员在相关学科、专业方向中的专题性研究成果。《专题文集》体现了著作者在科学研究实践中长期关注的某一专业方向或研究主题,历时动态地展现了著作者在这一专题中不断深化的研究路径和学术心得,从中不难体味治学道路之铢积寸累、循序渐进、与时俱进、未有穷期的孜孜以求,感知学问有道之修养理论、注重实证、坚持真理、服务社会的学者责任。

2011年,中国社会科学院启动了哲学社会科学创新工程,中国社会科学院学部作为实施创新工程的重要学术平台,需要在聚集高端人才、发挥精英才智、推出优质成果、引领学术风尚等方面起到强化创新意识、激发创新动力、推进创新实践的作用。因此,中国社会科学院学部主席团编辑出版这套《专题文集》,不仅在于展示"过去",更重要的是面对现实和展望未来。

这套《专题文集》列为中国社会科学院创新工程学术出版资助项目,体现了中国社会科学院对学部工作的高度重视和对这套《专题文集》给予的学术评价。在这套《专题文集》付梓之际,我们感谢各位学部委员、荣誉学部委员对《专题文集》征集给予的支持,感谢学部工作局及相关同志为此所做的组织协调工作,特别要感谢中国社会科学出版社为这套《专题文集》的面世做出的努力。

《中国社会科学院学部委员专题文集》编辑委员会

2012年8月

目　　录

我眼中的海涛
　　——代序 ………………………………………… 江　红(1)

山鹰安在？ …………………………………………………… (1)
美国在印尼第三次白色恐怖中扮演的角色 ………………… (51)
七谈民主 ……………………………………………………… (56)
从历史和现实看美国民主的实质 ………………………… (115)
美共领导人的"罪证"及其他
　　——三谈"民主、自由、人权"史 ……………………… (125)
美元患病 …………………………………………………… (147)
美国民主制研究中的立场、观点、方法 …………………… (211)
忽闻海上有仙山　山在虚无缥缈间
　　——垄断资本不再垄断了吗？ ……………………… (218)
"亚洲危机"的起源、特点及其对资本主义世界的冲击 …… (283)
20世纪世界历史的回顾与展望 …………………………… (293)
论美国"赌博资本主义" …………………………………… (305)
四论美国"赌博资本主义"
　　——一场世界资本主义经济危机正在形成 ………… (337)
对北约侵略南联盟问题的若干思考 ……………………… (359)
自由，平等，博爱！步兵，骑兵，炮兵！
　　——关于美利坚合众国的阶级实质 ………………… (365)
1989年美国对华"西化"、"分化"战略 …………………… (395)
关于我国社会主义建设的若干问题 ……………………… (418)

一位忠诚的共产主义战士
　　——怀念尊敬的老领导吴冷西同志 ………………………（428）
谈谈美国"反恐怖"战争 …………………………………………（437）
简评"民主社会主义" ……………………………………………（462）
苏联解体、苏共亡党13年祭
　　——寻访十月革命遗迹过程中的一些思考 ……………（466）

附：
"美国式民主"的另一面
　　——推荐《再说美国》……………………………… 江　流（481）

我眼中的海涛

——代序

江 红

  我是海涛老伴,与海涛风雨同舟、甘苦与共60余年。在协助他整理这本书的过程中,往事一幕幕浮现在眼前。

  海涛小时候家境贫寒,只读过6年私塾,13岁即当学徒工,17岁离开故乡,走上革命道路,参加新四军五师,曾在中原民主建国大学学习数月,随后开始新闻工作。1953年任新华社江西分社社长,1955年进入北京外交学院学习英语,1958年起,先后任新华社卡拉奇分社首席记者,雅加达分社、联合国分社社长,1983年调入中国社会科学院世界历史研究所从事美国史研究。

  海涛在任新华社雅加达分社社长期间,1965年10月,印度尼西亚军人集团在美国支持下发动政变,推翻了对华友好的苏加诺政权,掀起空前的反共反华浪潮。当时我们夫妇在国内休假。海涛正陪同亚非记协代表团(总部设在雅加达)访华。10月1日,我们在天安门观礼台观看国庆典礼时得知印尼发生政变的消息,海涛毅然决定立即返回雅加达。10月8日,海涛接到时任新华社社长吴冷西同志传达的党中央的有关指示,"要与苏哈托政权的白色恐怖做坚决斗争,用我们自己的行动号召印尼共起来反抗",次日启程返雅加达。途中飞抵柬埔寨首都金边时,他给我写了一封长信,其中有这样一段文字:"今天雅加达是个什么样子,不知道。有一点是肯定的,等着我的是一个战场,一个比过去艰苦得多的战场……我这次回印尼,是下了斗争的决心的。……我希望做一个白求恩,必要时死在印尼的土地上。如能那样,那将是我最大的荣幸。"含着泪水读完这封信,我心如刀绞,我知道,他是抱着视死如归的态度奔赴战场的。在那些腥风血雨的日子里,百万印尼共产党员及其亲属、同情革命的工农群众和无辜华侨惨遭杀害,在印尼大地上,尸横遍野,血流成河。海涛带领分社全体同志,与印尼军人政变集团进行了坚决的斗争,以实际行动声援印尼共产党人和工农群众。印尼暴徒叫嚣要"粉碎新华社"、"全部杀死你们"、"粉碎中华人民共和国",对分社多次发动袭击,最后干脆派出一个连的士兵穿着便服,带着燃烧瓶,将分社社址焚烧,捣毁和抢走各种用具,并用乱石、棍棒攻击分社人员,海涛受伤。这是国际关系史上罕见的暴行事件。分社随后被印尼政府外交部下令封闭,海涛率分社全体成员撤回国内,受到周恩来总理的亲切接见。总理说:"中央是准备你们牺牲在雅加达的。为国际共产主义运动献身,是光荣的。现在你们回来了,中央非常高兴。"当得知海涛当年只有39岁时,总理说:"从使馆发回的电报看,我以为你已经50岁了,没有想到你还这么年轻,还可以为党做更多的工作嘛!"随后,海涛被借调到外交部,协助龚澎同志(当时任外交部部长助理)工作。1966年5月下旬,在本人缺席的情况下,海涛被选为新华社"文化革命"小组组长,遂又回到新华社。

1971年10月25日晚,第26届联合国大会以压倒优势的票数恢复了中华人民共和国的合法席位。当年年底,海涛只身前往纽约,筹建新华社联合国分社。行前从纽约传来一则令人震惊的消息:在我代表团下榻的纽约市罗斯福旅馆,团里一位工作人员突然死在自己的房间里。事后发现,他的水杯里有剧毒。显然是敌对势力所为!海涛抵达纽约,住进罗斯福旅馆时,事件还未平息,代表团处境危险。中央为防止再次发生此类惨案,紧急拨巨款给代表团在纽约市买了一栋楼,分社和代表团共同住进这栋楼里,我的心这才平静下来。

1983年6月,海涛离开工作了30余年之久的新华社,来到中国社会科学院世界历史研究所,研究美国当代史,那年他已经56岁了,做学术研究工作算是"半路出家"。当时我曾担心,一个即将离休、又没有大学文凭的人能胜任这份工作吗?大量事实证明,海涛的工作得到了充分肯定,他先后被评为优秀共产党员、研究员。1988年,他被派往美国进行学术考察一年有余；1991年10月1日他第一批享受国务院特殊津贴；1991年到1997年，他成为全国哲学社会科学规划评审委员会国际问题学科组成员；2011年他被评为荣誉学部委员。在中国社会科学院这个学术殿堂里，他如鱼得水，收获了丰硕的果实，已经出版的10部专著中有8部是调入社科院后写就的，其中两部作品获中国出版工作者协会和全国优秀青年读物评选委员会颁发的全国优秀青年读物一等奖，还有两部作品获中国社会科学院世界历史研究所优秀成果奖和科研成果奖。

海涛没有正规学历，加上读私塾，在校学习时间总共不超过9年，他是靠勤奋自学，边干边学弥补了这个缺憾。他特别爱书，1949年随军南下时，他随身携带的就是一箱子书；1996年我们迁入新居时，邻里朋友说我们搬来了一个图书馆；他很重视学习外语，他在雅加达分社的工作及随后与苏哈托反动政权的斗争之所以能取得一些成绩，与他刻苦学习并基本掌握印尼语有直接关系；他非常重视学习理论，研读马列和毛主席的著作，在新华社联合国分社工作期间，他在这些理论著作的帮助下，读懂了美国1973—1975年的经济危机。

海涛十分重视调查研究，在任新华社联合国分社社长将近6年的时间里，他的足迹踏遍美国50个州的38个州，走访了许多工厂、农场；与巨型垄断金融公司，包括洛克菲勒家族的大通银行公司、摩根银行公司、花旗银行公司、制造商汉诺威银行公司以及与美国最大的通讯社美联社、合众国际社，美国最大的报纸《纽约时报》《华盛顿邮报》《每日新闻报》均建立了经常的联系。他常常应邀参加上述银行巨头的股东年会，并多次旁听联邦国会会议和州议会会议……海涛离任回国前，《纽约时报》编辑部主任西摩·托平先生在为他举行的送别宴会上说："张先生是新中国成立后对美国做了最广泛考察的第一人。"

海涛受过很多不公正待遇，比如"文化大革命"中多次挨批斗；1977年从联合国回来后被停止党组织生活一年半，再次挨批判，受审查，下放劳动；1978年12月党的十一届三中全会做出给陶铸同志平反的决议后，海涛被恢复了党组织生活，从干校回到北京，但对他的审查并未结束，进行批判后"挂起来"，"靠边站"，就这样拖了5年半，一直持续到1982年年底；又比如1953年他被评为行政13级，相当于正局级，但是30年后，

1983年调入中国社会科学院时，原单位竟把他的级别降为副局级，如此等等。然而对于一个参加过抗日战争和解放战争，60年代在印尼第三次白色恐怖中在外交第一线战斗过，即多次经历过生死考验的人来说，这点委屈实在不算什么。在我眼里，海涛是一个不屈不挠的战士，一直在用笔顽强地进行战斗，为抗日战争和解放战争中倒下的战友，为印尼白色恐怖中牺牲的无数共产党人、工农群众和同胞，当然，更为了信仰。1977年从美国回来后，他白天接受审查和批判，参加劳动，晚上挑灯夜战，发奋写书。由于睡眠不足，身心疲惫，他白天劳动时多次晕倒。他写的第一本关于美国的书《美国走马观花记》就是在这种恶劣条件下完成的；这本书1980年出版，当年就被共青团中央列为向全国青年推荐的图书。进入中国社会科学院后，他可以全力以赴地写作了，可他还是感觉时间不够，为了赶写某部著作，常常闭门谢客。我看见他写作时流下眼泪，看见他在烟雾缭绕中久久沉思，彻夜不眠。他把深厚的情感和冷静的思考都融进字里行间了。他从来不尊重生物钟，睡眠往往靠吃一把安眠药（他每天服用安眠药种类之多，量之大，让医院的大夫都惊讶不已）。1999年国庆节前夕，海涛在电脑前赶写《何处是"美利坚帝国"的边界》一书，突然他跌跌撞撞、扶着一排书柜摸索着走到我面前，说："我的右眼看不见了！"真是晴天霹雳！我劝他立刻去医院。他拒绝了："再有几天书稿就写完了，等国庆长假结束后再去医院吧。"他的犟脾气我是知道的，我无力改变他的决定。国庆长假最后一天书稿完成，次日我陪他去医院看眼睛。眼科大夫接诊后生气地说："你是要眼睛还是要事业？！"他错过了最佳治疗时间，右眼眼底出血导致视网膜脱落了。在随后一年多时间里，在卫生部的关照下，他先后在同仁和人民两家医院七上手术台，各位专家大夫虽然竭尽全力都无力回天，他的右眼永远失去了光明。但他拼搏精神依旧。这里收入的文章，将近1/3是他右眼失明后撰写的，其中包括关于美国"赌博资本主义"七篇论文中的六篇。当海涛终于感觉到可以松口气了，可以歇一歇了的时候，我们已经步入老年了。2004年，他77岁那年，我们一起去了向往已久的俄罗斯，寻访十月革命的遗迹；这一年秋天，我陪他回到阔别60年的故乡，在双亲简陋的墓碑前，他悲痛不已，个中酸辛，只有我能体味。

这本文集收入的是海涛1987年至2004年期间撰写的文章，其中大部分已经公开发表了。文章基本上按发表时间先后排列。

我想在这里特别强调的是，海涛亲身经历过三个刻骨铭心的事件：一是我国第三次国内革命战争时期，蒋介石背信弃义，"围剿"新四军，屠杀共产党人；二是1963—1966年期间，印尼反动军人集团大规模屠杀印尼共产党人和工农群众；三是1989年美国政府对我国放肆推行和平演变战略，此时他作为访问学者，正在美国。这些铁的事实让他深切感受到当今世界阶级斗争的残酷性。因此，他在学术研究中始终坚持运用阶级分析的方法。本书收入的文章用大量事实分析了资本主义世界共产党第一大党——拥有300万党员的印尼共产党何以在少数反动军人发动政变后消极地坐以待毙，并通过美国解密的文件，证实美国政府在印尼第三次白色恐怖过程中扮演了阴险、丑恶的角色；剖析了美国式民主仅仅是资产阶级的专利这一事实；揭示了美国的总统竞选不过是资产阶级利益集团之间的博弈；讲述了20世纪70年代美元从被世界奉为至尊演变为被世人视如敝屣的一段历史，以及美国的金融寡头如何利用雄厚的资金操控巨型工商企业，使美国沦为地道的金融寡头统治之下的垄断资本主义；揭露了美国在国际事务中处处暴露出帝国主义本性，对社会主义国家实行"和平演变"战略，对资源丰富的第三世界国家则打着"反恐怖"、"大中东民主化"等旗号，企图把这些国家变相殖民地化。他的文章的依据或是实地考察，亲眼所见，或是第一手资料，首先是印度尼西亚和美国官方公布的权威文件，因此，他的文章大都能经受住时间的考验。20世纪末21世纪初，海涛连续撰写的七篇论美国"赌博资本主义"的文章，对美国迅猛发展的虚拟经济可能诱发大规模经济危机的预测和论断，已经被2008年在美国爆发并波及全球、延续至今的经济危机所证实。

2012年9月于北京

山鹰安在？

一个大党为何不战而败？

（一）

印度尼西亚共产党遭受了一次惨痛的失败。这个党为什么失败？主要的教训是什么？

在印尼共产党党内、党外，在印尼国内、国外，人们都在思考着，探索着。

一切关心印尼共产党、关心印度尼西亚民族命运的人们，一切关心世界革命、关心国际共产主义运动的人们，都在思索着。

人们提出了一连串的问题。

为什么像印度尼西亚共产党这样一个党员人数为世界第三、资本主义世界第一的大党，会不战而败？

为什么她在白色恐怖面前会坐以待毙，束手就擒？

为什么拥有300多万党员、300多万人民青年团团员、350万工会会员、850万农民阵线会员、几百万妇女运动协会会员的印度尼西亚共产党，会在一次白色恐怖面前被一阵风吹掉？

苏哈托少将当时手中的兵力有限。许多军区司令，他都信不过。空军、海军更不在他手里。为什么他能迅速而且是轻易地取胜？

苏哈托少将率兵占领雅加达四天以后，美联社记者在从新加坡发出的一条消息中曾援引西方外交人士的话说："如果苏哈托少将和国防部长纳苏蒂安将军（两人都是主要右派人物）现在不采取行动，他们就会失去一个今后很可能不会再有的机会。事实上，如果他们不采取行动，他们可能就等于是在签署自己的处死令。"这些西方外交人士促使、煽动印尼陆军将领反共的用意,是很明白的。不过,他们显然是在危言耸听。

但是,他们后面这句话如果用在印尼共产党一些领导人身上,不是很符合实际吗?为什么他们在这种紧急关头不采取行动,宁愿在自己的处死令上签字呢?

仅仅在10个月以前,艾地在谈到对抗马来西亚的时候,曾经公开提出武装工农,并且宣称,不管同意不同意,一旦面临英、美进攻,工人和农民将把自己武装起来。语音尚存,言犹在耳。现在,少数陆军将领占领了雅加达,正挥动大刀向党和人民的头上砍来,在革命形势千钧一发的生死关头,为什么没有带领群众起来反抗呢?

不久以前,印尼党中央对党诞生几十年来的历史经验,特别是对党在1926年和1948年两次白色恐怖中遭到失败的教训,作了系统的总结。党的领导人,党中央有关部门,还为此写出了专门的著作。那些用革命烈士鲜血写出的教训,在这一次白色恐怖中又为什么没有接受呢?

1955年2月24日,迪·努·艾地在雅加达地方法院的审判庭上,曾就1948年的茉莉芬事件发表过长篇辩护词。

当时,艾地站在审判庭上,面对着法院院长和其他法官,对在那次白色恐怖中率领党和群众英勇反抗、战死沙场的原印尼共产党总书记慕梭,作了热情的歌颂。

艾地说:

"尊敬的院长先生!

"我感到自豪的是,在中央政府号召所有政府工具来消灭我们共产党人之后,在内政部长苏基曼宣布对共产党人进行'圣战'之后,当时慕梭同志并没有命令我们成群结队地到哈达—苏基曼—纳席尔政府那里,引颈让他们宰割,或者让他们枪毙。不,慕梭同志在他的演讲中答复了中央政府,命令我们共产党人进行英勇的抵抗。我们不投降也不求饶,因为我们完全没有过错。梭罗的绑架和谋杀事件生动地告诉了我们,有人要痛饮我们的鲜血。正如被绑架和被谋杀的印度尼西亚国民军军官的鲜血被人痛饮一样。我们不愿意受到这样的对待。可以痛饮我们的鲜血,但事先必须经过同我们战斗。"

艾地说："在反对哈达—苏基曼—纳席尔政府当时所进行的追击和剿灭活动的斗争中，慕梭同志将成为我们永远的骄傲。我，作为马来族的人和作为忠实的印度尼西亚男儿，向这位伟大的爪哇族男儿和英勇的印度尼西亚人民英雄鞠躬致敬。慕梭是每个共产党人和每个爱国者的榜样，他做出了一个共产党人和一个人民的儿女应该怎样为维护人民的理想和真理而牺牲的榜样。凡是具有像慕梭同志一样的崇高精神和伟大勇气的人们是多么幸福呀，他们是有权站在最高山巅的山鹰。"

艾地在法庭上的这些话说得多么好啊！真是光明磊落，大义凛然，激昂慷慨，气壮山河，表现了共产党人为了共产主义事业而无所畏惧的英雄气概，令人肃然起敬。

可是，10年以后，当少数陆军将领宣布对共产党人进行"圣战"，白色恐怖重新笼罩印度尼西亚的时候，共产党的领导人却没有像慕梭那样，号召全党和全国人民奋起反抗。这时，人们重读艾地这篇辩护词，不禁问道：山鹰，那"有权站在最高山巅的山鹰"，如今安在？

（二）

1966年八九月份，白色恐怖继续笼罩着整个印度尼西亚，血雨腥风阵阵袭来。

这时候，从苦难深重的中爪哇，发出了党的声音。

在这个极端艰难困苦的时候，印尼共产党中央委员会政治局一些尚未被捕的成员，在群众冒着生命危险、精心掩护下，在中爪哇会合了。他们在那里开会，讨论印度尼西亚当前的政治局势，总结党在这次失败中的教训，规划党和人民会后斗争的路线方针和奋斗方向。

作为这次会议的结果，公布了两个文件。

一个文件是《印度尼西亚共产党中央政治局声明》。副题为"通过革命道路来实现1945年8月革命本应完成的任务"。它是在印度尼西亚独立21周年纪念日——1966年8月17日通过的。

另一个文件是印度尼西亚共产党中央政治局的自我批评，题为"建设马克思列宁主义的印度尼西亚共产党，领导印度尼西亚人民民主革命"。它是在1966年9月通过的。

新西兰共产党的党刊《新西兰共产主义评论》1967年初全文刊登了第一个文件。

一些印尼共产党人在地拉那出版的《印度尼西亚论坛》，在1966年11月出版的第1期和1967年1月出版的第3期上，分别刊登了这两个文件。

由于党的中央政治局的一些成员是在空前严重的白色恐怖下开会的，当时的历史条件也有许多限制，对于这次革命失败的教训只能作一个初步的总结。

文件把这次反革命大屠杀正式称为党的历史上遭受的"第三次白色恐怖"。

由于党遭受了一场空前的大灾难，党的力量已经受到极其严重的摧残，敌我力量悬殊，革命处于低潮，党对一些问题的认识也还有待于深化，党的中央政治局这次会议所作的关于把党的工作重心从城市转入农村、从和平斗争转入武装斗争的部署，未能顺利实现，会议点燃的人民武装斗争的火炬暂时被扑灭了下去，革命失败的局面未能及时扭转。

但是，党的这次会议及其所通过的文件，在党的历史上仍然是很有意义的。

（三）

印度尼西亚共产党人于1948年遭到了第二次白色恐怖的严重打击后，从地上爬起来，揩干净身上的血迹，掩埋好同伴的尸首，重新开始战斗。1951年重新建党以后，党在理论探索和革命实践方面，都做出了显著成就。党中央的许多文件，迪·努·艾地的不少著作，党的其他一些领导人的著作，党的报纸和理论刊物发表的许多文章，包含着不少正确的内容。它们对印度尼西亚革命的一些重大问题作了符合实际的论述，反映了党对印尼社会和印尼革命的认识水平的提高。党在革命实践方面，无论是在反对帝国主义的斗争中，在镇压国内反革命叛乱、保卫年轻的印度尼西亚共和国的斗争中，在统一战线方面，在党的建设方面，在工人运动、农民运动、青年运动、妇女运动等方面，都做了不少工作，并在不同程度上取得了成绩。它是全党努力奋斗的结果。

但是，党在理论和实践活动中，也存在着不少失误。这些失误，给党和人民的事业造成了损失。

需要探讨的问题是：在白色恐怖铺天盖地而来的时候，印尼共中央为何没有领导全党和广大人民群众起来反抗？当屠刀已经架到脖子上的时候，党的领导为何没有及时领导党和群众起来自卫？

在追根溯源、寻找答案时，就不能不涉及党的领导在指导思想上的一些倾向性的问题。

悲剧的起因

（一）

1964年，笔者在雅加达曾到印尼共产党中央的一位主要领导人家里做客。当时在雅加达，在整个印度尼西亚，正是海风漫卷红旗，镰刀、锤子标志布满城乡的时候。

在那种气氛下，印尼共产党的这位领导人曾对我们讲过这么一段话："我们党是在和平环境里工作。但是，我们共产党人的身体有一半是在监狱里，只有一半是在监狱外。当然，我们党现在是一个拥有300多万党员的大党。即使反动派要动手，他们也没有那么大的监狱。"

从这段话里可以看出，党的领导人对于反革命势力的凶残程度估计得很不够。但是，也应当说，党的领导认为，反动势力对党发动突然袭击的危险性是存在的。

印尼共产党的领导人在演说中，常常讲要准备应付万一。1964年2月上旬，约多在棉兰举行的印尼共产党北苏门答腊大地区委员会第八次全体会议上讲话。他说，党要"在政治上和思想上作好准备，不仅是为了迎接明朗的天空，而且也是为了对付急风暴雨"。

1964年5月23日，艾地在泗水市举行的庆祝建党44周年的大会上发表演说。他说："我们应当进一步提高警惕。我们不能松懈，我们不能骄傲。由于形势的发展，遭到失败的反革命集团将会更加设法利用我们的弱点和松懈，借口打击共产党，对整个的革命力量疯狂地发动突然袭击。我们必须时刻准备应付万一，我们必须随时警惕。"

1964年10月11日，艾地在雅加达印尼共产党中央委员会楼内的会客室里，会见了亚非作家会议常设局代表团。艾地在会见时发表谈话说："在世界上的共产党中，印度尼西亚共产党是最有权威来谈论向社会主义和平过渡问题的一个党。因为印度尼西亚共产党参加了中央政府和地方政府，它有贯彻执行自己的政策的实际可能性。"艾地说："印度尼西亚人民很愿意向社会主义和平过渡，但是，帝国主义及其走狗绝不会袖手旁观。因此，印度尼西亚共产党同其他革命者一道，继续努力巩固进步力量和民族阵线，孤立和粉碎反动势力。"

直到1965年10月1日夜，苏哈托少将带兵进了城，印尼共产党中央机关报《人民日报》就翁东中校发动的9月30日运动发表的社论，也还是讲过："我们呼吁全体人民提高警惕，准备面临一切可能性。"

但是，1965年秋，印尼国内危机四伏，险象环生。苏加诺总统和政府其他几名军政领导人一再公开发出了警报。这时，艾地却去了苏联，约多也到非洲访问，接着也到了苏联。党的领导人对国内的紧急局势似乎毫不在意。

后来的事实证明，党并没有切实准备"对付急风暴雨"，并没有认真准备对付反动势力"疯狂地发动突然袭击"，并没有"认真准备面临一切可能性"。

原因何在呢？

（二）

在1965年10月印尼政局发生逆转以前，党是在和平环境中从事合法斗争。但是，党中央的领导人仍往往通过一定的方式讲到武装斗争问题。

1959年举行的党的第六次全国代表大会，通过了党的一条总路线。这就是："继续建立民族统一战线，继续进行党的建设，以彻底完成1945年8月革命的要求。"

从1959年到1964年，党的领导人在正式讲到党的路线时，一直都是这样讲、这样论述的。

根据这条总路线，党中央提出了高举党的三面旗帜的口号。这三面旗帜是：民族统一战线的旗帜；党的建设的旗帜；1945年8月革命的旗帜。

在具体解释这第三面旗帜——"1945年8月革命的旗帜"时，党的领导人常常说其中包含有武装斗争的意思。

艾地1963年9月访华时,在中国共产党广东省委党校作的关于印度尼西亚革命的若干问题的报告中,就曾这么讲过。

艾地在这个报告中说:"高举1945年8月革命的旗帜,意味着尽可能多地争取印度尼西亚人民团结在这些旗帜的周围并为彻底实现民族民主的8月革命要求而奋斗。1945年8月革命的旗帜也就是一面这样的旗帜,在它上面写着'通过武装斗争取得和维护印度尼西亚的独立'。"

在具体阐述武装斗争问题时,党的领导人曾多次强调:"党不可以抄袭外国武装斗争的理论,而必须采取三种斗争形式相结合的方针,即:农村的游击战争(参加者主要是雇农和贫农);城市中的工人(主要是运输工人)的革命斗争;在敌人的武装力量中间的有效工作。"

党的领导人这里讲的"不可以抄袭外国武装斗争的理论",主要指的是不要抄袭中国共产党和毛泽东同志关于武装斗争的理论。

印度尼西亚社会的基本情况,同旧中国大致上是相同的。但是,印度尼西亚也有一些特殊的地方。比如说,它是一个群岛国家,伊斯兰教拥有很大的势力,当时印尼国内没有形成军阀混战,等等。印尼共产党的领导人提出不要抄袭中国武装斗争的理论,在他们开始提出这个论点的时候,指的是要探索一种符合印度尼西亚具体情况的革命战争的具体形式。从原则上讲,这是不错的。

但是,苏哈托少将占领雅加达以后的事实说明:印尼共产党的一些领导人实际上并没有切实准备用武装的革命来对付武装的反革命。

(三)

印尼共产党中央政治局1966年9月通过的自我批评指出,这里存在着一面"相当长时期以来遮盖着印度尼西亚共产党的严重弱点的帷幕"。

只是到了少数陆军将领占领雅加达、白色恐怖笼罩全国、党和人民遭到巨大灾难以后,这一面帷幕才揭开了。

这面帷幕,到底遮盖着什么东西呢?

问题出在党的领导思想上。

1964年,印尼共产党出现了一种似乎是矛盾的现象。一方面,党大张旗鼓、旗帜鲜明地领导了农民反封建的单方面行动；另一方面，也就是在这一年，他们自己对革命的和平发展抱有的种种想法有了很大的发展。

这个病症，当然不是在1964年才染上的。

1956年2月，迪·努·艾地应邀率领印尼共产党代表团前往莫斯科，出席苏联共产党第二十次代表大会。艾地在大会上发表了题为"苏联共产党第二十次代表大会万岁！"的祝词。

1956年6月27日，印尼共产党在雅加达举行报告会，由艾地作访问苏联和其他几个国家的报告。这个报告的一部分，以"苏联共产党第二十次代表大会"为题，在1960年由印尼共产党中央委员会《艾地选集》出版委员会正式编入了《艾地选集》。

艾地在报告的这一部分，讲了以下几段话：

"有许多人已经向印度尼西亚共产党提出这样一些问题：在印度尼西亚是否可能通过议会向社会主义过渡？由于苏联共产党中央委员会向第二十次代表大会的总结报告中提出了关于通过议会向社会主义过渡的可能性的原理，这是否意味着印度尼西亚共产党将重新考虑它对于议会斗争的主张呢？每个共产党人必须能够回答这些问题。

"首先，必须认识到，苏联共产党中央委员会的总结报告对于不同的国家向社会主义过渡的形式问题的分析，意味着给还没有执政的共产党和工人党指出新的前景。这个总结报告指出了通过议会向社会主义过渡的可能性，这就给上述政党提供了同其他民主党派实行更好合作的新的机会。

"1954年3月召开的印度尼西亚共产党第五次全国代表大会通过的印度尼西亚共产党纲领中提到，'印度尼西亚共产党已经参加并将继续最积极地参加议会斗争。印度尼西亚共产党充分了解到它的政治责任，它以十分严肃的态度对待议会工作'。这就表明印度尼西亚共产党并没有把议会看成仅仅是宣传的讲坛。在印度尼西亚共产党纲领中还指出，'要达到建立人民民主政府的目的，仅仅依靠议会斗争是不够的'。这是正确的。因为印度尼西亚共产党的工作不仅仅是议会工作，而主要的是在群众中间的工作，即在工人、农民、知识分子及其他劳动群众和民主群众中间的工作。印度尼西亚共产党既没有在党内，也没有在党外宣传，向社会主义过渡必须经过流血和内战。

"因此,如果取决于印度尼西亚共产党的话,那么,向社会主义过渡的最好的形式、理想的形式,就是和平的形式、议会的形式。印度尼西亚共产党选择和平的道路,因为共产党人并不是喜欢杀人的。"

艾地说:"共产党人必须警惕,必须在各方面时刻戒备着,使得反动派无法摧残议会,无法对人民和共产党采取横蛮无理的行动。"

艾地说:"我再说一遍,如果取决于印度尼西亚共产党,那么,印度尼西亚共产党将耐心地争取为无产阶级革命运动和全体劳动人民的革命运动所支持的、并为共产党和其他民主党派所支持的议会的稳定多数,以便使议会能够为工人阶级和其他劳动人民实现根本性的社会改革提供保证。"

"同时,我还要着重提出,不论向社会主义过渡采取什么样的形式,具有决定意义的和绝对必要的因素是工人阶级的先锋队领导下的工人阶级的政治领导。没有这种领导,就不可能有向社会主义的过渡。如果政治领导权掌握在资产阶级手中或者掌握在买办或地主手中,就不可能向社会主义过渡。"

这就是艾地当时就这个问题讲的全部论点。

1956年7月底,印尼共产党召开了五届四中全会。艾地在全会上以"团结起来,为实现1945年8月革命的要求而奋斗"为题,作了总结报告。艾地重申了一个月以前在那个报告会上讲的那些论点。

这次中央全会通过了艾地的总结报告,表示赞同这些论点。

这些观点,逐步成为党的政治路线。

需要说明的是,在当时还有一个背景。

这就是,1955年下半年,印度尼西亚国内举行了一次议会选举。在这次选举中,印尼共产党获得了600多万张选票。这是一个重要成绩,但是它也有副作用。

由于取得了这次选举的胜利,印尼共产党的一些领导人对选票的作用开始发生误解。

1959年9月,印尼共产党举行第六次全国代表大会。

这次代表大会通过的党章,第一次写上了关于和平过渡、议会道路的内容。

党章的这一部分是这样写的:

"由于目前的国际形势,即一方面是社会主义和民主的力量已经在全世界范围内大大地增长,社会主义思想由于社会主义制度对资本主义制度的优越性一天比一天更多地显示出来而正日益成为全体劳动人类心灵的主宰;但在另一方面是帝国主义已经大大削弱,同时由于印度尼西亚地主阶级和买办阶级最基本的力量实际上在于帝国主义的援助,因此,在印度尼西亚就有这样一种可能性,即通过和平的道路、议会的道路来实现社会主义的过渡阶段的人民民主制度。印度尼西亚共产党将竭尽全力争取使这种可能性成为事实而斗争。如果是取决于印度尼西亚共产党,它将选择和平的道路、议会的道路。

"但是,马克思列宁主义教导我们,统治阶级——在印度尼西亚是帝国主义者、地主和买办——是从来不会自愿地交出政权的。在向社会主义过渡时,斗争激烈的程度,使用或不使用暴力,这与其说是取决于工人阶级,不如说是取决于剥削阶级,取决于剥削阶级自己是否使用暴力。

"因此,印度尼西亚共产党应保持最高的警惕性。在印度尼西亚,不管向人民民主制度过渡的形式是什么,决定和绝对的因素是:印度尼西亚共产党在唤起、动员和组织人民群众,特别是工人和农民中的领导,以便改变帝国主义者、地主和买办资产阶级一方和人民力量的另一方之间的力量对比。"

在这次代表大会上,党中央第一副总书记鲁克曼代表中央作了修改党章的报告。鲁克曼在报告中,对党章增写和平过渡、议会道路这一部分作了说明。

鲁克曼说,党章写上这一部分,是因为"苏联共产党第二十次代表大会上提出了一个结论,即在目前的情况下,某些国家具有和平过渡到社会主义的具体的可能性"。

鲁克曼说:"从为了对付反动派继续不断地试图用暴力道路的令人感到恐怖的魔鬼来恫吓人民群众的诽谤性的宣传而进行的日常实际工作的角度来看,仅仅从这个角度来看,我们便可以感到党提出关于通过和平的道路过渡到社会主义的可能性的重要性。""从理论上来说,提出通过和平的道路过渡到社会主义的可能性的问题,意味着提出这样的真理,即马克思列宁主义本来就没有指出过在不同的时期和不同的国际环境里所有国家走向社会主义必须走绝对一样的道路。"

鲁克曼说:"对我们印度尼西亚来说,如果我们谈论关于和平过渡到社会主义的可能性,那就是指和平地实现人民民主政权的可能性。因为,如果作为过渡到社会主义的一种形式的人民民主制度,能通过和平的道路来实现,那么这就意味着有可能使人民民主制度通过和平的道路继续向社会主义发展。"

他说:"如果是取决于印度尼西亚共产党,它将选择和平的道路,议会的道路。这意味着,只要人民有民主自由和有议会,印度尼西亚共产党就将在群众运动的支持下为在议会中取得稳定的多数而斗争,以便保证国会真正成为最大多数人民要求在经济、社会和国家机构方面进行根本改革的意愿的工具。鉴于人民在反对地主和买办资产阶级分子的顽固力量中政治和组织觉悟越来越快的提高,鉴于目前有利的国际形势,达到上述目的的可能性是存在的。"

鲁克曼说:"但是,问题在于反动阶级是否会听任劳动人民在我们党的领导下通过和平的道路建立人民政权?难道他们不会用暴力来镇压人民力量的成长吗?比如用暴力废除人民的民主自由权利,用暴力削弱或完全取消国会。"

问题提得多么好啊!

对于这个问题,鲁克曼在报告中除讲了一句"印度尼西亚共产党应保持最高的警惕性"以外,实际上未作答复。

至于党章中谈到的改变力量对比,在后面还会涉及。

印尼共中央政治局 1966 年 9 月的自我批评指出:这条和平过渡、议会道路的路线在党的"第七次全国代表大会上又再次被强调,而且从来没有纠正过……"

(四)

在印尼共中央提出和平过渡、议会道路以后,国内的资产阶级,包括同印尼共产党结成民族统一战线的民族资产阶级及其政治代表苏加诺总统,手里就有了一个武器,用来向印尼共产党中央领导人施加压力。

1956 年 6 月 27 日,艾地在雅加达作那个关于苏共二十大的报告时,不是说过,有许多人已经向印尼共产党提出问题,问印尼共产党是否将重新考虑它对于议会斗争的主张吗?

党当时答复道:"印度尼西亚共产党并没有把议会看成仅仅是宣传的讲坛。""印度尼西亚共产党既没有在党内,也没有在党外宣传,向社会主义过渡必须经过流血和内战。"党将耐心地争取"议会的稳定多数,以便使议会能够为工人阶级和其他劳动人民实现根本性的社会改革提供保证"。

1961年4月11日,苏加诺总统和总统指定的监督政党活动的三部部长委员会成员,同印尼共产党及印尼其他一些政党的代表进行了一次重要会谈。

这个三部长委员会的成员,第一名是大名鼎鼎的国防和安全统筹部部长纳苏蒂安将军,第二名是情报部部长阿卡杜加尼,第三名是内政部部长甘达马纳。

会谈中,苏加诺总统直言不讳地向印尼共产党提出了一些重大的政治要求,作为准许印尼共产党合法存在的条件。

第二天,艾地代表印尼共产党中央给总统和三部长委员会的成员写了一封信,对总统的要求作了答复。

艾地的这封信具有重大的政治含义。它的原文是这样的:

致

一、苏加诺总统阁下,

二、三部长委员会(阿卜杜勒·哈里斯·纳苏蒂安阁下,鲁斯兰·阿卡杜加尼阁下和伊皮克·甘达马纳阁下),

尊敬的阁下:

总统阁下在同各政党代表会谈时,向印度尼西亚共产党提出了如下的要求:

"一、把1959年第7号总统决定书第4项规定明确地列入印度尼西亚共产党的章程内。即:'印度尼西亚共产党在争取实现它的目标时应采取和平和民主的方式。'

"二、在印度尼西亚共产党党章的序言中应载明:

"甲,印度尼西亚共产党的一切活动以马克思列宁主义的理论为基础。

"乙，目标：

"在现阶段，印度尼西亚共产党为在印度尼西亚实现人民民主制度而斗争，而它的更高的目标是在印度尼西亚实现社会主义社会和共产主义社会。

"为使这一章程能同1959年第7号总统决定书的第9项规定相适应，在章程内要载明，印度尼西亚共产党的基础和目标'同国家的基础和目标彼此没有矛盾，它的纲领并不打算更改国家的基础和目标'。"

我们认为，如上所述，总统阁下向印度尼西亚共产党提出的要求，仍属于实施1959年第7号总统决定书的范畴。因此，印度尼西亚共产党中央委员会对履行这项任务，没有异议。换句话说，印度尼西亚共产党中央委员会决定把以下的字句载入印度尼西亚共产党的章程内：

"印度尼西亚共产党的一切活动以马克思列宁主义的理论为基础，它在现阶段的目标是在印度尼西亚实现人民民主制度，下一步的目标是在印度尼西亚实现社会主义社会和共产主义社会。

"人民民主制度是民有、民治、民享的互助合作的政权制度；社会主义社会是同印度尼西亚的条件相符合的、没有人剥削人的社会；共产主义社会是公平和繁荣的社会，它是比社会主义社会更高阶段的社会；印度尼西亚共产党的基础和目标同国家的基础和目标彼此没有矛盾，它的纲领并不打算更改国家的基础和目标，印度尼西亚共产党在争取实现它的目标时采取和平和民主的方式。"

我们认为，做出上述决定后，我们已经履行了总统阁下在1961年4月11日的会谈中所提出的任务。

我们就写到这里。对这项决定的重视，我们表示十分感谢。

印度尼西亚共产党
中央委员会政治局
主席迪·努·艾地
1961年4月12日
于雅加达

苏加诺总统和以纳苏蒂安将军为首的三部长委员会的条件是：只要你保证"不打算更改国家的基础和目标"，保证"采取和平和民主的方式"，那么，"马克思列宁主义"，"人民民主制度"、"社会主义社会和共产主义社会"，等等，没有关系，都可以讲。

艾地代表印尼共产党中央，适应苏加诺总统和三部长委员会的要求，向政府保证：党的纲领"并不打算更改国家的基础和目标"，党"在争取实现它的目标时采取和平和民主的方式"。

这样，在艾地这封信发出13天以后，即1961年4月25日，印尼共产党领导人收到了政府送来的一个文件，即1961年第128号总统决定书。总统在这个决定书中，承认了印尼共产党的合法地位。

隔了一年，即1962年4月，印尼共产党召开了第七次全国代表大会。大会通过的党章，写上了艾地在这封信中向政府承诺的类似的内容。

苏加诺总统应邀出席了印尼共产党这次代表大会的闭幕式，并且发表演说。总统对印尼共产党这次大会的全体代表说："勇往直前，向前迈进，让我们一道来完成印度尼西亚的革命。"

会场内发出了暴风雨般的掌声。

即使总统发表了热情洋溢的演说，总统属下的三部长委员会还是要监督的。

下面是一个例子。

印尼共产党中央新闻局1964年6月26日发表了下面这一份新闻公报：

"为了遵守所确定的1964年6月26日的期限，以佩里斯·帕尔德德为首的，成员中包括苏吉托、农吉克的印度尼西亚共产党中央代表团，会见了由内政部长伊皮克·甘达马纳代表的三部长委员会。

"代表团交上了一只装有印度尼西亚共产党党员名单的大箱子。这些党员的名单是已登记的300万印度尼西亚共产党党员的一部分。

"与此同时，还交上了党在1961年、1962年、1963年和1964年部分的（截至1964年5月）财政收支账簿。"

向三部长委员会上报材料的，当然不限于印尼共产党。

按照政府规定，当时在印度尼西亚合法存在的其他一些政党，也都是要这样做的。

不过,三部长委员会最关注、最重视的,则是印尼共产党履行政府的这一项规定。

(五)

印尼共产党的领导人的和平过渡思想在1964年有了发展,还有这样一个历史背景:苏加诺总统在1964年采取过若干开明措施,包括对国内有的反动组织表示了反对的态度,对农民执行政府关于土地和收成分配的两项法令所采取的行动表示过同情,并且改组过一次内阁,让印尼共产党第二副主席约多当了协助内阁主席团的国务部长。

此事对印尼共领导起了吸引作用。

印尼共产党中央政治局1966年9月在中爪哇通过的自我批评指出:过去15年来,"印度尼西亚共产党越来越陷入到议会斗争和其他合法斗争形式中去。党领导竟把这些斗争形式当作达到印度尼西亚革命战略目标的主要斗争形式"。

自我批评沉痛地指出:"在实践中,党的领导不是使党的整个队伍、工人阶级和人民群众做好准备,以应付非和平道路的可能性。最明显的证据是9月30日运动发生和失败以后的最令人痛心的悲剧。反革命在短短的时间内就能够屠杀和逮捕几十万处于被动情况下的共产党人和非党革命人士,并且瘫痪了印度尼西亚共产党组织和革命群众团体。假如党的领导没有离开革命道路的话,这种情况就肯定不会发生。"

马克思主义加"朋加诺学说"

(一)

在少数陆军将领占领雅加达、白色恐怖笼罩整个印度尼西亚时,日本一家资产阶级的报纸1965年11月23日、24日连载了该报驻雅加达的记者写的一篇评论印尼政局的文章。

文章指出:"印度尼西亚共产党正处在生死存亡的关头。""共产党靠着策略的转变,持续地惊人地发展了自己的力量。但急剧的发展中隐藏着两个重大的缺陷。其一是,只要印度尼西亚共产党采取支持苏加诺体制的统一战线的方式,它就没有展开自己的独立政策的余地。另一个缺陷是,许多农民和工人参加了共产党,但他们似乎弄不清印度尼西亚共产党的形象和苏加诺总统的形象之间的区别。"

应当说,这个日本资产阶级的记者是看出了一些问题的。印尼共产党1951年重建以后的这一段历史说明,党对印尼民族资产阶级的著名代表人物苏加诺总统的统一战线工作,是成功的。在推动苏加诺总统反帝以及反封建方面,党做了许多工作,并且是有成效的。

1956年以前,印尼共产党对同民族资产阶级的统一战线,做出了正确的理论分析和政策规定。在具体处理同民族资产阶级的统战关系,包括处理同苏加诺总统的统一战线关系上,坚持了独立自主的原则,是有团结、有斗争的。1955年2月,艾地在雅加达地方法院审判庭上就1948年的茉莉芬事件所作的辩护词中,对苏加诺在那次白色恐怖开始时发表反共演说,曾点名做过公开的批评。对以苏加诺为代表的印尼民族资产阶级跟随买办资产阶级和封建地主阶级之后,在1949年接受同荷兰政府签订的、丧权辱国的海牙圆桌会议协定,印尼共产党也做过公开的批评,并在1956年推动政府单方面废除了这个协定。

但是,印尼共产党从1956年以后在民族统一战线方面,特别是在同苏加诺总统的统一战线关系方面,便一步一步地发生了失误。

(二)

1964年10月14日,艾地在一个革命干部训练班上讲话。他在这篇讲话中提出了一条新的、引人注目的印度尼西亚革命的总路线。

这条总路线的提出,使许多人感到惊讶。

在此以前,印尼共产党给自己提出的总路线是"继续建立民族统一战线,继续进行党的建设,以彻底实现1948年8月革命的要求"。这条路线经受了实践的检验,证明是正确的。

但是,艾地现在提出的这一条新的总路线,就不一样了。根据印尼共产党中央新闻局发表的新闻公报,艾地这篇讲话的要点是这样的:

艾地说,印度尼西亚革命的总路线是以《政治宣言》为基础的。"这就是说，通过以工农为支柱、以'纳沙贡'为核心、以建国五原则为思想基础的民族阵线，完成民族民主革命的任务，走向印度尼西亚式的社会主义。"

他说："民族阵线所接受的三条主要的共同原则是：政治上独立自主，经济上自力更生，文化上有民族特点。"

他还谈到了印度尼西亚民族阵线的历史，说它是"历史悠久的各种合作的发展"。

他说，工人和农民是革命的主力。

1965年5月11日，艾地在印尼共产党七届四中全会上作政治报告，正式把这条总路线提交中央全会。中央全会通过了艾地的政治报告，包括这一条新提出的总路线。

1965年5月23日，艾地在雅加达庆祝印尼共产党建党45周年的群众大会上，当着苏加诺总统的面，再次讲了这条总路线。

提出这样一条总路线，就把党同苏加诺的关系上发生的失误大大向前推进了。

印尼共产党的一些领导人经常强调一个口号，就是要"使马克思主义印度尼西亚化"。这个口号的原意是，要把马列主义的普遍真理同印度尼西亚革命的具体实践相结合。

党的领导人根据党在幼年时期机械搬用外国革命经验所犯的错误，强调这一点，无疑是正确的。

党在这方面，也做出了成绩。

但是，党的中央领导人在理论工作中，从事"印度尼西亚化"时，却一步一步地离开了马列主义的基本原理。

这方面的一个主要标志，就是党的一些领导人把马克思主义的三个组成部分和"朋加诺[①]学说的三个组成部分"相提并论，并且把这两个"三个组成部分"硬捏到一起，作为党的理论基础。

到了1964年10月，这种倾向又有了进一步的发展。其表现，就是艾

[①] "朋"，在印尼文中意为"兄弟"，是一种亲昵的称呼。"朋加诺"，即称苏加诺为加诺兄；下文"朋艾地"意为艾地兄。

地提出的这条印尼革命的总路线。在这条总路线中，无产阶级的革命学说——马克思主义差不多已经是很难找到了；它表达的几乎全是印尼民族资产阶级的代表人物的思想——"朋加诺学说"。

让我们来看看这条总路线的各个组成部分。

第一，关于这条总路线的基础——《政治宣言》。

所谓《政治宣言》，就是苏加诺总统1959年8月17日在庆祝印度尼西亚共和国建国14周年大会上发表的一篇演说。

1960年，印尼临时人民协商会议决定把总统这篇演说及其实施纲要，作为"国家方针大纲"。

对于这个《政治宣言》，艾地最欣赏的就是他曾经概括介绍过的以下要点：

"印度尼西亚革命的主要对象（主要敌人）是帝国主义和封建主义；印度尼西亚的革命任务不是建立一个阶级、一个阶层或一个政党的政权，而是建立全体人民的政权，互助合作的政权，反对军事的或个人的专制和独裁；印度尼西亚的革命力量不是一个阶级、一个阶层或一个政党，而是坚决反对帝国主义，反对封建主义和以工农为基本力量的全体人民；印度尼西亚革命的性质是民族民主革命；印度尼西亚革命的前途是社会主义，而不是资本主义。"

《政治宣言》中，还提出把"有领导的民主"、"有领导的经济"和"印度尼西亚式的社会主义"，作为国家的目标。

从演说的这些内容可以看出，苏加诺总统不愧为印尼民族资产阶级的一位革命家；印尼共产党在民族民主革命中同苏加诺总统结成统战关系，存在着共同的政治基础。

从《政治宣言》发表以后，印尼共产党中央领导人便成为总统这篇演说最忠实的宣传者和执行者。

但是，直到1963年，艾地还曾指出：苏加诺总统以《政治宣言》为题的这篇演说的内容，同印度尼西亚共产党在民族民主革命阶段的纲领，存在着区别。艾地说："最重要的区别在于革命的领导权问题。印度尼西亚共产党纲领明确地指出，要达到印度尼西亚革命的目的，就必须使革命的领导权掌握在工人阶级手中。不能指望在《政治宣言》里写上工人阶级的领导权问题。"

其实，还有几个问题，艾地没有讲。

第一个问题是，总统在《政治宣言》里讲的"建立全体人民的政权"，指的并非真是"全体人民的政权"，实质上是资产阶级专政。那个"有领导的民主"，就是苏加诺领导下的国家形态。

第二个问题，在前面已经提过：总统反对"更改国家的基础和目标"，反对暴力革命。

第三个问题是，总统讲的"社会主义"，是"印度尼西亚式的社会主义"，通常称为"公正繁荣的社会"，实质是资产阶级的社会主义，并非无产阶级为之奋斗的科学社会主义。

尽管如此，艾地1963年9月2日在中国共产党中央高级党校所作的报告中，还是讲了这样一个结论："坚决执行《政治宣言》，就等于执行印度尼西亚共产党纲领。"

印尼共产党领导人在其他一些场合，也讲过这样的话。

第二，关于"以'纳沙贡'为核心"。

"纳沙贡"，是苏加诺总统著名的主张。它的意思是民族主义者、宗教徒、共产主义者三种人之间的团结和合作。苏加诺总统作为印尼民族资产阶级的代表人物，提出这种主张，是一种进步的表现。因为它包含同共产党人的合作。

在印度尼西亚，在1957年以后，共产党的领导人是"纳沙贡"合作的最积极的宣传者。后来，党的领导又进一步提出"以'纳沙贡'为核心的民族互助合作"的口号。

有人提出：作为印尼无产阶级的政党——共产党，提"以'纳沙贡'为核心的民族互助合作"，会不会模糊民族统一战线的阶级内容？

印尼共产党领导人回答说：不会。

为什么呢？

艾地1963年9月访华时，在北京市的欢迎大会上所作的报告中，做过这样的解释："对于共产党人来说，民族统一战线的意思无非就是指革命阶级之间的团结。但是，各个阶级在政治生活中通过各自的政党反映本阶级的利益。在印度尼西亚，情形也一样，各个阶级，无论是反动的阶级或是革命的阶级，它们的利益都是通过自己的政党明显地表现出来。从印度尼西亚民族解放斗争的传统来看，反对荷兰殖民统治的有三大政治潮流，即民族主义潮流、宗教（主要是伊斯兰教）潮流和共产主义潮流。因此，如果这三个政治潮流组成'纳沙贡'，那么，印度尼西亚民族团结就可以说已经形成了。这种说法是合情合理的。在印度尼西亚目前情况下，提出以'纳沙贡'为核心的民族互助合作的口号不会模糊民族统一战线的阶级内容，因为这种团结是建立在明确的反帝并在一定程度上反封建的纲领的基础上的。"

艾地在这段解释中，并没有说明，在印度尼西亚当前的情况下，党提出的作为民族互助合作的核心的"纳沙贡"，究竟包括哪一些阶级。

印尼共的中央政治局1966年9月通过的自我批评指出："'纳沙贡'的阶级内容就是工人阶级、民族资产阶级，甚至有买办分子、官僚资本家和地主。"

这就同反对荷兰殖民统治时期的情况不大一样了。

要搞一点革命，会有"'纳沙贡'团结"吗？会有"以'纳沙贡'为核心的民族互助合作"吗？

不要说走向社会主义，就是民族民主革命也很难。你要反帝，买办资产阶级不同意。你要反封建，地主阶级不同意。1964年和1965年，为什么一些地主"像炒焦了的豆子一样，又蹦又跳"呢？1965年夏，为什么苏加诺总统和其他几位军政负责人一而再、再而三地宣布：帝国主义者以及印度尼西亚的通敌分子"正在想尽一切办法来摧毁我们"呢？

在"纳沙贡"中代表"沙"的主要政党——印尼伊斯兰教师联合会，曾经参加过印尼共产党建党45周年庆典。这件事刚刚过去4个月。当苏哈托少将占领雅加达以后，这个党和它的青年组织，在东爪哇成了最疯狂的屠杀共产党人的刽子手。

在印尼共产党为庆祝建党45周年举行的招待会上，那个白尔蒂党的总主席曾致祝词，强调该党没有恐共病，反对恐共病。4个月后，当白色恐怖刚刚开始的时候，这个党就同若干其他政党一起，大肆叫嚣反共。

在印度尼西亚第三次白色恐怖时期，也有若干原来包含在"纳沙贡"中的政治派别，是不赞成反共大屠杀的。这主要是印尼民族资产阶级的左翼。可是他们也遭到了迫害。

"纳沙贡"这个无所不包的概念，果真可以充当完成民族民主革命并且走向社会主义的核心力量吗？

第三，关于"以建国五原则为思想基础"。

建国五原则，又称"建国五基"，是苏加诺工学士在印度尼西亚宣布独立的两个多月前，即1945年6月1日，在"印度尼西亚独立筹备委员会"的会议上首次提出的。这五条的内容是：（1）信仰神道；（2）人道主义或国际主义；（3）民族主义或爱国主义；（4）民主主义；（5）社会公平。

印度尼西亚独立后制定的第一部宪法，即1945年宪法，把苏加诺提出这五条，规定为"建国五原则"。

苏加诺总统作为印尼民族资产阶级代表人物，提出这么五条，是完全可以理解的。

有人提出：共产党人为什么要拥护这样的五条原则呢？艾地解释说：因为这五条是"反映民族团结和'纳沙贡'团结的概念"。

艾地说："印度尼西亚共产党拥护和坚持五项原则，虽然其中的一个原则是信仰神道原则。因为建国五原则并不是代替它的拥护者的哲学，而是把存在于社会上的各种思潮联结起来。因此，印度尼西亚共产党坚决反对有些人企图把五项原则中的一个原则作为主要的原则。建国五原则必须作为一个整体接受。作为一个整体，它就是团结的手段。建国五原则的创造者苏加诺总统也屡次这样强调。苏加诺总统并且说，如果把建国五原则压缩成为一大原则，那么，这一大原则就是互助合作。"

艾地说的"有些人企图把建国五原则中的一个原则作为主要的原则"，指的是一些代表地主和反动资产阶级的宗教政党和军政人士。他们强调建国五原则中的头一条，即信仰神道原则，应当是主要的原则，并拿着它来攻击印尼共产党，说不信仰神道，就是对国家的背叛。印尼共产党的一些领导人回答说，不，不能这样。"建国五原则必须作为一个整体接受。"

可是，这五条作为一个整体，就可以作为不仅完成民族民主革命，并且能够成为走向社会主义的一条革命总路线的思想基础吗？

"建国五原则"的具体内容，包括信仰神道在内，把它作为具体政策看待，是一回事；把它们当作思想基础，就是另一回事了。

第四，关于民族阵线。

民族阵线是苏加诺总统建立的，并亲自任主席。副主席包括"纳沙贡"三个方面的代表。设秘书长，主管日常事务。它是印度尼西亚共和国的国家机构之一。

1960年1月12日，苏加诺总统颁布了一个民族阵线的组织条例。条例规定，民族阵线的目标为：完成民族革命，收复西伊里安，"为实现公正繁荣的社会而进行全面建设"。它的任务是："同政府和其他国家机构密切合作"，"团结社会上一切革命力量，来领导有关建设、社会福利、治安和国防等各种社会活动"。它除了设中央委员会外，在全国一级、二级行政区分别设地方委员会和支部委员会，二级行政区以下根据需要设分部委员会。

民族阵线的实际活动，主要是在政府有需要时，就一些问题同各政党和其他有关方面进行协商。它实质上是苏加诺总统为了实行他的"纳沙贡"团结的一种组织形式，也是实行他提倡的"有领导的民主"的一种组织形式，有点类似在总统直接掌握下的各政党、团体的联络委员会。

印尼共产党的领导人在总路线中规定，通过这样一个民族阵线，"完成民族民主革命，走向印度尼西亚式的社会主义"。这岂不是意味着，党不仅把目前的民族民主革命的领导权，而且也把将来走向社会主义的领导权，拱手让给了印尼民族资产阶级的代表人物苏加诺总统，并且分给了在"纳沙贡"中代表买办、官僚资产阶级和地主阶级的政党、团体了吗？

这样，在这条总路线中提到的"以工农为支柱"，不过也就剩下一根柱子罢了。

第五，关于"走向印度尼西亚式的社会主义"。前面已经说过，这个"印度尼西亚式的社会主义"，是苏加诺总统的提法，也就是总统常说的那种"公正繁荣的社会"，即资产阶级的社会主义。

共产党人在革命实践中，要有原则的坚定性和策略的灵活性。可是，灵活过了头，也就丧失了原则。

（三）

事情还不仅如此。

1965年5月，在印尼共产党庆祝建党45周年的时候，在庆祝大会的主席台上，在党中央委员会门前，在中央党校——阿里亚哈姆社会科学院的会议厅里，苏加诺总统的画像和艾地主席的画像，都是并排悬挂的。

这种挂像的方式，含有重大的政治内容。因为这并不是印度尼西亚共和国国庆，而是共产党的建党庆典。

1965年5月23日，艾地在庆祝建党45周年的群众大会上发表演说时，当着苏加诺总统的面，一开头就讲了一段党同苏加诺的关系，说党是如何响应了朋加诺的号召，等等。

艾地还说："苏加诺总统和印度尼西亚共产党人的关系，不是秘密的或非法的关系，这是信奉马克思主义的真理、为革命事业服务的革命者之间的光明磊落、正当合法的关系。"

苏加诺总统听了这段话，表现很高兴。

苏加诺总统是印度尼西亚资产阶级民族民主革命的一位杰出的代表，他毕生从事反对帝国主义的斗争。从50年代初期以来，他一直实行联华、联共和在某种程度上扶助工农的政策。就是在印度尼西亚第三次白色恐怖期间，他对反共、反华逆流还曾多次进行过公开揭露和指责。这是需要勇气的。

但是，他毕竟是一位资产阶级革命家，身上带着这个阶级的特性。由于印度尼西亚民族资产阶级经济地位软弱，苏加诺作为这个阶级的政治代表，在斗争中常常表现出动摇、妥协的一面。以前有这样的表现，在苏哈托少将占领雅加达以后的那段时间，也有这种表现。他在处理同印尼共产党的关系问题上，执行的是两手政策，一手是联合、利用，另一手是限制、戒备。如前所述，1948年茉莉芬事件开始时，他还曾经发表过反共演说。在第三次白色恐怖期间，他发表的言论中也包含有不利于人民的内容。

印尼共产党1951年重建后，曾经多次指出，印尼民族资产阶级及其代表人物苏加诺等人，具有反帝反封建的革命性、动摇性、妥协性，甚至叛变这样的两面性；指出党在与民族资产阶级结成统一战线时，必须坚持无产阶级的领导权，必须保持独立自主，必须又团结又斗争。

甚至到1963年，艾地还讲过印尼民族资产阶级及其代表人物的两面性，以及党对待这个阶级的两手政策。

可是后来，党把自己做过的这些正确的分析和对策，都抛到九霄云外了。

党后期在对待苏加诺的态度上的失误是同党在政治路线上的失误紧紧相连的。在印度尼西亚当时那种历史条件下，认为有可能和平地完成革命，主要根据就是因为有一个苏加诺。因此，只有依靠苏加诺，而苏加诺也要求共产党这样做。正是由于党的领导人认为苏加诺可资依靠的程度日益增加，认为可以在苏加诺的旗帜下和平地完成革命的步伐也就越走越远。

在苏哈托少将占领雅加达以后，白色恐怖来势凶猛，党处在生死存亡的严重关头。在这种千钧一发的险恶局势下，党的领导人为什么不站出来，领导全党和全国人民实行武装反抗呢？

约多1965年12月初对日本《朝日新闻》驻雅加达记者发表的谈话，回答了这个问题。

当时，苏加诺总统实际上已经成了苏哈托少将等人手中的玩具和俘虏。

记者问："印度尼西亚真正的权力何在？"

约多答："印度尼西亚宪法规定，苏加诺总统除了是国家元首外，还是国民军最高统帅和总理。正是同人民力量相结合的苏加诺总统，将决定印度尼西亚的命运和前途。"

一直到反革命势力的屠刀架到自己脖子上的时候，还在依靠苏加诺的权力，还在幻想在苏加诺的保护伞下走"政治解决"的道路，在反革命的屠刀面前坚决不还手，以"避免内战"。结果就是几十万、上百万的共产党人、非党群众和其他党外人士人头落地。

可是，这是一时的、偶然的失策吗？

当然不是。

冰冻三尺，非一日之寒。

这不过是一场长期患下的疾病，此时恶性发作罢了。

党和国民军"两位一体万岁！"

（一）

几十万、上百万的印度尼西亚共产党党员、非党群众和其他党外人士，在少数陆军将领指挥下的印度尼西亚共和国武装部队的摧残下，人头落了地。

对于这样一支武装部队，印尼共产党的领导人是怎么看的呢？

1959年9月7日，艾地在印尼共产党第六次全国代表大会上代表党中央作总结报告。

艾地在这个报告中第一次表示，印尼共和国武装部队是一支好军队。

他列举了两点根据：

"第一，和人民团结在一起的苏加诺总统在武装部队中有强大的影响，而苏加诺总统拒绝当军事独裁者。

"第二，印度尼西亚共和国武装部队是人民革命的亲生子，因此，印度尼西亚共和国武装部队的中上级军官、下级军官和士兵的大多数是不会轻易被迫执行旨在通过建立军事独裁或个人独裁的途径来取消独立宣言共和国的命令的。"

"印度尼西亚共和国武装部队是人民革命的亲生子"，这就是艾地对这支军队的评价。

1963年9月，艾地访华。9月4日，北京市召开大会，欢迎他。艾地在会上作了题为《印度尼西亚革命的若干问题和印度尼西亚共产党》的报告。

在这个报告中，艾地关于印度尼西亚共和国的武装部队讲过一段很重要的话。

艾地说："现在，在印度尼西亚，没有敌人的武装部队，只有印度尼西亚共和国武装部队，它是在第二次世界大战之后，在反法西斯斗争中，以及在具有民族民主性质的革命中迅速诞生的。工人阶级和印度尼西亚共产党在建设这支武装部队的工作中起了重大的作用，印度尼西亚武装部队不是反动的武装部队。从它诞生的角度来看，它具有反法西斯的、民主的和反帝的特点。因此，印度尼西亚共产党的责任便是密切人民和武装部队两位一体的关系，以便在任何事变中，武装部队或它的大部分能坚定地站在人民一边，站在革命一边。"

"印度尼西亚武装部队不是反动的武装部队。"它是一支"具有反法西斯的、民主的和反帝的特点"的军队。

这就是印尼共产党主席艾地的结论。

1965年5月26日，在中爪哇三宝垄市为庆祝印尼共产党建党45周年举行的一次招待会上，艾地发表讲话，再一次谈到了印度尼西亚武装部队，也就是印度尼西亚国民军。

艾地说："印度尼西亚共产党并没有像帝国主义和国内反动派所希望的那样反对印度尼西亚国民军。对于印度尼西亚共产党来说，印度尼西亚国民军就是武装起来的农民。"

艾地说："印度尼西亚共产党并不反对印度尼西亚国民军。如果举行大选，我确信，印度尼西亚共产党将在印度尼西亚国民军中获得大部分选票。"

印度尼西亚共和国武装部队，就是大多数拥护印尼共产党的武装起来的农民。艾地的意思，就是这样。

艾地的这些话，是在苏哈托少将占领雅加达以前、在印尼第三次白色恐怖以前讲的，后来证明这些观点与事实不符。

更为严重的是，在苏哈托少将占领雅加达以后，在第三次白色恐怖已经在印度尼西亚的各个岛屿上全面铺开以后，1965年12月初，印尼共产党第二副主席约多对日本《朝日新闻》驻雅加达记者以答复问题的形式发表一篇书面谈话。约多说："我们党认为印度尼西亚国民军同帝国主义国家的军队或者印度的军队是不同的。关于军队，应当对它形成的历史、它在反帝、反封建斗争中所起的作用、贫农和工人出身的士兵占一大半这一构成士兵的成分等等，进行仔细的研究，做出评价。在印度尼西亚国民军内部现在仍然存在反人民分子，这是事实。就整个共和国的情况来说，也可以这样讲。这就是发表要从国家机构中清除右派分子的《政治宣言》的理由。"

在前面已经提过，约多的这篇谈话在答复记者提出的另一个问题时，还曾强调，印尼宪法规定，苏加诺总统是印尼"国民军最高统帅"。

约多的谈话表明，他在第三次白色恐怖期间对印尼武装部队的评价，同这次白色恐怖发生以前党的领导人就此所做的评价，意思完全一样。他谈到印尼国民军内部"现在仍然存在反人民分子"。在第三次白色恐怖以前，党的领导人也是这么看的，只是那时在公开场合不便讲而已。

印尼共产党的领导人在空前严重的白色恐怖中，仍对印尼共和国武装部队做出这样的评价，就是不顾事实了。

党的领导人断定印尼共和国武装部队是一支"具有反法西斯的、民主的和反帝的特点"的军队，是大多数拥护共产党的武装起来的农民，"不是反动的武装部队"，其根据不外是：

第一，它"是人民革命的亲生子"，"是在第二次世界大战之后，在反法西斯斗争中以及在具有民族民主性质的革命中迅速诞生的。工人阶级和印度尼西亚共产党在建设这支武装部队的工作中起了重大的作用"。

这里指的是，这支武装部队是在印尼独立初期、在保卫年轻的共和国的斗争中建立的。当时，党的领导人阿米尔·沙利佛丁一度担任过政府国防部部长；共产党人佐哥苏约诺少将和沙基尔曼少将等人，一度参加过共和国武装部队总司令部的工作；党为了保卫共和国的独立，曾经建立过红军，等等。

党的领导人在其他场合，还曾称赞过印尼武装部队50年代后半期在平定"印度尼西亚共和国革命政府"和"全面斗争约章集团"等反政府叛乱方面所起的作用。

第二，"贫农和工人出身的士兵占一大半"。

第三，这是很重要的一点，苏加诺总统在武装部队中有很大的影响。"印尼宪法规定，苏加诺总统是这支武装部队的'最高统帅'"。

此外，在这支武装部队中，有一些爱国的或具有进步的政治倾向的军官。

党的领导人列举的这几条，都是事实。

但是，党的领导人在评定这支武装部队的性质时，没有提及以下几条基本事实：

第一，印尼共和国是一个资产阶级专政的国家（印尼共产党的领导人在这一点上有自己独特的看法，在后面将会谈到），印尼武装部队是这个专政的支柱和主要组成部分。

这支武装部队的主体曾在1948年和1965年两次大规模地屠杀共产党人和工农群众，就是这一点的最雄辩的证明。

第二，苏加诺总统是印尼"武装部队最高统帅"，印尼宪法有此规定，总统在军队中是有影响，但就是在苏哈托少将占领雅加达以前的时期，这位最高统帅也并不直接掌握军队。在一个相当长的时期里，武装部队的实际控制权是掌握在被西方资产阶级报刊称为右派的纳苏蒂安、亚尼等高级将领手中。

长期担任印尼共和国政府的陆军参谋长、国防部部长、国防和安全统筹部部长、武装部队参谋长的纳苏蒂安将军，是荷兰统治时期的荷属东印度（即后来的印度尼西亚）殖民军队的军官出身；日本占领印尼时期，他又在日本法西斯手下当过万隆敢死营营长。1952年10月17日，他曾在雅加达发动过一次反政府的武装政变，把大批坦克开到独立宫前，炮口直指苏加诺。

1955年4月，苏加诺总统任命了一位具有进步色彩的将军为陆军参谋长，卢比斯中校便在美国中央情报局的支持下发动了武装叛乱，成为印尼共和国历史上的一次重大事件。

苏哈托少将占领雅加达以后，苏加诺总统任命普拉诺托·雷克索沙莫德罗少将主持陆军事务，未成；总统要乌马尔·达尼空军中将继续担任空军司令，也未成。纳苏蒂安将军出面要总统把兵权正式交给苏哈托少将，总统就交了。苏加诺这位印尼"武装部队最高统帅"，完全成了空架子。这是众所周知的。

第三，在印尼共和国建立初期，印尼共产党在建设共和国武装部队方面起过作用，但是，起过作用的，并不单是印尼共产党。这支武装部队是由各种势力组成的。那时泥沙俱下，鱼龙混杂，特别是它的领导骨干，是很复杂的。在共和国建立初期，即1943年，在印尼第二次白色恐怖中充当主力，屠杀了3万多名共产党人和革命志士的，不也是这支共和国武装部队吗？

第四，世界上有哪一个资产阶级国家的军队的"一大半"士兵，不是工人、农民和其他劳动者呢？难道武装部队的阶级性质，不是由哪个阶级实际掌握部队领导权这一点来决定，却是由多数士兵的出身成分来决定的吗？难道"帝国主义国家的军队"，"印度的军队"，其士兵都是资产阶级大老板吗？

在第三次白色恐怖到来的前几年，在这次白色恐怖开始以后，印尼共产党领导人都为印尼共和国武装部队说了不少好话，甚至把这支部队的阶级性质都改变了。

这样做，是因为他们不知道上面提到的几条基本事实吗？

不是的。

那么，又是为什么呢？

因为他们认为"信奉马克思主义的真理、为革命事业服务的革命者"朋加诺，不仅是共和国总统，而且是武装部队最高统帅。凭这一条，武装部队就是好的。即使武装部队中"仍然存在反人民分子"，朋加诺有《政治宣言》在手，是可以消除的。

艾地 1965 年 10 月 2 日就 9 月 30 日运动给党的东爪哇大区委员会的那封信不是还讲过印度尼西亚共产党的一贯立场是同意在所有的革命工具内部进行清洗吗？

清洗了，这支军队不是就更好了吗？

（二）

既然是这么好的一支武装部队，印尼共产党当然应当同它合作。

1963 年 12 月 23 日，艾地在印尼共产党七届二中全会上作政治报告。

他说："党的一中全会已经指出，在巩固治安方面，进步分子首先是共产党人必须把治安问题看作是自己的问题。为此，在紧急状态令撤销之后，党就提出了'协助警察维护民政秩序'的口号。由于提出了这个口号，人民同武装部队，特别是同警察部队的合作，在《政治宣言》的基础上进一步加强了。"

不仅仅是合作。

印尼共产党同印尼国民军还应当是"两位一体"。而且，这种"两位一体",还应当"万岁!"

印尼共产党的领导人就是这么提倡的。

印尼共产党中央新闻局发表的一份新闻公报说,1964年5月31日,艾地在中爪哇直葛市一个群众大会上讲了话。

这篇讲话稿有一部分的标题是:"印度尼西亚共产党和印度尼西亚国民军两位一体万岁!为了维持民政秩序,要协助警察!"

艾地在讲话的这一部分里说:"有人喜欢诽谤印度尼西亚共产党,说仿佛印度尼西亚共产党反对印度尼西亚国民军。我号召全体印度尼西亚共产党人对这种诽谤予以驳斥,并继续用行动证明印度尼西亚共产党和印度尼西亚国民军是战友。每个印度尼西亚共产党人必须贯彻这一口号:印度尼西亚共产党和印度尼西亚国民军两位一体万岁!印度尼西亚共产党对国家警察一向提出的口号是:为了维持民政秩序,要协助警察!"

这个"两位一体"的发明人,不是印尼共产党的领导人,而是苏加诺总统。

1957年,苏加诺总统就提出,武装部队和人民要两位一体。

就总统来说,提出这个两位一体,意思是号召军民合作。这本来是可以理解的。

后来,印尼共产党的领导人接过了总统的这个口号。1964年,他们进一步把它修改为"印度尼西亚共产党和印度尼西亚国民军两位一体",并加上"万岁",这就使人不大容易理解了。

党的领导人为什么要这样做呢?仅仅是为了说明印尼共产党并不反对武装部队吗?

艾地1963年9月在北京市欢迎大会上所作的报告,讲"人民和武装部队两位一体",还没有把"人民"改成"印度尼西亚共产党"。艾地在这个报告中解释说,印尼共产党的责任"是密切人民和武装部队两位一体的关系,以便在任何事变中,武装部队或它的大部分能坚定地站在人民一边,站在革命一边"。

这种解释,已经带有相当程度的幻想成分。

1964年,党的领导人把"密切人民和武装部队两位一体的关系",修改为"印度尼西亚共产党和印度尼西亚国民军两位一体万岁!"就有了更进一步的用意。

（三）

1965年5月，在雅加达街头散发的印尼共产党庆祝建党45周年全国委员会发布的四十几条口号中，有两个很引人注目。一个是："印度尼西亚共产党高呼：人民和武装部队的合作万岁！"另一个是："革命的文艺要为工农兵服务！"

在当时的印度尼西亚，革命文艺也要"为工农兵服务"啊！

这个口号，产生于1964年8月底9月初印尼共产党召开的"印度尼西亚第一次革命文学艺术会议"。

艾地在这个会议上作了一个报告。报告的题目就是：《用具有民族特点的文学艺术为工农兵服务》。

艾地在报告中，号召印度尼西亚的文学家和艺术家"热爱工农兵"，"参加工农兵和其他劳动人民的斗争"。

他说："我们在改进工作以使文学艺术为人民服务的时候，必须立即克服一个重要的缺点，即还没有把士兵作为革命文学艺术的对象之一。"

会议认为，印尼共和国武装部队是在反帝革命战争中建立的，基本上是由农民子弟组成的。1945年至1948年期间，革命文艺实际上也为士兵服务。茉莉芬事件和海牙圆桌会议期间，革命者认为士兵是敌人。根据目前的情况，应当恢复军队在茉莉芬事件以前那种待遇。

1965年1月30日晚，印尼共产党中央机关报《人民日报》为庆祝该报创刊14周年举行招待会。

艾地在招待会上的讲话，给党中央机关报的政治方向增加了一个新的内容。过去，党的领导人说，党报主要是为工农服务，没有提过为兵服务。艾地这一次讲话，把兵加进去了，提出"为工农兵服务"。

艾地说："《人民日报》全体工作人员必须真正认识到《人民日报》是为谁服务的。《人民日报》主要是为工农兵服务的。"

面对印尼共产党提出的这个口号和党的领导人的这些言论，人们不禁要问：印度尼西亚共和国武装部队难道已经成了共产党领导下的一支人民军队了吗？

事实是冷酷无情的。

几个月以后，这支武装部队的一部分便用自己残酷屠杀共产党人的行动，粉碎了印尼共产党领导人的幻想。武装部队的其余部分也并没有"坚定地站在人民一边，站在革命一边"。

这支武装部队甚至也没有站在苏加诺总统一边。

从"纳沙贡"内阁走向人民政府

（一）

1962年，印尼共产党主席艾地被苏加诺总统任命为印尼临时人民协商会议副主席，领统筹部部长衔；党的第一副主席鲁克曼被总统任命为印尼合作国会副议长，领部长衔。

1964年，党的第二副主席约多被总统任命为协助印尼共和国政府内阁主席团的国务部长。

党的三位主要领导人相继在印尼共和国国家机构中得到了统筹部部长等官衔，成为这个国家机构的一种装饰品。

在前面提到过，1961年4月，党中央领导人根据苏加诺总统和三部长委员会的要求，曾向政府书面保证："党不打算更改国家的基础和目标"，"党在争取实现它的目标时采取和平和民主的方式"。

苏加诺总统关于对印尼共产党几位领导人的任命的决定，是在这以后做出的。

只要你向我保证"不打算更改国家的基础和目标"，保证"采取和平和民主的方式"，我就可以让你当官，给你一些没有实权的国家机构的职务。

总统的算盘就是这样。

当然，我们并不是说，共产党的领导人不可以接受苏加诺总统的这些任命。问题在于，战斗的无产阶级政党的领导人，却因此而被迷惑。

党的领导人在领到了国家机构的这几顶乌纱帽以后，就认为：在印度尼西亚共和国实行和平过渡、议会道路的可能性增加了。

就是在这种情况下，党的领导人提出了一个著名的关于印度尼西亚共和国国家政权的"两个方面"的新理论。

此后的一个时期，党的领导人在党内、在党外，在国内、在国外，在各种场合，大力宣传这种理论的正确性。

（二）

1963年9月4日，艾地在北京市欢迎大会上的报告中对这个理论做了系统的说明。他说：

"印度尼西亚共产党认为，印度尼西亚国家政权包含有两个方面，即拥护人民的一面和反对人民的一面。拥护人民这一面的产生是和印度尼西亚共产党实行三种斗争形式相结合的方法中所取得的成就分不开的。拥护人民的一面愈来愈发展，并促使印度尼西亚政府采取各种反对帝国主义的革命措施。反对人民的一面，即代表帝国主义、买办、地主和官僚资本家利益的一面，竭尽全力企图破坏所有的进步措施。这一面至今仍占统治地位。在这种情况下，印度尼西亚共产党在国家政权方面的斗争，就是要促使拥护人民的一面日益增强起来并占统治地位，而把反对人民的力量从国家政权中排除出去。这就是人民关于改组（国家机构）的要求的内容，关于成立以'纳沙贡'为核心的互助合作内阁的要求的内容。

"也正由于存在着这两个方面，印度尼西亚必须进行自上而下和自下而上的革命。自上而下，就是说印度尼西亚共产党必须促使国家政权采取各种革命措施；在人事上和国家机构中进行改革。而自下而上，就是说要发动、组织和动员人民来实现上述改革。印度尼西亚共产党就是通过这样的办法来改变帝国主义、官僚资本家、买办和地主同人民力量之间的力量对比。"

这时候，艾地说，在印度尼西亚国家政权的这"两个方面"中，反对人民的一面"至今仍占统治地位"。

后来的事实说明，这种判断是比较符合实际的。

既然一个国家政权中的"反对人民的一面""占统治地位"，根据事物的性质主要是由取得支配地位的矛盾的主要方面所决定的原理，这个国家政权实质上应当是一个资产阶级专政。

一年多以后，即1965年5月11日，艾地在印尼共产党七届四中全会上作政治报告时,变了一个说法。

他对党的中央全会说:"印度尼西亚人民目前正在革命形势下生活和斗争。当前革命形势的主要特点是:(一)人民群众已经积极地为实现能使他们的生活得到改善的改革而斗争;(二)在政权中,反对人民的方面愈加受到排斥,而拥护人民的方面愈加占了优势,并且政府的政策符合人民要求的越来越多;(三)人民群众的斗争愈加广泛,使人民群众在社会生活和国家政治生活中所起的作用更大和更有决定性。"

现在,国家政权的"两个方面"中"拥护人民的方面"不仅已经占了优势,而且是"愈加占了优势"。

从1963年9月到1965年5月,印度尼西亚共和国政府究竟发生了什么变化呢?唯一的变化,就是苏加诺总统在1964年改组了一次内阁。这并不是一次重大的改组。对印尼共产党来说,主要是党的第二副主席约多被吸收入阁,当了一名并无实权的协助内阁主席团的国务部长。

艾地实际上是把自己在1963年9月对印尼国家政权中的"两个方面"的力量对比的论断,做了修改。按照艾地1965年5月的说法,1963年9月,在印尼国家政权中"占统治地位"的,已经不是"反对人民的一面",而是"拥护人民的一面"。只有这样,一年多以后,这个"拥护人民的一面"才能"愈加占了优势"。

按照党的领导人的解释,印尼国家政权中的"两个方面"的阶级内容是:"拥护人民的一面",指的是国家政权中代表民族资产阶级和无产阶级的力量;"反对人民的一面",指的是在其中代表帝国主义、买办、地主和官僚资本家利益的势力。

如果说代表"拥护人民的一面"的民族资产阶级和无产阶级的力量,在国家政权中已经"愈加占了优势",那么,印度尼西亚共和国国家政权的性质就改变了,应当说它是"拥护人民"的政权了。

正是基于这样的估计,党的领导人做出了一个重大的政治结论。

1964年10月14日,艾地在一个革命干部训练班上讲话。

他说:"我国重要的问题,不是像在其他国家那样,推翻印度尼西亚共和国目前的国家政权。这里的问题是继续加强和巩固共和国国家政权中的拥护人民的一面,排除反对人民的一面。因此,苏加诺总统提出在各个领域里进行改组,是有重要意义的。"

当然,在苏哈托少将占领雅加达以前,在党同苏加诺总统结成统战关系的情况下,党不能也不应当提出推翻共和国国家政权的口号。但是,难道因此就可以通过"在各个领域里进行改组",实行和平过渡了吗?

(三)

1957年2月21日,苏加诺总统提出了成立包括"纳沙贡"代表参加的互助合作内阁的方案。

总统知道,印尼共产党很愿意走这一条路。

果然,在总统方案公布后的第二天,印尼共产党中央政治局公开表示"赞同朋加诺的方案",并且号召全国人民"全心全意地支持这一方案,并为实现这一方案而努力工作"。

从此,争取成立"纳沙贡"代表参加的互助合作内阁,就成为印尼共产党中央重要的政治纲领。

1957年7月,艾地在党的五届五中全会上做总结报告。这个报告的标题就是:《改变力量对比,百分之百地实现苏加诺总统方案》。

报告对争取建立互助合作内阁问题,作了详细的论述。

报告强调总统方案所说的下面的话:"我们要成立的内阁不应是像11年来我们所经历过的那种旧型的内阁,而是一种新型的内阁。新型内阁的部长由各个政党的成员、所有在议会中达到规定的议席数的政党或议会党团的成员担任。""不能继续忽视在普选中拥有600万张选票的一个党派","印度尼西亚共产党在工人中间拥有许多群众"。

艾地在报告中,对总统的方案作了很高的评价。

艾地说:"苏加诺总统的方案是团结一切可能团结的力量以完成民族革命的方案。""从印度尼西亚革命的策略来看,苏加诺总统方案具有极其重要的意义。这个方案的完全实现,将使我们在争取达到革命的战略目标,即彻底实现1945年8月革命的各项要求方面跃进一大步。"

艾地说:"苏加诺总统方案的公布,已经使中间力量更加靠拢进步力量,而顽固力量则进一步陷于孤立。印度尼西亚民族党中央执行委员会表示支持这个方案,也就是说正式赞同共产党人参加内阁。而且几乎在一切地区，印度尼西亚共产党和印度尼西亚民族党在支持苏加诺总统方案时都进行合作。伊斯兰教师联合会、印度尼西亚伊斯兰教联盟和白尔蒂伊斯兰教党许多领导人都表示赞同这一方案，有的是完全赞同，有的只是部分赞同。在顽固政党中，这个方案的支持者和反对者之间产生了矛盾。"

艾地提出："印度尼西亚共产党人将同印度尼西亚人民一道继续要求百分之百地实现苏加诺总统方案并为此而斗争。"

艾地说：

"我们必须不断地宣传苏加诺方案，必须不断地把人民的力量组织起来，必须不断地去改变力量的对比。这一切就是百分之百地实现苏加诺总统方案的条件。我们进行这一切工作，是因为这样做就意味着我们把人民团结和动员起来，去争取实现一个对人民有利的政治方案。与此同时，宣传党的一般纲领，即彻底实现8月革命各项要求的纲领，也仍然是我们党的任务。"

"国际和国内的形势都是有利于苏加诺总统方案的。时间会帮助那些为实现这个方案而工作的人们！"

从报告的这些部分可以看出：

第一，印尼共产党的领导人非常重视苏加诺总统提出的成立互助合作内阁的方案，认为它"具有极其重要的意义"，实现了它，"将使我们在争取达到革命的战略目标"方面"跃进一大步"。

第二，党的领导认为，仅仅是苏加诺方案的公布，就"已经使中间力量更加靠拢进步力量，而顽固力量则进一步陷于孤立"，形势有利。成立互助合作内阁，亦即印尼共产党按自己在议会中所占席位的比例占有内阁席位，可能性很大。

第三，党的领导认为，宣传、组织群众，改变力量对比，使党参加内阁，这应当摆在党的工作的首位。

1958年11月，印尼共产党召开了五届七中全会。艾地在会上作了政治报告，再次论述了关于争取成立互助合作内阁的问题。

这个报告的标题是：《团结起来，走有领导的民主的道路，争取百分之百地实现苏加诺总统方案》。

1959年9月，印尼共产党召开了第六次全国代表大会。艾地代表党中央在大会上做的总结报告,标题就是《争取民主和互助合作内阁》。

在这个报告的最后部分,艾地向全党发出了以下的号召:"同志们,让我们继续团结起来,竭尽我们每个人的全部力量来唤醒、动员和组织群众,以实现人民和我们党的迫切要求,即扩大民主权利和成立能够满足人民要求公正的情感的政府,成立像苏加诺总统方案中所指的'互助合作内阁'。这意味着我们使印度尼西亚人民接近1945年8月革命要求的彻底实现,接近摆脱一切帝国主义和摆脱封建主义的印度尼西亚,即完成独立和民主的新印度尼西亚。"

在这次代表大会上,约多代表党中央作了关于修改党的纲领的报告。

约多在报告中说:"目前,我们是在'争取民主和互助合作内阁'的口号下来召开党的第六次全国代表大会。这意味着,代表大会之后,党每天、每月、每年的活动,都将是为了维护甚至扩大人民的民主权利,为了争取成立一个互助合作内阁。"

约多说:"争取民主和争取成立互助合作内阁,必须成为带动我们革命斗争整个车轮转动的轴心。"

显然,这次代表大会在互助合作内阁问题上,又向前迈了一步。大会要求为了它"竭尽我们每个人的全部力量",要求把它作为"带动我们革命斗争整个车轮转动的轴心"。

后来,党的领导人就把这种内阁称为"纳沙贡"内阁,或者叫以"纳沙贡"为核心的互助合作内阁。

改变力量对比,争取成立"纳沙贡"内阁,多年以来,成为党的领导和全党工作的中心。党在各个方面的工作都围绕着它打转转。

1963年2月10日,艾地在印尼共产党七届一中全会上的政治报告中,曾就这个问题做过以下的说明:

"印度尼西亚共产党人仍然必须十分清醒地认识到,成立以'纳沙贡'为核心的互助合作内阁是力量对比的问题,而且没有一个阶级是自愿地同其他阶级一起分享政权的。不仅反动的资产阶级不愿意同其他阶级分享政权,就是民族资产阶级——如果不是被迫——也不会愿意同无产阶级分享政权……

"目前进步力量确实是强大了,但是中间力量加上右派力量,仍是较大的。的确，一部分中间力量，由于群众的压力，已经愿意在一个'纳沙贡'内阁里同进步力量合作，再也不顾顽固派的威胁了，但是相当大的一部分中间力量依然是顽固派的俘虏。

"为了改变力量的对比，以便为成立以'纳沙贡'为核心的互助合作内阁创造足够的条件，我们应该更坚决执行我们6年前制订的路线，即尽力和不倦地发展进步力量，团结中间力量，孤立顽固力量。我们必须通过实行'五更'，即更勇敢、更机智、更警惕、更坚决和更埋头苦干来执行这条路线。"

10个月以后，1963年12月23日，艾地在印尼共产党七届二中全会上的政治报告中又说："不可否认的是，近10年来，特别是最近几年和最近几个月来，印度尼西亚政治形势的发展是继续向左转。""但是，力量对比基本上仍然不变，这就是：中间力量同右派力量的联合仍然超过了进步力量，而进步力量同中间力量的联合也可以超过右派力量。中间力量越来越多地向左转，这是成立右派内阁的障碍，但目前还不足以建立以'纳沙贡'为核心的互助合作内阁。"

党的领导提出的关于国家政权的"两个方面"的理论，也是为争取成立"纳沙贡"内阁服务的。

苏加诺总统提出了建立"纳沙贡"代表参加的互助合作内阁的方案，共产党的领导人表示赞成和支持，是应当的。问题在于，党的领导为什么如此重视"纳沙贡"内阁，以至于把争取成立这个内阁作为党的工作中心呢？

艾地1963年2月10日在印尼共产党七届一中全会上说过："建立'纳沙贡'内阁，是任何一个真正希望通过和平和民主的道路走向社会主义的人所必须采取的第一个政治步骤。"

艾地1963年9月2日在中共中央高级党校的报告中说过："关于成立以'纳沙贡'为核心的互助合作内阁的要求，是策略要求，以便将来实现战略要求：人民政府或人民民主政府。"

这就说得很清楚了。

1965年5月，艾地说，力量对比已经发生了重大变化，国家政权中的"反对人民的一面"已经不占统治地位，"拥护人民的一面"已经"愈加占了优势"。

既然如此,按照党的领导人提出的理论,"纳沙贡"内阁应当成立了吧。

可是,这种内阁为什么没有出现呢?

(四)

在印度尼西亚共和国建立初期,有过共产党人参加并主持共和国政府的例子。共和国成立后的第一届内阁,共产党人沙利佛丁曾出任国防部部长。1947年夏,印度尼西亚共和国第二届内阁成立,共产党人沙利佛丁出任总理。那时,印尼政府的确有点像个"纳沙贡"内阁的样子。这种现象是在印尼共和国刚刚建立、英国和荷兰军队深入国土、国难当头、年轻的共和国岌岌可危、国内阶级矛盾尚未发展的情况下发生的。就是这样,共产党人沙利佛丁出任总理的内阁也并未走向人民政府。它总共只存在了半年,就在帝国主义和国内反动派的颠覆下垮了台。接着成立的印尼共和国内阁,以哈达为总理。1948年大规模屠杀共产党人的白色恐怖,就是哈达内阁在帝国主义的指使下掀起来的。

苏加诺总统1957年不是又提出成立"纳沙贡"内阁吗?

是的。

但是,党中央政治局1966年的自我批评说:"党的领导不从下面这种事实中学习:苏加诺总统关于成立互助合作内阁(旧式的民族联合政府)的方案公布以来已经8年了,尽管不断地提出要求,从未有过而且毫无迹象表明它会付诸实施,更不用说国家政权的改变了!"

值得指出的是,印尼共的领导支持苏加诺总统关于建立"纳沙贡"内阁的方案,并且争取其实现,都是做得对的。但是,他们对于建立这种内阁的实际可能性,对于建立这种内阁的实际意义,都估计过高。他们实际上认为:"纳沙贡"内阁是走向人民政府或人民民主政府的过渡形式,是"通过和平和民主的道路走向社会主义"的初级政府形式,这就不切合实际了。把党和人民的事业的未来寄托在这种乌托邦上面,对可能发生的逆境缺乏扎扎实实的应变准备,这就造成了悲剧。

推倒围墙

（一）

印尼共产党的领导人领导种种反对帝国主义的群众运动，特别是领导了农民反封建的单方面行动。

1964年，印尼共产党在农民运动方面所付出的精力，超过了党的历史上的任何一年。

这一年，党中央主席艾地亲自率领一支几千人的干部队伍深入农村，在西爪哇、中爪哇、东爪哇进行了农村调查，写出了关于农村情况和农民运动的长篇调查报告。报告对爪哇农村的生产关系做了分析，对农民群众执行"土地基本法"、"农业收成分配合同法"的革命的、意义重大的单方面行动做了热情的歌颂，对党今后在农村和农民运动方面的工作提出了要求。

这样的农村调查，在党诞生以后几十年来的历史上，还是头一次，是一种具有重要意义的进步。

这一年，党在爪哇岛、巴厘岛、苏门答腊岛等岛屿的地方组织，花了很大精力，直接领导了农民运动。印尼共中央有关部门负责人曾经向笔者具体介绍过当时农民运动的发展情况。从他的介绍来看，当时的农民运动具有了相当的规模和声势。

这一年，党的领导人，尤其是党中央主席艾地，还有党的报纸，党领导下的农民阵线等群众团体，通过各种形式，对农民运动做了大量的宣传，阐述了农民运动的正确性和重要性，批驳了"糟字派"，批驳了地主阶级及其代理人的种种攻击农民运动的言论。

1964年5月15日，印尼共产党中央政治局发表建党44周年宣传提纲，共12条。

提纲的头一条说："在印度尼西亚，革命的主要力量是农民，而革命的基本问题是土地改革。"

第二条说："把几千万农民唤醒起来，组织起来和动员起来，是印度尼西亚革命赢得胜利的关键。"

第三条讲印度尼西亚革命的两个阶段，指出第一阶段是反帝反封建。

第四条专讲农民问题。这一条的第一句是："印度尼西亚革命的实质是土地革命。"最后一句是："印度尼西亚共产党有责任去领导农民开展单方面行动。"

1964年9月10日，艾地在雅加达举行的印度尼西亚农民阵线全国会议上发表演说。

艾地说："根据1945年8月革命的经验，我们知道，农村和农民在以下四个方面具有重大意义：

"一，作为革命的粮食来源；

"二，作为革命士兵的来源；

"三，作为在必要时撤出城市后的根据地；

"四，作为向城市的敌人发动进攻和收复先前放弃给敌人的城市的根据地。"

可以说，印尼共产党中央对于农村工作和农民运动的重要意义，对于土地革命的重要意义，讲得是够充分的了。在印尼共产党当时所处的那种环境下，话也就只能说到这种程度为止了。而且，如前所说，党在农民斗争的打击面问题上还有注意策略不够的缺点。

（二）

1963年12月23日，艾地在印尼共产党七届二中全会上所作的政治报告，对农民问题做了系统的说明。

这个报告得到中央全会一致通过。它成为党在1964年领导农民单方面行动的理论根据。

艾地在报告中说："印度尼西亚民族资产阶级还年轻，他们有许多人同地主有亲属关系。他们的一只脚是资本主义，而另一只脚则是封建主义。首先是印度尼西亚民族工业资产阶级的地位非常软弱。这就使他们不关心提高农民群众的购买力以便能够购买他们的工业品。因此，印度尼西亚民族资产阶级虽然客观上是反封建的，但是他们不可能制订彻底的土地纲领。他们不可能成为类似1789年法国革命的雅各宾派这样的派别。""只有无产阶级而不是其他阶级才有条件制订彻底的土地纲领。客观上能够把农民争取到自己这一边、到革命的这一边来的是无产阶级,而印度尼西亚人民斗争的现实也证明了这一点。"

艾地说:"民族资产阶级不能接受印度尼西亚共产党的彻底的土地纲领。为了拒绝这个纲领,他们同地主分子联合起来。农民群众强大的压力迫使民族资产阶级和地主分子不能完全拒绝这个纲领。他们一步一步地后退。起初,他们被迫接受《收成分配合同法》,后来又接受《土地基本法》,这是限制地主的土地所有制的法令。他们在后退的同时进行了反抗,特别是力求对地主不采取根本性的措施,企图使地主有许多空子可钻,借此避免损失。为此,对他们来说最重要的是,要使各级的地方政府首长都能担任土地改革委员会主席。地方政府首长一般是要维护地主制度的,由他们担任主席,那土地改革委员会这个主要机构自然就毫无用处了。"

艾地指出:"对《收成分配合同法》和《土地基本法》的拖延,除了引起农民进行单方面行动,并且使这种行动普遍开展之外,不能有其他后果。……革命者必须热烈欢迎并推动农民的单方面行动……""由于单方面行动日益广泛开展,在未来的日子里,农民运动开展活动的特点将是单方面行动。这种不可避免的行动当然会遭到各种阻挠。"

艾地强调说:"虽然我们到现在还未能实现1945年8月革命的各项要求,但是,这个革命已经提供了关于农民在革命中的作用的绝顶重要的经验教训。我们现在已经很深刻地认识到,主要是因为在1945年8月革命中我们对农民重视不够,所以迄今我国的民族民主革命还未能完成。

"不论是印度尼西亚革命的历史、现状和前途,都要求印度尼西亚共产党人和其他革命者同印度尼西亚农民运动完全结合起来,必须对农村问题、农民和农场工人问题给予最大的注意。

"当然,马克思列宁主义的印度尼西亚化问题,不仅仅是我们党同农民相结合的问题,而是一个更加广泛的问题。这就是要使党同我国革命的具体实践的一切问题相结合,同工人、青年、知识分子、妇女、文学家、艺术家、城市贫民等等相结合,同政治、经济、文化、科学等问题相结合。但是,这一切的关键是要使我们的马克思列宁主义的党同农民完全结合起来,因为我国现阶段的革命实质上是土地革命,是农民革命。因此,使马克思列宁主义印度尼西亚化的实质和日常的主要实践,是我们党同农民的结合。"

显然，这些论述是很正确的。

（三）

但是，在印尼共产党七届二中全会上所作的政治报告中，艾地又说明了另外一个问题。这就是关于争取成立以"纳沙贡"为核心的互助合作内阁，以及党的群众工作特别是农民工作同争取成立"纳沙贡"内阁的关系。

艾地报告的这一部分是这么讲的："在国家政权问题上，我们不能希望会出现一种神奇的和带有慈善性质的事物。正如我们经常讲过的那样，政权问题是力量对比问题，而且没有一个阶级会自愿地同其他阶级分享政权，因此，为了争取成立以'纳沙贡'为核心的互助合作内阁，我们必须不断地以奋发的精神和埋头苦干的工作来实行这样的路线：巩固进步力量，团结中间力量和继续孤立顽固力量。换句话说，要在人民群众中间，无论是已经组织起来或尚未组织起来的人民中间，更好地进行工作，首先是在下层进行工作。这是为了推倒使无产阶级同国家政权隔离开来的围墙。正如我们经常说过的那样，实现这个路线的关键在于共产党人在群众中间，首先是在农民中间的工作。"

这样，问题就说清楚了。

为什么要在农民中间进行工作呢？为什么要领导、推动农民的单方面行动呢？

是为了以后进行土地革命吗？是为了将来以农村为根据地，推动全国的革命斗争吗？

不能说党完全没有这种想法，但后来主要的已经不是了。那么，是为了什么呢？

是为了改变力量对比，为成立以"纳沙贡"为核心的互助合作内阁创造条件！

"是为了推倒使无产阶级同国家政权隔离开来的围墙！"

农民发动起来后，用以农民为主力的革命斗争来推倒这座围墙吗？

不是的。

苏加诺总统1957年公布的建立互助合作内阁的方案规定：这个内阁以"纳沙贡"各方在议会中所占席位的比例为基础组成。印尼共产党中央政治局当时为支持这个方案而发表的声明中说"朋加诺的方案是公平的、民主的，保证团结，反对分裂"。

因此，为了争取成立"纳沙贡"内阁，就要"改变力量对比"，增加共产党的选票和党在议会中的席位。

为了做到这一点，"关键在于共产党人在群众中间，首先是在农民中间的工作"。

换句话说，"使无产阶级同国家政权隔离开来的围墙"，要用农民为主的人民群众的选票来推倒。

共产党人在条件允许时，应当不应当争取选票呢？当然应当。但是，如果对选票的作用存在不切实际的想法，那就不对了。

什么是不切实际的想法呢？用选票来推倒围墙即其一。

这堵墙一推倒，无产阶级就可以跨进国家政权的院子里去了。那时候，以"纳沙贡"为核心的互助合作内阁的牌子就可以挂起来了。然后，经过这座桥，就到了人民政府或人民民主政府了。那时，就可以和平地进入那群芳争艳、万紫千红的"印度尼西亚式的社会主义"的花园里去了。

因此，农民斗争是要搞的，而且要大张旗鼓地搞。不过农民斗争只能为党的合法斗争服务，为争取成立"纳沙贡"内阁服务，不能损害、妨碍这种合法斗争。

这方面最突出的一个表现，就是印尼共产党中央对代总统莱梅纳1964年6月下令禁止农民单方面行动所持的态度。

1964年6月，爪哇岛的农民单方面行动迅速扩展。地主阶级及其种种代言人对农民行动进行了各种放肆的攻击。这时，苏加诺总统在国外，代行总统职权的印度尼西亚共和国政府第二副总理莱梅纳给内政部部长下了一道命令，禁止农民单方面行动。这道命令大长了地主阶级的志气，大灭了农民群众的威风，使地主阶级对农民的攻击和迫害达到了高潮。按照印尼共产党原已摆出的阵势，党对莱梅纳的禁令应当提出坚决的抗议，进行针锋相对的斗争，迫使莱梅纳撤销禁令。因为在此之前，印尼共产党支持农民单方面行动的宣传声势是很大的，态度是坚决的。而且，农民是为了执行政府两项法令而采取行动，理由完全在农民手中。莱梅纳以代总统身份下禁令，本身就没有道理，又没有征求统筹部部长、临时人民协商会议副主席、受人尊敬的朋艾地的意见，因此是完全站不住脚的。

一时间，雅加达街头议论纷纷，空气紧张。人们不知道将会发生什么事情。

但是，出乎许多人意料，印尼共产党中央的反应异常软弱。对莱梅纳的禁令没有提出抗议；没有进行批驳；对禁令虽未表示接受，也未表示拒绝；也不说农民单方面行动今后是否继续开展，只是简单地表示，有必要制止和追究地主为破坏政府两项法令的执行而采取的单方面行动。紧接着举行的印尼共产党的一次全国大会，对莱梅纳的禁令也没有提出抗议，只是在一项决议中提出了关于成立土地改革法庭、整顿政府的土地改革委员会等要求。

由于党在地主阶级的压力的集中表现——代总统莱梅纳的禁令面前没有坚持原则立场，没有进行坚决的斗争，尽管苏加诺总统在1964年8月的独立节演说中表示同情农民，但总统并未宣布废除莱梅纳的禁令，因而地主阶级的凶焰没有煞住，政府、军警对农民的迫害也未停止，甚至变本加厉。

党为什么采取这种态度呢？在这个重大原则问题面前，为什么不发扬勇敢精神，不发扬红色雄牛精神，不开展革命攻势呢？

因为莱梅纳是以代总统的身份下的禁令，党不愿意在代总统面前据理力争，不愿意因此而使自己同政府的关系紧张起来，不愿意因此而损害自己的合法地位，不愿意因此而妨碍了以"纳沙贡"为核心的互助合作内阁的出现。

（四）

印尼共产党中央政治局1966年9月在中爪哇通过的自我批评中说：党后来"所重视的不再是教育和训练马克思列宁主义的干部，以便进行革命的准备，以便在农民中间工作和建立革命根据地，而是教育知识分子，以便适应同民族资产阶级搞统一战线工作的需要，以便担任由于这种合作而在国家机构中取得的一些职位"。

应当说，教育知识分子，搞统一战线，都是很重要的，并没有错。问题在于党的工作中心放在哪里，党在从事合法斗争时是不是真有从事非法斗争的准备。

党的领导人在 1964 年和 1965 年头几个月，曾在各种场合发表讲话，号召党的干部，工、农、青、妇和文化艺术团体的干部到农村去，同农民结合。这一类的话，艾地讲得最多。

党中央政治局在自我批评中说，实际上，"所实行的不是把最优秀的干部派到农村去，而是把干部从农村调到城市来，从地方调到中央来"。

自我批评沉痛地指出，党的领导把议会斗争和其他合法斗争"当作达到印度尼西亚革命战略目标的主要斗争形式。党的合法地位不是被看作在一定时期内和一定情况下的一种斗争形式，而是被当作原则，其他的斗争形式都必须为这个原则服务。甚至在反革命不但已经剥夺了党的合法地位，而且已经剥夺了共产党人的人权的时候，还想竭力坚持这个'合法地位'"。

实际情况就是这样。

山鹰，你展翅飞翔吧！

（一）

1945 年 4 月 24 日。

在浓云密布的爪哇岛上，生活在日本法西斯铁蹄下的印度尼西亚人民，正在酝酿迎接民族独立的曙光。

在中国陕北，在延安，在中国共产党中央的礼堂里，这一天，毛泽东同志代表中国共产党中央委员会，在党的第七次全国代表大会上作了政治报告。毛泽东同志在报告中回顾了中国共产党成立以后所经历的第一次国内革命战争时期的那一段历史。他讲到第一次国共合作，讲到孙中山先生的联俄、联共、扶助农工的三大政策，讲到北伐战争，讲到了 1927 年蒋介石背叛革命和他在帝国主义支持下掀起的白色恐怖。

毛泽东同志说："到了 1927 年春夏之变，正当北伐战争向前发展的紧要关头，这个代表中国人民解放事业的国共两党和各界人民的民族统一战线及其一切革命政策,就被国民党当局的叛卖性的反人民的'清党'政策和屠杀政策所破坏了。昨天的同盟者——中国共产党和中国人民,被看成了仇敌,昨天的敌人——帝国主义者和封建主义者,被看成了同盟者。就是这样,背信弃义地向中国共产党和中国人民来一个突然的袭击;生气蓬勃的中国大革命就被葬送了。"

毛泽东同志在报告中还讲到1945年的一次谈判中,国民党政府要中国共产党交出军队。他说:"这些人们向共产党人说:你交出军队,我给你自由。根据这个学说,没有军队的党派该有自由了。但是1924年至1927年,中国共产党只有很少一点军队,国民党政府的'清党'政策和屠杀政策一来,自由也光了。"

毛泽东同志随后讲了一句带结论性的话:"没有一个人民的军队,便没有人民的一切。"

已经经历了两次白色恐怖的印度尼西亚共产党人,在1965年10月少数陆军将领占领雅加达以后,又处于空前严重的第三次白色恐怖之中。昨天,缀着镰刀、锤子的红旗四处迎风招展;党,青年团,工会,农民阵线,妇女运动协会,人民文化协会,党报,党刊,党校,等等,活动频繁。今天,一阵白色恐怖的狂风袭来,所有这一切,好似风卷残云,通通都被吹掉了。此时此刻,重读毛泽东同志的这些话,真是令人百感交集。

(二)

这出悲剧就写到此为止。

最后,写几句结束语。

第一,以艾地为首的印尼共中央的一批领导人领导党的工作历时15年,成绩卓著,使党成为印度尼西亚人民革命事业的支柱,在全国人民中享有很高威望。应当说,在印尼共产党和印度尼西亚共和国的历史上,他们是一批建立过业绩的革命家。但是,他们对9月30日运动以及随之而来的反革命白色恐怖未能正确地进行处理,使党的事业毁于一旦,使党和人民遭到了空前的灾难。

第二,1965年秋,由于得到外国势力支持的将领委员会阴谋夺取国家权力,印度尼西亚共和国处于一场严重政治危机的浓云密雾之中,一场大搏斗已不可避免。集结在将领委员会周围的地主、资产阶级势力决心摊牌，决心全力以赴，破釜沉舟，实行决战；决心推翻苏加诺总统，公开反共。但是苏加诺力图保持国内和平环境，只想清除几名政敌，消除不安定因素；印尼共领导也未下大决心，没有准备迎接即将来临的一场恶战。他们的目标有限，面临着一场大斗争，却想保持超脱姿态，对斗争未做相应的部署。由于双方目的不同，决心不同，决策不同，部署不同，战幕刚一揭开，主动权即落入少数陆军将领手中。事实证明，印尼共领导对当时的严峻形势的估计不是过分，而是严重不足；对斗争的非和平一手不是准备过分，而是缺乏切实准备。整个悲剧就是从这里发源的。

第三，带着苏加诺标记的"翁东式的宫廷政变"，是在将领委员会夺取国家权力的威胁迫在眉睫之际被迫采取的一种紧急措施。印尼共领导支持这个行动，却没有充分准备对付地主、资产阶级大举反扑，以为由翁东中校出面清除几名反动将领就万事大吉了，苏加诺就可以驾驭局势了。其结果是，苏哈托将军兵不血刃即占领首都，翁东中校等人如鸟兽散，白色恐怖接踵而至。由此可见，印尼共领导支持翁东式的宫廷政变具有冒险主义性质。

第四，苏哈托将军率部进城之后，印尼革命形势危急。但是，苏哈托将军当时所能指挥的部队是有限的，他的举动带有孤注一掷的冒险性质。如果印尼共领导思想正确，当机立断，旗帜鲜明，充分发挥无产阶级政党的独立自主权，领导全党坚决反击反革命势力的猖狂进攻，印尼革命形势仍有可能是另一个样子。但是，由于印尼共领导把全部希望寄托在苏加诺的"政治解决"上，在白色恐怖大举袭来之时仍然抱着幻想不放，对反革命进攻忍气吞声，一味退让，在紧要关头不奋起抗争，党的领导人东躲西藏，全党失去领导，不知所措，因而坐失时机，使苏哈托将军有可能"挟天子以令诸侯"，借苏加诺的名义向印尼共挥舞屠刀。印尼共全党当时基本上是坐以待毙，束手就擒。如果印尼共领导对局势发展不存在侥幸心理，就不会落到这样的地步。

第五，在1948年的茉莉芬事件中，以慕梭为首的印尼共产党人能成为那"有权站在最高山巅的山鹰"；而在1965年，印尼共的力量比1948年大了许多倍，形势比1948年有利得多，印尼共领导这时为何未能成为

"有权站在最高山巅的山鹰"？这是因为慕梭等人对非和平斗争有思想准备，而艾地等人则缺乏这种准备（支持翁东等人的行动也与这种思想状态有关）。

第六，印尼革命的这次失败再次说明，这个国家的地主、资产阶级专政的主要工具是军队。只要武装部队的实际控制权掌握在地主、资产阶级手中，印尼无产阶级就难以通过和平方式真正地取得政权，实现革命的目的。

第七，印尼革命的这次失败还说明，地主、资产阶级对革命政党和劳动人民极端残忍。从事公开合法斗争的印尼共产党在天高气爽、万里无云之际需要切实做好对付狂风暴雨的准备，必须具有充分的应变能力。但是，由于党在领导思想上抱有种种不切实际的想法，因而未能做到这一点。

第八，印尼革命的这次失败也说明，一个伊斯兰教势力很强、其上层又同封建地主密切结合的客观社会环境，给无产阶级政党的革命活动带来了极大的艰巨性和复杂性。苏哈托将军实行白色恐怖，就是依靠这股宗教势力作为群众基础。对这种情况估计不足，对进步势力估计过高，是导致印尼共领导发生失误的一个原因。

第九，印尼共中央在领导思想上发生失误，国内社会历史条件主要是有一个苏加诺。苏加诺的联共政策本来是印尼共开展工作的有利条件。但是，躺在苏加诺身上，企图在他的保护伞下达到革命目的，有利条件就变成了不利条件。

第十，印尼革命的这次失败再次说明，一个无产阶级政党的中央领导是否正确，党的领导思想和政治路线是否正确，党中央在紧急、关键时期的总方针和战略决策是否正确，是革命事业成败的决定性因素。这个方面发生重大失误，全党平时的一切努力都会前功尽弃，党只能长期在黑暗中苦斗，甚至遭到毁灭。

印尼共这次惨败的教训，将成为国际共产主义运动的前车之鉴。

共产主义运动会遭挫折，但它终将会向前发展。尽管道路坎坷不平，然而科学共产主义思想终将指引无产阶级和广大劳动群众冲破一切艰难险阻，勇往直前，夺取胜利。

印度尼西亚共和国是世界上一个著名的火山国。火山山脉从苏门答腊岛走向爪哇岛,到鲁沙登加拉群岛,折到苏拉威西岛东北端,绵延数千里。不少火山都是活火山。在表面宁静的地表层下,充满着矛盾和斗争。常常可以看到这种景色:熊熊的岩浆突破障碍,打开通道,奔腾而出,伴随着浓烟,划破长空,呼啸咆哮,打破人间的夜静。

印尼人民喜爱山鹰,特别是那"有权站在最高山巅的山鹰"。

在看到这种山鹰的时候,在这个群岛之国里,就会发出一阵阵热情的赞歌声:"山鹰,那有权站在最高山巅的山鹰,你展翅飞翔吧!冲破层层乌云,迎着暴风骤雨,穿过激雷闪电,飞翔吧!勇敢前进,迎接那群岛之上的晴朗的蓝天!"

(原载《第三次白色恐怖》,华夏出版社 1988 年 9 月版,第 128—193 页)

1964 年 8 月 1 日张海涛与印度尼西亚共产党主席艾地在我驻印尼使馆举行的"八一"招待会上

美国在印尼第三次白色恐怖中扮演的角色

有关美国中央情报局在印度尼西亚活动的档案至今仍基本保密,但从现已解密的文电中仍可看出,1963—1965年期间,美国政府曾就镇压印尼共产党一事私下与印尼军方频繁接触,反复策划,竭力推动。

美国支持印尼军人集团分三步走:

第一步,从1963年到1964年,美国对印尼军方领导人进行反共"教育"。

1963年9月,包括沙捞越、沙巴在内的马来西亚联邦在英国倡导、美国支持下成立,印尼苏加诺总统决定对抗,一场反对英、美的群众斗争在印尼展开。1964年,美国政府扩大侵越战争。同年,印尼共产党加强了反对侵越战争的斗争,并开展了支持农民单方面行动的运动,印尼国内阶级斗争也随之激化。美国政府就镇压印尼共产党私下与印尼军方接触,就是在这种背景下发生的。

1963年秋冬之交印尼对抗马来西亚后,美国驻印尼大使霍华德·琼斯发密电,就如何向英国、澳大利亚等国驻印尼使节解释美国继续向印尼提供某些援助,请示美国国务院。时任约翰逊政府国务卿的腊斯克在复电中说,美国对印尼的政策是:不再考虑追加援助,停止供应军火,但保留若干项目,包括对印尼陆军的粮食生产活动的经费支持,向印尼警察提供某些装备,在美国军校培养印尼陆军军官,等等。密电说这些援助"有利于实现在即将到来的与印尼共产党的持续斗争中加强印尼反共势力目标"。[①]

1964年1—2月间,琼斯三次致电国务院,说多次敦促苏加诺、苏班德里约(当时任印尼外交部部长)停止对抗马来西亚,均无效。与此同

[①] 1963年美国国务院致驻印尼使馆第683号密电。

时，美国驻马来西亚大使贝尔致电国务院，建议利用美国与印尼军方的关系，迫使印尼政府转变航向。

1964年3月3日，腊斯克致电琼斯，表示同意贝尔建议。电报说，印尼共产党正在把对抗马来西亚的矛头指向在印尼的外资企业，"它无疑希望与美国决裂，以便结束包括石油在内的美国在印尼的投资"；印尼军方对印尼共产党对抗马来西亚和冷淡西方"仅仅有利于印尼共产党"这种形势"缺乏认识"。因此，有必要"全力以赴"对印尼军方领导人开展一次"教育运动"，重点是推动印尼军方反对印尼共产党。①

琼斯接到腊斯克电示后，于3月6日约见了印尼军队最高领导人纳苏蒂安。当天他电告华盛顿说，在他强调乌云笼罩印尼上空、形势显然朝着有利于印尼共产党的方向发展后，纳苏蒂安表示对此分析无异议。纳苏蒂安说，印尼陆军是反共的，他为防止印尼共产党接管政权而采取的主要措施是提高军队在政治上的可靠性，并正继续为此而努力。琼斯说，纳苏蒂安对印尼共产党的威胁有警惕，并且把对军队官兵的思想灌输摆在非常重要的位置，以便迎接挑战。这次谈话始终展现一个主题——军方接管政权，以及琼斯关于美国支持军方接管政权的"明显暗示"。纳苏蒂安回避讨论此事，他完全理解美方关于形势的严重性及其影响的观点，相信纳苏蒂安会向印尼军方其他领导人转达。② 12天后，即3月18日，琼斯再次访问纳苏蒂安，当天电告华盛顿。在这次谈话中，纳苏蒂安说，印尼军队是强烈亲美和反印尼共产党的，美国保留对印尼军队的某些援助项目对美国和印尼都至关重要。他希望美国继续培训印尼军官和对印尼陆军的粮食生产活动提供经费支持，把它们"作为对未来的一种投资"。琼斯为保持压力，没有把美国继续提供这些援助的决定告诉纳苏蒂安。纳苏蒂安提出，他将为此直接写信给美国副国务卿哈里曼、参谋长联席会议主席泰勒将军和司法部部长罗伯特·肯尼迪。③ 这封信是在美国驻印尼武官的直接参与

---

① 1964年美国国务院致驻印尼使馆第946号密电。
② 美国驻印尼使馆1964年致国务卿第1854号特急密电。
③ 美国驻印尼使馆1964年致国务卿第1943号密电。

下，在美国驻印尼使馆拟就并打印的。① 同年4月6日，泰勒将军复函纳苏蒂安，表示同意纳苏蒂安的要求。②

同年4月3日，琼斯约见时任印尼陆军部长亚尼，并于当天将谈话内容电告华盛顿。亚尼表示，他对局势感到忧虑的程度，与琼斯是一样的。亚尼说，印尼共产党的目的是迫使印尼与美国对抗，苏加诺和他本人都了解这一点；但印尼陆军决心防止印尼共产党实现这种企图。③

美国除竭力推动印尼军方反共以外，还在非军方培植反共势力。1964年冬在印尼出现的、由政府贸易部部长阿德姆·马立克挂帅和以政府第三副总理哈鲁尔·萨勒为后台的反共组织"苏加诺主义运动"，与美国驻印尼使馆有直接联系。④

第二步，从1965年1月到9月，美国与印尼军方制订反共计划。

美国驻马来西亚大使贝尔1965年1月9日提出，为解除印尼军方后顾之忧，推动他们与印尼共产党摊牌，可向印尼军方保证：在他们对印尼共产党动手时，马来西亚及其英联邦盟国不会背后捅刀子。⑤ 琼斯复电说，贝尔建议值得考虑，但目前不宜就此与印尼军方做过多接触。印尼军方不愿意现在动手，主要是由于陆军内部缺乏团结和不愿意反对苏加诺的政策，而不是对马来西亚及其英联邦盟国有顾虑。⑥

1月21日，琼斯电告华盛顿：据印尼军方提供的情报，陆军正拟订具体计划，以便在"苏加诺从舞台上消失后"立即接管政权；军方最高领导人中有些人强烈倾向于不等苏加诺死亡就动手；"在30天到60天之内，陆军可能被迫采取行动以挫败印尼共产党的图谋"。⑦ 美国驻印尼使馆在送交国务院的报告里说，亚尼在1965年1月把一些陆军将领组织起来，成立了"陆军智囊团"，当年夏天又在此基础上建立了"将领委员会"。⑧

---

① 美国驻印尼使馆1964年致国务卿第1898号加急密电。
② 美国参谋长联席会议1964年第5747号密电。
③ 美国驻印尼使馆1964年致国务卿第2067号密电。
④ 美国中央情报局1964年第2057号情报备忘录。
⑤ 美国驻马来西亚使馆1965年1月9日致美国国务卿第836号密电。
⑥ 美国驻印尼使馆1965年致国务卿第1337号密电。
⑦ 美国驻印尼使馆1965年致国务卿第1435号加急密电。
⑧ 1965年A—300号缩微胶片航空件。

2月8日，白宫越南问题专家福雷斯特尔在雅加达访问纳苏蒂安，并将谈话内容电告华盛顿。纳苏蒂安说，印尼军队的宗旨是"不卷入政治斗争，但它已为对付印尼共产党的威胁做了准备"。① 这位"专家"结束对印尼的访问后，于2月19日从西贡（即现在的胡志明市）写信给琼斯，说应当让印尼陆军得到美国应允提供电信设备中用于爪哇岛的部分，因为"一旦在爪哇与印尼共产党发生冲突"，这些设备对印尼陆军会有帮助。此议被美国政府采纳。腊斯克同年7月20日在华盛顿召见英国驻美大使，就此解释说印尼陆军曾派人私下与美方接触，表示陆军需要这些电信设备，因为"商业电信系统掌握在印尼共产党手中"。②

第三步，从1965年10月到12月，美国推动印尼军方采取"剿共"行动。

1965年10月1日凌晨，以苏加诺总统的警卫部队营长翁东中校为首的一支军队发动了"9·30运动"，逮捕了"将领委员会"成员（纳苏蒂安侥幸逃脱），这对美国是一次突然袭击。这一运动的目的是挫败"将领委员会"预定在10月5日发动政变的部署（当天是印尼建军节，包括苏加诺总统在内的政府领导人和印尼共产党领导人将阅兵）。美国新任驻印尼大使格林10月1日收到的情报与此说相同。③ 同日，格林两次收到情报，说驻扎在西爪哇的西利旺仪师在师长阿齐少将的率领下，将在当晚开进雅加达，扑灭"9·30运动"，实现"将领委员会"原订的计划。但格林对此缺乏信心。④ 当苏哈托将军在阿齐师长配合下当晚率部进城，控制了雅加达后，这位大使才振奋精神，重新摸情况，陆续向华盛顿发出有关印尼局势的一系列密电。其中有三点值得注意：（1）由于他与印尼陆军的联系仍主要通过纳苏蒂安的联络员进行，因而他一直认为是纳苏蒂安在印尼陆军中发号施令，到11月4日才发觉是苏哈托掌握实权。⑤（2）他认为印尼共

---

① 美国驻印尼使馆1965年致国务卿第1550号密电。
② 美国国务院1965年第12808号谈话备忘录。
③ 美国驻印尼使馆1965年致国务卿第799号加急密电。
④ 美国驻印尼使馆1965年致国务卿第801号密电。
⑤ 美国驻印尼使馆1965年致国务卿第1326号特急密电。

产党原来的处境非常好,不相信印尼共产党领导会策划政变。①(应当说,这一点基本属实。)(3)他认为印尼共产党会发动武装斗争,认为这种斗争将不仅限于中爪哇,还会危及雅加达、泗水、棉兰等城市;对印尼空军可能发动的反击他也很担心。②

这说明,格林不了解印尼共产党在国内路线上所犯的错误。从10月上旬起,美国驻印尼使馆接连撤退家属,与格林对形势的上述估计有关。

从1965年10月到12月,腊斯克等人与格林之间就美国对印尼政策发过一系列电报,强调:(1)全力推动印尼军方镇压印尼共产党;(2)鉴于苏加诺总统仍在台上,印尼"两个权力中心"之间的斗争胜负未定,因此美国与印尼陆军高层的接触和提供援助必须非常谨慎,以免授苏加诺以反美的口实;(3)发挥《美国之音》电台在反对印尼共产党的斗争中应起的作用。③ 11月26日,纳苏蒂安的妻子奉命约见美国驻印尼使馆官员,通知美方:(1)艾地已死,"我们的士兵在中爪哇把他枪毙了"。(2)苏加诺10月1日凌晨的行踪有许多谜尚未解开;"他必须下台,但此事必须按印尼方式处理"。(3)苏班德里约"呆不长了"。(4)苏哈托"很好,很坦率"。(5)美国使馆暂时保持沉默是明智的。④

印度尼西亚1965—1966年发生的大规模屠杀印尼共产党人和工农群众的惨案就是这样发生的。

(原载中国社会科学院1989年第98期《要报》)

---

① 美国驻印尼使馆1965年致国务卿第828号加急密电。
② 美国驻印尼使馆1965年致国务卿第805号加急密电。
③ 腊斯克1965年致美国驻印尼使馆第400、413、433、447、452、470、544、545、777号特急或加急密电;格林1965年致国务卿第868、1002、1047、1164、1165号特急或加急密电。
④ 美国驻印尼使馆1965年致国务卿第1569号加急密电。

七谈民主

驴象相争，轮流坐庄
——谈民主

裘真同志：

这封信我想谈关于美国的民主问题。

你提出，从本世纪 50 年代以来直到现在，我们有些同志对西方国家，首先是对美国的资产阶级民主抱有的某种羡慕、向往的情绪时隐时现，原因何在？

我以为，原因不外有两条。一是如何按照事物的本来面貌如实地、全面地、由表及里地认识和评价美国资产阶级民主制，即使不能完全做到，也应当尽力争取做到这一点。肤浅的、空洞的、片面的评价是没有说服力的。二是如何逐步完善、加强、提高我国的社会主义民主制或曰人民民主制的形式、内容和水平，使我国的民主空气更加浓厚，使我国人民的民主生活更加丰富，使我们这个国家朝着高度文明、高度民主的方向不断前进。

我以为，只有在这两个方面同时做出努力，并且不断做出成绩，才能解决这些同志的认识问题。否则，这个问题仍将伴随着我们飘忽不定，忽隐忽现，不肯离去。

现在进入正题，谈谈我个人对美国式民主的认识。

我谈这方面的认识，仍以我在美国期间的那一段实际经历和直接感受为基础。

我的看法是，首先要肯定美国是有民主的。美国一些资产阶级人士以美国是一个"民主国家"而自诩,并非无中生有,而是有一定根据的。

美国的资产阶级革命——反对英国殖民主义统治的独立战争,早于法国大革命,美国资产阶级共和国的建立也早于法国,比我国的辛亥革命更是早了一个多世纪。由于美国没有经历过封建社会的阶段,它的建国历史是从资产阶级共和国开端的,在国内不存在封建地主、王公贵族那样的敌对势力。美利坚合众国建立以后比较稳定,没有经历过像法兰西共和国建立后那样的多次反复,也没有发生过像以孙中山为领导的中华民国建立后发生的袁世凯、张勋、段祺瑞之流的复辟倒退。当然,美国打过一次内战,即南北战争。但是,美国南方使用奴隶劳动的种植园主并不是我们通常所说的人类社会历史上处于奴隶社会阶段的那种奴隶主,而是奴隶主与资本家的混合体,可以说是奴隶主的一种变态,也可以说是在资本主义社会中拒绝采用雇佣奴隶制、坚持采用古代赤裸裸的奴隶制的资本家。他们对待黑奴异常残酷,然而他们从事的是商品生产,榨取的是黑奴创造的剩余价值。这次内战只打了4年,而且是以北方资产阶级取胜而告结束的。因此,美国的资产阶级民主制度建立较早,发展比较平稳、顺利,实施的范围渐趋扩大,形式逐渐发展,渐趋完备,成为世界上资产阶级民主共和国的一种较为完整的典型。

如以前给你的信中已经说过的那样,1787年制定的《美利坚合众国宪法》由于制宪会议成员的阶级立场所限,没有载入有关人民自由权的内容。它只是就联邦国会参众两院议员、联邦总统和联邦法院法官的产生方法及其职权做出了规定。这无疑是一个重大缺陷。

然而这部宪法也有它的可取之处。比如,宪法规定,除联邦法院法官以总统提名、国会参议院通过的方式任命并且实行终身制以外,总统、副总统、国会参众两院议员,一律在不同的范围内由选民选举产生,并且规定了一定的任期。同人类社会长期经历过的封建专制相比较,美国宪法的这种规定当然是一个很大的进步。

1787年,美利坚合众国刚刚诞生,后来长期轮流执政的民主、共和两党(其前身为联邦党、民主共和党、民主党、自由党)尚未形成。美国宪法中没有关于两党竞选、交替执政的内容。每个大选年,民主、共和两党分别在各州举行预选或召开州的党代表会议,由参加竞选的一些人士互相争夺本党总统候选人提名，在此基础上分别召开两党的全国代表大会，正式产生本党总统、副总统候选人，然后由他们在全国范围内决选。这种做法是后来逐渐形成的。在世界各国中，只有美国才有这种选举方式。这应当说也是一种民主。就民主的形式而言，它是相当完备的，是一种具有积极意义的创造。

美国实行联邦制，除《美利坚合众国宪法》以外，它的50个州都有自己的宪法。各州议会都有权制定在本州境内实行的种种法律，由州长签署后实施。根据这些宪法和有关法律的规定，各州州长和州议会议员也都由选举产生，并都有一定的任期。在选举过程中，有些州的民主、共和两党也实行预选制度。各市市长、市议会议员的产生，大致也是这样。这当然也是一种民主。

关于选民资格，美国原来是有种种限制的，如妇女没有投票权，黑人不能参加投票，等等。后来，在人民斗争的压力下，从联邦法律上来说，这些限制都逐渐取消了。也就是说，它实行了普选制。这当然也是一种进步，是一种民主的表现。

美国全国范围的大选，每四年举行一次。每个大选年都要选举总统、副总统，改选联邦国会参议院1/3的议员和全体众议院议员。许多州的州长、州议会议员的改选，市（县）长、市（县）议会议员的改选，也和联邦行政首脑和国会议员的选举同时进行。所以，每个大选年，美国总是热热闹闹的。

1972年大选是我在现场观察过的第一个美国大选年。踏上纽约市中心——曼哈顿岛，立即使人感到了一种浓厚的竞选气氛。这一年大选中的预选，最热闹的场面发生在民主党内。共和党方面，在任总统尼克松作为第一个访问了新中国的美国总统，声势大振，党内很少有人敢与之挑战。民主党这一年宣布参加总统竞选的人士颇为不少，形成一种群雄角逐的局面。平时不大引人注目的麦戈文参议员异军突起，举起从印度支那撤军的旗号，发表削减军费、增加社会福利开支的政纲，吸引了不少选民，特别是一些不愿服兵役、不愿到印度支那作战的青年，在党内逐一打败对手，夺得了本党总统候选人提名。民主、共和两党争相在各著名饭店举行筹款宴会、招待会，宾客盈门，杯觥交错。各候选人竞相在各地同选民握手、拥抱、亲吻，在各种选民集会上发表演说，抬高自己、打击别人。他们还组织人马，到对手的集会上提出使对手为难的种种问题，或者进行其他形式的捣乱活动。报纸、杂志、广播台、电视台竞相刊登、播映各候选人的竞选广告，并且安排大量的版面和节目报道竞选场面，评论各候选人的言行。整个竞选活动令人眼花缭乱。

1976年大选是我在现场观察过的美国又一个大选年。这一年的预选，最激烈的争夺发生在共和党内。由于尼克松总统在第二任期中途被迫下台，在美国西部的一些上层社会势力中引起公愤，同样来自西部的里根州长率领一支人马上阵，在这一年的共和党预选中向本党在任总统福特发起挑战。开始时，里根州长出师不利，一再受挫。但这位州长不为挫折而沮丧，从当年2月新罕布什尔开始陆续展开的30个州的预选，到当年夏季先后举行的20个州的党干部会或党代表会，直到当年8月在堪萨斯城举行的共和党全国代表大会，硬是同福特总统周旋到底。整个过程胜负交错，波澜起伏，出现过不少惊险场面，对观众颇有吸引力。

美国各大电视台播放广告价格最贵的时间，第一是全国橄榄球比赛的决赛日，第二就是大选投票日——每个大选年11月的第一个星期二。因为每逢全国橄榄球比赛的决赛日，收看电视台实况转播的观众最多；大选投票日的电视观众虽不像看橄榄球赛那么踊跃，但也为数不少。折腾了一年，究竟竞选场上鹿死谁手，谁胜谁负，不少人要及时知道个结果。要想及时知道，最主要的途径就是收看电视台当晚的连续跟踪报道。

美国垄断资本集团的各派代表人物在这种驴象角逐场上表现出了这个阶级损人利己的种种腐朽思想和作风。在美国的选举制度下，竞选人也必须如此。他不打击别人、抬高自己，他不把对方说成是一个十恶不赦的恶魔，不把自己扮成一个德行高超、大慈大悲、普度众生的如来，能够捞到足够的选票、取得竞选的胜利吗？这说的是前台表演。至于后台活动，幕后交易与搏斗，肮脏恶浊、乌七八糟的事就更多了（其中的极端举动，就是对竞选对手实行暗杀。1968年罗伯特·肯尼迪竞选总统，被暗杀身亡；1972年，乔治·华莱士竞选总统，被暗杀致残；福特也被暗杀过）。理查德·尼克松先生在美国资产阶级政界活动了几十年，从竞选联邦众议员、参议员，到竞选副总统，竞选州长，到三次竞选总统，可以算得上是一个竞选里手，一员久经沙场的老将。离开白宫以后，在其所著《领导者》一书中总结官场角逐经验时，曾引用丘吉尔的话，两次三番地说资产阶级政界的竞选活动"粗野而肮脏"①。这个话是符合实际情况的。如果要写这种"粗野而肮脏"的事情，我可以给你写满成百页、上千页信纸。我不打算这么做，一则无时间，二则无必要。我觉得，对此事简单提这么几句，也就够了。

对于资产阶级政客在资产阶级民主制度之下、在竞选角逐场上和在幕后争斗中所表现出来的资产阶级的种种腐朽的思想、作风，我们应予以否定。这是毫无疑问的。

但是，我以为美国的这类竞选活动也有一种好处，即它可以在社会上造成一种浓厚的民主气氛。我在这里是撇开了民主的阶级内容，仅仅局限于讲"气氛"的。我以为这种"气氛"有可取之处。

根据《美利坚合众国宪法》的规定，总统有关内政、外交的重大决策，诸如政府高级官员的任命，政府每个财政年度的预算，总统同外国签订的条约，等等，都要提交联邦国会一院或两院讨论、通过，方能生效。国会通过的法案要总统签署，才能正式成为法律。但是，如果总统拒绝签署，对法案予以否定，只要国会能凑够 2/3 的票数，对总统的否定来一个"否定之否定"，该项法案虽无总统签署，也可正式成为法律，立即生效。此外，有的持有异议的议员如果在国会大厦里斗不过总统，还可以到法院去告总统一状。在这种情况下，政府司法部也只好代表总统到法院里去奉陪。

我以为，这也是一种民主。

说到这里，我还要附带提及一件事。

由于美国资产阶级和垄断资本集团内部利害矛盾、冲突很多，到法院打官司成了家常便饭。总统与国会、总统与州长、总统与各大工商企业之间的矛盾、冲突，有时也要靠到法院打官司解决。法庭辩论，法官判决，都要引经据典，其中常被引用的就是《美利坚合众国宪法》中的有关条

---

① 理查德·尼克松：《领导者》，世界知识出版社1983年版，第386—387页。

款。久而久之，就把这部宪法弄得在社会上受到普遍重视，差不多是家喻户晓。

我以为，撇开其阶级内容不谈，这应当说也是一种优点。

从共和党于1854年建党以后，以迄如今，美国从联邦到各州、市（县）的政权一直是驴象相争，轮流坐庄。

以后的信件将会谈到，我认为美国的这种驴象相争、轮流坐庄的制度并不是什么好东西，我更不赞成把它照搬到中国来，认为那样做是倒退，是开历史倒车。中美两国社会制度不同，国情迥异。我们不能照搬美国社会领域的东西（这与自然科学、技术不一样）。不说别的，就是"自选商场"这一类的事物也不能照搬。如若照搬，就要受挫。更何况是这种驴象相争、轮流坐庄的政治制度！

但是，我以为不应当对美国资产阶级民主制的一整套做法采取全盘否定的态度。我以为全盘否定不是辩证唯物主义，不是历史唯物主义，不是实事求是的科学态度。马克思、恩格斯对资本主义做了最透彻的批判，但是也没有全盘否定。如若全盘否定，马克思主义的三个来源岂不是断了源头了吗？

既然全盘否定是不对的，那么，可不可以来它个反其道而行之，来它个全盘肯定，在我们这个社会主义国家里来它个"全盘西化"或者"全盘美化"呢？我以为，在今天的中国提出这种主张，不仅没有一点儿马克思主义的气味，甚至连一点儿中国现代史、世界现代史的常识也没有，只能说是无知。

我以为，人类社会的历史是分阶段发展的。我们可以而且应当摒弃前人的那些应当予以摒弃的东西，但不应割断历史，对历史遗产应当采取批判继承的态度。毛泽东同志对这一点做过许多精辟的论述，我以为这种论述是真理。在人类社会进入社会主义阶段以前，资本主义是人类社会历史上最先进的制度。它创造了巨大的物质财富和许多优秀的文化。社会主义社会不是凭空产生的，而是从资本主义社会脱胎而来的。从根本上来说，社会主义是对资本主义的否定，从社会经济制度到政治制度，从经济基础到上层建筑、意识形态，都是如此。但是，社会主义与资本主义之间又存在着一种批判继承的关系，去其糟粕，取其精华，或者去其实质，取其某些形式，为我所用，在政治、经济、文化、思想等方面都是如此。我以为，这里面也包括资产阶级民主形式中若干合理的、积极的、有益的成分。我们实行对外开放，就具有这样的含义。不知你以为然否？

天将黎明，精力疲乏，就此停笔，余容后叙。

敬礼！

张海涛

1984年10月28日凌晨

一个老板，两家店铺
——再说民主

裘真同志：

此信再谈谈关于美国的民主问题。你继续给我提出了一系列的问题。

你提出，既然美国每次大选都搞得那么锣鼓喧天，鞭炮齐鸣，热热闹闹，那么，为什么每次大选的投票日，大批的甚至是大多数拥有投票权的选民却不到投票站去投票呢？

我以为这个问题提得好。我还可以给你补充一点。根据我在纽约市的现场观察，在大选投票日，富户聚居区，投票站里的选民很多，很拥挤，往往要排队交验选民证，排队进入投票棚，而在贫困户、低收入户和黑人聚居区，前往投票站的选民则少得多，投票站里冷冷清清。这是为什么？

你提出，按照美国宪法规定，凡在美国出生、在美国居住满14年、年龄达到35岁的美国公民，都有资格当选美国总统。这样的美国人当然就很多了。那么，美国建国200多年来，当选总统的人为什么都是一些国会议员、州长、其他政府官员和少数将军，而没有一个普通老百姓呢？

你提出，既然美国工人阶级的队伍那么庞大，选民人数那么众多，美国建国以来，为什么没有一个工人阶级的代表当选美国总统呢？

你还问到共产主义者在美国选举中的地位和作用。

在这后一个问题上，我可以给你补充以下事实。空想社会主义虽然产生于欧洲，但美国却是这种思想的一个重要试验场。19世纪二三十年代，空想社会主义的著名创始人欧文和傅立叶都曾亲自到美国，对他们的主张做过实验。科学社会主义虽然产生于欧洲，但马克思的战友魏德迈早在19世纪50年代初就把它传到了美国（当时在我国，洪秀全领导的太平天国农民起义刚刚开始，举的是耶稣的旗帜和上帝教的旗号，科学社会主义的思想在我国还连一点影子都没有）。19世纪末80年代，恩格斯还曾亲自到过美国。19世纪末和本世纪上半叶，美国产生过许多在工人群众中很有影响的共产主义战士。那么，在看起来如此民主的美国，不仅没有一个共产主义者当选过总统，就是当选州长、当选市长的事也从未发生过。这又是什么原因呢？

所有这些问题，集中到一点，就是要弄清美国式民主的阶级实质。要答复这些问题，需要给你写几封信，仅一封信难以说清楚。

这封信想先说一点普通的事情，帮助你理解一般的概念。

（一）

我先说说美国资产阶级政党的概貌，说说它们大体上是个什么样子。

我们中国人往往自觉、不自觉地习惯于用我们自己脑子里的政党模式去观察、衡量美国资产阶级的两大政党——民主党（以驴为党旗上的图形）和共和党（以象为党旗上的图形）。其实，这是不行的。美国的民主、共和两党与我们这个党——中国共产党当然完全是两回事，可以说没有任何共同之处；就是同中国的资产阶级政党（后来变为买办资产阶级兼官僚资产阶级的政党）——中国国民党也是很不相同的。美国的这两大政党在一些方面与一些西欧国家的资产阶级政党、与日本的自由民主党也不大一样。

根据我的感觉，简单地说，美国民主、共和两党的大致模样如下：

第一，这两大政党只办一件事情——选举。经过选举，把属于本党的政客送进联邦政府的行政部门（白宫）和立法部门（国会）。各州、市或县亦如此。从19世纪50年代以迄如今，美国的官场选举一直是由这两大政党包办的。除此以外，它们就没有什么别的事情。

因此，也可以说，这两大政党就是两个主办选举业务的团体。

第二，两大政党在联邦、州、市或县以至国会众议员选区分别建常设委员会，但不设竞选活动以外的工作部门（至少是我个人没有听说有这种部门）。它们主管的事情，是遴选、物色、推举，并通过召开本党全国代表大会、州代表会议或秘密的核心会议确定本党总统（州长、市长、县长）、国会议员（州议会、市议会议员）的候选人，筹集竞选经费，研究竞选策略，等等。但在竞选活动期间，各候选人都分别建立自己的竞选班子，八仙过海，各显神通，并不接受本党同级委员会的领导或指导。

第三，两党的全国委员会与各州、市委员会之间没有领导、被领导的关系，只有一种联络、协调的关系。这与美国实行的联邦制是一致的。

第四，两党只有以谋取官职为职业的政客，没有普通党员。美国老百姓中的所谓"民主党人"、"共和党人"都是他们在选民登记时自报的一种身份，而且即使登记为"民主党人"，在投票时也可投共和党候选人的票，反之亦然。

由于这两大政党只办选举这一件事，只需要一个东西——选票，因此，它们平时根本不需要普通党员。它们也无所谓对党员群众负责，无所谓党员群众对党的领导及其种种活动的监督，也无所谓党的建设。

第五，两党的各级委员会通过选举把本党政客送进了各级政府，也就完事了。它们不能领导本党政客组成的政府和由本党政客占多数的国会（或州、市议会），而是颠倒过来。执政党（指在政府行政部门执政）的全国委员会由本党总统领导；在野党（也指政府行政部门，它在政府立法部门总是占有席位的，并不是在野）的全国委员会由获得本党总统候选人提名，但未当选的政客领导。两大政党本身及两党政客轮流坐庄的政府的实际控制权，都掌握在资产阶级主流派和垄断资本集团及其代理人手中（我以后还会谈到这一点）。

第六，总统是执政党的当然领袖，但他只能影响、不能直接指挥本党在国会的议员。根据我的观察，总统和国会议员之间基本上是一种商品交换关系，或者说是商品交换关系中的等价交换原则在政治领域的延伸。[1]国会议员之间的关系也是如此。两党国会议员在表决法案时的投票态度，第一是取决于他个人的利害，第二是取决于他所代表的垄断资本集团和地

---

[1] 详见拙作《吉米·卡特在白宫》上册，四川人民出版社1982年版，第170—198页。

方实力派的利害（他们都有各自的选区），第三才是党派关系（往往又是派重于党）[①]。只有在竞选时，在分配国会各常设委员会的负责人席位时，政党隶属关系对于这些议员先生才是重要的。除此以外，政党隶属关系对他们的态度有影响，但往往不起决定作用。我们很难看出驴、象两党有什么组织纪律存在。

第七，两党每隔四年都要分别制定出一份本党的长篇大论的党纲，但这种党纲主要是起一种竞选宣传大纲的作用。取得竞选胜利而上台的总统在施政方面所作的决策，他的政府所推行的政策，主要取决于当时的国内外形势，取决于垄断资本集团各派的斗争及其实力的消长以及当时占主导地位的垄断资本势力的利益和意志，而不是取决于本党党纲，也不会有什么人来检查总统是否执行了本党党纲。因此在美国资产阶级政界，竞选纲领是一回事，上台以后的实际施政基本上是另一回事。

我国有的学者以党员成分、党的纲领和政策倾向等因素为依据，认为在美国只有共和党才是垄断资产阶级的政党，而民主党则有些类似西欧的社会民主党。这种看法，我以为是值得商榷的。如上所述，我们判断这两个党不能以它们的"党员成分"（除上层职业政客外，它们没有党员）和党的纲领（基本上不执行）为据，也不能以两党政客的言论（首先是竞选言论）及其所举的旗号为据，而主要是以两党政客上台执政以后的实际行动、在施政方面所做出的实际决策为准。而在这后一方面，美国驴、象两党就没有多大差别。从历史上来说，美国与西欧不同，社会民主主义曾经出现过，但从未形成一支重要的政治力量。相反，民主党在历史上是维护美国南方的奴隶主庄园制的，而共和党则相反。从现实情况看，美国这两大资产阶级政党的政客上台执政以后所采取的施政措施也谈不上有重大差别。如果说有差别，也与我国有的学者的论断相反。侵朝战争是民主党政客哈里·杜鲁门主持下的政府发动的，是由举着共和党旗号的德怀特·艾森豪威尔将军主持下的政府结束的。侵略印度支那战争是以民主党总统约翰·肯尼迪为首的政府发动的，是在另一个民主党总统林登·约翰逊主持下的政府手里大规模升级的，是在共和党总统理查德·尼克松任期内结束

---

① 详见拙作《吉米·卡特在白宫》上册，四川人民出版社1982年版，第170—198页。

的。大力扶植蒋介石打内战、屠杀中国人民的是民主党人哈里·杜鲁门主持下的政府；而带头改善对华关系的却是共和党人理查德·尼克松总统及其政府。带头向苏联发动"冷战"的是民主党人杜鲁门主持下的政府，而带头推行对苏"缓和"政策的则是共和党人尼克松领导下的政府。我举出这些事实，并不是说只有民主党人主持下的政府从事对外侵略扩张，而共和党人领导的政府则反之。我不是这个意思。我的看法是，本世纪以来的民主、共和两党及其政客主持的政府所代表的都是美国垄断资本，在这一点上没有多少差别。它们推行的政策（是打侵略战争还是停战，是扩张还是收缩）以当时的形势和美国垄断资本的利益、需要和意志为转移，在这一点上也没有多少差别。内政方面的情况大致上也是如此。这两大政党的政客中都有资产阶级"自由派"和"保守派"；两党的"自由派"主要都集中于东部，民主党的"保守派"主要集中于南部，共和党的"保守派"主要集中于西部。这种地区分布所反映的不是两大政党的区别，而是不同地区的垄断资本势力的经济、政治利益的差异。近几十年来，两党政客主持的政府在内政的改良主义措施方面只有程度的差别，没有本质的不同，因为缓和阶级矛盾是垄断资本的共同需要。

在美国社会上流传着一种政治笑话。有人问道，世上什么事物最少差别？答曰：民主、共和两党。这当然是一种笑话，不能代替科学论证，但它也大体上反映了驴、象两党的对比形态。两党在形式上的区别，不存在本质差异。

我在上面给美国的驴、象两党粗线条地勾画了一个脸谱。我以为，即使从这种外部轮廓上，从这种粗线条的脸谱上，也可以看出美国驴、象两党的种种资产阶级特征。

（二）

我们看问题总是要由现象到本质，由表及里地作一番考察和思考，不能光停留在事物的表象上。

我说一件具体事情。

1977 年，我和我的爱人应美国一家巨型新闻垄断企业之邀并在该企业的总负责人及其夫人的陪同下访问美国南方，第一站是南北交界处的一个州的首府。我们到达这个依山傍水、环境幽静而美丽、人口不满10万的城市时,当地两家报纸都表现出了对新中国来宾的友好情谊。一家报纸的负责人夫妇亲自到机场迎接,另一家报纸则派代表到机场向我们献了鲜花。到了旅馆进了房间,发现第一家报纸送的鲜花早已摆在房内的写字台上。由于我们此行的访问日程上只给这个城市安排了一天,如何分工接待,据说两家报纸的负责人事前有过一番争执。磋商结果,午宴、晚宴由这两家报纸分设款待。一家报纸的负责人设的午宴,是在这个城市里的一家高级俱乐部里举行的。女主人则把我的爱人接到自己的宅第里另设家宴招待,并且请了该市市长夫人和其他一些知名女士作陪。另一家报纸的负责人设的晚宴是在他的住宅里举行的。女主人亲自开车到我们下榻的旅馆,把我们接到她家中。男主人去华盛顿出席了一个重要会议,当天乘飞机赶回,主持了这个晚宴。我们进门后看到,这里真是宾客盈门,高朋满座。我们同出身名门的该州州长和他的美丽、大方、举止端庄的夫人就是在这个晚宴上相识的。显然,这一家的接待规格超过了另一家。两家美国同行的殷勤好客给我们留下了深刻的印象,并且使我们感觉到,他们在接待规格上显然是在彼此攀比,互相竞争。

我们在这个城市的参观访问过程中了解到对我们彬彬有礼、盛情款待的这两家东道主,原来是彼此成见很深的敌手。他们主持的这两家报纸在同一座大楼里办公,在同一家印刷厂里印刷,但彼此之间竞争得很厉害。一家报纸的"自由派"色彩较浓,另一家报纸的"保守派"倾向较重,由于一些政策主张不同,它们发生分歧,彼此经常在报纸上发表观点对立的言论,相互争吵以至谩骂。由于利害关系不同,这两家报纸在争夺订户、争夺广告等方面的斗争也很激烈。它们之间的这种对立,同驴、象两党在选举期间彼此对骂、相互争夺选票的形态大体类似。这两家报纸的工作人员虽然在同一座楼里工作,上上下下,朝夕相见,但通常彼此不讲话,不打招呼,有时甚至怒目而视,相互吵架。这与驴、象两党的职业政客在选举期间的关系颇为相似。这两家报纸在对我们的接待上所发生的攀比、竞争,也是它们之间的这种对立关系的反映。

上述种种,都是事物的表象。这种情形,我在美国期间差不多天天都耳闻目睹,司空见惯,无甚新鲜处。

那么，什么是事物的本质呢？

我们在这个城市的参观访问过程中还了解到一个事实，即这两家分为"自由派"和"保守派"、相互敌对和斗争的报纸的所有权，是属于同一个主人，它们的老板是同一个人。这两家报纸之间的对立和斗争，就像我国皮影戏里的表演一样：两位身着铠甲、手持大刀的将军互相砍杀，势均力敌，各自使出全身力气，打得难解难分，场面紧张而激烈，然而在幕后牵线、导演这场厮杀场面的，却是同一个人。你说这二者之间是不是有点相似？

我以为，这后一个事实才反映出了事物的本质。说这是一种"民主"也未尝不可，但这种"民主"却是在一个老板或曰富翁的导演和控制之下的"民主"，具有浓厚的资产阶级的阶级特征。

我们在这里看到的是一个老板、两家店铺，而且是两家经营同一种业务而字号又不相同的店铺。在局外人看来，它们是对立的两家，用得着"同行是冤家"这句话。只有知内情者才知道，这两家字号的背后是一个老板。

一个老板在同一个地方出钱办两家报纸，让它们一家代表"自由派"，一家代表"保守派"，在言论方面互相厮杀，在订户、广告方面互相争斗。从表面看来，这两家报纸互相辩论、攻击以至谩骂，吵得脸红脖子粗，架打得很热闹，颇有一点"民主社会"的味道。可是，站在它们背后的却是同一个主人。这也许是一种生财之道吧。这位富翁在同一座城市、同一幢楼里投资办两家报纸，向唱出不同曲调的这两家报纸的编辑部发出不同的政策指示，让它们分别代表当地资产阶级政界的两派政治势力，分别为这两派摇旗呐喊，擂鼓助威，在当地政界不断掀起政治波澜（当然是以资产阶级的阶级利益所能容许的界限为限度，它们是不会超出这种限度的，因为有老板在幕后把关）。其结果当然是很美妙的：两家报纸赚的钱，涌进一个老板的钱袋之中；两派地方资产阶级政界势力，同时拜倒在一个老板的脚下。

这位富翁的做法具有代表性，在美国资产阶级中具有典型意义。

还是就舆论制造业这一行来说吧。

我后来在美国其他城市，包括南方一个大城市，看到了同样的情形。

我在第五封信里提到的那些巨型舆论制造企业，如纽约时报公司、时代杂志公司、华盛顿邮报公司、时报与镜报公司、道·琼斯公司，它们都不是只出版一种报纸或一种杂志，而是每一家公司都出版一个系列的报纸或杂志，以至同时办广播台、电视台。每一家公司所办的那个系列报纸、杂志，其资产阶级的政治色彩都不是完全相同、整齐划一的。至于那些大报系就更是如此。每个报系所拥有的多家报纸，通常都不是清一色的"自由派"或"保守派"喉舌，而是两者俱有，上什么山唱什么歌。说这是美国社会多样性的一种表现，也是可以的，不过这种多样性是垄断资本所导演的。

（三）

根据我的观察，美国资产阶级政界的驴、象两党之争，与我上面说的一个老板、两家店铺的形态大致上是相似的。当然，在驴、象两党的背后是一个阶级——资产阶级，现在是垄断资产阶级。这个阶级在对付无产者这一点上利益是一致的，总的立场是一致的，政策、主张也大体一致。但是，既然是资产阶级，它的内部就不可避免地要发生种种利害冲突，就不能不分成许多集团和派系。这一点也反映到驴、象两党及其政客中来，因而使驴、象的角逐组成一种错综复杂的画面。要看到这种复杂性，不宜于简单化。但就其总的形态而言，就其总的阶级背景而言，说现在美国驴、象两党的对峙是两家店铺，一个老板，我以为大体上是不错的（我说的"现在"，主要指的是第二次世界大战结束以来的这个时期）。

我认识纽约市一位工商界的朋友。他在曼哈顿岛上开了一家广告公司，自任总经理。我曾经参观过他的公司，想了解一点美国广告企业这一行的经营情况，增加一点知识。他的公司设在曼哈顿岛腰部的一幢楼里，在其中租用了一些房间，所占面积不大，但陈设相当雅致，经营的规模不算很小。从交谈中，我意外地发现，这位广告公司总经理原来也在政界混过，曾经竞选过纽约州议会议员，失败了，后来洗手不干了。我问他为何不继续竞选个一官半职，却弃政经商？他的答复简单明了："竞选是一种买卖，一种交易，太费钱了。"言下之意，他做竞选这个"买卖"失败了，赔了本，因此不愿再干了。

他说的这个话对我有启发，有助于我了解、认识美国资产阶级的驴、象两党及其职业政客的活动的性质。我感到，我们这些人同资产阶级接触不多，不大了解这个阶级，对这个阶级缺乏感性知识，不大了解这个阶级的精神世界、思维方式、生活习性。比如说，这位美国工商界朋友说竞选也是一种"买卖"，我过去就没有想到这一层。对资产阶级的阶级特征，马克思、恩格斯早在《共产党宣言》里就讲透了，但我们并未充分理解。我以后还会谈到这一点。

美国驴、象两党这两个店铺不仅后台老板是资产阶级（上个世纪）和垄断资产阶级（本世纪以来），而且前台老板也大都是资产者。这两个店铺的买卖大都是他们直接出面主持的。我在美国期间，民主党全国委员会主席一直是得克萨斯州企业家斯特劳斯；共和党全国委员会主席有一个时期曾经是得克萨斯州的另一个企业家（石油资本家）、美国现任副总统布什。两党的州、市委员会也是这样。吉米·卡特总统开始踏进官场、在他的老家佐治亚州以民主党人的身份竞选州参议员时，当时民主党佐治亚州委员会的主席就是一位全国知名的工业家富奎。理查德·尼克松总统最初踏进官场、在他的老家加利福尼亚州第12选区竞选联邦国会众议员时，选拔、扶植他以共和党人身份取得这个官职的人，就是共和党加利福尼亚州第12选区委员会领导人之一、美利坚银行惠蒂尔分行经理赫尔曼·佩里。① 我在纽约期间，纽约州一些县的驴、象两党委员会主席都是由当地一些银行家和工商企业家直接出面担任的。这就是说，这些人穿着民主、共和两党各级委员会主席的服装，活动于美国政坛之上，可是他们的实际身份是银行家和工商企业主，是这两家店铺公开出头露面的主人。

但是，驴、象两党有一些负责人本身并非资本家，而是资方代理人，或者是资本家兼资方代理人。其中最多的一种人，就是律师。美国的无产者很难出钱请律师，他们也没有必要聘请律师当自己的什么事业的常任法律顾问。这些律师的主要服务对象是资产阶级和垄断资本集团，他们的主要业务是受聘任那些大银行、大工业公司、大商业公司的法律顾问，任那

---

① 参见《尼克松回忆录》上册，第45—47页。

些富有家族的法律顾问,任那些腰缠万贯的富翁的私人法律顾问。因此,这些律师很容易接触资产阶级,很易于取得这个阶级的赏识和信任;有些人通过在一些著名的律师事务所的活动,本身也变成了大银行、大工商企业的董事和股东,亦即变成了资产者。由他们出面来主持驴、象两党的党务,也就是等于由那些金融寡头、工商巨子本人出面主持这两家店铺。

因此,不说别的,仅就驴、象两党各级委员会主席一职的担任者的阶级成分这一点就可以判断,它们是美国资产阶级(垄断资本)这个集团老板所开的经营同一种买卖的两家店铺。

这封信只说了一点属于常识范畴的事情。

关于美国垄断资本如何主管驴、象两党这两家店铺的买卖业务,我将在以后的信中再谈。

如有不同意见,望及时来信示知。

敬礼!

张海涛
1984 年 11 月 15 日夜

"在烟雾腾腾的小房间里"
——三谈民主

裘真同志:

这封信继续谈美国式的民主问题,打算开始回答你提出的那一连串的问题。不过,这封信还只能是"开始回答"。对你提的连珠炮式的问题,我感到好似一个小学生坐在课桌旁,面对着老师的考试,感到考题太多、太难,感到自己知识不足,一次交不完答卷,不得不请求老师准许,让我回家再准备准备,分期交卷。我想,你大概会允许的吧?

我在这封信里想谈谈美国垄断资本大体上是如何操纵、左右美国的民主选举的。说"大体上",是因为我对美国垄断资本各派为争夺对美国联邦政府的控制权而展开的幕后角逐虽时有所闻,但对其私下交易了解甚少,只能以它们的这种角逐的公开表现为主要依据。美国垄断资本集团各派的这种私下交易,它们在幕后从事的争斗和妥协,不仅我们中国人不大了解，就是广大的美国人民、广大的美国普通选民也是被蒙在鼓里的。你不要只看美国社会的开放一面，其实，垄断资本集团对于自己的这种政治角逐的核心机密，如同对他们的钱袋机密一样，是保守得很严的，是很不开放的。由于利害冲突甚激，一时达不成妥协，反对的、觉得交易不公平、有不满情绪的派别有时不惜公开诉诸舆论，也会把这种内幕捅一点出来。但是，这种向外捅的情况毕竟是有限的。因此，我们对事情的认识不能不受到很大的局限。

我谈这个问题仍以我在美国期间的现场经历和感受为基础。

我的感觉是，美国垄断资本操纵、左右选举，主要是控制候选人（总统候选人，联邦国会议员候选人，州长、市长候选人，州议会、市议会议员候选人，等等）的提名权。它们对这种提名权的控制，贯穿于预选的整个阶段（就总统候选人的提名而言，这个阶段包括预选以前、预选开始直到两党全国代表大会）。它们为何着重抓提名权，其中道理，我以后会提及。

美国垄断资本抓候选人提名权，主要是运用它的左、右两只手。一只手是政党（驴、象两党），另一只手是舆论工具。

让我们来看一看这两方面的一些大致情况，看看垄断资本集团运用这两只手的概况。

（一）

我先说一下1976年大选，着重说一下美国著名的洛克菲勒财团（或曰洛克菲勒垄断资本集团）是如何在这一年大选的预选阶段同时利用驴、象两党，操纵两党总统候选人的提名权的。

洛克菲勒家族当时当权的五兄弟（其中老四温思罗普·洛克菲勒在阿肯色州当了几年州长后于1973年病故），其公开宣称的政党身份都是共和党人，包括当时任联邦政府副总统的纳尔逊·洛克菲勒先生（排行老二）和当时任大通曼哈顿银行董事长的戴维·洛克菲勒先生（排行老五）。他们在美国政界的公开活动集中于共和党内，但这并不意味着他们不插手民主党的事务。他们涉足驴党事务，我随后再谈一点，现在先说象党的事。

理查德·尼克松先生离开白宫以后追忆他参加1968年竞选总统的经

过时，提到当年 2 月 2 日他本人在新罕布什尔州曼彻斯特市举行的一个记者招待会上的讲话。他说，他在这个记者招待会上提出的第一点，是说他这次竞选总统能够取胜。接着回述到他在这个场合公开提出的第二点。这第二点的内容很重要。下面是他对这一点的追述原文："我又提出，下届共和党总统候选人的提名决不能再在烟雾腾腾的小房间里密商选定了，而应在'初选的烽火'中诞生。这话是冲着纳尔逊·洛克菲勒说的，是向他提出的一个挑战，因为我确信，在幕后支持乔治·罗姆尼[①]当候选人的就是他。"[②]

尼克松先生的这一段话至少说明了两点：

第一，以美国东部为根据地的垄断资本势力，包括洛克菲勒财团在内，习惯于"在烟雾腾腾的小房间里密商选定"每一届总统候选人的提名，并且排斥来自美国西部的政界人士，不把他们列入提名名单之内。

第二，尼克松先生对此愤懑不平。他这个来自落基山以西、加利福尼亚的政界人士这一次决心要打破这种"在烟雾腾腾的小房间里密商选定"的提名名单，要通过"初选的烽火"的考验，夺取共和党总统候选人提名。

我认为尼克松先生写的这一段话反映了美国东部垄断资本幕后控制总统候选人提名权这一重要事实，对此没有异议。我只想补充一点，即这种"烟雾腾腾的小房间"不仅存在于美国东部，也同样存在于美国西部，存在于尼克松先生主要代表的那个地区。

尼克松先生这一次固然打破了东部垄断资本"在烟雾腾腾的小房间里密商选定"的名单，然而从这一年 2 月的新罕布什尔首次预选起，到当年 8 月在迈阿密海滩为确定本党总统候选人提名而召开的共和党全国代表大会止，在这整个过程中，纳尔逊·洛克菲勒州长（当时他是纽约州州长）一直为尼克松先生沿途设置路障，层层堵截。那一次，由于尼克松先生有着美国西部和南部垄断资本势力的支持，由于乔治·罗姆尼州长在竞选过程中发生失误，也由于纳尔逊·洛克菲勒州长一度举棋不定，踟蹰不前，

---

① 乔治·罗姆尼原为密执安州州长，1968 年共和党总统候选人之一。
② 《尼克松回忆录》上册，第 383 页。

由于这种种原因，尼克松先生得以突围成功。

同样的历史在 1976 年又重演了。这一次，纳尔逊·洛克菲勒副总统（他是 1974 年冬当上副总统的）却没有让自己的对手突围出去。

这一次遭到围困的人物，可以称之为"尼克松第二"，与尼克松先生是"一个战壕里的战友"。此人就是同样来自加利福尼亚，同样是共和党"保守派"，并且曾任加利福尼亚州州长的罗纳德·里根先生，也就是 1981 年起进入白宫的里根总统。如果不是洛克菲勒财团的全力阻击，1977 年进入白宫的很可能不是吉米·卡特，而是罗纳德·里根。如果纳尔逊·洛克菲勒先生不去世，如果洛克菲勒财团不改变政策，1981 年以后坐镇白宫的很可能继续是吉米·卡特总统，罗纳德·里根州长只能站在白宫大院铁栅栏外望宫兴叹。

尼克松总统被以美国东部为根据地的垄断资本集团抓住水门案件于 1974 年被赶下台后，激起了美国西南部的一些垄断资本势力的愤慨。在这股势力的簇拥和支持之下（也可以说是他们"在烟雾腾腾的小房间里密商选定"之后），1976 年大选的预选活动正式展开的前夕，罗纳德·里根州长到达华盛顿，正式宣布参加总统竞选，向受到洛克菲勒财团支持的杰拉尔德·福特总统发起挑战。

这又是一个东部垄断资本集团"在烟雾腾腾的小房间里密商选定"的总统候选人名单上未曾列入的人物。

当时，洛克菲勒财团在共和党方面的方针是：不惜一切代价，全力以赴，把里根州长打掉，保住福特总统。

里根先生当过电影演员，又在加利福尼亚这样一个大州当过州长，能言善辩，富有从政经验，并拥有美国西南部垄断资本势力的大力支持，攻势凌厉。福特总统虽然具有在任总统的种种优越条件，但共和党内的预选阶段开始不久，即在里根州长的攻势面前接连败退，处境岌岌可危，面临着得不到本党总统候选人提名的严重危险。当里根州长在预选中争取到的共和党全国代表大会的代表名额超过了福特总统、形势急转直下之时，洛克菲勒财团立即公开出面干预。长期受到洛克菲勒家族培植的共和党纽约州委员会主席理查德·罗森鲍姆先生，奉命召集预定出席共和党全国代表大会的纽约州全体代表举行紧急会议，讨论对福特总统和里根州长应持的态度。副总统纳尔逊·洛克菲勒先生亲自出席坐镇。会场内外守卫森严，问题不解决，任何人不得离席。洛克菲勒家族在这次会议上力排众议，硬是拿到了一个结果：纽约州共和党全体代表一致支持福特总统，反对里根州长。洛克菲勒财团在纽约州附近另外两个州做了同样的工作。为了及时制造出有利于福特总统、不利于里根州长的政治气氛，扭转局势，洛克菲勒副总统打破惯例，在共和党全国代表大会尚未召开之际，就把纽约州及其邻近两个州的全部共和党代表名额像玩具一样地从口袋里掏出来，提前送给了福特总统。这些代表不都是在热热闹闹的预选中由登记为共和党人的选民群众选出来的吗？洛克菲勒副总统可以把这些代表像玩物一样随意送人，这就说明，美国的主人不是有投票权的普通选民，而是垄断资本集团。

尽管洛克菲勒副总统慷慨送礼，当共和党全国代表大会在堪萨斯城举行时，福特总统和里根州长各自拥有的代表名额仍然大致相等，双方阵容旗鼓相当，争夺激烈。为了突破洛克菲勒财团设置的封锁线，里根州长也打破惯例，本人还没有得到共和党总统候选人提名，就提前宣布代表宾夕法尼亚的联邦国会参议员理查德·施韦克为自己的副总统候选人。此举未能从洛克菲勒财团的墙脚里挖出什么东西。这时，半路上杀出了一个程咬金——代表纽约州的联邦国会参议员、共和党头面人物之一的詹姆斯·巴克利先生。他公开表示有意争夺共和党总统候选人提名，并授意一些人成立了一个"征召巴克利委员会"。他的这种活动有可能分散纽约等州的票数，拉走洛克菲勒财团已经送给福特总统的一部分代表名额，客观上是对里根州长的一种支持。这时，洛克菲勒家族的代理人、共和党纽约州委员会主席罗森鲍姆先生再次采取了行动。巴克利参议员在联邦国会的任期当年年底届满，需要竞选连任。在洛克菲勒家族的根据地纽约州竞选连任共和党联邦国会参议员，得不到这个家族的支持，根本不可能取胜。罗森鲍姆先生手中握着这张王牌，给巴克利参议员打了两次电话。第一次电话是劝说参议员立即停止争取共和党总统候选人提名的活动，否则对他竞选连任参议员不利。第二次电话是威胁，或者给福特让路，或者滚出联邦国会参议院，两条路，由你挑！胳膊扭不过大腿，毛驴斗不过老虎。就这么两次电话，巴克利参议员就屈服了。他发表声明，宣布自己不再争取共和党总统候选人提名。刚刚成立的"征召巴克利委员会",也奉命宣布解散。在共和党的这次全国代表大会上,纽约州及其邻近几个州的代表终于按照洛克菲勒财团的意旨投了票。主要是由于洛克菲勒财团的活动,福特总统就在这次代表大会上获得了共和党总统候选人提名,里根州长被打掉了。

从以上情况不难看出,共和党的一些人物和机构,是如何被洛克菲勒财团玩弄于股掌之上。

这一年的预选阶段,民主党的卡特州长击败参议员杰克逊等对手,在民主党全国代表大会上夺得本党总统候选人提名,重要因素之一也是由于洛克菲勒财团的干预。以民主党人的身份出现的卡特州长登上全国政治舞台,是当时任大通曼哈顿银行董事长的戴维·洛克菲勒先生一手提拔的结果。1976年,为了帮助卡特州长取得民主党总统候选人提名,纳尔逊·洛克菲勒先生,戴维·洛克菲勒先生及其密友布热津斯基博士,洛克菲勒基金会会长万斯律师等人,都大力进行过幕后的和公开的活动。

美国资产阶级和各大垄断资本集团在选举过程中,主要是把住从两党预选到两党全国代表大会这道关。在这道关口上产生了他们选中的代表人物以后,下一步他们完全可以放手让普通选民去投票。

两党的预选,实际上是资产阶级和各大垄断资本集团通过相互争斗,对分别打着驴和象的旗号的一些代表人物的初次选拔。两党的全国代表大会,是资产阶级各派进行实力较量的角斗场,是他们对经过筛选的分别打着驴和象旗号的代表人物的正式选拔。这种选拔赛,总是势力最大的一派资产阶级取胜,或者是实力较强的一派联合若干其他派别的资产阶级势力取胜。美国资产阶级力图给人一种印象,似乎这些选拔都是由广大选民决定的。实际情况远非如此。

1976年热热闹闹的预选结果,两党全国代表大会提名的总统候选人福特总统和卡特州长,都是洛克菲勒财团赞助的人物。因此,下一阶段的两党对垒,选民如何投票,这两个候选人谁胜谁负,对于洛克菲勒财团来说,差不多都一样。

美国福特财团同时利用民主、共和两党的一些事实,也具有典型意义。

福特财团的主要代表人物、长期担任过福特汽车公司董事长的亨利·

福特第二，在民主、共和两党中，都是一个活跃人物。他原先宣布自己为共和党人，后来又改称自己为民主党人。五六十年代的几任美国总统，包括共和党总统艾森豪威尔，民主党总统肯尼迪和约翰逊，同他的关系都很密切。1968年大选，他自己出面支持民主党总统候选人汉弗莱，让他的弟弟本森·福特出面支持共和党总统候选人尼克松，让他的第二个弟弟威廉·福特出面支持另一个民主党总统竞选人、参议员尤金·麦卡锡。1976年大选，他公开出面支持民主党总统候选人卡特。但是，人们都清楚，曾长期代表福特汽车公司所在地——密执安州在联邦国会众议院活动的共和党总统候选人杰拉尔德·福特，同福特财团的关系也是密切的。

美国东部马萨诸塞的名门望族——肯尼迪家族，无论是在它的根据地——马萨诸塞州，还是在全国，都是以民主党人的身份在政界从事活动的。约翰·肯尼迪先生出任总统，罗伯特·肯尼迪先生代表纽约州出任联邦国会参议员，爱德华·肯尼迪先生代表马萨诸塞州出任联邦国会参议员，三兄弟在朝为官，都是通过在民主党内拥有的势力而实现的。但是，肯尼迪家族在共和党内也有活动，有时甚至不惜私下出钱资助共和党人击败民主党人。权威的事例之一，就是这个家族私下赠款给共和党人理查德·尼克松先生，鼓励他在竞选场上打败民主党人海伦——道格拉斯夫人。尼克松先生事后曾将此事正式记载于自己的著作之中。①

由此可见，对于美国垄断资本和名门望族的头面人物来说，宣布自己为驴党党人或象党党人，不过是一种外衣，一种装饰。他们都是用公开加秘密的两手，同时利用驴、象两党。他们的实际目的，就是利用办理选举事务的两党的相互角逐和争斗选拔代理人，把自己选定的代理人送到国家各级政权的领导岗位上（或者直接把自己送上这种岗位），并且把无产阶级和其他劳动人民的代表排除在各级政权机关之外，以便控制国家各级政权机关，使之成为本阶级的办事机构，以保持自己这个阶级的政治统治。

（二）

现在再谈一点美国垄断资本和富有家族运用舆论制造业在大选年左右

---

① 参见《尼克松回忆录》上册，第101页。

驴、象两党总统候选人提名和选举结果的大致情况。

这里说的垄断资本，主要指的是以美国东部为根据地的垄断资本。因为迄今为止，美国规模最大、影响最广的舆论制造业主要是掌握在他们手中（我在以前给你的信里曾提及此点）。

如果说"在烟雾腾腾的小房间里密商选定"总统候选人名单是垄断资本操纵选举的幕后一手，那么，运用舆论工具左右驴、象两党总统候选人提名就是垄断资本操纵选举的公开一手，是垄断资本幕后活动的公开反映。

美国垄断资本手里的舆论制造企业，在平时既是垄断资本影响、左右美国人民思想、情绪、注意力的重要武器，又是它们公开议论朝政、对政府和国会、法院施加影响与压力的重要工具；在选举年，则是它们不断兴风作浪、影响广大选民的看法、左右驴象两党总统（国会议员、州长、市长）候选人提名和选举结果的强大武器。以美国东部为根据地的垄断资本集团在长期不断的选举过程中，之所以能够击败同自己有利害冲突的资产阶级派别，并且把无产阶级和其他劳动人民的代表关在门外，充分运用这种舆论制造工具是一个重要因素。没有这些舆论制造企业的支持和扶植，要想在美国通过竞选获得一官半职，那是不可能的。

我还是说一说1976年大选。

先说民主党。

这一年民主党总统候选人预选阶段开始后，参议员亨利·杰克逊（他来自美国西北部华盛顿州的西雅图市，在美国社会上有"波音飞机公司的参议员"之称）一度声势大振，捷报频传，在与民主党另一总统候选人、佐治亚州前州长、花生种植场场主吉米·卡特的对垒中占了优势。但东部垄断资本集团中的一些重要势力，首先是洛克菲勒财团不喜欢这位参议员（此事我以后给你的信中还会提到），它们看中的是另一位驴党总统候选人吉米·卡特州长。东部的一些巨型舆论制造业，首先是《华盛顿邮报》，对卡特州长大肆宣扬，极尽涂脂抹粉和美容装扮之能事[①]，而对杰克逊参

[①] 详见拙著《吉米·卡特在白宫》上册，四川人民出版社1982年版，第38—39页。

议员则表示冷淡。不久，杰克逊参议员见势不妙，不得不满面愁容地宣布撤离阵地，退出竞选。他在记者招待会上公开宣布的退出竞选的原因之一是"不公正的舆论机构"对他不予支持。这一年夺得了民主党总统候选人提名的人，正是卡特州长。

再说共和党。

这一年共和党总统候选人预选的战幕揭开以后，里根州长出师不利，开头几仗败于福特总统手下。东部的一些巨型舆论制造企业的宣传，明显倾向福特总统（当然外表似"客观""公正"），对里根州长不利。当年3月，里根州长在南方的北卡罗来纳州取得了这一年共和党总统候选人预选之战中的首次胜利，战局开始出现转机。这时，里根州长急需向全国发表一篇电视演说，阐述自己的政策主张，向他的对手福特总统发动进攻，以期乘机扩大缺口，迫使福特总统转入劣势。要发表这篇演说，必须通过遍布全国的联播网即三大广播、电视公司，即以前给你的信里所述的哥伦比亚广播公司、全国广播公司和美国广播公司，别无他途。这三大舆论垄断企业主要是在以美国东部为根据地的垄断资本的控制之下，洛克菲勒财团是其中重要的一家。如上所述，纳尔逊·洛克菲勒副总统已在开始部署对里根州长的围困。里根州长派人找这三家公司联系，表示要出钱买半小时的电视播映时间。对于美国的广播、电视公司来说，时间就是商品，每一分钟都有定价，而且不同的时间有不同的价格。价格既定，"公平"交易，谁来买都一样。但是这一次，当里根州长急需购买时间的时候，电视公司却以"平等对待"各候选人为借口，拒绝出卖。先后找这三家接洽，哪一家都不干。折腾来折腾去，后来有一家觉得硬顶着不卖不好，才松了口，不过提出了一个条件，即里根州长必须同意他发表这次演说是在做"广告"，与工商企业自吹自擂的商品广告同等待遇，里根州长接受了这个屈辱条件。这样，该公司才答应卖半小时。里根州长花了一大笔钱买下了这半小时，才得以向全国电视观众发表了那篇演说。在他发表演说的整个过程中，电视荧光屏上一直映着"广告"字样。福特总统这一年竞选中发电视演说，没有遇到过这样的麻烦。他是在任总统，随时都可以发表电视讲话。加上这一年正是美国建国200周年纪念，他这个总统在电视荧光屏上露面和发表电视讲话的机会就更多。

这一年大选结束后，竞选失败的里根州长撰写了一系列文章，指名道姓攻击纳尔逊·洛克菲勒先生。我曾经有幸读过这些文章。对这些文章，美国东部各大报连一篇也没有登载过。三大广播、电视公司也是守口如瓶，只字不提，似乎这些文章根本不存在，实行了彻头彻尾的封锁。

我当时在美国，曾经考察过里根州长这一年竞选总统的整个过程。作为一个旁观者，我感到美国东部的一些巨型舆论制造企业对待里根州长的态度并不是客观、公正的。里根总统不会同意我的观点，但是我相信他不可能否定我所列举的这些事实。

以东部为根据地的美国垄断资本所控制的舆论垄断企业不仅有能力左右驴、象两党总统候选人的提名，使它们不喜欢的候选人败北，它们还有能力抓住自己不喜欢的在任总统的小辫子，把他中途推翻，或者在大选投票日前夕万炮齐发，使它们不喜欢的在任总统的竞选连任归于失败。前者有理查德·尼克松总统在水门案件的高潮中于1974年8月被迫下野作为例证，后者有吉米·卡特总统1980年竞选连任失败作为例证。

尼克松总统、卡特总统不会同意我的观点，但是我相信他们也不可能否认我在有关拙作中所列举的那些事实（尼克松总统在他自己撰写的回忆录里所列举的有关事实，比我所写的至少要多一百倍。请你参阅《尼克松回忆录》下册有关水门案件的部分）。

关于美国垄断资本运用政党和舆论工具操纵选举的有关事实，就说到这里。至于必要的结论，我将留到以后的信里去说，请恕我在此处暂不提。

临笔匆匆，不妥之处，请予批评。

敬礼！

张海涛
1984 年 11 月 28 日凌晨

"美元民主"
——四谈民主

裴真同志：

我在上一封信里讲了美国资产阶级和垄断资本集团运用政党（驴、象两党）和舆论工具这两只手，操纵总统候选人（还有其他官职候选人）提名及左右其竞选结果的若干情况，这封信再谈它的第三只手。这第三只手的名称，叫作"美元"。

这第三只手的作用比头两只手更大、更厉害，而且前两只手之所以能够随意挥舞，也是因为有这第三只手。可以说这只手具有奇效。

美国驴、象两党的历届总统竞选人对自己在竞选过程中所花的钱都公布过一些账目（大都拒不透露这些钱的来源），美国资产阶级报刊以及这个阶级出版的书籍对竞选费用也有不少透露。尽管公布的账目是打了折扣的，透露的情况也与实际相距甚远，但比较而言，已公开出来的材料就不算少了，可以说是车载斗量。此事在美国社会上不是秘密，在世界上也是众所周知，在我国知道的人也不少，包括你在内。如果你觉得了解得还不够，到你那里的图书馆或北京图书馆去借一点美国出版的有关书籍读一读，即可得到补充。因此，我这封信对此事不打算说很多。

（一）

其实，在美国那种政治制度下，正如我的那位美国商界朋友、纽约市一家广告公司的总经理所言，竞选是一种买卖（此事我在下面还要提一下）。做买卖要有钱，这是很自然的事，毫无深奥之处。你总得有个或大或小的门面吧，你总得设置点货架和柜台吧，你总得进点货吧，你总得或多或少雇一点工作人员或曰店员吧，还有你自己的衣食住行哩。凡此种种，都得花钱。美国式的竞选买卖也是这样。

根据我的现场观察，美国的竞选不是要一点钱，而是很费钱的。制作宣传自己的电影或电视片，出版为自己涂脂抹粉的宣传品，收买作者撰写、出版美化自己、丑化对手的传记，需要花钱。买报纸版面，买广播、电视时间，需要花钱。租用竞选旅行的飞机和火车等交通工具，租用竞选会场，租用旅馆、饭店，需要花钱。雇佣竞选工作人员，收买捣乱对方的文武打手，制作数以百万计的宣传徽章，给数以万计、十万计、百万计的选民家里寄信和打电话，也需要花钱。还有，你既然要击败竞选对手，把他打倒在地，让自己上台，不管你使用何种手段，你总得搞点情报吧（了解对手的竞选策略），总得搜集一点打击对方的子弹吧（挖掘对手的隐私和种种见不得人的、恶浊肮脏的行为），这也得花钱。如果持有这种情报和子弹的人认定是奇货可居，乘机敲竹杠，就得花大钱。还有，如果有必要雇佣人把竞选对手暗杀掉呢，那就得花更多的钱，包括给凶手的报酬费，包括给他的"闭口费"（万一凶手动作失误，被当场抓获、关进监牢、带上法庭的话），有时还包括"杀人灭口费"（另雇凶手，把第一个凶手杀掉）。你不要以为我是在危言耸听，这在美国资产阶级竞选场上是活生生的现实。本世纪70年代以来，在美国资产阶级政坛上声望很高的爱德华·肯尼迪参议员如何一而再、再而三地拒绝出场充当民主党总统候选人（只有1980年大选是例外）呢？难道他不想住进白宫大院吗？事实恰恰相反，他十分渴望当上白宫主人。他拒绝出场，除了有一个"查帕奎迪克事件"的包袱和夫人琼思·肯尼迪要与他离婚这两个小障碍以外，主要是怕出场竞选总统被人暗杀。他的两个哥哥，一个是在任总统，在1964年大选中的竞选连任活动展开前夕被暗杀于得克萨斯的达拉斯市；一个是在任参议员，1968年大选期间竞选总统，被暗杀于加利福尼亚的洛杉矶市。四兄弟（大哥服兵役，因飞机失事身亡）中只剩下他这一根独苗了，他本人和他的家族怎么能不为他的人身安全担忧呢？竞选是一种冒险，可畏啊！

还是说钱的事吧。

本世纪70年代，美国一个州长竞选人往往要花上千万美元，一个总统竞选人通常要花几千万美元。民主、共和两党都没有党费收入。两党竞选官职的人，有一些是富翁（本世纪30年代以来，有四位美国总统是富翁，即民主党总统富兰克林·罗斯福，共和党总统德怀特·艾森豪威尔，民主党总统约翰·肯尼迪，民主党总统林登·约翰逊）；有一些虽为富翁代表，但本人并不很富裕。他们的竞选经费，都是靠公开筹款和秘密捐赠，主要来源是资产阶级，特别是那些大垄断资本集团。资产阶级和垄断资本集团靠什么东西控制驴、象两党和舆论工具呢？又是靠什么东西收买、扶植、控制驴、象两党一心追求官职的政客呢？一言以蔽之，靠钱，靠美元。

美国50家最大的商业银行，50家最大的人寿保险公司，50家最大的其他金融公司，50家最大的零售商业公司，50家最大的交通运输公司，50家最大的公用事业公司，500家最大的工矿业公司，以及这些银行、公司的主要股权占有人，是民主、共和两党和以两党党人的身份竞选官职的人士的竞选经费的主要提供者。他们提供经费，通常都采用公开和秘密两手。我在美国的那几年，仅美国联邦政府证券交易委员会陆续透露它所掌握的一些档案材料，涉及用秘密赠款收买总统和国会议员竞选人的大公司，就有400家左右。

这里用得着中国旧社会流行的一句民间语言，"有钱能使鬼推磨"。

（二）

如上所述，美国历届总统候选人中有一些是富翁，有一些并不是。比如，我在美国现场观察过的两次大选，1972年竞选连任的共和党在任总统理查德·尼克松，民主党总统候选人乔治·麦戈文，1976年竞选连任的共和党在任总统杰拉尔德·福特，共和党在野的总统竞选人罗纳德·里根，民主党总统候选人吉米·卡特，民主党另一总统竞选人亨利·杰克逊，这些人当然都不是穷光蛋，在不同程度上都有一些家产，其中的卡特州长还经营着自己的企业。但按美国垄断资本的标准来衡量，就都算不上富翁，更算不上大富翁。他们的竞选经费，主要是依靠垄断资本和富有家族公开和秘密的捐赠（普通选民中有些人也会捐赠一点，但为数有限，杯水车薪，无济于事）。就是前面提到的那几位富翁总统，他们从事竞选买卖也是靠捐赠来筹集经费的。要自己掏腰包，他们不会干。自己出钱，如若竞选失败，赔了本怎么办？赔本的买卖，谁也不会愿意干。

不过也有个别的例外。洛克菲勒家族即其一。这个家族在政界出头露面的代表纳尔逊·洛克菲勒先生竞选官职，有一部分钱是自己掏的腰包。

1974年9月23日，纳尔逊·洛克菲勒先生为就任美利坚合众国副总统一职，在联邦国会参议院规则和行政管理委员会的听证会上，就自己拥有的财产报了一笔账。我当时通过电视转播听了他报账的内容，第二天的《纽约时报》登了他报的这笔账的摘要。纳尔逊·洛克菲勒先生没有披露他的兄长和三个弟弟的财产状况，只报了他自己、他的妻子和他的子女的财产。他申报说，这笔财产总数只有2亿1800万美元，列在他夫妇名下的只有6250万美元。① 看来，纳尔逊·洛克菲勒先生在这方面的表现是过于谦逊了。他还申报了他拥有的美国一些巨型工商企业的股票数字，其中有一项说，他在美国著名杂志《新闻周刊》里占有的股票只有四股，普通股和优惠股各二，一共才值200美元②，使人听了，感到他似乎是在开玩笑。

不过，我在这里并不是要议论纳尔逊·洛克菲勒先生的私产。根据《美利坚合众国宪法》的规定，私有财产是一种神圣不可侵犯的东西，他申报多少，连华盛顿国会山上的诸位议员先生也只能采取姑妄言之、姑妄听之的态度，更何况我这个中国人。

我在这里要说的是纳尔逊·洛克菲勒先生在竞选方面的开支。

纳尔逊·洛克菲勒先生在国会参议院申报了一次财产，事情并未完结。当年11月，国会众议院司法委员会又把他请去，要他就竞选开支问题作证。他去发表了证词。我从电视节目中收听了他的证词。

纳尔逊·洛克菲勒先生说，他在美国官场任职18年，他自己掏腰包为自己竞选（包括竞选州长、竞选总统）所花的费用（包括他的家族成员对他的资助）共达1700万美元以上。

我在这里提一下，根据有的美国作者计算：纳尔逊·洛克菲勒先生以共和党人的身份于1958年竞选纽约州州长，所花经费超过了他的民主党竞争对手、华尔街银行家哈里曼1/3；1962年竞选州长，所花经费为他的民主党对手摩根索的5倍；1966年竞选州长，所花经费为他的民主党对手奥康纳的10倍；1970年竞选州长，所花经费也大大压倒了他的民主党对手戈德伯格。③ 他4次竞选纽约州州长，4次取胜，花钱多是一个决定性因素。

这讲的是他本人竞选。

他多年来在驴、象两党总统和其他官职候选人身上实际花了多少钱，洛克菲勒家族其他成员在这方面又花了多少钱，没有人能够弄得清楚，说得明白。

---

① 参见《纽约时报》1974年9月24日第34、35版。
② 参见《纽约时报》1974年9月24日第34、35版。
③ 参见迈克尔·克雷默、萨姆·罗伯茨合著《纳尔逊·洛克菲勒的调查传记》（英文版），第202页。

根据公开材料，纳尔逊·洛克菲勒先生仅资助纽约州的共和党组织，先后即达 100 多万美元。洛克菲勒家族仅 1965 年一次向约翰·林赛先生提供的竞选纽约市市长的经费，即为 50 万美元，占林赛这一年花的竞选费用总额的 20%。1968 年，乔治·罗姆尼先生竞选总统，相当一部分费用是由洛克菲勒家族提供的。说这个家族先后向民主、共和两党竞选各级政府和议会职务的人士公开和秘密提供的经费在美国各富有家族中是数一数二的，这话大体上是不错的。

洛克菲勒家族就是这样"大公无私"、"慷慨解囊"吗？当然不是。他们这是在做买卖，是在做一种投资。一旦得逞，不仅要收回本钱，而且还要收取利息的。

（三）

现在说一点 1972 年大选中的情况。

先说共和党总统候选人、在任总统尼克松的竞选经费来源。

尼克松总统在这一年大选的预选阶段刚刚开始的时候，采取了一项重大的外交行动——访问中华人民共和国，赢得了美国广大选民的信任，声威大振，在驴、象角逐场上无人能与之匹敌。全国各富有家族也竞相向尼克松总统投资。

在这些富有家族中，除了美国东部著名的洛克菲勒、梅隆、菲普斯、福特、斯通等名门望族外，还有以下富翁：

罗杰·米利肯（南卡罗来纳纺织厂主），捐款 36 万 3 千美元；

沃尔特·邓肯（得克萨斯石油和房地产企业家），捐款 30 万 5 千美元；

萨姆·舒尔曼（加利福尼亚混合集团企业主），捐款 26 万 2 千美元；

霍华德·休斯（内华达赌场主），捐款 25 万美元；

米利奇·哈特（得克萨斯工艺企业家），捐款 22 万 4 千美元；

阿恩霍尔特·史密斯（加利福尼亚银行和房地产主），捐款 20 万美元；

弗朗西斯·卡皮尔特（密西西比农业主），捐款 17 万 4 千美元；

艾·布朗（得克萨斯造船企业主），捐款 15 万美元；

托马斯·琼斯（加利福尼亚军火企业主），捐款 15 万美元；

朱尔斯·斯坦（加利福尼亚娱乐场主），捐款 11 万 8 千美元；

罗伯特·艾伦（得克萨斯采矿业和化工企业主），捐款 11 万 4 千美元；

伦纳德·费尔斯通（加利福尼亚制造业主），捐款 11 万 3 千美元；

萨姆·怀利（得克萨斯工艺企业家），捐款 11 万 2 千美元；

马丁·塞里蒂恩（佐治亚纺织厂主），捐款 10 万 8 千美元；

约翰和查尔斯·威廉斯（俄克拉荷马石油企业家），捐款 10 万 5 千美元；

克里斯琴·吉尔内（加利福尼亚制药企业主），捐款 10 万 2 千美元。①

以上不过是举了少数因这种、那种原因而使赠款人和赠款数公开了的例子。

尼克松总统在这一年的竞选过程中，一共开支了 6140 万美元。这笔巨款绝大部分来自秘密捐赠（其中重要来源之一就是前述那些大公司）。

民主党总统候选人乔治·麦戈文这一年开支的竞选经费总数不及尼克松总统一半，为 3000 万美元。这并不表示麦戈文参议员特别注意节约，而是意味着这位参议员收到的捐赠经费比尼克松总统少得多。这笔款项大都也是来自秘密渠道。已经公开的部分中，这位参议员收到的最大一笔赠款是来自通用汽车公司一部分股权的继承人斯图尔特·莫特先生，钱数为 40 万美元。②

同以往一样，美国垄断资本和富有家族这一年的做法仍然是对驴、象两党的政客同时投资，不过是对尼克松总统有所偏重而已。美国 50 家最大的零售商业公司之一——总部设在纽约市的拉皮德美国公司的董事长梅舒兰·里克利斯在这方面是一个典型。他给竞选连任的共和党在任总统尼克松捐赠了 18 万 8 千美元；给民主党总统竞选人休伯特·汉弗莱捐赠了 12 万 5 千美元，给另一位民主党总统竞选人亨利·杰克逊捐赠了 10 万美元（后面这二人在民主党预选阶段即被麦戈文参议员击败，未能夺得本党

---

① 参见柯克帕特里克·塞尔《权力的转移》（英文版），第 231 页。
② 参见赫伯特·亚历山大《筹款政治》（英文版）第 3 版，第 61、62 页。

总统候选人提名）。另一位代表人物是在美国 500 家最大的工矿业公司的行列中站在前排、总部也设在纽约市的阿姆拉达—赫斯石油公司的董事长利昂·赫斯。他这一年给共和党人尼克松送了 25 万美元，给民主党的杰克逊送了 22 万 5 千美元。①

美国垄断资本和富有家族在驴、象两党政客身上进行这种投资，如同他们投资于银行和工商企业一样，目的是赢利。这种投资，有一些是出于控制政府和国会、谋取广泛的政治和经济利益的需要，另一些则着眼于某项具体的利益。在这两种情况下，投资人和受款人之间都要谈判条件，讨价还价。这种事情，历来就有。这里仅举 1972 年大选中发生的一系列事件中的一件。

这个事件被称为"牛奶风波"。美国一个牛奶经营商的联合组织——设在得克萨斯州圣安东尼奥市的联合牛奶生产者公司，1970 年向尼克松总统送了 10 万美元的竞选经费，条件是要求总统压缩牛奶进口限额。总统照办了。1971 年，这家公司又把 6 万美元的竞选经费交尼克松总统的顾问默里·乔蒂纳转交总统，并答应再给总统捐赠 200 万美元。交换条件是要总统运用手中权力批准这个组织提高牛奶销售价格。这笔生意也成交了。这些当然都是秘密交易。但由于保密系统出了纰漏，事后机密外泄，闹得美国首都满城风雨，一直闹到了国会山上。此案在国会大厦里没有闹下去，原因是接受过这个牛奶商组织私下赠款的，不仅有尼克松总统，还有以前的民主党总统和目前仍在国会山上的许多议员先生。大家"嘴上都有牛奶味"，屁股上都有屎，如果一味追查下去，大家的脸上都不光彩，只好不了了之。

由此可见，我的那位美国商界朋友、纽约市一家广告公司的总经理所说的竞选是一种"买卖"这个话，是符合实际的。

本世纪以来，美国联邦国会为限制、制止这种赠款人与官职竞选人之间私相授受的买卖关系而制定了一系列法律。其中有的是由总统提出、国会通过的；有的则是由议员提出、国会通过、总统签署的。这种法律基本

---

① 参见赫伯特·亚历山大《筹款政治》（英文版）第 3 版，第 61、62 页。

上是属于此种买卖"只准我做,不准你做"的性质,法律虽然反复颁布,买卖照样进行,只是规模、方式有所不同而已。我以为,这种事情反映了资产阶级的阶级本性,阶级特征。垄断资本要赎买政客,控制政权,非用钱不可。这种钱只能私相授受,不能在光天化日之下堂堂正正地赋予和接受。在美国现存的社会经济制度和政治制度之下,这种弊端是不可能铲除的,这种买卖的继续发生是不可避免的。

(四)

现在让我们从1860年以来美国历次总统竞选的结果来看一看金钱在美国选举中的作用。我引用的材料只限于驴、象两党全国代表大会正式提名的总统候选人,不包括在两党预选阶段各自淘汰的竞选人;竞选开支数亦如此。不过这种竞选开支都是双方自己公布的,是缩小了的大概数,并非完全是他们的实际开支数。

共和党是1854年成立的,驴、象两党的对峙1856年才形成,所以1860年以来的历次竞选史可以看作驴、象两党的全部角逐史。

这段历史如下:

1860年大选:共和党人林肯竞选开支10万美元,民主党人道格拉斯竞选开支5万美元,林肯胜;

1864年大选:共和党人林肯竞选开支12万5千美元,民主党人麦克莱伦竞选开支5万美元,林肯胜;

1868年大选:共和党人格兰特竞选开支15万美元,民主党人西摩竞选开支7万5千美元,格兰特胜;

1872年大选:共和党人格兰特竞选开支25万美元,民主党人格里利竞选开支5万美元,格兰特胜;

1876年大选:共和党人海斯竞选开支95万美元,民主党人蒂尔登竞选开支90万美元,海斯胜;

1880年大选:共和党人加菲尔德竞选开支110万美元,民主党人汉考克竞选开支33万5千美元,加菲尔德胜;

1884年大选:共和党人布莱恩竞选开支130万美元,民主党人克利夫兰竞选开支140万美元,克利夫兰胜;

1888 年大选：共和党人哈里森竞选开支 135 万美元，民主党人克利夫兰竞选开支 85 万 5 千美元，哈里森胜；

1892 年大选：共和党人哈里森竞选开支 170 万美元，民主党人克利夫兰竞选开支 235 万美元，克利夫兰胜；

1896 年大选：共和党人麦金莱竞选开支 335 万美元，民主党人布赖恩竞选开支 67 万 5 千美元，麦金莱胜；

1900 年大选：共和党人麦金莱竞选开支 300 万美元，民主党人布赖恩竞选开支 42 万 5 千美元，麦金莱胜；

1904 年大选：共和党人西奥多·罗斯福竞选开支 209 万 6 千美元，民主党人帕克竞选开支 70 万美元，西奥多·罗斯福胜；

1908 年大选：共和党人塔夫脱竞选开支 165 万 5 千美元，民主党人布赖恩竞选开支 62 万 9 千美元，塔夫脱胜；

1912 年大选：共和党人塔夫脱竞选开支 107 万美元，民主党人威尔逊竞选开支 113 万 4 千美元，威尔逊胜；

1916 年大选：共和党人休斯竞选开支 244 万美元，民主党人威尔逊竞选开支 222 万 8 千美元，威尔逊胜；

1920 年大选：共和党人哈定竞选开支 541 万 7 千美元，民主党人考克斯竞选开支 147 万美元，哈定胜；

1924 年大选：共和党人柯立芝竞选开支 402 万美元，民主党人戴维斯竞选开支 110 万美元，柯立芝胜；

1928 年大选：共和党人胡佛竞选开支 625 万 6 千美元，民主党人史密斯竞选开支 534 万美元，胡佛胜；

1932 年大选：共和党人胡佛竞选开支 290 万美元，民主党人富兰克林·罗斯福竞选开支 224 万 5 千美元，罗斯福胜；

1936 年大选：共和党人兰登竞选开支 889 万美元，民主党人富兰克林·罗斯福竞选开支 519 万美元，罗斯福胜；

1940 年大选：共和党人威尔基竞选开支 345 万美元，民主党人富兰克林·罗斯福竞选开支 278 万美元，罗斯福胜；

1944 年大选：共和党人杜威竞选开支 282 万 8 千美元，民主党人富兰克林·罗斯福竞选开支 216 万 9 千美元，罗斯福胜；

1948年大选：共和党人杜威竞选开支212万7千美元，民主党人杜鲁门竞选开支273万6千美元，杜鲁门胜；

1952年大选：共和党人艾森豪威尔竞选开支660万8千美元，民主党人史蒂文森竞选开支503万美元，艾森豪威尔胜；

1956年大选：共和党人艾森豪威尔竞选开支777万8千美元，民主党人史蒂文森竞选开支510万美元，艾森豪威尔胜；

1960年大选：共和党人尼克松竞选开支1012万8千美元，民主党人肯尼迪竞选开支979万7千美元，肯尼迪胜；

1964年大选：共和党人戈德华特竞选开支1602万6千美元，民主党人约翰逊竞选开支875万7千美元，约翰逊胜；

1968年大选：共和党人尼克松竞选开支2540万美元，民主党人汉弗莱竞选开支1159万美元，尼克松胜；

1972年大选：共和党人尼克松竞选开支6140万美元，民主党人麦戈文竞选开支3000万美元，尼克松胜；

1976年大选：共和党人福特竞选开支2178万6千美元，民主党人卡特竞选开支2180万美元，卡特胜。①

从这部驴、象角逐史里可以看出点什么呢？

最突出的有以下两点：

第一，从1860年到1976年，美国先后进行了30次总统选举，其中有23次是竞选开支超过对手的一方获胜，当选为美利坚合众国总统；相反的结果（即竞选开支少于对手的一方获胜）只有7次。这7次例外，有4次是发生在罗斯福身上，而且4次都有特殊原因。第一次是由于美国处在本世纪30年代特大经济危机之中，共和党在任总统胡佛非下台不可；第二次是由于罗斯福实施的"新政"初见成效，被吹成为"救世主"；第三次是第二次世界大战已经开始；第四次是美国参加的世界反法西斯战争已处于胜利在望之时。其余的3次例外，一次是伍德罗·威尔逊1916年取胜，当时正处于第一次世界大战时期，他是在任总统，一次是约翰·肯

---

① 赫伯特·亚历山大：《筹款政治》（英文版）第3版，第7页。

尼迪1960年取胜，当时美国正处于一场经济危机之中，对他的对手——在任8年的副总统尼克松很不利，再一次是林登·约翰逊于1964年取胜，其主要原因是他的对手戈德华特赤裸裸反共，公开叫嚣战争，表现十分笨拙。

可见这30次总统选举，竞选开支较少的一方取胜只有4人，而且都有特殊原因，其余一律是花钱多的一方取胜。

可不可以由此得出结论，说花钱多者取胜是美国民主选举的一般规律呢？我以为，可以得出这个结论。这一点不仅为上述驴、象角逐史所证实，也为前面讲的纳尔逊·洛克菲勒先生4次竞选纽约州长、4次取胜的事实所证实。

当然，美国驴、象角逐的胜负因素是复杂的，不能说仅靠多花钱这一条就能绝对保证胜利。戈德华特1964年花的钱很多，但由于此人太笨（他的对手约翰逊为人狡诈，公开大讲和平，私下大力备战），就未能取胜。洛克菲勒财团很有钱，但纳尔逊·洛克菲勒州长几次竞选总统，都未能夺得共和党总统候选人提名。原因很简单，因为洛克菲勒财团势力太大，美国东部其他垄断资本势力和西部、南部垄断资本势力怕洛克菲勒州长住进白宫后，一朝权在手，便把令来行，危害他们的利益，因而不能不全力予以反对和抵制。

但是，多花钱是保证获得足够选票、夺取竞选胜利所绝对必需的条件，是取胜所不可或缺的物质基础，这是肯定的，毫无疑问的（美国历次大选的预选阶段，驴、象两党所淘汰的候选人，包括1976年被驴党预选淘汰的杰克逊参议员、被象党预选淘汰的里根州长在内，有一条共同的原因，就是竞选经费不足）。

第二，从1860年到1976年的30次总统选举说明，驴、象两党的职业政客要通过竞选谋得一官半职，特别是要通过竞选之途踏上通向白宫之路，所需要花的钱越来越多，数目越来越大。当然，美国物价涨得很快，但是远远没有竞选费用的增长幅度这么大，这么快。19世纪六七十年代，竞选一个总统只要十几万到几十万元。19世纪80年代到本世纪50年代，竞选一个总统也只要100万到几百万美元。本世纪六七十年代，一位总统候选人就要花一千几百万到几千万美元。垄断资本集团如不明里暗里出钱，有哪一个总统候选人有能力支付如此巨款？尼克松先生能付得起？福特先生能付得起？卡特先生能付得起？不仅他们把所有的家当卖光当尽也付不起，就是肯尼迪先生、约翰逊先生这样的富翁也是很难支付这笔开支的。前面说过纳尔逊·洛克菲勒先生1974年向联邦国会参议院申报家产事，如果他的申报有50％的可靠性，连这位举世闻名的巨富也很难支付这笔开销。

既然如此，那么，结果如何呢？

结果就是，驴、象两党的总统候选人便不得不日甚一日、年甚一年地投入垄断资本集团的怀抱之中。这自然是垄断资本集团弹冠相庆的事。

综上所述，如果我们说美国式的民主是一种"美元民主"，或曰"建立在美元基础之上的民主"，可以不可以呢？

我以为，显然是可以的。

既然如此，这种民主跟美国无产阶级和其他劳动群众有什么关系呢？他们在这种民主制度中能有什么份儿呢？难道他们之中有谁能凭借着自己那点小钱袋出来竞选总统、州长、市长，或者竞选联邦国会议员、州议会议员、市议会议员么？他们自己没有钱，难道垄断资本集团会慷慨解囊、拿出大把大把钞票来帮助他们竞选么？当然，如果有人心甘情愿当工贼，不代表无产阶级，而是去代表资产阶级和垄断资本的利益和意志，垄断资本集团也未尝不可以考虑出点钱，给点甜头。可是，如果不愿或拒绝背叛自己的无产者弟兄，不愿或拒绝去当工贼呢？这个答案是显而易见的，就用不着我来多说了。

因时间很紧，只能抽空给你写点信。上述各点，都是随手写下的，没有斟酌、推敲。不妥之处，望函示。

敬礼！

张海涛
1984年12月15日夜

本店商品，任君挑选

——五谈民主

求真同志：

前几封信谈美国式民主，部分地回答了你提出的那些问题，但还没有全部回答。

前两封信谈了美国垄断资本和富有家族的三只手：第一只手运用驴、象两党，第二只手运用舆论工具，第三只手运用钞票，以左右国家的政治生活，左右各级政权的行政机关领导人和立法机关成员的选举。

其实，美国垄断资本的这三只手是一箭双雕，即在国家政权的控制与掌握上，既对本阶级中与自己有矛盾、冲突的集团和派别实行垄断，又对无产阶级和其他劳动人民实行垄断，后者是主要的。这种政权控制问题上所表现出来的垄断性是它们在经济上处于垄断地位的一种反映。

现在我稍微说一点美国垄断资本在国家政权问题上对无产阶级和其他劳动人民的垄断。

（一）

我先从1976年大选中与民主党参议员亨利·杰克逊有关的一段插曲说起。

这位参议员与位于美国西北部的波音飞机公司的关系密切，但同美国东部一些垄断财团的关系不是很好。东部垄断财团，首先是洛克菲勒财团对这一年民主党预选的方针，是要把这位参议员打掉。这一年大选预选开始，这位参议员组成竞选班子，正式宣布参加总统竞选。此后，纳尔逊·洛克菲勒副总统私下向美国一家著名杂志的编辑部发表谈话，说杰克逊参议员的竞选班子里"有共产党"。这家杂志认为此事关系重大，决定组织记者队伍进行调查。谁知调查的结果，洛克菲勒副总统的谈话事出有因，查无实据。此事被公开捅了出去，成了一条大新闻，在全国引起了轰动。杰克逊参议员无论如何不答应，坚持要洛克菲勒副总统公开赔礼道歉，为他恢复名誉。根据美国宪法规定，副总统就是国会参议院议长。基于这一条，这位参议员随后又提出洛克菲勒副总统必须召开参议院全体会议，在会上发表向他道歉的声明。这位参议员的架势已经摆开，显然，如果他的要求得不到满足，他是会告到法院的。洛克菲勒副总统没有其他选择，只好召集了参议院全体会议，发表了向这位参议员道歉的声明。

杰克逊参议员在这一场争斗中算是斗赢了，但他争夺民主党总统候选人提名这一仗却打输了。决定性的败仗不是在别的战场，正好是发生在洛克菲勒财团具有重大影响的区域里。

我从这个插曲中要提出的问题是：洛克菲勒副总统私下传播那么一条小道消息，为什么会引起一场轩然大波呢？谁也不会说杰克逊参议员是"共产党"，说了也不会有人信。仅仅是说他的竞选班子里有"共产党"，为什么就会引起一场纠纷呢？

这就涉及了问题的核心。

号称民主的美国，是一个以反共著称于世的国家。美国垄断资本的一些著名代表人物是以世界上的反共联盟盟主自居的，并且以此为一种光彩，一种荣耀，一种英雄业绩。做一个共产主义者，在这个国家里就等于是犯罪。当政的资产阶级通过长期的宣传以及行政的、立法的措施，已经在美国造成了这样一种局面：共产主义者实际上不可能竞选总统，不可能竞选州长、市长，不可能竞选各级议会的议员；甚至不可能在政府机关担任任何职务，就是低级职员也不行，就是在政府官职的竞选者的竞选班子里当一名工作人员，那也是不行的。

在美国社会上，各种反共、反人民的团体长期合法存在，放肆进行活动。其中最臭名昭著的一个，就是把残害的矛头指向黑人、指向共产主义者和工人群众的"三K党"。这个党成立于1865年美国南北战争刚刚结束之时，至今已有120年之久的历史了。我在美国的时候，这个党的党员仍不时地在夜间身着白色罩衫，头戴白色尖顶帽，把头套住，只露出双眼，在一些地方焚烧十字架，点起火炬，对人民群众进行威胁、恐怖活动。就是这样一个受到美国广大人民深恶痛绝的组织，不仅受到美国法律的保护，得到资产阶级的经费资助，它的党徒还照样可以竞选国家机关的各种官职，包括联邦国会议员和总统。美国前总统杜鲁门，就曾经当过"三K党"的党徒。我在美国期间，美国联邦国会参议院中有一位议员也曾当过"三K党"的党徒。

美国还有一个著名的组织，原名"美国纳粹党"，以后改名为"国家社会主义白人党"，或者叫"新纳粹党"。纳粹德国本世纪40年代被世界人民摧毁后，50年代就在美国出现了这个完全仿照希特勒纳粹党的建制建立起来的党。这个党的纲领也就是希特勒的纲领，即消灭犹太人、黑人和共产党人，扔掉美国现存的一些民主形式，在美国建立纳粹德国的国家体制。这个党的日常活动也完全模仿希特勒那一套，党徒集会场所悬挂卍字旗，播放希特勒纳粹党党歌，并且建立了冲锋队，从事恐怖活动。我在美国的时候，就见过这种场面。当这伙新纳粹党的党徒能在芝加哥市悬挂着卍字旗举行集会的场面出现在电视机荧光屏上时，目睹这种情景真是令人感慨万分。美国人民在消灭纳粹德国的战斗中曾经英勇战斗，流血牺牲。如今纳粹党徒竟然出现在他们自己的国土上，他们对此感到愤慨是完全可以理解的。可是，为什么纳粹党徒能在美国公开存在并且从事活动呢？原因很简单，在美国占统治地位的那个阶级有某种需要。美国纳粹党是受到美国法律保护的，它是美国式民主的一个组成部分。纳粹党在德国被粉碎了，却又把它的亡魂附在民主美国的躯体上，这的确是一种历史的讽刺，对历史的一种嘲弄。

美国社会上存在的另一个组织，叫做"美国军团"。它是由退伍军人组成的一个团体，是在第一次世界大战刚刚结束的1919年建立的。它的成员有几百万人，设一名全国司令，总部设在印第安纳州首府印第安纳波利斯市，支部遍于全国各州。它的成员在正式进行活动时，都身穿特制的制服。这个组织的宗旨就是反对共产主义运动，反对工人阶级，支持在国外发动侵略战争。我在美国的时候，"美国军团"正在从事支持入侵印度支那战争的种种活动，随后又进行活动，反对废除侵犯巴拿马领土主权的那个老巴拿马运河条约，反对中美关系正常化。不用说，这个组织是受到美国政府支持和美国法律保护的。美国总统和总统候选人常常应邀到这个组织的集会上发表演说。美国政府联邦调查局前局长胡佛曾公开赞扬这个组织"始终站在反对信仰无神论的共产主义的斗争最前线"。不过也得说一句，并不是所有的美国退伍军人都赞成这个"美国军团"，都参加它的活动。不少退伍军人对这个组织是持不满或反对态度的。

美国还有一个组织，它的名称顶美好，叫作"美国革命女儿"。公正地说，它至少是名不副实，打着"革命"的招牌，专门从事反对共产主义、反对人类进步事业的活动。它和其他同类组织的不同之处在于，它是一个完全由妇女组成的团体。这个组织的总部，就设在美国首都华盛顿。我在华盛顿市区散步的时候，看到白宫附近的一座大厦，正门上方就刻着

"美国革命女儿"几个大字。原来这个团体和美国总统府差不多就是邻居。它所在的那栋楼从外表来看甚至比白宫还要巍峨。这个团体受到美国政府支持和法律保护,那就更不用说了。

在美国,类似上述这样的团体,还有的是。

在民主的美国,所有这类反对共产主义、反对人民大众、反对一切进步事业的组织,都是合法存在、恣意活动的。美国垄断资本对它们采取支持、保护,至少是默许、宽容的态度。单单有一种组织实际上处于非法地位,其活动受到种种限制。这种组织是美国政府联邦调查局集中打击的对象。为了对付这种组织,联邦调查局软的一手,硬的一手,糖衣炮弹,真枪实弹,内部颠覆,外部干预,总之各种手段都可以使用。为了对付这种组织,政府联邦调查局可以同上述"三K党""国家社会主义白人党""美国军团""美国革命女儿"等团体结成盟友,联合行动。为了对付这种组织,警察、军队、监狱、国会、法院,等等,都可以出动。

这种组织,就是美国社会上信仰科学共产主义、立志为工人阶级的事业和人类进步事业而奋斗的人士的组织。美国垄断资本对于这种"共产主义的幽灵"是绝不宽容的。如果说有宽容,那也是在对它围而歼之、置于死地的时候,才偶尔会有所表现,就是说容许它奄奄一息一阵子。

这就是以前的信里提到过的那种"恐共症"。

此外,美国资产阶级还极力影响、干预和左右工人运动。由于资产阶级的阻挠,美国无产阶级的绝大多数至今尚未组织起来。已经组织起来的部分,主要是集合在劳联—产联中。劳联—产联的领导层,早已是被收买和资产阶级化了的工人贵族。只要提一下它的前主席乔治·米尼就行了(我在美国的时候,他还没有死)。此人一贯反共反华,积极支持美国统治集团对外侵略扩张。尼克松总统公开宣布采取重大步骤改善对华关系时,美国各阶层人士和广大人民表示热烈欢迎,反对之声甚少。但有一个人表示强烈反对,此人就是乔治·米尼先生。他这样做,是代表美国工人阶级吗?当然不是。是代表资产阶级的一般立场吗?也不是。他这样做,只是代表了美国资产阶级的极右翼。我在美国期间看到的事实是在历次大选和地方选举中,劳联—产联的领导层都是作为资产阶级的一种附庸势力出现的。

由于上述种种情况,1976年大选过程中发生洛克菲勒副总统与杰克逊参议员之间的那一段插曲，就是很自然的了。

(二)

至此，我想对美国式的民主制做几点简短的说明。

第一，美国有民主，这一条应予肯定。但美国的民主制是一种资产阶级的民主制。我以为，我以前给你的几封信已经大体上说了这个方面的总的表现形态，总的轮廓。对于阶级社会，马克思主义者是不能撇开阶级，抽象地谈民主的，因为这种民主在现实的阶级社会里根本不存在，只存在于一些人的幻想之中。

第二，美国资产阶级和垄断资本在运用民主选举形式选拔国家各级行政机关领导人和立法机关成员时，主要是把住一道关口，即对候选人的提名权。它们运用驴、象两党，运用舆论工具，运用钞票，主要目的就是把住这一道关口。把住了这一道关口，它们就给锣鼓喧天、热闹非凡的竞选种种官职的活动划下了一条严格的界限，即这种竞选角逐只允许在资产阶级和垄断资本的背着驴、象两种标记的代表人物之间进行，不准越出这个范围。这实际上是把选举权与被选举权分离，只允许资产阶级和垄断资本的代表人物有被选举权。只要守住了这一道关口，划定了这一条界限，垄断资本就可以放手实行民主选举。对选民的财产等等限制可以取消。无产阶级和其他劳动群众不是要求要有投票权吗？可以给你们这种投票权，亦即选择权，没有关系。反正是限制在资产阶级代表人物这个圈圈之内进行选择，越不出轨道，可以让你们在这个圈圈之内尽情地跳舞，要民主给民主，要自由给自由。

这种选举，就好像是走进一个果树园里去买水果。主人先拿出两筐，让你从每一筐里挑出一个。这叫两党预选投票，也就是第一次选择。然后，主人再让你从这两个中挑出一个。这叫大选投票，也就是第二次选择。两次挑选，可以任君择取（在这里，我是把种种威胁、强制的现象抛开了）。反正都是同一品种的产品，你挑哪一个，主人不在乎。但是，你的选择权受到限制，即只能从主人拿出来的那两个筐子里挑，不能到果树林中随便摘。

第三，美国各大银行和工商业公司在开股东年会、决定本企业的大政方针时表决投票，采取一股一票制。在这里，一人一票制是不存在的。谁占有的股票多，谁的投票权就大，权利同股票数量相等。① 美国资产阶级和各大垄断资本集团在包括选举在内的国家政治生活中，也大致实行同一原则。资产阶级各派，都有权参与竞争。至于权力的大小和竞争的结果，则要以各派的政治、经济实力的大小为转移，总是实力最大者占据统治地位。美国建国以来，为什么联邦政府的控制权长期掌握在以东部为根据地的资产阶级势力和垄断资本的手中，很难加以改变呢？第二次世界大战结束以来，为什么联邦政府各部的控制权老是在那么几个财团的圈子里转来转去呢？为什么国务卿老是要从洛克菲勒财团的门庭之内选拔呢？为什么无论民主党总统或共和党总统都得这么办呢？原因很简单：权力要按实力来分配。

由此可见，民主这种东西，就是在资产阶级和垄断资本集团内部也不是平等享有。

第四，在美国居于统治地位的资产阶级，200多年来，经历了一个从上升到下降、从兴盛到衰落的过程（近几年来有点回升趋势）。经过选举产生的历届总统，从第一届总统乔治·华盛顿到第39届总统吉米·卡特，所起的历史作用是不尽相同的，不可一概而论。但有一点可以一概而论，即在本世纪以前，选举产生的历届总统都是美国资产阶级的代表；本世纪以来，选举产生的历届总统都是美国垄断资产阶级的代表。

对于经过选举产生的历届美国联邦国会，也可以这样说。所不同的，一是国会两院主要是美国各地地方实力派代表的集合体（当然，各大财团或垄断资本集团在其中保持有很大影响）。二是对国会议员没有超过一定任期后不得连选连任的规定。只要某人在某个州或某州的某个选区有势力，他的议员职务就可以一直延续下去。只要他愿意，可以当终身议员。我前面提到的那位戈德华特先生，就是这种终身议员之一。

第五，美国无产阶级的队伍虽然很庞大，连同家属一起占了选民的绝大多数，但被剥夺了被选举权（工贼除外），在国家事务中处于无权的

---

① 详见拙著《美国走马观花记》，上海人民出版社1980年版，第17—25页。

地位。

因此,美国的选举既热热闹闹,又冷冷清清。在富户聚居区热热闹闹,在贫困阶层和黑人聚居区则冷冷清清。美国的大选,不参加投票的选民通常占50%左右。这个事实,是很能说明问题的。

凡此种种,都是资产阶级的特征。

至于美国实行的立法、行政、司法三权分立、互相制约的制度,由于执掌这三方面权力的人物都是资产阶级或垄断资本集团各派的代表,他们之间相互制约的关系,当然也是属于资产阶级民主的范畴。之所以需要这种制约,是与资产阶级各派势力之间经常发生矛盾、冲突,联邦与各州、各地区之间经常发生矛盾、冲突这种复杂关系分不开的。

根据我在美国期间的观察,我以为,美国的总统制有几个特点:

第一,总统既是国家元首,又是政府行政首脑,集行政权和军权于一身。

第二,总统行使权力在一些方面受到国会的制约,但总统既不由国会产生,也不对国会负责。总统所属的政党在国会常常是少数党(比如总统是象党党人,而国会的多数党却是驴党),这当然会给总统带来一些麻烦事,但他照样当他的总统,照样发号施令,国会对他也无可奈何。国会通过的法案,总统同意就签署,让它成为法律。总统不同意,拒绝签署,国会庄重通过的法案通常就成为废纸一张。国会要凑够2/3多数票,对总统的否决来一个"否决之否决",一般是很难做到的。

第三,政府各部部长都是总统的助手,只对总统负责,不对国会负责。政府内部基本上是一言堂,内阁会议属于咨询性质,一切大政方针由总统一人拍板定案(副总统只能办一点总统交办的差事,只能跟在总统身后亦步亦趋,没有独立性,没有多少发言权)。部长不赞成总统决策,只能辞职,不能拒不执行,也不能公开反对。总统任命政府部长要经过国会参议院简单多数票通过,但总统可以随时解除部长职务,国会对此无权过问。

因此,我以为,美国的总统制是一种高度的集中制;民主当然有,但不是很多。

这就是美国垄断资本高度重视对总统候选人的选拔之原因所在。

最后,我还想重复几句。

美国资产阶级和各大垄断资本集团的特性是独占。它们独占了这个国家的生产资料的所有权以及金融、流通等手段，垄断了国家的经济命脉，对上层建筑和国家政权，也是采取独占的方式。事实反复说明，美国统治阶级绝不同被统治阶级分享政权。

说到这里，我临时想起一件事。

上面说了，美国资产阶级和垄断资本通过种种手段把住关口，不让无产阶级和其他劳动人民的代表当选为各级政权行政机关的负责官员和立法机关的成员。其实，它们对于非当选的官职，也是如此。对付现有的政府工作人员，美国有一个"联邦忠诚法"。一经查出有与共产主义沾点边的人，立即解雇。美国政府任用新的官员，实行严格的政治审查制度。它的主要政治标准，就是反对共产主义。对政府高级官员，尤其是如此。凡是美国总统提名任命的官员，在送交国会讨论前，一律要经过联邦调查局的政治审查。不要说是共产主义者，哪怕是同共产主义多少沾点边的人也是过不了联邦调查局政审这一关的。

草书至此，言犹未尽，下次再谈。

敬礼！

张海涛
1984 年 12 月 28 日夜

短暂一生，19 次入狱
——六谈民主

裘真同志：

以前给你的几封信谈美国式民主时只谈了事情的一个方面，还没有涉及事情的另一个方面。

现在我想说另一方面的情况，不过也只能蜻蜓点水，没有时间全面铺开。

美国无产阶级和其他劳动群众每四年参加一次大选投票，在每两个大选年之间还要参加一次中期选举投票，对这些群众实际上意味着什么呢？实质上，他们参加这种投票都不过是在由哪一派资产阶级代表人物来统治自己的问题上做一点有限的选择。远的不说，就说第二次世界大战结束以来的这一段，这期间先后由驴、象两党党人依次上台、轮流坐庄的白宫大院的主人，包括本身是富翁和不是富翁的两种人在内，都是美国垄断资本的代表。在他们主持之下的历届政府各部的部长，有些人本身就是富翁，甚至是大富翁，或曰大资本家，另一些部长虽非大资本家，但是在一些巨型垄断企业里总是拥有一些股票的，同这些大企业的主人的关系也是密切的。我现场观察过的三届美国联邦政府——尼克松政府、福特政府、卡特政府，其内阁成员的组成都是这样，即都是一些拥有联邦政府部长官衔的资本家或资本家代理人。你如有兴趣，不妨做点考察。这并不难发现，只要查一查这些部长先生的简历即可有个大致了解。如果再查阅一点美国报刊对他们的简介，就可了解得更多。只是在尼克松政府的后期有一点特殊，即这位总统看中了一个工贼，就是组织一帮打手在纽约市街头殴打反对侵略印度支那战争的男女学生的那个建筑工人工会的头头，让他到联邦政府里当了部长。什么部的部长呢？答曰：劳工部部长！选定这么一个工贼当联邦政府劳工部部长，难道是为了给美国工人阶级办点什么好事么？当然不是。选中他当部长的原因，就是因为此人能以工会头头之名，行为垄断资本服务之实。此人不过是个小丑，让这个小丑当部长不过是一段插曲，但也能反映美国联邦政权的阶级实质。

美国联邦国会的全体议员先生，都是通过选民投票从全国各州（参议员）及这些州的各选区（众议员）选举出来的。他们的阶级成分也不外是这两种：资本家和资本家代表。我在美国期间，《纽约时报》曾以《富翁俱乐部》为题，报道过美国联邦国会里一群富翁议员的情况，说得有名有姓，有根有据。我不细说了。

美国的民主制度，通过民主选举产生的各级政权机关，对于美国无产阶级和各族人民群众来说，并不是什么仁慈的东西。

美利坚合众国在独立战争的炮火中刚刚诞生，美国宪法刚刚制定，这个世界上著名的民主共和国的阶级实质便准确无误地表露出来。18世纪末期和19世纪上半期对国内多起人民起义实行镇压，对印第安人的持续不断的征剿和屠杀，就是例证。

在美国社会上资产者与无产者两大对立阶级的搏斗正式揭幕以后，作为资本家统治劳动者的政治形式的美利坚合众国的真实面貌，便进一步大白于天下。1886年5月血腥镇压罢工工人、逮捕工人领袖、闻名全世界的芝加哥草场事件，就是典型的例证。

本世纪以来，美国的国家机器为了对付美国无产阶级和"共产主义的幽灵"，可以说是无所不用其极。你只要读一点有关美国的史书，就可以充分了解这一点。

别的都不说了，只提一句美国无产阶级的领袖、杰出的共产主义战士威廉·福斯特同志的经历。他为美国无产阶级的事业英勇奋斗了一生，遭受过种种迫害，在监狱里度过了许多岁月。从19世纪末参加工人运动起，到1961年逝世止，福斯特同志在短暂的一生中坐过19次监牢。这种被捕入狱的纪录，在世界上实属罕见。

本世纪60年代，美国联邦政府和各有关州、市政府对黑人斗争的镇压，包括1964年7月武装军警对纽约市哈莱姆黑人群众的开枪射击和大肆逮捕，次年8月出动一个联邦步兵师和10000名地方武装——国民警卫队，对洛杉矶市瓦茨黑人斗争的大规模镇压，1967年7月出动20000多名军警，包括5000名联邦空降部队，对底特律市黑人斗争的大规模镇压，都是举世周知的事实。

本世纪60年代下半期到70年代初期，美国联邦和有关州、市政府对以青年学生为主的人民群众反对侵略印度支那战争的斗争的大举镇压，至今令人记忆犹新。我在以前给你的信里曾提到过，1971年5月初，美国联邦政府出动大批武装部队，在首都华盛顿一次就逮捕了12000名参加反战示威的群众。

凡此种种，都是通过选举产生的美国联邦和各州、市政府做出决策和组织实施的。这究竟是民主，还是专政？

美国国家机器的主要部分，是由联邦总统统率的200多万军队，由各州州长统率的40多万国民警卫队，主要由各市政府指挥的50多万警察，由联邦调查局、中央情报局和国家安全署等机关指挥的大批特务，以及布满全国的各级法院和4000所监狱。

所有这些，究竟是民主的工具，还是专政的机器？

美国是世界上著名的民主国家，又是世界上每年逮捕人最多的国家。

我在美国期间，人口总数只有二亿多一点的这个国家，1971年逮捕863万人，1973年逮捕902万人。以后几年，每年逮捕近千万人。我不是说所有这些人都不该逮捕。进步人士是不该逮捕的，反战师生是不该逮捕的，反抗现存社会制度的群众是不该逮捕的。但是那些抢劫犯、杀人犯、强奸犯，等等，应当逮捕归案。可是，美国为什么每年有那么多的杀人犯、抢劫犯、强奸犯等等犯人呢？难道这同美国的社会制度没有一点关系么？

每年这样大规模地逮捕，是民主，还是专政？

现在说一说美国国会。

美国联邦国会是美利坚合众国最主要的一个民主机关。参众两院的议员先生们手里一不拿枪支，二不拿手铐，三不拿窃听器。他们的活动，除了夏季和圣诞节休假外，基本上是一年四季在国会山上开会，可以说是君子动口不动手。国会两院开起会来，要按议事规则办事。每个法案的成立，都要经过"三读一签署"的立法程序，而且都要经过简单多数或者2/3多数通过。因此，美国联邦国会被一些人看作美国民主的象征。

然而，就是这样一个民主机关，每当它处理美国社会上资产者与无产者两大对立阶级的利益发生冲突的问题时，就不能不脱下代表全体人民的外衣，露出它的本来面目。

美国的一道世界闻名的法律，即《1947年劳资关系法》，或曰《塔夫脱—哈特莱法》，不是经过国会参众两院通过的吗？这道法律对美国的工人运动下了一系列禁令：授权总统经过法院强令罢工工人复工；禁止政治性罢工；禁止同情罢工；禁止政府公务人员罢工；禁止把工会基金使用于政治目的；工人参加工会，必须书面声明自己不是共产党员，等等。这道法律已实行了30多年，至今仍在实行中。凡是违反这道法律的行动，都是触犯刑律的行为，要遭到法院审讯、判刑。

这一条条禁令，是民主，还是专政？

美国另一道世界闻名的法律，即《1950年国内安全法》，或曰《麦卡伦—伍德法》，不也是经过国会参众两院通过的吗？这道法律规定，美国一切共产主义组织，都必须向联邦政府司法部登记注册，并向政府提供有关干部、党员、组织、财务等等情况。它规定成立一个"颠覆活动管制委员会"，对共产主义组织进行管制。它规定，凡是经过登记的共产主义组织的成员,都不准在政府机关和军工企业中工作,不准领取出国护照。违反这些规定,就要判刑。它还授权总统在"非常时期"可以无限期地拘留共产主义组织的成员。

美国另一道世界闻名的法律,即《共产党活动管制法》,不也是经联邦国会通过的吗?这道法律明文规定:共产主义组织"不受法律保护",凡是有共产主义者参加的组织都"要受到惩罚"。

制定一道又一道这样的反共法律,难道还不足以说明美国联邦国会是一个垄断资产阶级的专政机关吗?

这些露骨的反共法律,后来没有完全逐条实行,一是由于人民的反对,二是由于统治阶级逐步积累了经验。它感到,在把共产主义的组织打倒在地、使之不能有所作为以后,让少数人信仰一点共产主义,只要把这些人监视起来,不让他们大吵大嚷,不让他们采取什么大的行动,这样,不仅无害,反而有利于在自己的脸谱上增加一些"民主"、"自由"的色彩。只要不对美国垄断资本的政治统治构成威胁,让书店里摆一点马克思的书籍,或者让少数教员在课堂上讲一点社会主义,也是可以的。它可以向世人显示美国的"民主"、"自由"。

综上所述,可以不可以说美国资产阶级的民主就是对无产阶级的专政呢?我以为,是可以的,因为这符合实际情况。

在对外事务方面,美国政府19世纪以来在世界各地的一系列侵略、扩张,这里就不谈了。只提一下美国国会。

以中美两国的关系为例。

从1844年的"望厦条约"起,到1949年止,美国政府强迫旧中国政府签订的一系列不平等条约,有哪一个不是经过美国国会通过的呢?1954年美国同台湾当局签订的《共同防御条约》,1955年授权美国总统在台湾海峡使用武装部队的《福摩萨决议案》,直到中美关系正常化以后1979年的《与台湾关系法》,有哪一个不是经过美国国会通过的呢?

中美两国建交已经多年了。美国国会违反中美建交公报的规定,制造"一中一台"、"两个中国"的立法活动,至今没有停止。

凡此种种,难道是符合美国人民的意愿和根本利益的吗?当然不是。它们仅仅是代表了美国资产阶级和垄断资本集团的利益,特别是反映了那些侵略成性的反动集团的利益和意志。

经过选举产生的美国总统和国会,无论是在内政事务方面,还是在对外事务方面,本世纪以前,代表美国资产阶级利益,本世纪以来,代表美国垄断资产阶级利益。

那么,美国人民的意愿,在美国政府的施政中,在美国国会的立法中,在美国法院的判案中,是不是一点儿也得不到反映呢?

那也不是。我们应当尊重事实,不能走极端,不能绝对化。

以美国宪法的一些补充、修正案为例。关于废除奴隶制的第13条修正案,关于公民的投票权不能因种族、肤色或以前的奴隶身份而予以剥夺的第15条修正案,关于给妇女以投票权的第19条修正案,都是得到了美国联邦国会的通过和2/3的州议会的批准的。

在美国政府和法院的活动中,也能找得出这样的事例。不说别的,就说尼克松总统带头改善对华关系,卡特总统同意实现中美关系正常化(他搞那个《与台湾关系法》当然是错误的),至少是在客观上反映了美国人民的愿望。

在什么样的情况下,美国人民的意愿能够在那个三权分立的政权机构中得到一些反映呢?

第一,在人民群众的各种形式斗争的压力之下;

第二,在符合或者至少不损害资产阶级和垄断资本的根本利益的前提之下;

第三,在总统和国会议员先生们、州长们和州议会议员先生们迫切需要选票而不得不向选民群众做某种承诺的时候。无数事实证明,这种承诺,通常是说了不算数的。但是,如果承诺100条,不兑现100条,对于那些要竞选连任的人士来说,也不大好混下去。

如果没有这三条,那就很难、很难。

马克思主义认为,国家是阶级统治的机关,是一个阶级压迫另一个阶级的工具。美国的事实证明,马克思主义国家学说的这个基本论点是实事求是的科学真理。

说到这里,感到还有一点没有说明白,即资产阶级的政治统治同它那个财产私有制之间的关系。这一次时间不够了,下次再说吧。

敬礼！

张海涛
1985 年 1 月 15 日凌晨

美女、美男和手枪
——七谈民主

裘真同志：

我给你写这封信，想把剩下的一些事再向你谈谈，作为美国式民主这个话题的结束吧！

（一）

我想起了在美国期间见到的一些事。

苏联政府的高级官员谢夫钦科，1973 年开始代表苏联出任联合国总部主管政治和安全理事会事务的副秘书长，常驻纽约。安理会每次开会的议程安排、文件起草，等等，都要经过他处理。他利用职权，在美苏两国在联合国总部的争夺战中，为苏联政府谋取了不少利益。我对此人很面熟。安理会每次开会时，我从记者席上朝下看，从那个马蹄形的会议桌旁，在联合国秘书长瓦尔德海姆的背后，总是可以看到谢夫钦科。几年以后，联合国总部出了一条大新闻。这位谢夫钦科先生不辞而别，离开了联合国秘书处的办公室，宣布背叛苏联政府，要求在美国政治避难。冰冻三尺，非一日之寒。后来透露出来的事实说明，美国政府中央情报局和联邦调查局的特工人员早就在谢夫钦科先生身上下工夫了。手段之一，就是美人计。美人之一，就是一个 22 岁的"查维斯小姐"，是华盛顿妓女。谢夫钦科向美国政府提供了不少关于苏联的情报，包括莫斯科部署在美国的克格勃特务网。美国政府，主要是中央情报局，向谢夫钦科提供了不少美元作为酬报。为了满足谢夫钦科的欲望，美国特务机关穿针引线，向他介绍了从 19 岁起就在美国首都靠出卖肉体为生的这位"查维斯小姐"。开始时，美国特务机关对这个美国少女说：谢夫钦科是一位"法国外交家"，部署在谢身旁的美国政府联邦调查局特工人员都是谢的"秘书"。"查维斯小姐"同美国特务机关合作，在谢夫钦科身上下了工夫。她得到的报酬是：每次陪谢睡一晚，500美元。此外，她还捞到了一些珠宝首饰和一辆汽车。同谢一起生活了半年以后，她的使命由美国特务机关安排别的美国女人接替了，她和谢分了手。"查维斯小姐"后来出版了一本书，书名题为《叛徒夫人》，并在纽约市一所公寓的房间里举行了一次记者招待会，讲出了她受美国特务机关派遣执行此项任务的经过。有记者问：美国政府在她身上花了那么多钱，值得吗？她回答道："你知道，我也是一个纳税人。"意思是，美国政府为了收买苏联政府高级官员谢夫钦科而在她身上花的钱，她这个妓女还得从这种皮肉钱中拿出相当一部分，作为所得税和其他捐税，交还给美国政府。

她上缴的税款当然要被统计到美国政府的财政收入之中，她本人出卖皮肉的收入也会被统计到美国国民生产总值和国民收入总额之中。因为在美国政府看来，她的这种收入是"合法收入"（有人告诉我，非法收入不列入美国国民生产总值之中）。

美国中央情报局和联邦调查局的特工人员，大都是出钱雇佣的。他们的任务就是使用种种手段，在阴暗的角落里干那些见不得人的勾当。雇佣期限的长短，视他们的表现和作用而定。表现积极，能起作用，就继续雇下去。不然，就解雇。被解雇的男女特务为了发泄不满情绪，或者为了出风头，或者为了捞钱，常常出版书籍，或发表谈话，公开讲一些自己受雇当特务的情节。

我们上面讲的那件事，是美国政府使用女色对付苏联。

我到纽约不久，就碰到了一件事。

1971年中美关系打开以后，有一个美国民间友好代表团访问中国。代表团在华期间，受到了中国政府和人民的热情接待。中国政府领导人曾在百忙中挤出时间，会见了不远万里前来我国访问的这个代表团的全体成员，同他们进行友好的交谈。回到美国以后，过了一阵，这个代表团中的一位年轻的女团员向新闻界发表谈话，公开表示，她是美国政府雇佣的一个女特务。美国特务机关让她打着"友好"的旗号混入这个代表团前来中国，任务是搜集中国的情报。

同样的手段自然也要使用于美国国内。

还是讲我在美国期间发生的事。

有一次，一位美国女青年举行记者招待会，公布了自己的一些秘密。从外表看来，这个女青年没有什么特别之处。但人不可以貌相。这个貌似平凡的女青年却有过一些不平凡的经历。据她自己讲，她曾受雇于美国政府联邦调查局，奉命打着卡尔·马克思的旗号，混进一个左派团体。除了向联邦调查局报告情况以外，她还曾根据指令，在这个左派团体内部挑拨离间，制造事端，兴风作浪，使这个团体内发生矛盾，互相倾轧。她把有关的情节讲得相当具体，有根有据。

我在美国的时候，这个国家还曾经发生过一起引起全国注目的案件。

据透露，美国中央情报局曾经密谋要暗杀一个外国政府的领导人，未成。此事当然属于绝密性质。事情过去若干年后，有人把它捅开了，成为报纸、广播台、电视台的重要新闻。有些国会人士认为此事可以利用，整一下自己的反对派，因而发起举行听证会，对此案进行调查。熟悉案情的一个重要知情人，已经是个老头子了，闲居在芝加哥市。国会有关委员会决定传他到国会山做证。就在这个老头子启程前往华盛顿的前夕，他的住宅里发生了意外事件。有人穿堂入室，向这位知情人打了几发子弹，其中一发子弹就射入他的嘴里，意思是要他闭嘴。这个老头子应声倒地，血肉模糊，一命呜呼了。案情断了线，无法追查，国会山上的听证会也就开不下去了，只好偃旗息鼓，算了。杀人者的目的也就达到了。至于此人究竟是谁杀的，众说纷纭，莫衷一是，谁也说不准。美国政府司法机关的侦破工具从技术上来说是先进的。但先进的侦破技术没有用武之地。像这一类政治谋杀案，他们是侦破不了的。

在美国占统治地位的那个阶级，是讲究博爱的。比如，杀鸡应该怎么个杀法，宰牛应当怎么个宰法，以减少鸡、牛临死时的痛苦，许多州都是有法律规定的。违反了有关法律规定，延长、加剧了鸡、牛临死时的痛苦，就有可能遭到起诉，被逮捕、判刑、入狱。但是对于杀人应当怎么个杀法，一些地方却没有这么严格的规定。规定了，也可以不遵守。美国资产阶级讲究自由，讲究法治，讲究宽容。正式经法院判处死刑的人，在美国是不多的。但是，被非正式处死的人却不少。美国一年究竟有多少人横遭杀害，有多少人被杀得血肉横飞，有多少人被杀得半死不活，谁也说不准。联邦调查局每年倒是公布个统计数字，但不少朋友认为，这种统计是不可靠的。

我在上面提到了美国政府的两个机构，一是中央情报局，二是联邦调查局。前者主要对外，后者主要对内。前者的特务网分布于世界各国，后者的特务网遍布美国各地。它们究竟雇用了多少特务，没有确切的材料，反正不少就是了。有人甚至因此说美国是一个"特务国家"。关于这两个美国特务机关的内幕，有些美国人出版了专门著作，做了介绍。我的看法概括地说，它们的武器不外乎是：金钱、女人、枪支、窃听器、窃照器，等等。当然，联邦调查局手中还有囚车、手铐和监狱。此外，这个机关有时候还使用美男计，目的当然是从了解情况的妇女身上掏东西。它们对付的对象广泛得很。中央情报局既对付美国政府认定的敌对国家，也对付友邦。联邦调查局既对付一些外国驻美国的工作人员，又对付美国政府认定的国内权势集团中同自己作对的派别，但它的主要矛头是针对美国人民大众，针对那些主张社会改革和人类进步的团体和人士的。

（二）

你来信提出，美国的国家机器对待无产阶级和其他劳动群众的社会改革要求除了使用专政这一手以外，似乎也还使用安抚的一手。

你的看法有道理。

统治阶级对待被统治阶级从来是两手政策，而不是一手政策。在这一点上，旧中国与美国倒是有一致之处。

我在以前的信中提到，美国资产阶级政界人士中（无论是驴党或象党人士）存在着一个叫作"自由派"的派别。这一派的内政主张带有某种改良主义色彩，用这一类措施来缓和阶级矛盾，削弱无产阶级群众的斗志和革命要求。用吉米·卡特总统的话来说，这叫"以水灭火"。本世纪以来，富兰克林·罗斯福总统可以说是这个"自由派"的祖师爷，他为挽救美国垄断资本于垂危之中而在本世纪30年代实行的一套"新政"措施，至今仍为这个派别奉为圭臬。

我在美国期间所获得的印象是，美国政府为缓和阶级矛盾而采取的若干措施，规模相当大。

这就叫"社会保障"。其内容之一是发放退休金。这是一种"羊毛出在羊身上"的办法，即从广大职工开始就业之日起征收退休税，在职工年迈退休之后发给一定数量的退休金。如无其他积蓄，光靠这种退休金维持生计，生活当然不宽裕，但是可以活下去。

一种叫"失业保险费"，即在职工失业之后按原工资的一定比例发生活补贴。但发放这种补贴有一定限期，超过限期仍未找到职业，即停发。

一种叫"社会福利金"，即发救济费。我在美国期间，全国靠这种救济维持生活的人有 2000 余万，约占全国总人口 10%。

一种叫"食品券"。收入处在政府规定的"贫困线"以下的家庭，往往可以廉价购买这种券，用它到商店买食品。

如此等等。

当然，安抚不仅限于经济生活，还包括在政治领域采取的一些措施，如给无产阶级投票权，给黑人投票权，等等。

说到这里，我不禁想起了 19 世纪美国女作家斯陀夫人在美国南北战争前不久发表的著名小说《汤姆大伯的小屋》里的一个情节。老汤姆的新主人奥古斯丁·圣·克莱亚对黑奴持开明态度，而他的孪生兄弟阿尔弗雷德则相反。有一次，兄弟二人相聚在一起，就对黑奴的态度问题展开了一场激烈的辩论。奥古斯丁为了说服阿尔弗雷德对"下等人"持开明态度，列举了 18 世纪末期法国大革命时"下等人"当过权、19 世纪初期海地人民起义等事例，说明"把锅炉烧得滚热，关上安全汽门"，锅炉就会爆炸；为了不使矛盾激化，必须缓和与黑奴的关系。① 用现在的话来说，这位奥古斯丁·圣·克莱亚就是一个资产阶级"自由派"人士。

美国资产阶级和垄断资本所采取的带有改良色彩的措施，它们对无产阶级和其他劳动群众的安抚，就其认识和思想根源来说，与这位奥古斯丁·圣·克莱亚有点相似。

（三）

美国资产阶级和垄断资本对无产阶级和其他劳动群众采取两手政策是为了什么呢？

---

① 参见斯陀夫人《汤姆大伯的小屋》，上海译文出版社 1982 年版，第 351—359 页。

答曰：是为了巩固资产阶级和垄断资本的政治统治。巩固这种政治统治又是为了什么呢？

答曰：是为了保护它们的财产私有制，尤其是生产资料的私有制。

《美利坚合众国宪法》头10条补充、修正案，亦即《权利法案》的第5条，有一项重要规定，即保护私有财产，并规定"不能在没有公平赔偿的情况下把私有财产挪作公用"。宪法第14条补充、修正案重申了保护私有财产的规定，并禁止任何"举行过暴动或叛乱"以及"援助和安慰过敌人"的人在美国三权分立的政权机构中担任任何职务。

分别在1791年和1868年得到批准、付诸实施的这两条宪法补充条文，有着当时的历史背景。前者出现在美国独立战争结束以后，后者诞生于南北战争结束之后，它们都标志着这两场武装斗争（或曰两场革命）的资产阶级性质。

关于这个私有财产问题，我想引用巴里·戈德华特参议员的两段话。这位先生思想虽然顽固，但讲话却相当坦率。

这两段话是戈德华特参议员1964年7月17日在旧金山举行的共和党全国代表大会上发表接受本党总统候选人提名的演说里讲的。

他说：

"我们认为，私有财产，建立在私有财产的基础之上的经济以及保护私有财产，是使政府成为全民的持久盟友而不是全民的仇敌的唯一通道。

"我们认为，私有财产的神圣不可侵犯性是自由社会的宪制政府的唯一的、持久的基础。"[1]

戈德华特参议员的笨拙就表现在这里。美国驴、象两党的总统候选人在公开竞选演说里是尽量避免讲这种话的，因为这种话很容易引起无产阶级和其他劳动群众的反感，使自己丧失选票。戈德华特先生却在向全国广播的共和党全国代表大会上讲这种话，自然很难捞到普通老百姓的选票。他这一年竞选总统失败，这是原因之一。

然而戈德华特先生的可爱之处也表现在这里。别的驴、象两党竞选人

---

[1] 格雷戈里·布什编：《美国总统候选人竞选演说集》（英文版），第140页。

不愿意讲的这种老实话，他讲出来了。是什么老实话呢？这就是："私有财产"和"建立在私有财产的基础之上的经济"是人世间妙不可言、美好得无与伦比的宝贝，是神圣不可侵犯的珍品，是美国这个"自由社会的宪制政府"的唯一基础，美国垄断资本的国家政权要保护的就是这个东西。

戈德华特先生是坚决反对马克思主义的，但是他的这个话与马克思主义者的意思却有惊人的相似之处。

在美国社会上现在存在着的两大对抗阶级中，究竟是哪一个阶级的私有财产需要保护呢？工人群众，还有许多脑力劳动者，他们除了受雇佣、出卖劳动力以外，有什么东西需要保护呢？当然，他们也有些生活资料，比如分期付款购买的房屋，家用电器，上下工、上下班用的汽车（有些工人还没有），等等。在他们有职业、到期能够还债付息的时候，这些东西是受到宪法保护的。但当他们被抛进了失业者的行列中、无钱偿债付息的时候，宪法对他们拥有的这些东西就不再保护了。宪法真正保护的，是资产阶级和垄断资本集团的那些私有财产，也就是他们对整个美国社会赖以生存、运转的那些生产资料的占有权，还有他们的金库、房地产、专用飞机，等等。美国的国家机器的主要职能是什么呢？说得简单一点儿，就是保护私有财产，保护资产阶级和垄断资产阶级对财产的占有权。谁要是碰一碰这个东西，谁就要尝尝国家机器的铁拳。凡属这种时候，联邦调查局、警察、法院就会出面。如果情况严重一些，各州的国民警卫队，甚至联邦的正规武装部队，都会出动。在美利坚合众国，这类事件发生的还少吗？可以说是成千上万，成千上万。

当然，美国三权分立的国家政权保护财产私有制，还有一种辅助手段。这就是你提到的安抚的一手。

列宁说过，我们决不应该忘记，即使在最民主的资产阶级共和国里，人民仍然摆脱不了当雇佣奴隶的命运。我以为这个论断是正确的。

附带说一句，我建议你读一读列宁的《国家与革命》这本书。如已读过，不妨再读一遍。这本书虽然撰写于70年以前，我以为其中阐发的关于马克思主义的国家学说的基本思想、基本论点，至今仍然光辉夺目，令人折服。

关于美国式民主的问题，就谈到这里。

最后，我想谈一点我国的民主制。

第一，我国的社会主义民主制，或曰人民民主制，从本质上讲，比美国式民主要优胜得多。这主要是因为我国已经消灭了剥削阶级，建立了社会主义制度。这与美国根本不同，不能相提并论。我们在这方面比美国先进，而不是比它落后。

第二，美国式民主形式中有若干合理的、积极的因素，应予肯定。但是，美国式民主是一种资产阶级民主，是资产阶级的民主共和制，也是资产阶级专政制。因此，从根本上来说，是应当予以否定的。

第三，我国的人民民主制还不健全，还不完善，还处在一个发展过程中，距离我们的目标——一个高度民主的社会主义国家还相当远。我以为，在健全和完善我国的民主政治过程中，可以吸收、借鉴美国民主形式中那些适合我们需要的、合理的、有益的成分。由于我们是一个有2000多年封建专制历史的民族，注意这一点很重要。但是，主张把美国驴象相争、轮流坐庄那一套照搬到我国来，则是完全错误的。

我随笔写了这么几点，未经仔细思考。不妥之处，请予批评、指正。

敬礼！

张海涛
1985年1月29日午夜

（原载《我说美国——给友人裘真的书信》，北京出版社1987年7月第1版，1991年8月第3次印刷，第81—159页）

1972年3月张海涛在纽约会见美中人民友好协会主席苏珊·沃伦女士

1973年5月美国总统尼克松会见张海涛，左一为国务卿基辛格

1973年12月美国副总统福特会见张海涛，
左一为美联社社长加拉格尔

从历史和现实看美国民主的实质

美国到底有没有民主,如何看待这种民主?对此,我不准备谈有关的理论原则,而只想提供一些情况,供大家在思考这个问题时参考。

一 美国的民主是资产阶级民主制

我们观察美国,包括观察美国的上层建筑、意识形态,必须从美国的实际情况出发,从客观存在的事实出发。美国这个社会五花八门,千奇百怪,情况错综复杂。但是总的情况或者说基本事实是,它是一个高度发达的资本主义国家,是主要由一个势力很强的垄断资产阶级和一个队伍非常庞大的无产阶级这样两个互相联系又互相对立的阶级所组成的社会。我们观察美国,包括观察它的民主、自由、人权,不能避开这个基本事实,不能避开阶级、阶级矛盾、阶级斗争这个实际。这是对于历史唯物主义者的最起码要求。

但是,在资产阶级自由化思潮泛滥时,我国的理论界恰恰是在这一点上很混乱。不少文章避开阶级、阶级矛盾和阶级斗争谈美国的上层建筑和意识形态。有些文章谈美国的经济基础和阶级划分,讲的也不符合美国的实际。有一种很流行的观点,说西方资本主义已经是现代资本主义了,也就是第二次世界大战以后的资本主义了。由于通过反托拉斯法,由于还存在着大量的中小企业,因此现代资本主义已经不是垄断资本主义了。这就是说,列宁的帝国主义论失效了。马列主义的基本原理是不能违背的,但如果马克思、列宁所做出的一些具体结论已经不适合今天变化了的情况,当然应当修改,用新的结论代替已经过时的结论。而问题在于,列宁关于上世纪末本世纪初开始的资本主义已经变成垄断资本主义的这个结论是否已经过时？别的国家我不敢讲，因为没有调查研究，但至少在美国，我以为列宁的结论至今仍然有效。70年代，美国的工业公司一共是几十万家，其中500家最大的公司在资产总额、销售总额、利润总额、雇用职工人数总额方面，都占美国全体工业的70%以上。难道这还不是垄断资本主义吗？美国50家最大的商业银行，50家最大的人寿保险公司，50家最大的零售商业公司，50家最大的公用事业公司，50家最大的交通运输公司，在它们各自的领域里面都是占垄断地位的。这种情况在80年代改变了没有呢？没有，资本集中和垄断的程度甚至有所加强。是不是要垄断企业在各个经济领域百分之百地垄断，把中小企业通通扫除干净，才算是垄断资本主义呢？当然不能这样讲，列宁的本意也不是这样的。世界上没有这种清一色的、纯而又纯的社会。前一段在我们国内还有一种很时髦的观点，就是关于中产阶级的种种议论。而这种观点，是从美国资产阶级学者那里抄来的。美国资产阶级学者划分阶级的标准很简单，就是在美国政府公布的个人收入的统计材料上划几道杠杠，年收入多少美元以上的算上层阶级，年收入多少美元以下的算下层阶级，介乎这两者之间的就叫中产阶级。他们之所以这样划分，是有原因的。他们避开了人们在生产关系中所处的地位，避开了人们对生产资料是占有还是不占有这个要害来划分阶级，其目的就是掩盖剥削和被剥削这个实质，这当然是不科学的。我并不是说美国不存在中、小资产阶级，而只是说马克思主义者不应当照搬美国资产阶级学者这种划分阶级的标准。

提起民主，不少人认为我们是不民主的，而美国是民主的，我们不能回避这个问题。对此，我认为首先应当说，我们国家的社会主义民主制要比美国的民主制优越得多。最主要的原因，就是我们消灭了剥削阶级，建立了以工人阶级为领导、以工农联盟为基础的人民民主专政的体制，广大人民群众已经不受阶级压迫，成了国家的主人。

其次，我们要承认，新中国成立以后相当长的一段时间里，我们曾经忽视民主政治建设。最近这些年来，我们在民主与法制建设方面做了不少努力，取得了不少进展，但是，我们的民主生活还是不足的，我们的人民民主制还有待于进一步加强和完善。目前，我们已经做到的，与我们的目标，即一个高度文明、高度民主的社会主义社会还相距甚远。

第三，我们要承认，美国确实有民主。

正是因为我们现在正反对资产阶级自由化，我以为要特别强调这一点。我们是唯物主义者，不能否认事实，别的不说，美国每四年一次大选，每两次大选之间有一次中期选举，而且在大选和中期选举之间还有选举。在那里，每年乃至每个月都有选举。华盛顿的联邦国会大厦里，当然安全检查是很严格的，但只要手提包里面没带凶器，是可以参观的，国会的公开会议是可以去旁听的。这就是说，美国是一个有民主的国家，美国资产阶级讲他们是一个民主国家，我以为这是事实。问题在于，他们的民主制的阶级实质是什么？我们是马克思主义者，对这一点不能不讲，不能只看现象，不看本质。

美国民主的阶级实质是，它是一种资产阶级民主制，这可以从五方面来分析：

（1）美国的选举是由资产阶级（20世纪以来是指垄断资产阶级，下同）操纵的。它操纵选举主要是运用三种武器：金钱、政党、舆论工具；把住一道重要关口——候选人的提名权，即总统候选人、国会议员候选人、州长候选人、州议会议员候选人、市长候选人、市议会议员候选人的提名权。只要把住了这一道关口，它就可以放手让你投票。过去美国对选民资格是有种种限制的。比如说，妇女没有投票权，黑人没有投票权，等等。现在从联邦法律上来讲，这些限制都取消了。因为资产阶级取得一条经验，只要它把住了候选人的提名权，给你划下一个框框，把选举权和被选举权分离，把被选举权限在资产阶级范围之内，你怎么投票都行，他们根本不在乎。

（2）民主党也好，共和党也好，都是美国资产阶级政党，是美国资产阶级同时和交替使用的两只手，是一个老板开的两家店铺。就这一点而言，可以说美国的所谓政治多元化，实际上是政治一元化。一些小政党可不可以与民主、共和两党竞争呢？可以的。但是，他有钱有势，你竞争不过他。在美国历次大选中，投票棚里面的候选人名单上除了民主党和共和党以外，还有一些小党候选人。但是美国从来没有一个小党的候选人当选过总统。

（3）美国资产阶级在经济上是垄断的，在政治上是独占的。美国的选举，表面上看起来非常民主。现在只要是年满18岁、在美国出生的美国人，或者已经取得美国国籍的外来移民，都有投票权。但是，美国建国200年以来，通过民主选举产生的国家领导人，无论是总统也好，国会议员也好，州长也好，州议员也好，市长也好，一律是资产阶级的代表（尽管他们在历史上所起的作用不尽相同）。无产阶级代表不要说当选总统，就是当选州长，在美国200多年的历史上也从来没有发生过。19世纪下半期曾经有个别的社会党人当选过国会议员，但社会党并不是马克思主义政党。20世纪40年代，有个别的共产党人当选过市议员，但不久就被杜鲁门政府逮捕了，成了地地道道的政治犯、思想犯，被关进了监牢。这一情况说明，美国资产阶级绝不会同无产阶级分享政权。

（4）不仅是美国无产阶级代表不能参加国家政权，即使是在资产阶级内部，民主权利也不是平等享有的，而是由各自的经济政治实力来决定，谁的实力大，谁享有的民主权利就多。70年代我在美国期间，曾作为新华社驻联合国分社负责人，在纽约待过6年，同华尔街的金融资本，包括大通曼哈顿银行、花旗银行、摩根银行、制造商汉诺威托拉斯等有过一些交往，参加过他们召开的股东年会。在股东年会上，投票权大小是由股票多少决定的。比如说，我10股，投1票等于10票；你10万股，投1票就等于10万票。那些大股东对年会上的讨论、争辩毫不在乎，辩论得再激烈，也根本不理。轮到投票的时候，总是那些大股东以绝对多数票取胜。在美国的上层建筑、政治领域，基本情况也是这样。

（5）对美国三权分立的国家政权，如果不仅仅只看他们的言论，而主要看他们的实际行动，那么就不难得出这个结论，即政府施政、国会立法、法院办案，本质上都是代表资产阶级，都是为资产阶级的利益服务的。当然不能说美国人民的愿望在政府施政、国会立法、法院办案中一点也得不到反映。应该承认，在一定的条件下，人民的愿望可以得到一些反映，但三权分立政权的阶级本质并没有丝毫改变。

与封建制度下的皇权、王权相较，美国资产阶级的政治统治采取三权分立的形式无疑是一种进步。社会主义无论是生产关系还是国家政权、意识形态，都是对资本主义的根本否定，然而它对资本主义又存在一种批判继承的关系。美国资产阶级民主形式有的我们不宜采纳（如三权分立、总统集权制），有的则是值得我们研究、借鉴的。

二 美国的资产阶级民主制就是对无产阶级的专政制

美国三权分立的国家机器当然是阶级压迫的工具，是阶级统治的机关。但是，这个政权也有它的合理职能。这个问题，马克思在理论上早就解决了，而且实际情况也确实如此。就是奴隶主政权、封建地主政权也有一定的合理职能，资产阶级政权当然也没有例外。所以我们在讲美国资产阶级民主的专政实质时，首先要说明这一点。

近几年来，在我国的学术界有一种很时髦的观点，认为美国工人阶级已经不是改造社会的主要力量，它的历史地位正在日益为"自动化阶级"、"管理者阶级"所代替；美国政府正在日益成为代表全体人民的政府。我认为这是非常荒唐的。为了说明这个问题，我打算稍微从历史上做一点回顾。我是中美关系改善的一个亲身经历者，深感这种改善对两国和两国人民十分珍贵，因此很不愿意提以往的历史。但完全不提说明不了问题，这里只简述一些历史事实。

南北战争（1861年至1865年）结束到现在125年这一段美国史，我认为是一部资产阶级对无产阶级实行专政的血腥史，也是一部资产阶级收买工人贵族、破坏工人阶级斗争的历史，是一部以劳联、产联为代表的工贼叛卖史。这段历史大体上可分为三段：

第一段，从巴黎公社到十月革命。我先说两点历史背景。第一，南北战争期间，美国联邦国会在1863年曾经通过一个征兵法，做出很特别的规定：本人如果不愿意应征入伍，可以出钱买一个替身，代替自己到前线去作战。当时流行的价格是300美元买一个替身。摩根财团的创始人杰·普·摩根，洛克菲勒财团的创始人约翰·洛克菲勒，都是花了300美元各买了一个替身到前线去打仗，他们自己在后方，一个靠钢铁，一个靠石油发战争财，为建立摩根王朝和洛克菲勒王朝打下了基础。南北战争结束以后，美国资本主义大发展，并迅速走向垄断，国内无产阶级和资产阶级的斗争随之加剧。第二个背景就是共产主义思想的传播在美国是很早的，但是真正的共产主义政党在美国建立却较晚。马克思的《共产党宣言》1848

年在伦敦发表，1852年就传到了美国。马克思亲手创立的第一国际1872年在荷兰海牙会议上决定，把第一国际的总委员会迁到纽约。1876年，总委员会在费城召开的一次代表大会上宣布解散第一国际。就是说，第一国际曾经在美国活动过一段，并且是在美国宣布解散的。共产主义运动在美国的历史不仅比中国早，也比俄国早。南北战争期间，共产主义者同美国北方资产阶级结成了同盟关系，并肩战斗。尽管这样，在19世纪下半期和20世纪初，美国只出现过几个思潮复杂、组织松散的社会主义团体。美国共产党是1921年5月才正式成立的，比我们党只早两个月。1871年产生的巴黎公社——世界上第一个无产阶级专政的存在，使美国资产阶级深感惊恐。从此以后，尽管美国在一个长时期内并不存在真正的共产主义政党，但资产阶级却一直用戴红帽子的办法，用"共产党暴动"、"共产党阴谋用武力推翻美利坚合众国政府"等口实来镇压美国无产阶级争取改善生活和劳动条件的斗争。反共成为美国资产阶级的一个传统。

19世纪70年代，美国资产阶级就运用政府、国会、法院、军队、警察、监狱，大规模地镇压无产阶级斗争。1873年，美国发生了一场经济危机，工人群众纷纷举行罢工和游行，维护自己的生存权利。联邦政府立即把驻守南方的军队调回北方，镇压工人的斗争。1877年，美国铁路工人为抗议资方缩减工资举行了一次全国性罢工。联邦政府出动10万军队，包括联邦正规军和一些州的国民警卫队，镇压这次工人斗争。

19世纪80年代，美国联邦政府和州政府出动军队、警察对罢工工人进行了一系列镇压。其中最露骨的一次，就是围绕着1886年5月1日开始的，以实行8小时工作制为主要纲领的工人斗争展开的。美国政府对这次斗争进行了血腥镇压。伊利诺斯州法院对8名工人领袖进行审判，硬说他们"阴谋用武力推翻美利坚合众国政府"，把他们判处死刑。其中4名牺牲在绞刑架下，1名在监狱里死去，3名后来被释放。

19世纪90年代，在美国劳工史上被称为流血的时代。这里只提一件事情。洛基山脉是美国的一个著名有色金属矿产区。90年代，科罗拉多州的几任州长为镇压洛基山脉矿区的工人罢工，先后10次出动国民警卫队。时隔80多年后，我到洛基山区参观访问时，当地人士还曾谈及这一段历史。

在血腥镇压的同时，资产阶级还采取了另一手。1900年，美国垄断资本建立了一个全国公民联合会。它公开宣布的目标，就是要"把三股巨大的势力——资本、劳工和一般公众联络到一起，以渐进的而不是革命的手段解决劳资纠纷"。这个联合会的成员是些什么人呢？主席是华尔街的金融家，成员有当时的总统克利夫兰、钢铁大王卡内基、几位银行家、美国钢铁公司的董事、匹兹堡煤炭公司的总经理、美国贝尔电话公司的总经理、波士顿—缅因铁路公司的总经理。这里最值得我们注意的是，在这个联合会的成员里居然有劳联主席旺珀斯、联合矿工工会主席米切尔、制鞋工人工会主席、电车职工混合协会的主席、工程技术人员国际兄弟会的会长。1886年"五一"大罢工时，劳联是起过积极作用的，但是从1900年开始，劳联就公开地同资本家坐到了一起，一直到现在仍是这样。

1901年到1917年在美国历史上被称为"进步年代"。就是在这个年代里，美国政府出动军队镇压工人斗争的事情也连续不断。1903年，洛基山区一处矿工为争取8小时工作制举行罢工，谢尔曼·贝尔将军奉政府之命率部开进山区，宣布对这个矿区实行军事管制，通知这个市的市长和警察局局长服从自己的命令，并立即对工人进行大规模逮捕。当地有一家小报对将军的行动提出异议，报纸立即被查封，报纸编辑部的负责人、工作人员和一些印刷工人均被逮捕。地方法院受理工会的控告，将军就出动军队包围法院，枪口对准法庭。有人向将军提到《美利坚合众国宪法》，将军笑了一下，说"让宪法见鬼去"。1905年，世界产业工人工会在芝加哥成立后进行的第一场斗争就是争取工人阶级的言论自由权。当它的成员在各地朗读《独立宣言》和《美利坚合众国宪法》时，军队、警察居然把他们拉下台来加以殴打，并予以逮捕。后来成为美国共产党领袖的工人威廉·福斯特就是这次斗争中的被捕者之一。一位工人喜爱的诗人乔·希尔遭诬陷，被当局判处死刑。1912年，马萨诸塞2.3万名纺织女工为抗议资方缩减工资举行罢工，州国民警卫队立即奉命出动22个连队，镇压这些赤手空拳的妇女。1914年，约翰·洛克菲勒兴办的科罗拉多燃料和铁公司所属的煤矿工人举行罢工，遭到残酷镇压，成为洛克菲勒家族发家史上一大污点。直到现在，洛克菲勒家族总是忌讳提这件事情。

第二段，从十月革命到第二次世界大战结束。1917年俄国十月革命胜利后，威尔逊政府即参加了对俄国革命的14国武装干涉。从此，美国资产阶级便以"克里姆林宫的指挥"、"布尔什维克阴谋"等等为口实，大举镇压美国工人斗争。1919年，美国爆发了36.5万名钢铁工人的大罢工，政府出动军队对这次罢工进行血腥镇压。1920年1月2日，威尔逊政府的司法部部长米切尔·帕尔默（他本人就是一个资本家）在他的助手埃德加·胡佛（就是后来的联邦调查局局长）的协助下，在全国70个城市（包括波士顿、费城、底特律、芝加哥、纽约）同时对工人进行一次突然大搜捕，一夜之间把1万多名工人从家里、床上、街上、会议室逮捕，关进监狱。这就是美国历史上著名的"帕尔默大搜捕"。以后，美国政府镇压无产阶级的斗争进一步加强。1920年到1927年，美国发生了这么一件案子。有一名工人因为喜欢阅读马克思的《资本论》、达尔文的《物种起源》以及雨果、高尔基、托尔斯泰的文学著作，被政府列入黑名单。与他持有相同观点的另一名工人也被列入黑名单。他们曾领导过罢工，但规模很小。他们反对美国参加第一次世界大战，但并未组织反战运动。他们并非共产主义者，仅仅因为政治观点犯了禁忌，就被政府捏造罪名予以逮捕，判处死刑。当时，国际无产阶级从巴黎、伦敦、马德里、哈瓦那、墨西哥城、布宜诺斯艾利斯、孟买到莫斯科为此举行了广泛的抗议集会，甚至当时的英国首相和法国卸任总理也对此案提出异议，美国国内也发生了大规模的抗议。但是，这两名工人还是被送上了电椅。这是美国资产阶级所谓的自由的一个典型事例。

工潮风起云涌的20世纪30年代，可以说是警棍、催泪弹加上机关枪被频繁使用的年代。1932年，有2.5万名失业退伍军人向华盛顿进军，要求发放原来已经决定追加但拖欠未付的退伍军人工资。当时的武装部队参谋长麦克阿瑟将军和陆军上校艾森豪威尔奉命率部队对这批失业退伍军人进行了一次大围剿。1932年，罗斯福竞选总统获胜。当时美国正处于一场空前严重的经济危机之中。根据现有的资料，罗斯福在竞选时有一个明显的感觉，就是美国无产阶级正在酝酿一场革命。因此，1933年3月他上台后，便大刀阔斧地推行新政，实行安抚，以挽救美国垄断资本于垂危之中。但是罗斯福总统对工人斗争也曾一再使用高压的一手。

第三段，第二次世界大战结束，特别是1949年中华人民共和国成立到现在。大战刚刚结束，美国资产阶级就为在国内镇压无产阶级做了一系列部署，新中国的诞生更震动了美国资产阶级。此后，它对美国无产阶级的镇压变本加厉。

"麦卡锡时代"发生的种种事情，其突出特点是在反华反共的旗号下迫害大批尊重事实、主持公道的人士以及进步人士。这里我只提一件与麦卡锡参议员无关的事情，就是在威廉·福斯特同志著的《美国共产党史》的第509到518页所讲到的一件事情。1948年7月20日，美国联邦政府出动警察，把美国共产党的领导人全部逮捕，其中包括美国共产党全国委员会主席威廉·福斯特，党的总书记、组织书记、劳工书记、教育书记和其他领导成员，并于1949年1月到1951年6月先后由联邦地方法院、联邦上诉法院和联邦最高法院加以审判。他们的罪名就是美国共产党要"用武力推翻美利坚合众国政府"。所谓的证据是马克思的《共产党宣言》、列宁的《国家与革命》、斯大林的《列宁主义问题》以及《联共党史》。法院就是根据这样的证据把美国共产党的全部领袖定了罪，并于1951年7月把他们一一投入了监狱。有4位拒绝服刑，逃避他乡，后来相继被捕、加刑。现在我们要问：美国资产阶级对无产阶级有什么民主可言？有什么自由可言？

60年代，约翰逊政府和许多州政府出动大批军队镇压洛杉矶、底特律等城市的黑人斗争。70年代，尼克松政府时期，美国出现了3次全国规模的以青年学生为主的反战高潮，也遭到了正规军和国民警卫队的镇压。

80年代初期，里根一上台，采取的第一项重大措施就是镇压航空调度员的罢工。所有参加这次罢工的人一律被解雇，他们的领导人被戴上脚镣手铐，投入监狱。里根总统用高压手段对付工人阶级的斗争，这是第一次，但不是唯一的一次。

那么，现在的情况又怎么样呢？我只说一件事情，就是美国法典第2381条到2391条规定的10种罪行中的6种。第2381条是关于叛国罪；第2382条是关于包庇叛国罪；第2383条是关于起义造反罪；第2384条是关于煽动阴谋罪；第2385条是关于宣传推翻政府罪；第2386条，某些组织必须向政府登记，违者定罪。这里讲的"某些组织"主要指的是共产主义的组织。第2385条讲的"宣传推翻政府罪"，包括印刷、编辑、出版、发行、出卖及在公开场合展览任何有关宣传用武力推翻美利坚合众国政府及其任何一个州政府的材料,都要判罪。这还只是指宣传,而不是行动。我国有些人以为美国是一个无比美妙的自由之国,在那里想说什么就说什么,想干什么就干什么。这未免太天真了。

综上所述,我们可不可以得出结论,说美国资产阶级的民主就是对无产阶级的专政呢?我个人认为,可以这样说。

(原载《求是》1990年第21期,第20—25页)

美共领导人的"罪证"及其他

——三谈"民主、自由、人权"史

裘真同志：

　　这封信谈谈南北战争以来资产阶级政治统治史第三段的一些事情。这一段我打算从第二次世界大战结束后的1946年说起，一直说到80年代。

一

　　这一段历史的若干基本特征如下：

　　第一，经过第二次世界大战，德意日被打败，英法遍体鳞伤，西方列强中唯独美国没有遭受战争的破坏，并乘机发了战争财，使之能够以一家独霸的态势出现于世界舞台之上，垄断资本体内的脂肪大为膨胀。但是由于美国资产阶级得意忘形，长期穷兵黩武，把大量人力、物力、财力消耗于军工生产和对外征战之中。由于资本主义发展不平衡的规律在继续起作用，日本和欧洲共同体成员国在竞赛场上逐渐占了上风，美国的经济实力随之相对下降。

　　第二，罗斯福的"新政"作为一个历史阶段早已结束。罗斯福政府第三任期的副总统亨利·华莱士1948年以第三党——进步党总统候选人的身份参加竞选，以重新实行"新政"时期的内外政策为号召，由于得不到垄断资本的支持，未获成功。[①] 但是在工人阶级长期反复斗争的压力之下，在社会主义国家和西欧社会民主党这两种国际力量的影响之下，"新政"

---

① 参见詹姆斯·格林《工人的世界》（英文版），1987年，第200—201页。

中的若干社会经济措施，例如国家干预经济和社会保障制度，仍被战后轮流执政的民主、共和两党政府在不同程度上继承下来。随着科学技术的发展和垄断资本在国内外聚敛财富的增加，随着工人阶级在一个又一个阵地上不断战斗，大多数工人群众的劳动、生活条件逐步有了改善。尽管美国社会面貌有了不少变化，但是工人阶级与垄断资产阶级之间相互联系又相互对立的基本经济条件，即资本主义的生产关系的总格局仍然未变，也不可能改变。加上战后以来的历次经济危机，特别是70年代初期到80年代初期相继发生的三次经济危机，又把广大工人群众抛入困境之中，迫使工人阶级起来与资产者搏斗。

第三，苏联人民在战后重建中的成就，社会主义在东欧的扩展，特别是中国人民革命的胜利和中华人民共和国的建立，使美国资产阶级深感震惊。由杜鲁门总统和麦卡锡参议员带头掀起的所谓"第二次红色恐慌"，就是在这种背景下发生的。[①] 资产阶级专政发展到了一个新的阶段。美国三权分立的国家政权对社会主义国家实行军事包围、经济封锁和政治孤立，在我国附近打了两场大规模侵略战争，并在国内加紧反共，镇压工人阶级斗争及其他人民运动。

二

战后初期，美国工人阶级争取改善劳动条件和生活条件的斗争出现高潮。全国列入官方统计的罢工人数，1945年为350万人，1946年为460万人。资产阶级不能容忍，认为必须把这股斗争火焰予以扑灭。

下面是本世纪40年代下半期和50年代美国资产阶级政治统治史上的若干具有代表性的事件。

第一，杜鲁门总统1945年11月召开全国劳资会议。一些垄断资本的代表在会上发出了战后时期向工人阶级进攻的第一个公开信号：他们决心废除1935年罗斯福"新政"时期通过、承认工人有与雇主进行集体谈判

---

① 参见阿瑟·林克等五人合著《美国人民——历史》（英文版），1987年，第768—771页。

的权利的《瓦格纳法》，并在工资等问题上采取了强硬立场。①

　　第二，由美国商会出面代表垄断资本，公开号召反共。1946年，美国商会发行了它的反共反劳工系列文件中的第一本：《共产党在美国的渗透：它的实质以及与之作斗争的方法》。其中说道：美国的广播电台、电影制片厂、出版社、剧院和电视台都"被莫斯科占领了"，联邦国会应当在这些领域里采取行动。当年年底，联邦国会众议院非美活动委员会即着手为一大批作家、教授、艺术家、医生、电影制片人、演员罗织罪名，准备剥夺他们赖以谋生的职业，把他们投入监牢。1947年，美国商会发行了它的反共反劳工系列文件中的第二本和第三本。第二本题为《共产党人在政府中：有关事实和对付方案》。这本东西后来成了麦卡锡参议员手中的法宝。第三本题为《共产党人在劳工运动中：有关事实与反击措施》。这本东西为同年由联邦国会通过《塔夫脱—哈特莱法》提供了依据。②

　　本世纪30年代，这种反共反劳工的公开号召主要是由另一个垄断资本组织——全国制造商协会出面发出的，美国商会当时也做过不少。在40年代下半期，又是这两家在竭力煽动，而美国商会却冲到了前面。

　　第三，1947年3月22日，杜鲁门总统发布行政命令，指定联邦调查局和联邦文官委员会对联邦政府机构300多万官员和工作人员进行忠诚考察，全部过一遍筛。经过为期4年的逐一政审，约2000名联邦政府官员被迫辞职，212人被视为"危险分子"予以清除。③

　　第四，1947年6月，美国联邦国会参众两院通过了一道著名的反共反劳工的法律，即《1947年劳资关系法》，又称《塔夫脱—哈特莱法》。它正式废除了《瓦格纳法》若干有关工人权利的规定。垄断资本的代表1945年11月在杜鲁门召开的劳资会议上所表达的意志，现在正式形成为国家法律了。它的其他反共反劳工的条款，我在1985年4月15日给你写的那封《六谈民主》的信里已有所涉及，不另述。这里要略作补述的有关事实有三点：一是有的了解内情的国会议员在谈到这道反共反劳工法律的产生

---

① 参见理查德·博耶和赫伯特·莫雷斯《一部未曾记述的劳工史》（英文版），1973年，第343页。
② 同上书，第345页。
③ 参见阿瑟·林克等五人合著《美国人民——历史》（英文版），1987年，第769—770页。

过程时曾透露，参议员塔夫脱和众议员哈特莱在向国会两院提出这道法律草案前，曾将它交给工商界巨头审议过，并说"这个法案的每一页、每一段、每一句都是全国制造商协会写就的"。二是杜鲁门总统就此事耍了个政治花招。考虑到1948年竞选即将到来，需要劳工群众的选票，总统接到这道法案后公开予以否决，但总统并未作任何实际努力阻止国会通过这个法案。在国会凑足票数否定了总统的否决、使之正式生效之后，在总统1948年竞选连任获胜之后，总统曾连续9次援引这道法律压制工人群众的罢工斗争。三是该法生效后，全国有23.2万名工会干部被迫签署誓词，声明自己不是共产党员。雇主们随时可用"作伪证"相威胁，对他们实行政治迫害。有些人也确实因此受到迫害，被关进监牢。①

第五，1948年7月20日，在美国当代史上是个乌云笼罩、暗无天日的日子。就在这一天，杜鲁门政府出动军警，分别在全国各地将美国共产党最高领导机构——全国委员会的12名成员通通予以逮捕，一网打尽。被捕的这12个美国无产阶级的领袖人物是：美共全国委员会主席威廉·福斯特、美共总书记尤金·丹尼斯、美共组织书记亨利·温斯顿、美共劳工书记约翰·威廉森、美共教育书记雅各布·施塔赫尔、美共纽约区主席罗伯特·汤普森、纽约市议会议员小本杰明·戴维斯、《工人日报》主编约翰·孟茨、毛皮工会联合委员会主任欧文·波塔什、美共伊利诺伊区主席吉尔伯特·格林、美共密执安区主席卡尔·温特、美共俄亥俄区主席格斯·霍尔。

此前不久，先后遭到杜鲁门政府、国会参议院麦卡锡委员会、国会众议院非美活动委员会迫害的共产党人和进步人士已经有：

"联合反法西斯难民委员会主席及其12名委员案"，其中大都是一些著名学者、教授和社会活动家。他们被加上"藐视国会罪"予以逮捕，并于1947年6月被法庭判刑。

"好莱坞10人案"，其中都是著名的进步电影剧本作家和导演。他们被加上"藐视国会罪"予以逮捕，并于1947年12月被法庭判刑。

"洛杉矶16人案"和"丹佛7人案"，被加上"藐视法庭罪"逮捕、

---

① 参见威廉·福斯特《美国共产党史》（英文版），1952年，第487—488页；理查德·博耶和赫伯特·莫雷斯《一部未曾记述的劳工史》（英文版），1973年，第347—349页。

判刑。

"尤金·丹尼斯案"，因拒绝为国会众议院非美活动委员会作证，这位美共总书记已于1941年6月以"藐视国会罪"被判过一次刑。

这一类的案件还发生过许多起。

杜鲁门政府的司法部部长汤姆·克拉克1947到1948年先后公布了一批黑名单，把160个社会团体定为"颠覆组织"。列入国会众议院非美活动委员会的黑名单上的"颠覆组织"则多达608个社会团体。为了颠倒黑白、混淆视听，这些黑名单上也列上了少数法西斯组织，然而被定为"颠覆组织"的绝大多数都是工人、黑人、青年、妇女、知识分子的人民团体。资产阶级真正要予以镇压的并不是法西斯组织，而是这些代表人民群众利益的社会团体。

现在，杜鲁门政府的进攻矛头集中到了美国无产阶级的战斗指挥部——美国共产党的最高领导层。

1949年1月，中国人民革命正在迅速前进。辽沈战役和淮海战役已经胜利结束，平津战役即将结束，杜鲁门政府大力扶植的蒋家王朝覆灭在即。这时，即1949年1月17日，位于大西洋岸边、曼哈顿岛南端华尔街附近的美国联邦地区法院开庭审讯美国共产党领导人。出庭法官为百万富翁哈罗德·梅迪纳先生。除威廉·福斯特因患心脏病不能到庭受审外，其余11名美共领导人一律被带到了被告席上。

这些美共领导人为何要被捕、受审呢？他们所犯何罪呢？陪审团指控他们的第一项"罪证"是："讲授、宣传用暴力推翻、摧毁美国政府。"杜鲁门政府司法部的代表在法庭上竭力强调的也是这一条。

有何为证呢？

证据是有的。这就是马克思、恩格斯著的《共产党宣言》、列宁著的《国家与革命》、斯大林著的《列宁主义问题》和《联共（布）党史简明教程》以及马克思主义的其他经典著作。政府代表在法庭上长时间地朗读这些马列主义著作中的一些段落，作为美共领导人的"罪证"。[①]

[①] 参见威廉·福斯特《美国共产党史》（英文版），1952年，第512页。

除此以外，还有什么证据呢？

没有了。

共产党人在法庭上为自己作了辩护。他们指出，世界各国的共产党人以马列主义为共同的理论指导。但不仅共产党人如此，世界上所有其他的国际性集团也都有各自相同的意识形态。世界各国的共产党人是彼此互相学习的。美国共产党人"从历史性的俄国革命、从战前法国和西班牙的人民阵线、从西班牙内战、从东欧人民民主国家、从伟大的中国革命"那里学到了大量的东西，但党是依据形势的发展制定自己的政策的。阶级斗争中使用暴力的根源是垄断资本，那些大垄断资本家甚至是帝国主义战争的煽动者和组织者；而共产党人则是保卫和平和民主的最伟大旗手。美国共产党人并没有宣传用暴力推翻杜鲁门政府。

杜鲁门政府在法庭上拿出几本马恩列斯著作作为美国共产党人的"罪证"，只是在全世界面前暴露了自己的荒唐和虚弱。

但是，且慢。这些共产党人还有另一种"罪行"。陪审团认为：美共领导人在1945年把被白劳德修正主义者解散了的美国共产党重建了起来，并且他们本人就是这个党的党员。

这一条总是事实吧。在美国，重建了共产党，在这个党里做一名党员，这就是罪行！凭这一条，就要判刑！

还有什么别的指控吗？

没有了。

然而这也就够了。

1949年10月14日，法官哈罗德·梅迪纳开庭宣判：受审的11名美共领导人除纽约区主席罗伯特·汤普森以外，各判处5年徒刑和10000美元罚金。汤普森"无罪"吗？当然不是。身为美共党员，且为纽约区党组织主席，安能"无罪"！但是汤普森第二次世界大战期间在美军中服役，在太平洋战场上作战勇敢，被授予战功卓著十字勋章，量刑时完全不顾及此，太不得人心了。怎么办呢？判处徒刑3年，这就算是宽大的了。

以上判决发生在什么时候呢？

它发生在包括江竹筠同志在内的我党大批烈士在重庆的"渣滓洞"、"白公馆"受到国民党政府国防部保密局特务残酷迫害的时候，也就是他们受到原"中美特种技术合作所"的各种刑具摧残的时候,和他们为了中国无产阶级和人民大众的革命事业在"中美特种技术合作所"旧址英勇就义的时候。

写到这里,我的心情实在难以平静下来。

被无辜判刑的这一批美共领导人向主管纽约地区的联邦第二上诉法院提出上诉。1950年8月1日,上诉法院开庭宣判。各位上诉法院法官投票表决的结果是:维持原判!

这些美共领导人又向位于华盛顿国会山上的美利坚合众国最高法院提出上诉。1951年6月4日,联邦最高法院开庭宣判。最高法院9位法官投票表决的结果仍然是:维持原判!

投票表决,这难道不是很民主吗?可是从表决的结果来看,这种民主难道不是属于资产阶级范畴之内的吗?

但是,这并不是说法官们的投票态度是完全一致的。

比如,在联邦最高法院的9位法官就是否维持纽约联邦地区法院对这批美共领导人的原判进行表决时,就有两位持资产阶级自由派观点的法官投了反对票。其中的一位名叫雨果·布莱克。他在判词中说明了自己投反对票的理由。

这份判词中的主要一段,原文如下:

"我要强调的是:什么是本案涉及的罪行,什么都不是。这些被告并未被指控企图推翻政府。他们并未被指控从事过任何旨在推翻政府的公开活动。他们甚至未被指控讲过或写过旨在推翻政府的任何言论。对他们的指控仅仅是:他们同意举行集会,谈论在以后出版某些思想。"

以上这段话把这个案件的性质说清楚了。

1951年7月2日,按我国农历应为六月,天公如有知,这一天应降一场"六月雪"。就在这一天,这批美共领导人中的大多数被分别关进了包括佐治亚州的亚特兰大和康涅狄格州的丹伯里在内的五个城市的监狱,开始服刑。之所以要把他们分散关押在各地,是为了"防止他们在一起策划阴谋"。① 温斯顿、汤普森、格林和霍尔拒绝服刑，避往外地，后陆续被捕、加刑。霍尔1951年10月被捕于墨西哥，在没有任何法律文件的条件之下被私下绑架返美。第二次世界大战中的战斗英雄汤普森，1953年8月被捕于加利福尼亚，并被戴上脚镣手铐，投入监牢。

第六，摧毁了美共领导层之后，杜鲁门政府接着于1951年在全国范围内展开了一次对美共各地领导人的大搜捕。其中几次主要搜捕的时间和地点是：6月20日在纽约、7月26日在加利福尼亚、8月8日在马里兰、8月17日在宾夕法尼亚、8月28日在夏威夷、8月31日再次在加利福尼亚。大批美共领导骨干在各地被逮捕，被审判，被关进监牢。②

写到这里，我禁不住想：在对美国共产党人的这种多次反复的大迫害中，究竟民主何在？自由何在？人权又何在？美国资产阶级究竟有什么资格在世界上以民主、自由、人权的旗手自居？他们究竟有什么资格反复祭起民主、自由、人权这几件"法宝"来攻我们？

第七，1950年9月23日，美国国会参众两院通过了一道更加露骨的反共法案——《1950年国内安全法》，又称《麦卡锡—伍德法》。它的主要内容，我在1985年1月15日给你写的那一封《六谈民主》的信里已有所记述，不再说了。这里要补充说明的只有一点，即这道反共法律是在麦克阿瑟将军指挥美军在仁川登陆、正将战火烧向我国边界的时候通过的，是在杜鲁门政府正在美国各地大肆搜捕共产党人的时候通过的。它实际上把美国共产党进一步置于非法地位，甚至规定在国家进入"宣战状态"、遭到"入侵"或者发生"叛乱"时，总统有权把共产主义组织的成员不经审讯，无限期地关进集中营。这种法律规定，与希特勒法西斯之间的距离已经不远了。

第八，1950年2月9日，联邦国会参议员约瑟夫·麦卡锡在西弗吉尼亚州惠林市共和党妇女俱乐部发表演说，声称他手里有一份当时正在美国

---

① 参见威廉·福斯特《美国共产党史》（英文版），1952年，第506—518页；理查德·博耶和赫伯特·莫雷斯《一部未曾记述的劳工史》（英文版），1973年，第367页。
② 威廉·福斯特：《美国共产党史》（英文版），1952年，第518—519页；阿瑟·林克等五人合著《美国人民——历史》（英文版），1987年，第768—771页。

国务院任职的205名"共产党人"的名单。这篇演说是在美国统治集团内部就"是谁失掉了中国"这个主题相互攻讦、争吵不休的背景下发表的。它标志着战后美国史上所谓"麦卡锡时代"的开端。这位参议员举起反华反共的旗号展开讨伐，攻击的范围颇为广泛，甚至连1945—1947年间奉杜鲁门总统之命来华"调处"、随后奉命返美、先后任杜鲁门政府的国务卿和国防部长、曾经制订"马歇尔计划"的赫赫有名的乔治·马歇尔将军也未能幸免。①

1951—1954年，麦卡锡参议员利用所谓国会调查编制黑名单，为赞成民主、主持公正或主张社会进步的人士罗织罪名，从事非法审讯，竭力煽动反共。在他大逞淫威之时，红帽子满天飞，恐怖气氛笼罩美国大地，社会各界的大批人士受到迫害。

这几年，在杜鲁门政府和艾森豪威尔政府的密切配合之下，美国国务院的一批如实上报情况的著名中国通也先后受到了"麦卡锡主义"的迫害。

第九，艾森豪威尔政府1953—1960年执政期间，进一步在各政府机构中实行清洗。政府司法部和其他有关保卫部门根据艾森豪威尔将军的命令，对政府官员和工作人员再次逐一进行政审。艾森豪威尔两届任期内从政府机关共开除3002人，这个数字甚至超过了杜鲁门政府时期。有的人的历史和现状查不出任何政治问题，仅仅因为在以前的朋友或熟人中有过共产党人，也被消除②，这就叫株连政策吧。

三

本世纪60年代，美国资产阶级继续镇压工人阶级和其他人民群众，重点是镇压当时在全国各地风起云涌的黑人群众争取人权的斗争。

若干具有代表性的事件如下：

事件1。1963年4—5月，在亚拉巴马州的伯明翰市。当地黑人群众

---

① 参见阿瑟·林克等五人合著《美国人民——历史》（英文版），1987年，第770页。
② 同上书，第769—770、813页。

为反对在学校和其他公共场所实行的种族隔离政策，在非暴力主义者小马丁·路德·金牧师等人的领导下举行和平集会和游行示威，受到政府当局和当地白人种族主义者多次反复镇压。军警除用枪弹外，还使用了警犬和电棍，白人种族主义者则使用炸弹来对付黑人群众的示威[1]，先后有2000多名黑人被捕。小马丁·路德·金牧师也在被捕者之列。仅白人种族主义者在一座黑人教堂地下埋的一颗炸弹，就炸死了正在主日学校课堂上上课的4名黑人女青年。

事件2。1964年7月中下旬，在纽约市曼哈顿岛上的哈莱姆。7月16日，哈莱姆的一名15岁黑人少年在上学路上卷入一场纠纷，被警察开枪打死。17日，为了抗议这次枪杀黑人少年的事件，也为了抗议当时发生在密西西比州的一起屠杀黑人的事件，哈莱姆的黑人群众列队游行，前往纽约市警察局哈莱姆分局门前示威。警察开枪射击。黑人群众用砖头、瓶子还击。一名黑人被打死，19名黑人和12名警察受伤。18日夜，黑人群众再次举行示威。警察开枪镇压，打死黑人一名，打伤黑人70余名。在黑人群众的砖块还击下，有6名警察受伤。19、20日，同样的场面在哈莱姆的街道上重复发生。纽约市警察局局长墨菲下令向哈莱姆派遣大批增援部队，封锁街道，加强镇压。21日凌晨，头戴钢盔、荷枪实弹的警察部队在哈莱姆搜捕黑人，遭到反抗。警察部队发出的密集枪声从黑夜一直继续到天明，仍未停息。有的黑人被打死，大批黑人受伤和被捕。[2]

7月21日，林登·约翰逊总统在白宫发表声明说："我们最大的城市和我们最引以自豪的城市之一的街道上发生暴乱和混乱的消息使全国感到震惊。"总统所说的"暴乱和混乱"指的是哈莱姆黑人群众的抗暴斗争，而不是指警察部队对黑人的开枪镇压。总统在声明里强调："在维护法律和安全方面不可能有任何妥协"，"必须立即和彻底地表明，暴力和不法行为是不能容忍、不该容忍、也决不会被容忍的"。总统说："我已经指示联邦调查局局长胡佛先生同墨菲局长和纽约州州长接触，通知他们，我们正在彻底调查最近这次混乱中有没有违反联邦法律的行为，并表示愿意同他

---

[1] 参见《民间动乱问题全国咨询委员会的报告》(英文版)，1968年，第35页。
[2] 同上书，第36页；美联社、合众国际社1964年7月19、20、21日纽约电。

们进行充分的合作。"①

总统声明中说的他已指示联邦调查局局长胡佛"彻底调查最近这次混乱中有没有违反联邦法律的行为",意思是要"彻底调查"有没有共产党人在这次哈莱姆黑人抗暴斗争中"煽动叛乱"。

哈莱姆与华尔街同处于纽约市中心南北狭长的曼哈顿岛上,相距只有100多条街。从哈莱姆发出的黑人抗暴斗争的讯息对全国人民,特别是黑人群众产生了重大影响。

约翰逊总统对黑人抗暴斗争所表示的"不能容忍、不该容忍、也决不会容忍"的"三不"态度,随后不久就以行动来表现了。

事件3。1964年7月下旬在纽约州北部、安大略湖畔的罗彻斯特市。7月25日,在纽约市哈莱姆的黑人抗暴斗争尚未停止、全市27000名警察部队进入戒备状态、准备向哈莱姆猛扑的时候,罗彻斯特市因警察企图强行逮捕一名黑人青年又引发了一场风暴。黑人群众抗议这次逮捕。在市政府的命令之下,500名荷枪实弹的警察部队开往出事地点,包围了该地区,向黑人群众发起进攻。黑人群众奋起反抗。纳尔逊·洛克菲勒州长立即调动一部分州骑警部队前往罗彻斯特增援。

当夜,市内枪声不断。市政府宣布全城处于紧急状态,实行宵禁。当天,有55名黑人被捕,至少有80人受伤。26日,镇压升级。洛克菲勒州长下令国民警卫队派出三个营部队,并增派一部分州警察部队,同时开赴罗彻斯特。驻扎在罗彻斯特以东的锡腊丘兹市的13000人部队也随时待命出发。军警在罗彻斯特市内同时运用枪弹、警犬、催泪弹发动进攻,并实行大搜捕,一天之内逮捕600余人。押解黑人的囚车在街道上一辆接一辆急驰而过,全城呈现一片恐怖气氛。27日,洛克菲勒州长乘飞机亲临罗彻斯特视察,在现场向军警发布命令。全市受伤群众已增到350人,有些人被打死。28日,军警继续实行镇压。被打死、打伤和被逮捕的人继续增加。②

事件4。1965年3至5月,在亚拉巴马州的塞尔马。这是一个位于州

---

① 美新处1964年7月21日华盛顿电。
② 参见美联社、合众国际社1964年7月25—28日罗彻斯特电。

首府蒙哥马利以西、人口不足3万的小城市，然而用林登·约翰逊总统的话来说，这里却发生了一个使"全国的目光将集中注视亚拉巴马、全世界的目光将集中注视美国"的重大事件。3月初，塞尔马的黑人非暴力主义者和宗教领袖宣布，市内一部分黑人群众为抗议当局剥夺黑人的选举权，预定7日举行一次向州首府蒙哥马利的和平进军，向乔治·华莱士州长递交抗议书。所谓"进军"，就是游行的意思。6日，华莱士州长在蒙哥马利宣布禁止这次进军，并命令州骑警部队"采取任何必要的措施，以阻止这次进军"。7日，包括老人和儿童在内的600名黑人从一座教堂出发，谈笑着、歌唱着前进，算是开始了向蒙哥马利的进军。塞尔马的一些白人教授、商人和家庭妇女也在市内游行，对黑人群众的这次行动表示声援。这支黑人队伍刚刚行进到塞尔马郊外，就遭到了州骑警部队的阻击。这支由男女老幼的黑人组成的赤手空拳的队伍面临州警进攻时，纷纷跪在地上向上帝祈祷。骑警部队催动战马，挥舞警棍，向黑人群众猛扑，40多名黑人被打伤，有些人被打断了胳膊、打断了腿，有些人的头盖骨被打裂。随后，警察部队又向黑人群众投掷催泪弹，把这支队伍包围在层层黄色浓雾里。许多人在毒气袭击下，晕倒在地。

消息传出后，引起了亚拉巴马的广大黑人群众的强烈愤慨。一场大规模的向蒙哥马利进军的游行示威在紧急组织之中。在首都华盛顿和其他地区，黑人群众也纷纷举行游行示威，以示抗议。亚拉巴马州政局发生危机。3月13日，州长乔治·华莱士乘飞机赶赴华盛顿，与约翰逊总统磋商亚拉巴马局势，要求联邦政府增援。① 3月20日，约翰逊总统就在自己的老家——得克萨斯州约翰逊城以西的约翰逊畜牧场住宅里举行记者招待会，宣布派遣联邦正规军和宪兵，开赴亚拉巴马州的蒙哥马利和塞尔马"维护法律和秩序"；宣布派遣联邦调查局人员前往该地"执行任务"，并派遣一名司法部副部长去现场指挥、协调这次镇压。②

塞尔马黑人群众的这场斗争先后持续了两个多月，共有3000到4000

---

① 参见《民间动乱问题全国咨询委员会的报告》（英文版），1968年，第37页；美联社、合众国际社1965年3月7—13日塞尔马、蒙哥马利和华盛顿电。

② 参见美新处1965年3月20日约翰逊城电。

人被逮捕。

事件5。1965年8月中旬，在洛杉矶市南部的黑人聚居区瓦茨，这个地方相当于曼哈顿岛上的哈莱姆。8月11日晚，警察逮捕一名高速开车的黑人青年，打伤了一名黑人旁观者，并当众侮辱一黑人妇女。消息传出，瓦茨黑人群情激愤。数以千计的黑人群众走上街头举行抗议示威。当局出动警察镇压，引起黑人反抗。瓦茨气氛顿呈紧张。

8月12日晚，数千名黑人上街示威。警察开枪镇压，并封锁了瓦茨附近的6个街区。当局还派出直升飞机在瓦茨上空盘旋。黑人群起反抗，紧张局势进一步升级。

8月13日，加利福尼亚代理州长格伦·安德逊从州首府萨克拉门托飞抵洛杉矶，在机场通过电话下达命令，调动州国民警卫队拥有兵力10000人的第40装甲师的一部分部队进入洛杉矶，"恢复秩序"。师长奥特将军立即率部2000人，携带各种轻重武器和防毒面具，开进瓦茨，与洛杉矶市的5000名警察部队一起，冲向黑人群众。军警在瓦茨实行围剿，大肆搜捕。黑人群众继续反抗，与军警展开搏斗。

林登·约翰逊总统命令空军派飞机到雅典，把正在希腊度假的加利福尼亚州州长布朗接了回来，以应付洛杉矶的紧张局势。

8月14日，第40装甲师其余的8000兵力分乘飞机，络绎不绝地开进洛杉矶。政府还下令调动拥有8000兵力的第49步兵师赶赴洛杉矶。总数共达23000人的军队和警察部队一起向瓦茨压来。加利福尼亚州政府还要求联邦政府把驻扎在洛杉矶南部长滩的海军陆战队一个营的后备队调进瓦茨，参加对黑人的围剿。州政府宣布洛杉矶市处于"暴动状态"，取消司法、警察人员的假期，在瓦茨及其附近区域禁止一切集会，实行宵禁，封锁交通。军警摆起战斗队形，端着上了刺刀的步枪，挥舞手枪和警棍，在地面机枪掩护、天空飞机盘旋之下，向瓦茨展开扫荡。黑人群众坚持反抗。除了砖块、石头以外，有些黑人还拿起了枪支。入夜，瓦茨枪声大作，火光冲天。有的军官讲到黑人的反抗时说："这像是一场革命。"

8月15日，林登·约翰逊总统在得克萨斯的约翰逊畜牧场住宅里发表谈话，谴责瓦茨黑人群众的"恐怖活动和暴力行为"。但是总统在谈话中承认："暴力行为在被仇恨的阴暗之墙围困的人们当中，在贫民窟的贫困环境里成长起来的人们当中，在面临受不到教育、学不到技术因而没有希望找到像样工作的前途的人们当中找到了肥沃的土壤。"总统宣布，联邦政府已对加利福尼亚政府镇压瓦茨黑人抗暴斗争"提供了一切可能需要的援助"。

这一天在洛杉矶，军警对瓦茨的扫荡在继续，黑人群众的反抗也在继续。市内各处炮火，向天空蜿蜒升起一缕缕黑色烟柱。

8月16、17日，镇压和反镇压仍在继续。到17日为止，这次瓦茨事件中共有27名黑人被杀害，733名黑人和白人群众受伤，3124人被逮捕。军警也有一些伤亡。随后几天，这种伤亡和被捕人数继续增加。到20日，被捕人数已增加到4217人。

8月20日，加利福尼亚的联邦和地方法院共出动72位法官，开始对被捕黑人进行审讯、判刑。

合众国际社8月15日从洛杉矶发出的一则电讯对瓦茨黑人群众头4天的抗暴斗争做了以下小结："这不是一场种族战斗，而是一场穷人反对富人的战斗。""这个城市——好莱坞各影片公司的所在地——就在武装暴乱地的身旁，并演了一出比大多数好莱坞影片更为可怕的戏剧。"[①] 这话说得大致不错。

事件6。1965年8月中旬，在芝加哥西城区的朗代尔。此处位于芝加哥市中心卢普以西40街区，是芝加哥的第二个黑人聚居区。洛杉矶的瓦茨事件正进入高潮之际，芝加哥的朗代尔又出了事。8月12日晚，一辆急驰中的消防车在此处撞死了一名黑人妇女，加上一名黑人因散发争取人权的传单与一白人发生纠纷，这两件事成了导火线。当晚在这一带爆发了黑人群众的抗议示威。警察部队当即开赴现场实行警戒。

8月13日，警察发动进攻，黑人起而反抗，双方混战7个多小时。8月14日，伊利诺伊州的奥托·克纳州长下令调动州国民警卫队2000名官兵，开进芝加哥的朗代尔，协同警察部队镇压黑人。联邦调查局派出特务从事现场侦查，了解是否有共产党人在这里"煽动暴乱"。至14日，军警

[①]《民间动乱问题全国咨询委员会的报告》（英文版），1968年，第37—38页；美联社、合众国际社1965年8月12—20日洛杉矶和约翰逊城电。

在朗代尔一带逮捕 123 人。许多群众被打伤。这一带的局势继续处于紧张状态。①

事件 7。1966 年 7 月中旬，仍在芝加哥黑人聚居区。奥托·克纳州长再次从国民警卫队第 33 步兵师调遣官兵，前往镇压黑人群众。②

1967 年根据林登·约翰逊总统发布的第 11365 号行政命令，成立了以伊利诺伊州州长奥托·克纳为主席、以纽约市市长约翰·林赛为副主席的"民间动乱问题全国咨询委员会"。该委员会在经过一段调研后向总统提交的报告中指出，除贫困和形形色色的种族歧视引起广大黑人群众强烈不满、导致社会动荡以外，1966 年的"民间动乱"又出现了一个新的特点。这就是："日益增长的种族自豪感，对获得职业的前景持怀疑态度，对教育设施贫乏的不满，这种种因素在全国各地的黑人大学和高中的学生中引起浮躁不安。"报告说，1966 年全国共发生 43 起动乱，其中有若干次的主要参加者是学生和青年。报告说："在芝加哥，如同在全国其他城市一样，黑人社区长期积累下来的愤懑不平只要发生一个微不足道的事件就能引发猛烈反应。"

1966 年 7 月中旬的芝加哥黑人社区事件就是这样发生的。7 月 12 日，芝加哥天气炎热。殷实富户们不怕热，因为无论是他们的办公室、住宅或俱乐部里都装有冷气设备。黑人除少数富翁外，连维持日常生活都有困难，当然谈不上安装冷气设备。这一天，一些黑人青年拧开了街头上的消防水龙头，用水冲身体，驱逐暑气。警察上前干预，关掉了水龙头。一黑人青年又将水龙头拧开。警察逮捕了这个黑人青年。黑人聚众抗议。警察增援部队赶赴现场。双方对峙。警察又逮捕了 7 名黑人。事态随之扩大。7 月 13 日晚，以黑人青年为主体的群众性抗暴斗争呈燎原之势，芝加哥市警察部队难以控制局势。伊利诺伊州的奥托·克纳州长下令调遣国民警卫队 4200 名官兵，开进芝加哥市，与警察部队一起，对奋起反抗的黑人发动扫荡。在这次事件中，军警共逮捕黑人群众 533 人，其中黑人少年为 155 人，打死黑人 3 名，其中一名为年仅 13 岁的男孩，一名为年仅 14 岁

---

① 参见美联社、合众国际社 1965 年 8 月 12—15 日芝加哥电。
② 参见约翰·马洪《民兵和国民警卫队史》（英文版），1983 年，第 239 页。

的少女。大批黑人受伤。①

事件 8。1966 年 7 月中下旬，在俄亥俄州的克利夫兰市。警察部队在市内的一个黑人聚居区与黑人群众连续进行 4 夜搏斗，但是他们并没有把黑人抗暴斗争压下去。俄亥俄州政府命令国民警卫队开进克利夫兰，平息"暴乱"。由当地白人组织的"治安维持会"的武装人员也参与了这次讨伐。在军警镇压下，有 4 名黑人被打死，大批黑人受伤，其中包括一些儿童。②

事件 9。1967 年 5 月，在密西西比州首府杰克逊城。杰克逊州立学院的学生正在举行一次政治集会，警察要逮捕一名在校园内超速开车的黑人学生，遭到学生们的干预。警察当局立即派出增援部队赶到现场，驱散学生。学生群起反抗。第二天晚间，学生们再次举行抗议集会。警察部队向集会学生开枪射击，打死、打伤数人。杰克逊城的局势顿时紧张起来。密西西比州政府下令调国民警卫队进城，镇压赤手空拳的学生。③

事件 10。1967 年 6 月，在俄亥俄州的辛辛那提市。6 月 11 日，一位名叫彼得·弗雷克斯的黑人，在给他的一个被法院判处死刑的亲属在辛辛那提街道上筹集上诉经费时，被警察逮捕。当晚在一所教堂举行的一个黑人群众集会通过决议，定于第二天晚间召开群众大会，就弗雷克斯的被捕和司法审判中的种族歧视问题向政府当局提出抗议。6 月 12 日晚，抗议集会按预定安排举行。会后群情激愤，与警方发生冲突。警方逮捕 14 人。

6 月 13 日晨，辛辛那提市法院一位法官公开宣布，要对这些"与暴乱有关的"被捕黑人处以"最高刑罚"。这篇谈话使广大黑人群众进一步感到司法审判中实际存在的种族歧视的严重性。当晚，以青年为主的大批黑人在市内的阿冯代尔区集中，举行抗议活动。警察出面干预。示威群众与警察部队发生大规模对抗。6 月 14 日凌晨，国民警卫队的首批部队奉俄亥俄州长之命开进辛辛那提的阿冯代尔，其余增援部队随后陆续开到，执行"维护法律和秩序"的使命。这次事件期间，被军警逮捕的黑人有 404 人，

---

① 参见《民间动乱问题全国咨询委员会的报告》（英文版），1968 年，第 38—39、41 页。
② 参见《民间动乱问题全国咨询委员会的报告》（英文版），1968 年，第 38—39、41 页。
③ 同上。

其中128人是尚未成人的少年。①

事件11。1967年7月中旬，在新泽西州的纽瓦克市。它与纽约市隔港相望，全市人口40万，其中60%以上为黑人和波多黎各人。严重的贫困潦倒和形形色色的种族歧视，在广大黑人群众中积怨很深。7月12日晚，警察在市内逮捕了一名黑人出租汽车司机，引发了一场严重政治危机。大批黑人群众迅速聚集到拘留这个出租汽车司机的警察分局附近，表示抗议。市警察局随即调动警察部队赶赴这个地带，与群众对峙。双方发生冲突。

13日，紧张局势加剧。大批黑人群众在这个警察分局门前举行抗议集会。警察部队强行驱散集会群众，引起群众反抗。14日，新泽西州州长理查德·休斯下令出动几千名国民警卫队，迅速开进纽瓦克，实行镇压，并在全市宣布戒严。林登·约翰逊总统在白宫通过长途电话与休斯州长交谈，鼓励州长在出兵镇压问题上采取坚决态度，表示如新泽西州兵力不足，联邦政府可以派兵增援。国民警卫队在装甲车和直升飞机掩护下，当天下午就在纽瓦克市内各处铺筑了137座路障，摆开了作战阵势。随后数日，国民警卫队在州、市警察部队的配合下，在市内随意开枪射击，滥捕、滥杀。到17日，纽瓦克市共有21名黑人被杀害，其中包括6名妇女和2名儿童，约有2000群众被打伤，1600多人被逮捕。②

事件12。1967年7月下旬，在汽车城底特律。7月22日夜，底特律市警察局派出大批警察前往高地公园以南的第12街和克莱尔芒特街交叉处的一家私营俱乐部进行搜捕。一群黑人正在这家俱乐部里为几名黑人士兵举行招待会。23日凌晨，警察强行闯进招待会搜查，引起黑人抗议。双方发生争吵。警方把出席这个招待会的82名黑人全部予以逮捕。此事引起黑人群众的强烈反抗，在底特律市引发了一场空前规模的暴力冲突。黑人群众与警察之间的搏斗从第12街迅速向全市扩展。当天下午，底特律市市长杰罗姆·卡瓦纳宣布在全市实行宵禁。密执安州州长乔治·罗姆尼

---

① 同上书，第47—52页。
② 参见《民间动乱问题全国咨询委员会的报告》（英文版），1968年，第56—69页；美联社、合众国际社1967年7月12—17日纽瓦克电。

宣布底特律市进入紧急状态，并下令调动9200名州国民警卫队和800名州警察部队开赴底特律市，与底特律的5000名警察部队一起，镇压黑人斗争。

大批军警在直升飞机、坦克和装甲车的掩护之下，运用轻重武器，向黑人群众发起进攻。底特律市成了一个硝烟弥漫的战场。通用汽车公司、福特汽车公司和克莱斯勒汽车公司设在底特律市区的工厂全部停工。市内银行、商店、饭店全部关门。学校全部停课。军警的镇压遭到黑人群众的顽强反抗。

这时，包括通用汽车公司大批工厂的集中地弗林特在内的密执安州的其他几个城市，也兴起了黑人群众的抗暴斗争风暴。罗姆尼州长需要派兵去镇压，所以无法再向底特律增兵。

24日临近中午时分，林登·约翰逊总统授权联邦政府国防部"采取一切必要措施"在底特律市恢复"法律和秩序"，并命令约翰·思罗克莫顿中将率领联邦正规军的一支为数5000名的空降兵特遣部队到底特律，加强镇压。总统还任命前国防部副部长赛勒斯·万斯为总统特别代表前往底特律，现场统筹镇压事宜。下午3时，思罗克莫顿中将与万斯先生在底特律附近的塞尔弗里奇空军基地集合。下午4时许，特遣部队的第一批伞兵即抵达这个空军基地。当晚11时20分，约翰逊总统正式签署公告，命令这支联邦伞兵特遣部队立即开进底特律，并将已在底特律的密执安州国民警卫队部队划归联邦政府指挥。25日凌晨，思罗克莫顿中将率领这支联邦军队入城，分别进入指定阵地，并指挥州国民警卫队统一行动，对黑人群众展开围剿。①

从7月23日到29日，军警在底特律市共逮捕抗暴群众7200人以上，打伤数千人，打死黑人、白人群众40人。这还是官方正式公布的数字。实际伤亡数字是多少，谁也说不清。由于逮捕人数众多，监狱容纳不下，许多人被关押在公共汽车上和地下车库里，没有食物，没有饮水，没有厕所。有一些被捕的群众受到牲畜般的对待，男女混杂地关押在一起。不少

---

① 参见《民间动乱问题全国咨询委员会的报告》（英文版），1968年，第84—108页；美联社、合众国际社1967年7月23—29日底特律、华盛顿电。

人被捕后受到严刑摧残，伤势严重，被送进医院。①

20世纪60年代是美国黑人运动高涨的年代，也是自南北战争结束以来美国政府出动军警镇压黑人最频繁的年代。用罗伯特·肯尼迪参议员的话来说，这是南北战争以来在美国出现的"最严重的国内危机"。②为了节省笔墨，我在这里只是简略提及了这一系列事件中具有代表性的一小部分。

此外，再补充说明以下两点。

第一，在对黑人运动的镇压过程中，美国资产阶级不仅公开运用联邦和各州政权，大兴问罪之师，而且还使用暗杀手段：美国著名黑人领袖梅德加·埃弗斯1963年被暗杀于密西西比州首府杰克逊市；著名黑人领袖马尔科姆·爱克斯1965年2月21日被暗杀于纽约市中心区——曼哈顿岛上的哈莱姆；另一著名黑人领袖、非暴力主义者小马丁·路德·金1968年4月4日被暗杀于田纳西州的孟菲斯。这三起事件是最突出的例证。

第二，为了平息黑人斗争，美国资产阶级除了公开和秘密镇压这一手以外，还使用了另一手，即安抚。这大概可以说是软硬兼施吧。林登·约翰逊总统上台之初即宣布"向贫困开战"，随后又向联邦国会提交《民权咨文》，签署经国会通过的《投票权法案》，就是实行安抚的明显例证。

60年代，美国资产阶级除了大举镇压黑人斗争外，对工人阶级和共产主义运动的镇压、联邦国会众议院非美活动委员会对进步人士的威胁和迫害也在继续。我在这里就不说了。

四

20世纪70至80年代，美国三权分立的联邦政权和各州政权继续镇压工人运动和其他人民运动。而在全世界引起震动的则是70年代初期对以青年学生为主体的人民大众的反战运动实行的血腥镇压。

---

① 同上。
② 参见《民间动乱问题全国咨询委员会的报告》（英文版），1968年，第104—107、340页；美联社、合众国际社1967年7月24—27日底特律、华盛顿电。

美国侵略印度支那战争从 1961 年开始以后,一直受到美国人民的反对。60 年代中期,学生反战开始形成运动,并且迅即牵动了广大社会阶层。1969 年到 1971 年,3 年期间,出现了 3 次以青年学生为主体的人民大众的反战高潮,每次参加者都在 100 万人以上。由于战场失利,世界各国人民同声谴责,国内人民反战运动风起云涌,垄断资本集团及其在政界的代表人物也分裂为主战、主和两派,相互争斗。美国资产阶级的政治统治陷于危机之中。

1970 年 5 月,发生了俄亥俄州国民警卫队开枪屠杀反战学生的事件。位于这个州东北部的肯特是一个人口不足两万的小城市,肯特州立大学就设在此处。大批国民警卫队在一位将军的指挥下向这所大学手无寸铁的男女反战学生开枪射击,当场打死 4 名学生,打伤 11 名学生。随后,密西西比州首府杰克逊市警察向学生开枪射击,打死杰克逊州立大学学生 2 人,打伤学生 11 人。① 在许多其他的州,也发生了州长宣布进入紧急状态、出动国民警卫队镇压反战群众事件,大批学生被捕、被打伤。我在以后的信件中还会谈及此事。

1971 年 5 月,美国政府把联邦正规军队第 82 空降师调进首都华盛顿镇压反战群众。军警在市区街道上大肆逮捕,一次就抓了 1.2 万人,在首都捕人史上创造了一个新纪录。

尼克松总统、福特总统、卡特总统执政期间,三权分立的联邦政权和各州政权曾多次反复援引 1947 年联邦国会通过的《塔夫脱—哈特莱法》和其他有关法律,据此镇压工人阶级为改善劳动条件、生活条件和争取组织工会权进行的斗争。这样的事件当时在美国实际上是年年发生,月月发生。

1977 年 12 月至 1978 年 3 月期间发生的 18 万煤矿工人罢工,遭到了卡特政府和联邦法院的双重打击。弗吉尼亚、印第安纳等州州长也分别宣布本州处于紧急状态,出动国民警卫队,对矿工的罢工斗争实行镇压。大批矿工被捕。卡特总统反对这次矿工罢工所运用的法律武器,就是 1947 年联邦国会通过的那个《塔夫脱—哈特莱法》。从 1947 年到 1977 年,轮

---

① 参见阿瑟·林克等五人合著《美国人民——历史》(英文版),1987 年,第 884 页。

流上台执政的 7 位民主、共和两党总统先后 30 次使用这个《塔夫脱—哈特莱法》，以镇压大规模的工人罢工斗争。至于联邦和各州的其他反劳工法律的实际执行次数，就更多了。

罗纳德·里根总统 1981 年上台执政后，在内政方面采取的第一项震动全国的措施，就是以铁腕手段镇压当年发生的一次航空调度员的罢工。美国各家航空公司除个别外，都是私营的。但是，在各地机场的指挥塔或地下雷达室操纵观测仪器、向天空中的飞机驾驶员发出指令的航空调度员，则是联邦政府的雇员。航空调度员的工会——职业空中交通调度员联合会，于 1981 年 2 月开始代表它分散在全国各地的 1.5 万名会员，就签订一项新合同与雇主——联邦政府交通部属下的联邦航空管理局谈判。航空调度员这种职业由于需要高度集中精力，加上一有疏忽发生飞行事故就会造成严重后果，因而心理压力很重，容易得职业病。工会在提高工资、缩短工时等方面提出了一些要求，联邦航空管理局表示不能接受。谈判从 2 月持续到 7 月，终于破裂。8 月 3 日晨 7 时，工会宣布开始罢工。它的 1.5 万名会员中，有 1.3 万人参加了这次罢工。当天上午，里根总统在白宫大院玫瑰园公开发表讲话，指责航空调度员罢工为违法行为，限令他们在 48 小时之内复工，否则一律解雇。

根据总统的指令，联邦政府有关部门以迅雷不及掩耳之势采取了以下措施：

第一，由联邦劳工关系局出面，取消职业空中交通调度员联合会代表航空调度员与政府谈判的权利。

第二，由联邦政府司法部派出官员，立即从各地联邦法院法官手里分别取得 52 道禁令，禁止各地航空调度员罢工。

第三，由联邦法院出面，于 8 月 5 日派出法院执法官员将这次罢工的 5 位领导人逮捕，戴上脚镣手铐，关进监狱。法院还下令将这个工会的 350 万美元的罢工基金予以冻结，并勒令这个工会每违令一周上交 3200 万美元罚金。

第四，由政府司法部着手准备，对这次罢工斗争的 75 名领导人按刑事犯罪予以起诉；作为第一步，立即将其中的 20 多人送上了法庭被告席。

第五，由联邦航空管理局出面，向拒绝在 48 小时限期内复工的 1.2

万名航空调度员逐一发出通知书，把他们统统解雇，一个不留。

这些航空调度员顿时被抛入失业者的行列之中。不少平时没有积蓄而又没有资格领取政府救济金的家庭陷于困境，不得不投亲靠友，四处奔走，寻找职业。因为时间一拖长，不仅分期付款购置的汽车和房屋要卖掉，连糊口也要成问题，就不得不当流浪者了。

这场官司打了好几年，直到1986年，有些被解雇的航空调度员为要求复职上诉到联邦最高法院，最高法院仍拒绝受理。①

里根总统实行这次镇压的法律依据，仍然是那道《塔夫脱—哈特莱法》。

我要说明的是，这并不是里根总统采取高压手段对付工人罢工的唯一一次。以后他继续采取过这种高压手段。

这一段历史就写到这里。

阅读南北战争结束到现在这124年美国资产阶级统治的有关资料，我的思想经历了一个逐步深化的过程。我的感觉是：这124年的历史就其基本内容和本质而言，应当说是一部以美国资产阶级与无产阶级之间的激烈斗争为主线的阶级斗争史（说是主线，因为在此期间还有资产阶级与小资产阶级之间的斗争、资产阶级内部各个派别之间的斗争、各大垄断资本集团之间的斗争，等等），是一部资产阶级和垄断资产阶级对无产阶级和其他人民群众实行血腥专政的历史，也是一部资产阶级和垄断资产阶级收买工人贵族、破坏工人运动的历史，是一部以劳联—产联为代表的工人贵族背叛工人阶级解放事业的历史。对于无产阶级和广大人民群众来说，在这一部历史上，很难说有什么民主、自由、人权。不知你以为然否？

临笔匆匆，不尽欲言。余容后叙。

敬礼！

张海涛

1989年3月19日

于得克萨斯州首府奥斯汀

---

① 参见《时代》杂志1981年8月17日，第26—36页。《美国新闻与世界报道》1981年8月17日，第17—21页；8月31日，第22—23页；1986年7月14日，第55页。

(原载《再说美国》,北京出版社 1991 年 7 月版,第 177—207 页)

美元患病

一 祸不单行

> 两场风暴呼啸奔腾而至
> 美元危机集中频繁发作

（一）

屋漏偏逢连阴雨。

1971年5月3日，对尼克松总统来说，是一个很不吉利和烦恼不安的日子。

这一天，大西洋两岸同时发生了两起重大事件。两场风暴呼啸奔腾而至，一起向白宫大院袭来。

一场风暴起于大西洋西岸美国首都华盛顿，它的名称叫人民反战高潮。白宫大院和各政府部门遭到围困，华盛顿陷于瘫痪之中。反战群众和武装军警之间爆发了一场"内战"式的冲突。华盛顿街头警车的尖叫声震耳欲聋，骑警的马蹄声嗒嗒作响，硝烟弥漫，血迹斑斑。在尼克松总统的命令和司法部部长约翰·米切尔的指挥下，军警举行了一次美国首都空前规模的大逮捕，一天之内把成千上万的普通群众抓上了囚车，投进了监狱。此事向全世界表明，尼克松政府在国内面临的政治危机已经发展到了何种严重的地步。国内外对尼克松政府镇压人民所发出的谴责声对总统形成了一股强大的政治压力。

另一场风暴起于大西洋东岸，德意志联邦共和国的重要金融和工商业中心、美因河畔的法兰克福市，它的名称叫美元危机。

这一天，一个怪影——抛售美元的怪影突然出现在与华盛顿隔洋相望的法兰克福，随即在中欧、南欧、北欧游荡，并东渡日本，所到之处张牙舞爪，横冲直闯，凶猛异常，势不可挡。往昔，人们见着那些由美国财政部印制、由美国联邦储备银行发行票额不等的美国货币，视同珍宝，趋之若鹜。如今却出现了一种相反的情景。人们见着这些美国货币，纷纷拒绝接纳，竞相逃避，就像躲避瘟疫一样。在法兰克福、苏黎世、巴黎、罗马、伦敦、东京，在西方世界的这些由各有关国家的中央银行、经营外汇的商业银行及其分支机构组成的主要外汇市场上，情形一片混乱；手里持有美元的人们惊恐不安，惶惶不可终日，必欲脱手而后快。消息传来，白宫及其主人尼克松总统受到很大压力，心情沉重。

表面看来，这一天刮起的两场风暴一在国内，一在国外，一在政治领域，一在金融市场，完全异样，没有联系。实际不然。它们有共同的起源，本是同根生，是一对孪生兄弟。后者的出现，还是前者直接影响的结果。

按照时间顺序，现在叙述尼克松总统在1971年8月宣布并付诸实施的"新经济政策"。这是一项重大的决策。为了说明这个"新经济政策"，有必要交代他的"旧经济政策"是什么。他的新、旧经济政策，又都同这个美元危机有牵连。因此，我们得从流行于世界广大地区的这场美元危机的瘟疫说起。

1971年美元危机先后发作了两次，一次为5月危机，一次为8月危机。我们先从5月危机说起。

触发这场危机的引爆物，兴风作浪的怪物，名叫"欧洲美元"。它在肆虐逞凶了。

1971年5月3日，联邦德国的法兰克福市率先发出了危机的信号。设在这里的联邦德国中央银行和各商业银行的电话铃声响个不停，外汇台前挤满了外汇经纪人。人们纷纷要求在这里抛售"欧洲美元"，用它来挤兑联邦德国的货币——马克。霎时间，大量"欧洲美元"像湖水一般涌来，汹涌奔腾而下。金融市场的货币如同工农业产品市场上的商品一样，抛售者众，认购者寡，就要跌价，逃脱不了价格随着商品供求关系的变动而发生波动这一条规律的作用范畴。为了保住美元的比价，联邦德国中央银行不得不硬着头皮拿出大量马克来收购这些被人遗弃的美国货币。

法兰克福的危机信号传出后，欧、美各地金融界顿时为之震动。

5月4日：格林威治时间上午8时半，法兰克福外汇市场开盘。抛售"欧洲美元"、抢购联邦德国马克的风潮进一步发展。开盘以后的头10分钟，联邦德国中央银行就被迫购进了约1亿美元；开盘以后的头两个小时，它购进了5亿多美元，格林威治时间上午11时半，即开盘以后的三个小时，它购进了约10亿美元。

西方国家的主要黄金市场——伦敦、苏黎世和巴黎，同时受到袭击。兴妖作怪的那个怪物——"欧洲美元"一面扑向联邦德国马克，一面扑向黄金。抛售美元、抢购黄金的风潮在伦敦、苏黎世和巴黎同时出现。价格随着商品供求关系的变动而波动的规律在这里也显现出了自己的形体和作用：金价立即上升。5月4日，在巴黎的黄金市场上，每一盎司[①]黄金的价格由39.85美元上升到40.02美元，1969年以来首次突破40美元大关。在苏黎世，每盎司黄金的价格这一天也达到了40美元。伦敦市场这一天晚间收盘时，黄金成交价格每盎司涨到39.7美元。

当时，美国政府规定的官方价格是35美元兑换一盎司黄金。

5月5日：抛售美元、挤兑马克、抢购黄金的风潮进一步兴起，达到了疯狂的地步。"欧洲美元"这个怪物所到之处，人们竞相躲藏，关门闭户之声不绝于耳。

这一天的主要情景如下：

在法兰克福，外汇市场开盘以后的40分钟之内，联邦德国中央银行就被迫收购了10亿美元的美国货币。联邦德国在这场"欧洲美元"风暴的持续袭击之下，再也经受不住、抵挡不起了。它显然不得不支持美元，采取保住美元比价的措施，挽救美国货币于危难之中，但是力量不足，难以为继了。连续三天的猛烈冲击使它无法承受。根据政府的决定，联邦德国中央银行的一位货币问题专家走到平时标明外汇比价的一块黑板前，拿起粉笔在上面急速地写了一句话："交易立即全部停止。"[②] 各商业银行照

[①] 一盎司为31.103481克。
[②] 《新闻周刊》1971年5月17日，第29页。

此办理。

用金融界的行话来说,这种行动叫做"关闭外汇市场"。它的意思是,对这股倾盆而下的美元洪流,本行不再收购了,对于支持美元的义务,不管别人如何对待,本行不再履行了,不仅不兑换美元,其他一切外国货币的交易一律停止,这里的外汇市场关门停业了。

联邦德国中央银行和商业银行的这个关闸举动立即在欧洲各国引起了连锁反应。几小时之内,欧洲各地的外汇市场出现了一幅多米诺骨牌式的情景。

在苏黎世,瑞士国民银行的外汇窗口这一天上午开盘后,90分钟之内就被迫收购了6亿美元。接到法兰克福传来的消息后,它也立即决定关闭外汇市场。瑞士国民银行行长弗里茨·洛伊特维勒出面对新闻界宣布了这个决定,说这是一项"非同寻常的措施",但"希望它是仅此一次"、以后不会再有的举动。① 宣布以后,他拔腿就走,拒绝回答任何问题。

在阿姆斯特丹,荷兰中央银行宣布停止外汇交易,阿姆斯特丹的外汇市场随之关闭。

在维也纳,奥地利国家银行宣布,为制止"欧洲美元"涌进奥地利,它决定停止收购美国货币。

在里斯本,葡萄牙银行从格林威治时间这一天13时起停止收购美元,停止一切外汇交易,并命令国内所有的银行照此办理。该行的一位发言人解释此举的理由是:"鉴于国外市场的现状,葡萄牙银行无法规定外汇牌价,因而不得不停止在葡萄牙的一切外汇交易,直到进一步通知时为止。"②

在布鲁塞尔和赫尔辛基,也发生了同样的事情。美元被拒之门外,其他外币的交易也随之停止。

其他欧洲国家的中央银行这一天对外汇交易也相继采取了不同程度的限制措施。

城门失火,殃及池鱼。美元倒霉,其他西方国家的货币也跟着遭了

---

① 美联社1971年5月5日苏黎世电讯。
② 合众国际社1971年5月5日里斯本电讯。

殃，受了牵连。5月5日，日本适逢儿童节，各家银行停业，避开了美元的冲击。但它们设在伦敦等地的分行在这股冲击波面前却未能幸免。它们仿效各欧洲银行的做法，停止了美元兑换日元的交易。

5月6日，在东京，经营外汇业务的日本15家主要商业银行开门营业，立即面临抛售美元、挤兑日元的巨浪狂潮。这些银行的负责人这一天上午一起举行紧急会议，商讨对策。会议结束后，有关美国和西欧各国货币的交易活动戛然停止。东京的外汇市场也关闭了。

在马德里，西班牙国家银行支持美元的活动硬是坚持到了这一天的中午时分。眼看美国货币的大势已去，难以挽狂澜于既倒，午后，它也停止了一切外汇交易。西班牙的私营商业银行走在前面，5日就关闭了外汇市场。

在斯德哥尔摩，瑞典中央银行宣布，外汇交易仍然继续进行，但是美元除外。就是说，它单单对美国货币下了关闸令。

在苏黎世，前一天拒收美元以后，瑞士的黄金市场受到的压力进一步加大。向瑞士法郎扑了空，那一群"欧洲美元"怪物便一起向苏黎世黄金市场扑去。瑞士金融当局决定，一不做，二不休，既然关门，就关到底，不能半掩半开。5月6日，它宣布停止黄金交易，不让美元染指黄金。西方世界的主要黄金市场之一——苏黎世黄金市场干脆关门大吉了。

这场危机爆发以后，西欧国家的中央银行在开头几天用本国货币收购美元，支持了一阵子。但是他们也不愿意储存这些美元，不愿意因此而承担风险，蒙受损失。所以他们一面公开收购美国货币，一面私下逼美国政府，要用这些纸币兑换美国金库里的黄金。这就触动了尼克松政府的伤疤，触及了它的最虚弱的那个部位。在国际金融关系方面，尼克松政府最害怕的事情，就是别人拿美元逼它兑换黄金。它千方百计，运用各种手段，阻止这种事情的发生。实在阻止不住时，它也不得不忍痛割爱，兑出一些黄金，让自己的金库收缩、瘦小一些。现在的情形就是这样。

在这次挤兑黄金的行列中，法国政府走在最前面。

5月12日，尼克松政府财政部被迫公开承认，这次美元危机爆发以来的10天里，法兰西银行已经要美国兑换了价值2.8亿美元的黄金。

同日，比利时中央银行宣布，它这几天也已经把1亿美元的纸币向美国政府兑了黄金。

荷兰中央银行也做了同样的事情。

《纽约时报》驻布鲁塞尔记者克莱德·法恩兹沃思5月13日在一篇报道中写道:"5月3日以来,荷兰、比利时和法国已经用它们过剩的美元向美国换取了4.22亿美元的黄金,从而使美国的黄金储备削减到了第二次世界大战结束以来的最低水平。"①

正是西欧国家拿着美元向美国政府逼兑黄金之举,成为促使尼克松总统宣布他的"新经济政策"的重要、直接的因素。

西欧国家用美国货币向美国逼兑黄金的消息透露出来以后,进一步加重了危机的气氛。人们更加感到,美国钞票靠不住。用美元抢购黄金的风潮进一步发展,金价再度上升。

在伦敦,5月12日每一盎司黄金的价格涨到40.70美元,13日再涨到41.3美元。

在法兰克福,5月12日每一盎司黄金的价格涨到40.70美元,13日再涨到41.18美元。

在其他黄金市场也发生了金价上涨的行情。

往昔,美国企业家腰缠万贯在世界各地许多国家开银行、办工厂、开商店,美国游人钱包里装着美元到世界各地旅行,通行无阻,大受欢迎。如今,在美元危机爆发以后,就发生困难了。

1971年5月,在欧洲各地居然发生了以下事情。

美国旅游者在西欧用美元兑换当地货币,比价都要打折扣,而且只能少量兑换,不能多兑。兑换不到当地货币,吃饭、住宿都成了问题,更不要说逛商店、进剧场、入游乐场、参观名胜古迹了。

在联邦德国的各大飞机场,美国游客走出机舱后,发现外币兑换处的门都已关闭。用美元兑不到马克,在联邦德国就寸步难行。许多美国人只好在乘上出租汽车以后,央告司机用美元换点马克。对方敲竹杠,故意压低美元比价,美国人也只好忍受。在慕尼黑的一家高级旅馆里,纽约花旗

---

① 《纽约时报》新闻社1971年5月13日布鲁塞尔电讯。

银行董事长沃尔特·里斯顿先生受了一次屈辱。身为美国这家名声显赫的大银行的最高负责人，带着本行签发的旅行支票到联邦德国来住旅馆，居然不顶用。这家慕尼黑的旅馆拒绝接受美国银行的旅行支票，包括里斯顿先生主管的花旗银行在内。①

在瑞士，美国人发现，外币兑换处倒是开着门，旅馆老板也同意换一点美元。不过，他们都只肯以 3.80 瑞士法郎换 1 美元，而当时官方规定的美元最低比价是 1 美元兑换 4.295 瑞士法郎。

在法国，旅馆还同意接受美元。不过，在摩根银行巴黎分行豪华的大厅里却拥挤着大批用美元挤兑法郎的人群。这些对美元丧失了信心的人们，有一些就是美籍巴黎居民。

在许多欧洲国家里，专门经营旅行支票业务的美国捷运公司居然拒绝接受美元，对它自己原来签发的旅行支票也打起折扣来了。

凡此种种，别的先不说，仅就美国资产阶级的士气而言，就是一种严重的打击。

（二）

1971 年 5 月发生的这一次美元危机，在尼克松政府时期并不是头一次，也不是最后一次。瑞士国民银行行长弗里茨·洛伊特维勒 5 月 5 日宣布关闭苏黎世外汇市场时，表示"希望它是仅此一次"，意思是希望美元危机从此结束，以后不必再采取关闭外汇市场这一类非常措施。那不过是一种"希望"，是一种不切实际的想法。

根据现有文献资料的记载，第二次世界大战结束以来，到 1973 年止，西方金融市场上的美元危机先后发生了 10 次。

第一次，1960 年 10 月，即在艾森豪威尔政府的任期行将结束之时。原来到处受到欢迎和崇拜的美元首次成为不受信任、遭人遗弃的货币，揭开了美元危机史的第一章。

第二次，1968 年 3 月，也就是林登·约翰逊总统在反战群众和统治集

---

① 《新闻周刊》1971 年 6 月 7 日，第 47 页。

团主和派的夹击之下被迫宣布退出竞选连任的那个时候。美元危机史又写下了第二章。

第三次，1968年11月，即约翰逊即将下野，理查德·尼克松刚刚当选总统、尚未上台执政之时。美元危机从此进入了一个恶性发展时期，就像一个人患上了疟疾一样，连续打摆子，间隔时间很短，不断发作。

第四次，1969年4月，即尼克松总统进入白宫刚满3个月的时候。这是尼克松政府时期发生的第一次美元危机。

第五次，1969年9月。当时，据美国政府联邦储备委员会公布，美国工业生产指数已开始下降，美国1969—1970年那一场经济危机的信号刚刚发出。

第六次，1971年5月，就是我们现在讲的这一次。这是尼克松政府时期发生的第三次美元危机。这时，战后第五次美国经济危机已经到达沟底，但尚未向上爬坡，整个经济仍处于萧条状态。

第七次，1971年7月底8月初，距上一次危机发生的时间仅两个多月。

第八次，1972年6月。这是尼克松总统宣布"新经济政策"之后爆发的第一次美元危机。

第九次，1973年1月下旬到2月。

第十次，1973年2月下旬到3月，同前一次危机差不多连在一起，难以分开。

这以后，西方金融市场上的美元危机并没有结束。整个70年代，美元一直处于困境之中。

由此可见，西方金融市场上的美元危机发端于艾森豪威尔政府末期，恶化于约翰逊政府末期，集中发生于尼克松政府时期。截至1973年3月为止的10次美元危机，有7次发作于尼克松总统执政期间。

美元危机与尼克松政府结下了不解之缘，频繁光顾，成为尼克松政府执政时期的特征之一。

这种现象的形成，原因何在？

10次美元危机，有9次发生于美国侵略印度支那战争期间，尤其是集中发作于这场侵略战争的后期。美元危机与美国侵略印度支那战争结成伴侣,形影相随。与侵略印度支那战争亦步亦趋,成为美元危机的明显特征。

二 往昔峥嵘

诺克斯堡库存黄金堆积成山
"布雷顿森林体系"美元称霸

(一)

第六次美元危机,也就是现在讲的1971年5月危机,具有一些突出的特征。与前几次相比较,这一次危机来势更为猛烈。几天之内,欧洲外汇市场上抛售的美国货币达几十亿美元之巨,使尼克松政府感到惊恐。[①]前几次危机期间,往往有法郎、英镑等地位虚弱的货币与美元做伴,与美元一起被遗弃,美国政府虽然感到悲哀,尚可聊以自慰与解嘲。这一次则不然。同时殉难的伴侣没有了,只有美元被送上了断头台,使美国政府深感伶仃孤苦之痛。

这种现象说明,美元危机进一步恶化了,病情加剧了,已经上升到一个新的阶段了。

1971年5月危机的爆发在整个西方世界引起了强烈反响。对于美元病情恶化、危机频繁发作的起因,政界、工商金融界和学术界人士追根寻源,各抒己见,七嘴八舌,众说纷纭。其中引人注目的一位就是法国总统乔治·蓬皮杜先生。

蓬皮杜总统1971年9月23日在巴黎举行了一次记者招待会,详细讲了美元危机问题。

他从"布雷顿森林协定"谈起。

蓬皮杜说:"大家都知道什么是布雷顿森林协定。这个协定曾经是国际货币体系的基础。美国当时宣布可以用美元兑换黄金。美国的这个倡议

[①]《总统关于经济问题的报告》(英文版),1973年1月提交美国国会,美国政府印刷所,第122页。

是对协定的十分重要的补充。从那个时候起，美元就自然成了包括共产党国家在内的大部分国际交易的本位货币，成为地位特殊的储备货币。各国中央银行满意地甚至贪婪地接受美元。"美国也"竭力发行货币"。

蓬皮杜说："然而大家都知道，在货币流通量和经济活动之间存在着连带关系。货币流通量不足，可能延缓经济活动的步伐，而流通量过大，则要造成通货膨胀。"

蓬皮杜说：美国"竭力发行货币"的恶果终于显现出来了。"美国物价开始上涨引起美元贬值的时刻终于到来了，美国的国际收支出现大量赤字的时刻终于到来了，至少专家们对美元开始感到某种怀疑而各国中央银行企图用自己的美元兑换黄金的时刻终于到来了。""这一切都不是在一天之内发生的，也不是同时发生的。但是这一切终于凑到一起了。从那个时候起，美元实际上已不再是可以兑换的货币。""这一切终于急剧地发生了。在某一个时期，美国的物价上涨得非常迅速。在某一个时期，美国的国际收支出现大量赤字。从那个时候起，美元的可兑换性实际上只是一种假象。"

在这种情况下，拥有美元的其他西方国家采取了什么行动呢？

蓬皮杜接着说："1968年以前，当法国要求至少把自己的部分美元兑成黄金时，它充当了冲击者的角色。无疑，其他国家尽管是悄悄地、然而也奉行了同样的政策。"

这就是说，各国中央银行手里拿着美元，一起找到美国，逼它兑换黄金。此事在1968年以前就发生了。法国是这一支逼换黄金队伍的带头人。

蓬皮杜总统的这篇谈话在国际上引起了广泛注意。法新社和西方各大通讯社当时对法国总统的这篇谈话做过详细的报道。

这篇谈话，涉及这里需要探讨的问题：美元危机的起源。

蓬皮杜总统谈话的这个部分，是有价值的。它涉及引起美元危机的若干基本的经济因素。谈话的主要缺点，是没有触及病根，没有涉及美国政府为何要"竭力发行货币"，美国为何发生通货膨胀，美国的国际收支为何"出现大量赤字"，美元的可兑换性为何"实际上只是一种假象"，如此等等。一句话，谈话没有涉及危机起源的根本。

经济因素是引起美元危机的基本因素，但不是唯一因素。有一些非经济因素也在起作用。经济因素同非经济因素也有牵连。

美元危机是一种综合征。这种综合征的起源，或曰病根，是战后美国的对外侵略扩张，包括对外战争，包括侵朝战争，特别是这一场旷日持久、劳民伤财的侵略印度支那战争。因此，当叙述尼克松政府执政时期的美元危机时，必将侧重这个危机与侵略印度支那战争的关系以及尼克松政府的政策措施同这个危机的关系。

这也要从"布雷顿森林协定"谈起。

(二)

1944年7月，世界反法西斯战争在欧洲战场上正以排山倒海之势胜利推进。东线苏军正在进行著名的战略进攻中的白俄罗斯战役，西线盟军著名的诺曼底登陆之役已经实现。在亚洲战场上，中国抗日战争仍处于相持阶段，但敌后根据地军民已在展开局部反攻。就全局而言，世界反法西斯战争的胜利之势已经形成。世界列强的势力在这次战火中遭到严重削弱，美国是唯一的本土没有遭受战争摧残的参战大国，国力正在上升之中。上述形势同尼克松总统执政时期相比较，当然是一幅截然不同的图景。

就在这个时候，参加筹建联合国的44个国家在美国东北部新罕布什尔州的一个休养胜地开了一次会，讨论这次世界大战结束以后的国际货币金融问题。此次会议称为联合国货币金融会议。这个休养胜地名为"布雷顿森林"(Bretton Woods)，因此，这个会议又称"布雷顿森林会议"。会议决定建立世界银行和国际货币基金组织，并通过了相应的协定。协定之一为《国际货币基金协定》，即人们通常所说的那个"布雷顿森林协定"。国际金融界人士往往把它简称为"布雷顿森林"。当人们提起这个简称时，并不是指新罕布什尔的那个天然的森林，而是指在那里通过的关于战后国际货币关系的那个协定。

按照"布雷顿森林协定"的规定建立起来的战后国际货币体系，被称为"布雷顿森林体系"。

所谓"布雷顿森林体系"，实际上是以北美、西欧（后来还有日本）为主体的战后资本主义世界的国际货币体系。但是，由于社会主义国家同世界各国之间存在着包括贸易在内的种种经济往来，它们同"布雷顿森林体系"也有着一定的联系。

简单说来,所谓"布雷顿森林体系"主要是两个"挂钩",两个"围着转"。

第一,是让美元与黄金挂钩,即美元按黄金定价,在美元与黄金之间规定一个固定的价格。当时规定的这种固定价格,是35美元等于一盎司黄金。美国政府的责任,是使世界黄金市场上美元与黄金的比价稳定在这个水平上,以保持美元价值的稳定。一旦黄金价格突破了35美元一盎司这个界限,美国有责任抛售黄金,收回美元,把金价拉回到规定的水平上。这叫做美元围着黄金转。

美国政府的代表在布雷顿森林会议上拍了胸脯,宣布各国(参加国际货币基金组织的各会员国)政府及其中央银行可以按此比价用美元向美国政府兑换黄金。美国政府的这个保证,是美元的对外价值得以维持的基础,是整个"布雷顿森林体系"得以建立和保持正常运转的基石。从此,美元取得了与黄金相等同的特殊地位。

第二,是让其他各国的货币与美元挂钩,即这些国家的货币按美元定价,各自规定自己的货币的含金量及其与美元的固定比价(以及与之相应的对黄金的比价),形成一个以美元为首的货币系列。这个货币系列在外汇市场上的比价的涨落有一个统一的上限和下限,即限定在它们高于或低于与美元的官方固定比价1%的差距之内,不得突破。一旦突破,有关国家的政府有责任采取措施,把差距拉回到这个限定的范围之内。各有关国家的政府实际采取的措施,是按官方固定比价抛售本国货币,收购美元(在本国货币成交比价的上涨幅度超过规定的上限之时);或者相反,按官方固定比价抛售自己拥有的美元,收购本国货币(在本国货币成交比价的下降幅度突破规定的下限之时)。这叫作其他国家的货币围着美元转。美元取得了凌驾于其他各国货币之上、处于各国货币的中心和这个货币系列之首的特殊地位。

以上就是战后形成的"布雷顿森林体系",也就是以美元为首、为中心的资本主义世界的国际货币体系。

"布雷顿森林体系"建立之时,英镑曾经享有过与美元平起平坐的地位。由于英国国力一落千丈,战后不久,英镑即失去了这种地位,不得不向美元俯首称臣，让美元独自称霸。

这是一个美元独享特权的、不平等的国际货币体系。

从第二次世界大战结束时起，到1971年8月尼克松总统宣布"新经济政策"时止，国际间的各种经济往来，特别是西方各国之间的经济往来以至政治、军事交往，一直是在这个不平等的国际货币体系的基础之上进行的。

美国资产阶级习惯于把体育竞技场上的一个用语——"比赛规则"(the rule of the game) 运用到政治、经济、军事、外交等等领域。"布雷顿森林体系"就是在世界反法西斯战争胜利在望之际，美国统治集团凭借正在膨胀起来的实力和在这场战争的结束阶段自己所处的有利地位，在国际货币金融领域建立起有利于自己的"比赛规则"。

"布雷顿森林体系"的这种"比赛规则"给美国带来了一些什么特殊利益呢？

美元成为黄金的等价物，成为到处受崇拜的货币。各地的拜金主义者差不多都成了美元崇拜者，美元成为他们心目中的偶像。一时间，各个国家，各种殷实富户竞相追逐美元，竞相以各种手段获取美元。美元成为财富的标志。美国统治集团见此情景，心花怒放。美元只能由美国提供。美国不会白白提供。人们为了获取美国政府印制的这种纸币，必须以种种实物作为贡品献给美国，使美国大发洋财。美国的货币被奉为至尊，其他国家的货币一律受贬，不能与它平起平坐。这当然是一种不平等。

美元与黄金平起平坐，成为世界各国政府在外汇方面的主要储藏货币。这一条也很厉害。世界黄金产量不足，用途很广，不能满足各国官方储备的需要，而且储藏黄金很费事，又难以增值。在存在固定金价的条件下，人们即使把黄金储藏十年八载，也不会增值一分一厘。美元在这些方面就具有优胜之处。它的来源不缺，美国政府很乐意供应。它可以存入银行、购买股票和债券，等等，迅速周转，迅速增值。各国因而竞相储存美元。各国的黄金、外汇储备，主要是黄金、美元储备。美国通过向各国的官方储备提供自己发行的货币发了一大笔洋财，聚敛了巨额财富。但是美国政府却没有多大必要储存其他国家的货币。它的储备绝大部分是黄金。这当然是一种不平等。

美元取得了与黄金相等同的地位，成为一种普遍使用的国际支付手段。大量国际贸易和其他交往通过美元进行。手里没有美元，这些贸易就不能成交，交往就不能实现。而要从美国手里取得这些美元，必须花费很大的代价。其他国家的货币在这方面也是望尘莫及，不能与美元匹敌。这当然是一种不平等。

美国统治集团可以用美元在世界上从事种种损人利己的活动。

美国垄断资本集团手持享有特殊地位的美国货币，可以易如反掌地换取其他国家的货币，在国外开银行，办工厂，从事其他种种投资活动，谋取利润。其他国家的企业家则难以用本国货币从事这类活动。

美国政府可以用自己发行的货币援助一些它想要施加影响的国家，用以扩大势力范围。

有一个时期，从西欧到日本，一系列国家拜倒在美国面前，向它要求援助。美国统治集团凭借着美元的权威，在一大批国家面前享有"领导地位"，对这些国家的政府指手画脚，发号施令。

美国政府还可以用美元在世界上大片地区建立军事基地网，四处进军，把自己的"防线"扩展到远离本国国境线千里、万里之外。它还可以用美元在国外打仗，对别国实行军事占领。

美国政府还可以用美元在别国收买一些社会势力，从事颠覆活动。

一言以蔽之，美国统治集团手里摇晃着本国货币，在世界上许多地方横行无忌。凡此种种，都是它通过建立"布雷顿森林体系"而获得的不平等权利。

战后一个时期美国在世界上的霸主地位，就是建立在这种不平等的国际货币体系的基础之上的。它在一定程度上等于给了美国政府向国外发行其本国货币的权利。它增强了美国垄断资本在世界范畴内实行压榨和掠夺的能力。因此，这个货币体系增加了美国躯体内的脂肪，使它更加大腹便便，脑满肠肥。美国垄断资本凭借着这件法宝获取了大量财富，从而更加飞扬跋扈，进一步加剧了国际关系中的不平等。

"布雷顿森林体系"是战后美国在世界上的霸主地位在货币金融领域的延伸。这反过来又加强了美国在世界上的霸权，使它更加耀武扬威，横行无忌。

战后一个时期的情况大体上就是这样。

(三)

世界上一切事物的运动、变化都以时间、地点、条件为转移，美元的霸主地位亦如此。美元的特权地位，美国在国际货币金融领域的霸主地位，依存于一定的条件。这种特权地位的建立，以美国具备这些条件为前提。这种特权地位能否继续保持，也以美国是否继续具备这些条件为转移。

这些条件主要是：

第一，美国必须拥有比别国远为强大的国力，尤其是远比别国强大、遥遥领先的经济实力，为美元的国际地位提供坚实的后盾。没有这种后盾，美元在国际上的特权地位就建立不起来；建立了，也不可能巩固。

第二，美元的国内价值必须稳定，不受严重的通货膨胀的冲击，不发生大幅度贬值。没有这一条，美元的国外价值及其信用就难以保持。

第三，美国的国际收支必须大致平衡，不发生大幅度逆差，尤其是不能长期、大幅度地发生逆差，在国外负债累累。

第四，与国际收支相一致，流出国外的美元数量必须适度，必须与国外对美元的需求量相适应，不能过多，不能臻于超饱和状态。如果美元流出国境过多，美国必须有能力把多余的部分吸引回来，不能使之在国外泛滥成灾，四处流窜，失去控制。

第五，美国必须拥有充足的黄金库存，足以应付别国用美元向它兑换黄金的压力，足以应付世界黄金市场上抛售美元、抢购黄金的风潮，使自己得以任凭风浪起，稳坐钓鱼台。没有这一条，美元作为黄金等价物的特殊地位就不可能建立，也不可能保持。

第六，美国垄断资本集团在国内的政治统治必须基本稳定，社会必须大体安定，不能出现狂风巨浪，不能发生剧烈震荡。没有这一条，要建立和保持美元在国际上的信用和特权地位，也是不可能的。

这些条件当然是互为依存、相互联系的。

第二次世界大战末期和战后初期，美国具备这些条件。

通过这次空前规模的大战，原有的世界列强，德、意、日被打败，英、法实力受到严重削弱。美国远离战场，本土没有遭到战火破坏，它还乘战争之机开足马力生产军火和各种军需物资供应别国，并通过掠夺战败国，发了横财。战争改变了列强的力量对比关系。在国家实力上，首先是在经济实力的对比上，美国一跃而居于绝对优势的地位。在战争中，英、法已相继依附于美国。战后初期，西方各国几乎无一不投靠于美国门下，仰人鼻息，唯美国马首是瞻。它们与美国的关系已经是一种不平等的关系。

战后初期，美国已经发生通货膨胀，物价上涨，美元实际贬值。但当时问题还不是很严重，而且被美国整个国力的上升所掩盖。因此，美元当时在国外能够保持自己的信用，没有人对它产生怀疑。美元的国外价值当时已经高于它的国内价值，但这种局面尚可维持。

战后初期，美国的国际支出，包括经常项目和资本项目在内，是平衡的，而且连年有顺差。

当时，流出美国国境的美元数量不是很大。各国对美元朝思暮想，求之不得，到处出现美元荒，美元吃香得很。如果说美元会遭到鄙视和遗弃，那简直是一种不可思议的事情。

当时，美国的黄金库存也很充足。美国政府的黄金储存库，一个设在曼哈顿岛南端的美国联邦储备银行纽约分行之中，但主要的一个设在肯塔基州的诺克斯堡（Fort Knox）军事基地之内。诺克斯堡因而成为美国黄金库存的代名词，成为美国经济实力升降的一种象征，成为国际经济、金融界人士注目之地。还在第二次世界大战之前和战争初期，诺克斯堡黄金库就已急剧膨胀。1934年到1941年珍珠港事件发生时，由于美国政府实行美元贬值，提高黄金价格，也由于在局势动荡、战争威胁之下欧洲资本纷纷逃往美国栖身等原因，8年之内，美国黄金储备猛增，从68亿美元一跃而为227亿美元[1]，成为世界上黄金储备最多的国家。经过战争，美国黄金储备略有下降，1946年为207亿美元。战后初期，美国政府利用国际收支顺差的有利条件，利用美元的国外价值高于国内价值的空子，在国外廉

---

[1] 参见特伦斯·麦卡锡《越南战争的代价》，载西摩·梅尔曼主编《美国的战争经济》（英文版），第162页。

价收购大量黄金。1949年，美国的黄金储备为245亿美元①，达到高峰。这是诺克斯堡的鼎盛时期，全世界作为储备的黄金大部分集中于此。西欧、日本手里的黄金储备少得可怜，与美国相比根本不成比例。美国被称为"金元帝国"，在当时可以说是名不虚传的。

由于美国政府黄金储备充足，而其他国家手里也没有那么多美元向美国兑换黄金，因此，美国政府腰杆子很硬，无所畏惧，敢于拍胸脯，保证别的国家可以按当时规定的固定价格用美元向它兑取黄金。

美国参加第二次世界大战得到了人民的支持，国内局势没有发生严重问题。战后初期，垄断资本集团的政治统治也还比较稳固，国际资产阶级对美国国内政局也未产生疑虑。

总之，战争末期和战后初期的美国作为一个"金元帝国"的气势正盛，有点猛虎下山岗的样子，咄咄逼人，神气得很。"布雷顿森林体系"，美国在国际货币金融领域的霸主地位，就是建立在当时这些客观条件基础之上的。

三 法宝丧失记之一

西欧日本和平发展一路领先
扩军征战自我消耗美国落伍

（一）

战后初期的美国统治集团手里握有六件法宝。美国之所以能建立起以自己为中心的"布雷顿森林体系"，靠的就是这六件法宝。可是，美国统治集团战后达到的鼎盛时期却是短暂的；时隔不久，它就开始走上了由盛而衰的转化过程。到尼克松总统执政时期，美元危机已开始恶性发作，"布雷顿森林体系"难以为继，美元在国际货币金融领域的霸主地位不断受到冲击，"金元帝国"从山峰上摔了下来，就是这种灾祸的突出表现。这场灾祸的降临，是美国统治集团逐一丧失了原有的那六件法宝的直接

---

① 参见《总统关于经济问题的报告》（英文版），1973年1月提交美国国会，第299页。

结果。

尼克松总统执政期间，对于自己面临的美利坚合众国的这种衰败景象感触良深。总统曾经以自己本人及其政府有关部门的名义发表过一系列文件和材料，对这种衰败做过说明。1973年3月提交美国联邦国会的《总统关于国际经济问题的报告》，即为这类文件之一。尽管总统对于导致衰败的本质原因遮遮掩掩，但是对于客观存在的衰败现象还是基本上勾画出来了。

首先讲美国统治集团在战后初期曾经拥有过的六件法宝的第一件，也就是"布雷顿森林体系"赖以建立的六项条件的第一项，即美国的经济实力。

战后初期，美国曾经拥有遥遥领先于所有西方发达的资本主义国家的经济实力。当时，无论是农畜产品或工业产品，包括粮食、肉类、金属、机械，等等，美国的产量在整个西方世界都是遥遥领先的。但是到尼克松总统上台执政初期，美国的这种占压倒优势的经济领先地位已经丧失。

先看看尼克松总统及其政府就这一点所做的结论。

1971年1月，根据政府行政组织咨询委员会的建议，尼克松总统决定成立一个国际经济政策委员会，作为政府处理对外经济政策问题的决策机构。1972年8月，美国联邦国会通过一项法律，正式认可了这个机构。这是一个与总统属下的内政委员会、国家安全委员会平行并与之保持密切联系的机构。它以总统为主席，以国务卿、财政部部长、国防部部长、农业部部长、商务部部长、劳工部部长、行政管理与预算署署长、总统经济顾问委员会主席等人为成员，全体会议由总统直接主持，下设若干小组委员会和一名执行主任处理日常事务。1973年3月20日，委员会正式提出了第一份年度报告。同日，尼克松总统给美国联邦国会写了一个报告，连同委员会的这份年度报告一起送上了国会山。这两个报告加在一起，就是我们上面提到的1973年3月的那个题为《总统关于国际经济问题的报告》的文件。它的内容反映了尼克松总统及其政府的观点、看法。

尼克松总统送交美国国会的这个文件把第二次世界大战结束以来的世界经济分为两个"时代"，把这两个"时代"的分界线定在他本人宣布"新经济政策"的1971年8月15日，也就是现在要说的美元危机史上的

1971年5月危机和8月危机的那个时候。文件说，在前一个"时代"，美国曾经在世界经济中拥有过"占压倒优势的统治地位"。它已于1971年8月15日结束。这一"时代"之所以结束，是由于"美国已经在很大程度上丧失了它在工业化的自由世界所曾经拥有过的占压倒优势的经济统治地位"。1971年8月15日以后，"一个新时代开始了"。"这是一个美国在世界经济中不再拥有占压倒优势的统治地位的时代"。①

这是尼克松政府就美国在世界经济领域的霸主地位由盛而衰做出的一个意义重大的结论。

不提"时代"，把战后以来美国在西方世界经济中的位置分为占有统治地位和不再占有统治地位这样两个阶段，是符合实际的。

尼克松总统送交国会的这个文件还写了以下一些很有意思的内容："第二次世界大战结束以来的大多数岁月里，美国的国际经济政策的制定在很大程度上从属于我国的国际政治目的。我们希望增进自由世界的政治稳定并密切相互之间的联系，以减少共产党侵略的危险。""为此，我国奉行自由的对外贸易和国际收支政策达25年以上之久。这些政策取得了成效，在很大程度上促进了国内外经济的迅速增长，对实现我们的政治目的起了很大作用。"

文件继续写道："当时，美国能够轻而易举地推行这些政策。在第二次世界大战的参战国中，我国是唯一没有遭受战争破坏的大国。直到60年代，尽管随着其他国家的重建，我国的经济统治地位自然地衰落了，但我们仍然很顺利地参加了对世界市场的竞争。10年以前，我国的对外贸易顺差平均每年达50亿美元以上。这个顺差数字是够庞大的，它使我们能够在国外花费大量金钱以实现我们的政治和军事目的，而又不致损害我国的国际收支地位。"但是，"现在，支撑此项政策的许多条件都已经改变了"，美国没有能力再这么干下去了。②

这就是尼克松政府基于美国经济地位的衰落而做出的相应的政治结论。这也是一个意义重大并且影响深远的结论。

---

① 《总统关于国际经济问题的报告》（英文版），1973年3月提交美国国会，第1、4页。
② 同上书，第2、4页。

尼克松总统及其属下的国际经济政策委员会说战后以来美国奉行的是"自由的对外贸易和国际收支政策",这在国际上是一个有争议的问题,至少是"欧洲共同体"对此公开表示过异议。

文件这一部分真正有价值的内容,是它反复声言美国统治集团战后以来一直想要达到的"国际政治目的"以及"在国外花费大量金钱以实现我们的政治和军事目的"。所谓"减少共产党侵略的危险",是美国统治集团的一种习惯用语,其真实含义是镇压各国人民革命;压制亚洲、非洲、拉丁美洲各国人民争取民族独立、维护国家主权的斗争;包围、封锁社会主义中国;先是遏制社会主义苏联,后是与苏联在世界范围内争夺霸权。这就是美国统治集团战后以来在国际上的"政治和军事目的"。为此,战后25年多以来,美国统治集团一直耗费大量经费扩军备战,并且"在国外花费大量金钱"四处驻军,还打了一场侵朝战争,一场侵略印度支那战争。正是这种长期扩军备战和对外侵略,使得美国经济实力大大削弱,丧失了它曾经拥有的在西方世界的经济统治地位。

(二)

我们说美国经济实力削弱及其在西方世界的经济统治地位的丧失,不是说美国的经济没有发展,而是指在经济实力的对比关系方面发生了有利于西欧、日本和不利于美国的变化。

美国的社会经济形态,或曰社会经济制度,与西欧、日本是相同的。在人口、国土、资源以及文化、科学、技术等方面,美国拥有比西欧、日本远为优胜的条件。就原有基础而言,经过第二次世界大战,西欧、日本的坛坛罐罐被打得稀巴烂,战前已经建立的工业技术设施有些受到很大破坏,有些已荡然无存。美国则不然。正如尼克松总统及其国际经济政策委员会的上述文件所言,美国"是唯一没有遭受战争破坏的大国",它的家当不仅完好无损,而且利用这次战争之机聚敛财富,经济实力大有发展。由此可见,就战后经济发展的前进基础而言,与西欧、日本相比,美国也优胜得多。因此,就常理而言,战后以来的经济发展,美国应当领先于西欧、日本。

然而实际情况恰恰相反。从第二次世界大战结束时起,到尼克松总统上台执政和执政初期时止，经过二十几年的发展、演变，美国与西欧、日本各自向相反方向走去，逐步相互易位。西欧（尤其是联邦德国）和日本在经济发展方面明显领先，美国则相对落后了。尼克松总统执政期间，昔日身强体壮的彪形大汉——美国已经丧失了不少肌肉，减轻了体重，变成疾病缠身的病夫；昔日瘦骨嶙峋的病夫——西欧、日本，除个别国家（如英国）外，大都迅速复原，不断增加肌肉和体重，变成了身强体壮的汉子。

美国和西欧、日本所走过的这二十几年的道路，存在着一些差异。其中引人注目的一条，就是军事经济在整个国民经济中所占比重的不同。就地理位置而言，西欧、日本接近苏联，美国领土除阿拉斯加外，则与苏联相距甚远。就算是需要建立一定的防务，也是西欧、日本甚于美国，西欧、日本的军费开支在政府支出中所占的比重应当高于美国。然而实际情况却恰恰相反。

战后以来，英、法对外有征战，但煞车较早。整个说来，西欧各国的经济是处于和平发展状态，军费开支较少。联邦德国在这方面尤为突出。长期以来，在相当程度上一直是美国兵在给它看门。日本战后以来的军费开支长期处于低水平。美国不仅派兵替它看门，而且在侵朝战争、侵略印度支那战争期间还通过军用物资采购不断送钱给日本，把自身的血液输入日本躯体内。美国则不然。战后以来，美国统治集团为了达到自己的国际"政治和军事目的"，一直在开足马力扩军备战，并且连续对外征战，政府军费支出长期处于高水平。

请看下面两项统计数字。一项是 1955 年到 1970 年美国、西欧三国（英、法、西德）和日本的军费开支数。其情形如下：

1955 年：

美国 403 亿美元；

英国 43 亿美元；

法国 31 亿美元；

西德 17 亿美元；

日本 3 亿美元。

1965 年：

美国 518 亿美元；

英国 58 亿美元；

法国 51 亿美元；

西德 49 亿美元；

日本 8 亿美元。

1970 年：

美国 778 亿美元；

英国 58 亿美元；

法国 60 亿美元；

西德 62 亿美元；

日本 16 亿美元。[①]

另一项是 1955 年到 1970 年这些国家的军费开支按该国人均计算。其情形如下：

1955 年：

美国 243 美元；

英国 86 美元；

法国 73 美元；

西德 35 美元；

日本 4 美元。

1965 年：

美国 267 美元；

英国 108 美元；

法国 106 美元；

西德 88 美元；

日本 9 美元。

1970 年：

美国 380 美元；

[①] 参见伦敦战略研究所编《1972—1973 年军事力量对比》，见《世界经济统计简编》，生活·读书·新知三联书店 1978 年版，第 293—294 页。

英国 106 美元；

法国 118 美元；

西德 105 美元；

日本 16 美元。①

美国政府的实际军费开支大于以上两项统计。此外，本世纪 50 年代美国军费开支的最高年份是 1953、1954 和 1959 年，60 年代美国军费开支的最高年份是 1968 和 1969 年，以上两项统计对此都未作显示。尽管如此，从以上两项统计中仍不难看出美国与西欧、日本在军费开支方面的显著差异。

西方资产阶级经济学家，尤其是以英国人约翰·梅纳德·凯恩斯为首的学派经常使用一个术语："有效需求。"它的含义是指一个社会有能力支付的对商品和劳务的总需求，是与那种虽有需要但无力支付的"名义需求"或"幻想需求"相区别的。凯恩斯学说的核心，就是主张通过增加政府财政支出刺激这种"有效需求"，刺激经济的发展和就业的增加，以缓和资本主义社会的阶级矛盾。

第二次世界大战结束以来的历届美国政府，无论是民主党政府或共和党政府，都以这种或那种方式、在不同程度上实行凯恩斯学派的主张。西欧、日本也是如此。但美国有自己的特色，即带有浓厚的军事色彩。美国政府实行高军费政策，不断扩军备战，并且进行旷日持久的对外征战，对外是为了实现美国垄断资本集团的"政治和军事目的"，称霸世界；对内是为了适应军火垄断资本追逐高额利润的需要。除此以外，它还有一个目的，就是按照凯恩斯学派的主张，通过增加政府军费支出和军事采购，刺激国内的"有效需求"，促进经济的扩展和就业的增加，并把它作为医治美国经济的周期性疾病的一种处方和手段。就一个时期来说，这个目的是可以达到的。战后以来美国经济的发展，本世纪 60 年代美国出现的所谓"百月繁荣"，就是证明。但是，耗费巨额社会财富（人力、物力、财力）制造出来的大量军用飞机、舰只、导弹既不能吃，又不能用，在社会总产

---

① 参见伦敦战略研究所编《1972—1973 年军事力量对比》，见《世界经济统计简编》，生活·读书·新知三联书店 1978 年版，第 293—294 页。

品中既不能起第一部类即生产资料的作用，又不能起第二部类即消费资料的作用，所刺激的并不是真正的"有效需求"，因此，就长期而言，对扩大再生产是很不利的。战后以来美、欧、日经济发展对比的差别，可以证明这一点。

（三）

现在来看一看尼克松总统的国际经济政策委员会和商务部以及若干其他的材料。

一是关于国民生产总值的增长率。

美国、西欧（以法、西德、意、英为代表）和日本的生产方式是相同的，都有资本主义生产方式的周期性疾病，因此可以比较。它们有关国民生产总值的计算虽然不能准确反映实际，含有虚夸成分，但它们的统计方法大体上是相同的，因此也可以比较。

尼克松政府商务部公布过一项 1950 年到 1970 年美国、西欧四国和日本国民生产总值的增长率的对比统计。①

本世纪 40 年代后半期为西欧、日本的经济恢复期。到 1950 年前后，这些国家的经济大都已恢复到战前水平。因此，这种对比统计是可以成立的。

尼克松政府公布的这一项对比统计说明，美国国民生产总值的增长率仅仅领先于英国，而落后于其他西欧国家，更落后于日本。英国是一种特殊情况。它的经济原本是建立在其殖民体系的根基之上的。第二次世界大战结束后，亚洲、非洲、拉丁美洲民族独立运动的发展，殖民体系的瓦解和第三世界的兴起对英国的打击最重。美国又乘机排挤英国，在英国的一些原有势力范围内取其地位而代之。因此，同以前的兴盛时期比较，英国的经济一直处于衰退状况。真正能够说明问题的，是美国与其他西欧国家以及日本之间的比较。

其次是关于工业生产的增长率。

---

① 参见尼克松政府商务部《美国统计摘要》（英文版），1973 年，第 320 页。

尼克松总统的国际经济政策委员会公布过一项有关美国、西欧三国和日本的工业生产产值在60年代和70年代初期的发展、变化的对比统计。①

这个期间，正是美国政府发动侵略印度支那战争和把这场战争逐步升级的时期。这个期间，美国经济由于得到政府大量军费开支的刺激而出现过所谓"百月繁荣"，但后来还是支撑不住，垮下来了。美国政府发表的以不同的年度比率为基数的这项统计说明，这个期间美国工业生产的增长率实际上仍高于英国，但低于西欧其他三国和日本。

（四）

再来看一看有关各国的国民生产总值在世界生产总值中所占比重的变化。

世界生产总值好比是一块饼。各有关国家的国民生产总值在世界生产总值中所占的比重，就是这些国家从这一块饼上各自切下来的部分。

杰拉尔德·福特总统在1977年1月下台前夕，曾沿袭尼克松总统的先例，向联邦国会提交了一份《总统关于国际经济问题的报告》。这份报告涉及本世纪50年代下半期到70年代上半期20年间美国、西欧四国（英、法、西德、意）和日本的国民生产总值在世界总值中所占份额的变化，并且列表显示。②

这个统计表说明，20年间，美国的国民生产总值在世界总值中所占的比重从36.27%下降到24.36%，所占份额愈来愈小，其地盘逐渐被别的国家蚕食。陪着美国一起走下坡路的，只有英国。西欧其他三国和日本所占地盘都在扩大之中，西德和日本的扩展尤为迅速。

但是，仅仅就这一点而言，问题还不很严重。上述统计表明，尽管美国在世界生产总值中所占的比重大幅度下降，但它对西欧各国和日本仍然占有很大优势。

严重的问题在于，当美国的经济实力从高山之巅向下滑行的时候，西

---

① 参见《总统关于国际经济问题的报告》（英文版），1973年3月提交美国国会，第6页。
② 参见《总统关于国际经济问题的报告》（英文版），1977年1月提交美国国会，第138页。各国产值均按当时价格计算。

欧已不是以一个个单独、分散的国家出现在美国面前。本世纪 50 年代以来，西欧已逐步趋向联合。其主要标志，就是以"欧洲共同体"为形式的西欧各主要国家的联合的诞生与扩展。

欧洲共同体的建立与扩展所带来的变化是很深刻的。仅就国民生产总值在世界总值中所占的比重这一点，就可明显看出美国与欧洲共同体力量对比的变化。

现在来看看 1955 年到 1974 年美国与欧洲共同体（九国作为一个整体）的国民生产总值在世界总值中所占比重的对比变化：

1955 年：
美国：36.27%；
欧洲共同体：17.54%。
1960 年：
美国：33.73%；
欧洲共同体：17.53%。
1965 年：
美国：31.27%；
欧洲共同体：18.68%。
1970 年：
美国：30.21%；
欧洲共同体：19.32%。
1971 年：
美国：27.97%；
欧洲共同体：18.73%。
1972 年：
美国：27.23%；
欧洲共同体：19.72%。
1973 年：
美国：26.14%；
欧洲共同体：21.3%。
1974 年：

美国：24.36%；

欧洲共同体：20.12%。①

20年间，在国民生产总值占世界总值的比例方面，美国不断地下楼梯，欧洲共同体则时停时续地上楼梯。

20年的演变史可分为两个阶段。50年代下半期到60年代上半期为头一个阶段。这个时期，双方的差距在缩小，但不大明显。1965年到1974年为第二个阶段。这个时期，美国在世界生产总值中所占的比重迅速下滑，双方的距离迅速缩短。到尼克松总统被赶下台的1974年，双方差距更为缩小，仅差4.24%。

这第二阶段，除最后两年外，正是美国统治集团大举进行侵略印度支那战争的时期。正是这场对外战争消耗了美国躯体里的肌肉，使它变得相对消瘦了。

现在从若干种工、农业产品的产量和交通运输能力方面来看一看70年代初期美、欧双方的经济实力对比关系。为了更好地说明尼克松政府当时在西方世界的处境，把日本也摆进这个对比的行列之中。

美、欧双方当时都曾发表过这种经济实力对比材料。这里引用的是欧洲共同体公布的统计。

1973年11月，欧洲共同体委员会的发言人小组在布鲁塞尔公布了一份"情况备忘录"，标题为：《1973年的欧洲共同体与美国》。备忘录列举的几项主要对比数字如下：

1971年谷物总产量：

美国：2.3538亿吨；

欧洲共同体：1.0137亿吨；

日本：1237万吨。

1972年钢总产量：

美国：1.2377亿吨；

欧洲共同体：1.3910亿吨；

---

① 参见《总统关于国际经济问题的报告》，1977年1月提交美国国会，第138页。各国产值均按当时价格计算。

日本：9690万吨。

1972年私用和商用汽车总产量：

美国：882万辆；

欧洲共同体：1048万辆；

日本：402万辆。

1971年7月商船拥有总量：

美国：1626万总吨；

欧洲共同体：6113万总吨（不包括爱尔兰和卢森堡）；

日本：3050万总吨。[①]

这几项数字不是美、欧、日70年代初期经济实力的全面、综合比较，但是具有代表性，是三方当时拥有的经济实力的一种缩影式的反映。它表明，经20年竞赛后，美、欧、日三方的经济实力所处的大致位置。

在40年代末期，在西欧、日本面前，美国的经济实力处于绝对优势。现在，美国与欧洲共同体的经济实力对比关系已经发生了急剧变化，双方已大体上处于一种相互对峙的态势。加上日本，美国就已陷于明显的劣势。仅仅二十几年的时间，优势一方和劣势一方已经在相互易位了。

国际经济政策委员会在1973年3月提出的《总统关于国际经济问题的报告》中说，到1971年，"美国已经在很大程度上丧失了它在工业化的自由世界所曾经拥有过的占压倒优势的经济统治地位"。这就是说，在美元危机的压力之下，尼克松政府公开承认了这个客观事实。

随着经济实力对比关系的变化，美、欧之间的关系也势必要做出相应的改变。

欧洲共同体委员会发言人小组发布的以《1973年的欧洲共同体与美国》为题的"情况备忘录"，在引言里就公开讲了这一点。它以引用共同体委员会负责人的言论的方式，毫不含糊地写了以下的话："毫无疑问，客观事实已经变了；美国与欧洲之间的关系不再是、也不可能再是过去那个老样子了。"这就算是公开向美国打了招呼。

[①] 参见《1973年的欧洲共同体与美国》，附表4。

在双方关系中，这是一种急剧的变化。

战后初期，美国在国力方面具有绝对优势，是一个巨人，西欧各国不过是一些侏儒，对美国处于依附地位，唯美国马首是瞻。这就是美、欧关系的"过去那个老样子"。1958年欧洲共同体诞生后，形势开始发生变化。以戴高乐将军为首的法国政府带头向美国闹开了独立性。尼克松政府执政时期，形势发生了更大的变化。美国在军事力量方面对西欧、日本仍然占有优势，仍然可以挥舞指挥棒，但方式不能不有所改变。随着美国在经济实力方面的优势地位的丧失，美、欧、日之间的经济关系以至政治关系不能不重新做出安排，过去那种类似君臣、父子的关系不可能再保持下去了，美国不得不以"平等伙伴"的身份出现了。

美国与西欧、日本相互关系的这种变动，是第二次世界大战结束以来国际关系史上的重大事件之一。

现在可以看到，"布雷顿森林体系"赖以建立、美国在国际货币金融领域的霸主地位赖以维持的一个根本性条件——美国在经济实力方面对西欧、日本占绝对优势这一条，不再存在了，美国统治集团手里的六件法宝中的最重要的一件，已经丧失了。

然而事情的发展还远不仅如此。

四　法宝丧失记之二

贸易战枪声时缓时急
民用品阵地先后被占

（一）

前一节讲了美国统治集团丧失了六件法宝中的第一件法宝——美国丧失了对西欧、日本遥遥领先的经济实力。现在要讲美国如何丧失第二件法宝。所谓第二件法宝，它的名称叫美国外贸由顺差转为逆差。

尼克松总统本人及其政府对美国对外贸易状况做过许多叙述。他们都是当事人，对美国经济的国际竞争能力的削弱及美国对外贸易的恶化感触很深。他们对这方面问题的阐述具有权威性。

尼克松总统1973年3月提交美国联邦国会的《总统关于国际经济问题的报告》由两个文件组成。其一是《总统关于国际经济问题的报告》，实际上是由尼克松总统本人签名的就国际经济问题致联邦国会参、众两院的一封信。其二是国际经济政策委员会向尼克松总统提交的第一份年度报告，标题就是：《国际经济政策委员会的年度报告》，其篇幅相当长，对美国当时面临的严峻的国际经济问题及尼克松政府的对策论述颇详，是尼克松总统提交国会的这个文件的主体。总统的信件和委员会的年度报告都提到了美国当时在对外贸易方面所面临的艰难处境。

尼克松总统致联邦国会的信中涉及这个问题的一段，原文如下：

"我们依赖那些过了时的经济安排和机制的时间是太久了。尽管世界上已经发生了急速的变化，我们仍然这样做。我国面临的主要困难是由此产生的。许多第二次世界大战后在我们的帮助下得以重建的国家现在成了我们在经济方面的强大竞争对手。美国人不能再像以前那样行事了，不能闭目塞听，似乎这些历史性的事态发展根本没有发生。我们必须更加努力，准备在世界市场上从事更有成效的竞争。无论是我国经济的私营部分或者我国政府都应当这样做，以使我们的对外贸易得以扩大，以便给我们的人民带来更多的福利。"①

总统这一段话里提到的"那些过了时的经济安排和机制"，主要指的是"布雷顿森林体系"。

总统说的"世界上已经发生了急速的变化"，主要含义之一，是指西欧、日本与美国在经济实力对比关系方面发生了巨变。

尼克松总统致国会信件主要是强调美国工商金融企业和美国政府要在世界市场上同西欧、日本进行更加激烈的竞争。也就是说，要扩大美国的对外贸易，要在世界市场上打败自己的"强大竞争对手"——欧洲共同体和日本，要与它们决一雌雄。

这无异于对欧洲共同体和日本下的一道贸易战的战表。

尼克松总统为何把问题提得这么尖锐，为何对自己的盟国——欧洲共

---

① 《总统关于国际经济问题的报告》（英文版），1973年3月提交美国国会，扉页之后的一页。

同体的绝大多数国家以及日本摆开了如此对立的阵势？

总统直属的国际经济政策委员会在那个年度报告中对此做了若干具体说明。

委员会的报告说："我们的贸易伙伴设备能力的增强和改进在我国国内和国外都对我们形成了新的争夺。按比例而言，许多国家在新工厂和新设备方面的投资都超过了我国。我国的资本和技术的一个重要部分一直被使用于自由世界的防务。其他一些国家已经证明有能力吸收和开发先进的技术。第二次世界大战结束后美国曾经享有的显著的技术领先地位已经削弱。"其结果是，这些国家的产品纷纷涌进美国市场，美国的产品在国外受到了强烈的挑战。"我国的消费品进口量上升了。外国设置的贸易壁垒使我们为扩大我国占有优势的那些产品的出口所做的努力经常遭受挫折。我国的先进技术出口是这样，我们的农产品出口尤其是这样。""我国现在在对外贸易方面不仅没有顺差，而是有了相当大量的逆差。"①

委员会报告的这些话里提到的"我们的贸易伙伴"、"许多国家"、"其他一些国家"，等等，都是指的西欧和日本。

报告的这一部分讲了一个颇有价值的意思。第二次世界大战结束以来，美国的"资本和技术的一个重要部分一直被使用于自由世界的防务"。所谓"防务"也者，就是对外侵略扩张。英、法两国在40年代后半期和50年代曾经搞过这样的"防务"（法国搞到60年代初期），以后基本上洗手不干了。其他西欧国家和日本在第二次世界大战结束以来没有搞这种"防务"。因此，这些国家就把"资本和技术"比较集中地用于发展经济，"在新工厂和新设备方面的投资"按比例就超过了美国，也有能力"吸收和开发先进的技术"了。结果就是，美国的经济实力的巨大优势丧失了，"技术领先地位"削弱了，产品的对外竞争能力也受到了损害。

委员会的这份年度报告在后面一个部分里继续讲了"贸易壁垒"问题，并且公开点名指责欧洲共同体。

报告说："从第二次世界大战以来，我国一直强烈支持在自由世界的

---

① 《总统关于国际经济问题的报告》（英文版），1973年3月提交美国国会，第4页。

主要国家之间拆除贸易壁垒，进行更加自由的贸易。然而最近若干年来，歧视性的贸易措施却重新抬头了。一些根本性的贸易往来的原则，包括贸易伙伴之间的无歧视原则，遭到了严重破坏。在美国支持下诞生的欧洲共同体正在越来越多地同非共同体成员国签订互惠协定。此种行为是要把世界分割成若干经济集团。经过艰难谈判达成的降低关税协议受到了非关税壁垒和其他扭曲性的贸易措施的破坏。许多现在享有十分优越的对外贸易地位的国家拒不拆除它们在以前处于经济困难时期所建立的进口壁垒，贸易摩擦因而增加了。"[①]

报告的这一段话里说的欧洲共同体与非共同体成员国签互惠协定、"把世界分割成若干经济集团"，指的是共同体当时同一些非洲和地中海盆地国家签订的"联系协定"。尼克松政府认定这些协定具有排挤美国的性质。欧洲共同体对尼克松政府的这种指责不仅做了反驳，并且随即同非洲、加勒比和太平洋地区的几十个发展中国家谈判，在多哥首都洛美市签订了著名的《洛美协定》，进一步地建立了"经济集团"。

报告说"许多现在享有十分优越的对外贸易地位的国家"拒不拆除进口壁垒，其指责对象包括欧洲共同体的一些成员国，但首先是针对日本。

报告的这一部分再次谈到农产品。

报告写道："为了保证本国的农业收入，许多国家对农产品进口采取了限制性措施，把本国市场的主要部分保留给本国生产者，为此竟常常不惜使其国内的农产品价格三倍于世界市场。由于通常没有对农业生产加以控制，这种支持高价格的措施导致农产品过剩。这些国家便采取高补贴政策向国外出口剩余农产品，从而冲击了那些效益高的生产者的传统市场。"

报告的这种指责完全是针对欧洲共同体的。所谓"传统市场"，就是美国原先占领的市场。

委员会的报告就美国战后对外贸易史写了以下一段话：

"第二次世界大战以后的这些岁月里，各国都从国际贸易的繁荣中得到了好处；可是在一段持续的期间内，美国进口增长的速度却超过了出

[①] 《总统关于国际经济问题的报告》（英文版），1973年3月提交美国国会，第42—43页。

口。美国对外贸易出现这种状况，100年来还是首次。直到60年代中期，我国进出口贸易增长率的差距还是微小的。因此，1955—1965年期间，我们仍然保持了平均每年约50亿美元的对外贸易顺差。从那时以后，尽管我们的出口增长仍然保持住了，但是进口增长率却扶摇直上，我国对外贸易地位因而急速恶化。1971年，我国发生了本世纪以来的首次对外贸易逆差，进口超过出口20亿美元。1972年，我国外贸状况继续恶化，逆差总额达64亿美元。"[①]

尼克松总统的国际经济政策委员会在这里提到了三个时间概念：

第一，美国对外贸易地位的急速恶化，是发生于1965年以后的几年中，也就是说，发生于美国统治集团大打侵略印度支那战争的时期。

第二，美国首次外贸逆差出现于1971年，进一步恶化于1972年，也就是说，发生于美元危机恶性发作的期间。

第三，尼克松政府的这个文件说，美国进口贸易的增长速度超过出口，"100年来还是首次"，又说1971年的对外贸易逆差是本世纪以来的首次逆差，这个提法很值得注意。说得更具体一点，美国的对外贸易从1889年到1970年一直处于顺差状态，本世纪的两次世界大战都没有改变这种状态。1971年，这段历史才发生逆转。

美国对外贸易恶化于侵略印度支那战争期间，外贸逆差出现于美元危机恶性发作期间，都不是偶然的，而是具有必然性。它们之间存在着内在联系和因果关系。

（二）

尼克松总统及其属下的国际经济政策委员会1973年3月向美国联邦国会提交《总统关于国际经济问题的报告》，对欧洲共同体发出了公开的指责。前面提到，1973年11月，欧洲共同体委员会的发言人小组在布鲁塞尔公布了一份题为《1973年的欧洲共同体与美国》的备忘录。它对尼克松政府的指责做了全面的答复和反驳。大西洋两岸在同一年先后发布的

[①]《总统关于国际经济问题的报告》（英文版），1973年3月提交美国国会，第31—32页。

这两个文件具有公开论战的性质，是美欧矛盾趋于激化的一种反映。

美欧之间的经济关系及其矛盾是多方面的，先说一个方面——贸易关系。

撇开双方论战的一些具体细节不谈，在贸易问题上有几个客观存在的基本历史事实，是确凿的，毋庸置疑的。

这几个基本的历史事实是：

第一，从杜鲁门政府上台执政时起，到约翰逊政府卸任下台时止，二十余年间，美国对欧贸易一直享有顺差。欧洲共同体建立后的一个相当长时期，情况仍然如此，上述美欧双方的论战文件都承认这个事实。[①] 美国利用当时曾经拥有的经济优势和技术领先地位，打着"拆除贸易壁垒"和"进行更加自由的贸易"的旗号，向西欧市场大量倾销工业制成品和剩余农产品。美国用以对外侵略扩张，包括从事对外战争的国际开支，有一部分就是从对欧贸易的长期顺差的收入中取得的。从本质上来说，这是一种有利于美、不利于欧的不平等的贸易关系。

第二，欧洲共同体的六个创始国都是在美国控制下的北大西洋公约组织的成员国；后来加入共同体的三国除爱尔兰以外，也是这样。它们与美国之间在军事上互有需要，并对美国有所依赖。在政治上与美国基本合作；共同体建立后，它们的独立性逐渐增强。在经济关系方面相互依存，然而随着共同体的建立、扩大和力量的增强，它们迅速向美国在西方世界的统治地位发起了挑战，与美国展开了激烈的较量和竞争。在贸易方面，挑战尤为严峻。

日本与美国之间的关系大致上也是这样。

早在60年代，欧洲共同体与美国之间就摆开了战场，贸易战的枪炮声、冲杀声不绝于耳，接连发生了一系列著名的"战役"。

一个"战役"是发生于60年代上半期的所谓"冻鸡战"。共同体通过提高关税，大量削减了美国冻鸡的进口。肯尼迪政府、约翰逊政府对此采取了相应的报复措施。

[①] 参见欧洲共同体委员会发言人小组《1973年的欧洲共同体与美国》（英文版），第2页；《总统关于国际经济问题的报告》（英文版），1973年3月提交美国国会，第88页。

一个"战役"是发生于整个60年代的所谓"小麦战"。双方采取提高出口补贴和增加关税等手段,排挤对方产品,并在世界其他地方争夺小麦市场。

一个"战役"是发生于60年代和70年代初期的所谓"汽车战"。双方相互占领对方的汽车市场,彼此斗法,一再出现紧张、激烈的场面。

如此等等。

日本与美国之间的贸易战也很激烈。其中,围绕日本纺织品对美国出口问题展开的斗争,从50年代到60年代一直持续不断,一再出现高潮。60年代,围绕日本钢铁、汽车、家用电器大量对美出口的问题,两国之间展开了限制与反限制的激烈争斗。两国之间还展开了关税战。

尼克松总统上台执政之后,欧洲共同体、日本与美国之间在贸易领域的争夺更趋激烈,变本加厉。

上述"战役",主要涉及的是美欧与美日之间的双边贸易这个战场。

第三,经过反复较量和紧张交锋,在美、欧、日经济实力对比关系发生巨变的总形势下,美日贸易和美欧贸易在约翰逊政府和尼克松政府时期先后发生了不利于美国、有利于欧洲共同体和日本的变化,也就是说,美国对日、欧贸易由长期顺差变成了逆差。习惯于占领别国市场的美国垄断资本集团对此难以容忍。尼克松总统及其国际经济政策委员会在上述提交美国国会的那个报告中对欧洲共同体和日本的愤懑情绪异常强烈,溢于言表,并且公开下战表,号召美国企业界和政府机构在贸易方面向欧、日发起进攻,就是美国垄断资本集团在这种不利形势下的情绪和意愿的官方表现。

尼克松总统的国际经济政策委员会对有关事实曾分别做过具体表述。

按照委员会的表述,在美国的进出口贸易增长率中,1960—1972年出口贸易节节落后,进口贸易一路领先,两者的差距逐年拉开,距离越来越大。① 这就是说,在此期间,美国的对外贸易的基本态势逐年恶化。

这13年在美国当代史上是个什么时期呢?除了头一年外,都是美国统治集团发动和大规模进行侵略印度支那战争的年代。

---

① 参见《总统关于国际经济问题的报告》(英文版),1973年3月提交美国国会,第32页。

美国对广大发展中国家的贸易，作为一个整体而言，一直处于有利地位。那么，美国的对外贸易究竟同哪些国家逐渐从有利地位转化成了不利地位呢？

用美国政府的惯用语言来说，是在"自由世界的主要国家"，即欧洲共同体、日本和加拿大。

尼克松总统的国际经济政策委员会1973年3月提出的年度报告把美国对欧洲共同体的贸易按时间顺序列了一张表。[①] 尼克松政府提供的这个材料显示：

第一，从欧洲共同体正式诞生的1958年起，到1972年止，15年间，美国对欧洲共同体贸易有14年保持顺差，累计顺差额达241亿美元之巨。这就证明，在双方贸易关系史上，欧洲共同体是长期、连续受损的一方。

第二，双方这历时15年的贸易史可以分为两个阶段。1958年到1965年为第一阶段。这8年期间，美国的贸易顺差额颇大，其中6年的顺差都在20亿美元以上。1966年是一个分界线，开始了第二阶段。此后7年，美国的贸易顺差明显缩小，到1972年终于由顺差转化为逆差。这7年，正是美国统治集团大打其侵略印度支那战争的时期。美国对欧贸易在这7年从优势转化为劣势，与欧洲共同体在这条战线上乘机反攻当然有关，但是从根本上来说，这是美国统治集团坚持对外征战、自我削弱的结果。

这一段美日贸易史，具有更为典型的意义。它清楚地分成两个阶段，以美国统治集团开始把侵略印度支那战争大规模升级的1965年作为分界线。前7年——第一阶段，美对日贸易处于有利地位，年年顺差。后8年——第二阶段，美国完全处于劣势地位，年年逆差，逆差额呈曲线扩大形态。其中1968年到1972年，年逆差额从11亿美元上升到42亿美元。8年之中，美国对日本贸易的逆差额达123亿美元之巨。[②]

1965年以后美国对日贸易一直处于逆差状态，是由以下两个因素造成的：

第一，为了适应升级以后的侵略印度支那战争前线的需要，美国政府

[①] 参见《总统关于国际经济问题的报告》（英文版），1973年3月提交美国国会，第88页。
[②] 同上。

就近从日本采购了大批军用物资。

第二，日本的工业品，包括耐用消费品，以其价廉物美的优势占领了美国国内的不少市场。

美国对加拿大的这 15 年贸易史也分为两个阶段。1958 年到 1966 年为美国顺差阶段，1967 年到 1972 年为美国逆差阶段。美国 6 年逆差逐年增大，其中 1970—1972 年的逆差都在 20 亿美元以上。[①]

由此可见，从美国统治集团把对印度支那的侵略战争大规模升级以后，美国与其他"自由世界的主要国家"——欧洲共同体成员国、日本和加拿大之间的贸易即先后从优势转化为劣势，从有利转化为不利，从顺差转化为逆差。

根据尼克松政府商务部的统计，从 1960 年到 1969 年，美国从国外进口的 12 种商品的增长率如下：

纺织品：81%；

玻璃制品和陶器：121%；

鞋类：230%；

服装：264%；

科学仪器：277%；

铁和钢材：300%；

体育器具和玩具：314%；

机械：499%；

家具：586%；

汽车和零部件：637%；

电视机和收音机：692%；

录音机：800%。[②]

这些进口商品，金额最大的是汽车和汽车零部件、机械、铁和钢材、服装、电视机和收音机以及纺织品。它们的主要产地是日本和西欧。

70 年代，美国市场上的进口商品呈现了进一步增多的趋势。一些耐用

---

① 《总统关于国际经济问题的报告》（英文版），1973 年 3 月提交美国国会，第 88 页。
② 参见《美国新闻与世界报道》，1970 年 9 月 14 日，第 46 页。

消费品尤其是这样。商店里摆着的电视机、录音机、照相机，等等，大都是日本货；许多纺织品和服装也是国外产品，包括妇女的内衣和头巾在内。

美国从国外进口商品的增加，主要是民用工业品的进口量上升了。这有多方面的原因，其中最值得注意的是以下两条：

第一，美国政府，首先是五角大楼对从国外进口军工产品的限制特别严格，条件十分苛刻。① 这当然是为了保护本国军工垄断资本的高额利润。

第二，欧洲共同体和日本在集中力量发展经济，美国却在集中力量扩军备战和从事对外侵略战争。相形之下，美国不少民用工业部门落后了，竞争能力削弱了。

(三)

然而问题还不仅发生在美欧、美日之间的双边贸易。严重的问题还发生在欧洲共同体、日本在世界市场上与美国的争夺。

尼克松总统及其国际经济政策委员会指责欧洲共同体与许多非共同体成员国签订互惠协定，"把世界分割成若干经济集团"，排挤美国。欧洲共同体发言人小组在那份题为《1973年的欧洲共同体与美国》的备忘录中答复道：共同体并无"把世界分割成若干经济集团"之意；不过，共同体确实继承了其成员国一些传统的对外"经济和政治联系"，"这种继承的一部分就是与许多发展中国家的密切的贸易连锁关系"。② 备忘录这里讲的共同体成员国原有的对外"经济和政治联系"，说得明白一点，就是指英、法、德、意等老资格的殖民帝国与广大亚、非、拉美国家之间的旧有殖民关系。第二次世界大战以后，这些发展中国家虽然纷纷宣告独立，但是共同体仍然要采取一定的形式把同它们原有的"经济和政治联系"继续下来，其中一个方面就是与它们建立"密切的贸易连锁关系"。采取什么形式呢？备忘录说，当时采取的形式就是签订互惠协定，同这些为数众多的发展中国家建立起"联系国"和"可联系国"的关系。③ 共同体这样做，

---

① 欧洲共同体发言人小组：《1973年的欧洲共同体与美国》(英文版)，第7页。
② 同上书，第11页。
③ 即 associated countries 和 associable countries，双方关系通称 association。同上书，第11—12页。

排挤了美国没有呢？共同体发言人小组在这份备忘录里写道：就美国对这些发展中国家的出口贸易而言，排挤了一点，但数量有限。美国对这些国家的出口贸易仍然不少。"极而言之，共同体做出的联系安排不过只是挤掉美国的出口贸易2%。"①

但是，对于美国垄断资本集团来说，欧洲共同体的此种举动实属大逆不道，绝难容忍。于是，美国统治集团就兴师问罪了。

美欧之间的这场争斗，其实质不外乎是在广大的第三世界争夺商品市场和原料产地，还有争夺投资场所。这场争斗的参加者，除了美欧双方之外，还有日本。

第二次世界大战结束后初期，西欧和日本的资产阶级的确是在美国垄断资本的卵翼之下过活的。但是现在情况变了，美、欧、日之间的关系只能以实力为基础，别的东西很难起作用。

美国统治集团长期扩军备战和对外征战，把大量人力、物力、财力消耗于与社会需求无关的军火生产之中，使军工生产在其国民生产总值中占有突出地位，使美国经济处于一种畸形状态。这给美国的对外贸易造成了很大损害，但也带来了一个强点，即在军工产品的出口方面对欧、日占有优势。另外，美国得天独厚的自然条件给它的对外贸易带来另一个强点，即在农产品的出口方面对欧、日占有优势。然而这两个强点并不能改变美国在世界出口贸易中所处的基本态势。人类社会毕竟不是靠军火运转的，它的市场局限在有限的范围之内。人类社会当然要依靠农产品生存，但农产品的出口创汇能力却远远低于工业品。在其他产品的出口贸易的广阔领域里，美国产品的竞争能力往往不如欧、日产品，有些民用工业产品尤其斗不过日本。其结果，在对世界市场的争夺战中，就各自所占地盘的总体而言，在欧洲共同体和日本的挑战和进逼之下，美国就不能不屡遭挫伤，败下阵来。

吉米·卡特总统在职期间向美国联邦国会提交的一份《总统关于经济问题的报告》，涉及美国工业制成品出口的一段历史。报告说，美国在世

---

① 欧洲共同体发言人小组：《1973年的欧洲共同体与美国》（英文版），第12页。

界上15个工业发达国家的制成品出口总额中所占的份额1958年接近30％，1965年降到大约23％，1972年再降到19.2％。①

这里讲的制成品，包括美国占有优势的军工产品在内。在报告涉及的这一段历史期间，世界上没有哪一个工业发达国家能在军工产品的出口方面与美国匹敌。所以，美国所占制成品出口份额的急剧下降，主要是民用工业品出口市场受到西欧和日本的排挤所致。

三位美国学者在合著的《近百年美国经济史》一书中讲了一段本世纪50年代到70年代初期的美国出口贸易史。他们指出，美国出口贸易在世界出口贸易总额中所占的比重1950年为16.6％，1960年降到15.9％，1973年进一步降到12.2％。他们指出，美国出口阵地的收缩是受到西欧主要国家和日本的排挤所致。②

世界对外贸易总额也好似一块饼，各国竞相争取扩大自己切下来的那一份，随着世界外贸总额的逐年增长，美国的对外贸易金额也在增长。但美国增长太慢，欧洲共同体和日本的增长幅度比美国快得多。其结果是：对这一块不断扩大的饼的分割，就百分比而言，欧洲共同体和日本得到的份额愈来愈大，而美国则相反。

尼克松政府发布的材料，就能说明本世纪60年代到70年代初美、欧、日对外贸易地位的发展、演变过程。

先看工业制成品的出口增长率。

根据尼克松总统的国际经济政策委员会1973年3月提出的年度报告所做的陈述，1960年到1971年期间，美国、欧洲七国和日本工业制成品的出口增长率如下：

英国：126％；

美国：142％；

法国：196％；

西德：250％；

---

① 《总统关于经济问题的报告》（英文版），1979年1月提交美国国会，第161页。
② 参见 H.N. 沙伊贝、H.G. 瓦特和 H.U. 福克纳《近百年美国经济史》，中国社会科学出版社1983年版，第523页。

比利时—卢森堡：253％；

荷兰：292％；

意大利：336％；

日本：518％。①

这12年期间，美国工业制成品的出口增长率仅领先于英国，而落后于所有其他西欧发达国家，尤其是远远落后于日本。

再看有关各国在世界进出口贸易总额中所占比例的变化。

尼克松总统的国际经济政策委员会的上述年度报告就1960到1971年期间美国、欧洲共同体和日本在世界出口、进口贸易总额中所占比重的发展、演变情况列过一张图表。这张表说明：

第一，在美国当权人士眼中，欧洲共同体的成员不过是一群中小国家，但它们一旦联合起来，就在世界贸易领域对美国占了压倒优势，无论是进口或出口贸易都是这样。如果再加上日本，美国就处于绝对劣势。

第二，从60年代到70年代初，12年间，美国在世界出口贸易总额中所占的比重不断下降，欧洲共同体和日本则相反，所占比重不断上升。

欧洲共同体委员会发言人小组在《1973年的欧洲共同体与美国》的备忘录中所做的有关这个问题的统计，与尼克松政府的材料有差别，但同样说明，这场争夺战的优势是在欧洲共同体和日本方面，而不是在美国方面。②

（四）

吉米·卡特总统在职期间向美国联邦国会提交的一份《总统关于经济问题的报告》有一系列附表，其中的B—97号附表载有从1946年到1978年美国进出口贸易的逐年统计数字。我们现在以这一张附表为据，粗略考察一下从第二次世界大战结束后的第一年起到尼克松总统第一任期结束的1972年止的美国对外贸易史。

根据这张附表所列材料，我们可以把这历时27年的美国对外贸易史

---

① 参见《总统关于国际经济问题的报告》（英文版），1973年3月提交美国国会，第37页。
② 参见欧洲共同体发言人小组《1973年的欧洲共同体与美国》（英文版），附表1。

大致分为以下四个时期：

第一个时期：1946年到1949年。这一时期是美国经济处于和平发展的时期。这期间，美国对外贸易累计顺差278亿美元①，平均每年顺差69.5亿美元。当时美国通货膨胀不是很严重，美元币值较高，对外贸易平均每年顺差近70亿美元，数量是很大的。这是战后以来美国对外贸易的第一个高峰。

第二个时期：1950年到1955年。这是美国侵朝战争时期和停战初期，经济局部转上战时轨道。这期间，美国对外贸易累计顺差135亿美元，平均每年顺差22.5亿美元，其中1950年和1953年的顺差都只有10亿美元多一点。这是战后以来美国对外贸易的第一次低落。

第三个时期：1956年到1964年。这时期的前5年为美国经济的和平发展时期；后4年间，侵略印度支那战争已经开始，但规模还不大，可以说是基本和平发展时期。9年期间，美国对外贸易累计顺差423亿美元②，平均每年顺差47亿美元。这是战后以来美国对外贸易的第二个高峰。

第四个时期：1965年到1972年。这是美国侵略印度支那战争的大规模升级时期。这个时期的后3年，美国政府虽然在从印度支那分期撤军，但战争的规模仍然不小。这时期的美国经济在相当程度上转上了战时轨道。8年间，美国对外贸易累计顺差77亿美元③，平均每年顺差9.6亿美元。8年之中，4年清淡，1968年和1969年顺差甚微，1971年和1972年连续出现逆差，逆差金额分别达22亿美元和64亿美元之巨。④ 这是战后以来美国对外贸易的第二次低落。

由此可见，第二次世界大战结束以来，美国对外贸易两起两落。两次登高，都发生于美国经济的和平发展或基本上和平发展的时期；两次低落，都出现于美国统治集团从事对外侵略战争的时期。由此不难看出长期对外征战对美国经济实力及其外贸能力的损害。欧洲共同体和日本在世界

---

① 参见《总统关于经济问题的报告》（英文版），1979年1月提交美国国会，第294页。
② 参见《总统关于经济问题的报告》（英文版），1979年1月提交美国国会，第294页。
③ 同上。
④ 同上。

市场上对美国的排挤是客观存在的历史事实。但是，如果美国统治集团不从事长年累月的对外征战，不自我削弱和自我伤害，那么，欧洲共同体和日本就很难实现这种排挤，想排挤也排挤不了。可见内因还是起决定作用的，毛病主要出在美国本身。

尼克松总统的国际经济政策委员会在1973年3月提出的年度报告里说，第二次世界大战结束以来，"我国的资本和技术的一个重要部分一直被使用于自由世界的防务"。问题就在这里。

关于美国对外贸易由长期顺差转化为逆差，还有必要指出以下几点：

第一，按照惯例，美国政府在统计历年出口贸易总额时，都把"特别种类"（Special Category）的出口包括在内。所谓"特别种类"出口，即不是普通的出口贸易，而是美国政府出于"安全考虑"决定进行的那一部分军火出口，但不包括"军事赠予"。这是美国出口贸易的一大特点。对于欧洲共同体和日本来说，这种出口或者完全没有，或者有也不多。因此，这是一笔不可比的账。如果减去这一部分，美国战后以来的历年出口贸易额就都要做相应削减。

第二，按照美国政府的统计方式，把"特别种类"出口包括在历年出口总额之内，战后以来、也是本世纪以来（说得远一点，是1889年以来）美国对外贸易发生逆差，是从1971年开始的。也就是说，对外贸易的首次逆差，与现在要叙述的美元危机史上的1971年5月危机和8月危机的相继爆发，在时间上相遇在一起了。对外贸易发生逆差是导致美元危机恶性发作的因素之一。这就是两者之间的关系。

第三，1971年的首次逆差，在战后美国对外贸易史上不是一个偶然性事件，而是阶段区分的标志。在此以前，是一个阶段，即顺差阶段，虽然顺差两起两落，总的走势是下降，但基本态势是顺差。在此以后，是逆差阶段。整个70年代，虽然有升降曲线，但美国对外贸易的基本形态是逆差。在美国对外贸易的这个逆差阶段，美元危机虽然时缓时急，但警报一直没有解除。这二者之间也不是彼此互不相干的，而是存在着因果关系。对外贸易连续逆差是导致美元危机持续发展的因素。

（五）

美国对外贸易地位恶化，如果没有对外投资的支撑、贴补和缓冲作用，它给美国带来的问题将更为严重。

美国的国际收入有两大支柱，一是对外贸易，即商品输出，二是对外投资，即资本输出。商品输出的盈余，资本输出的利润，是美国统治集团赖以从事对外侵略扩张，特别是在国外驻扎大批军队和进行对外征战的两大外部经费来源。

第二次世界大战结束以来，美国国际收入的这两大支柱呈现出一种跛足形态。对外贸易这根支柱逐步由盛而衰、到70年代初期终于倒塌下来，但对外投资这根支柱却一直保持强壮态势，傲然挺立。

在战后初期到70年代初期这段历史期间，美、欧、日经济实力对比诸因素中，对外投资一直是对美国有利的一个因素，是美国的一个强点。尼克松总统的国际经济政策委员会在1973年3月提出的年度报告中指出，到当时为止，外国在美国投资总额不及美国对外投资总额的一半。[①] 这就是说，美国垄断资本在国外占领的投资场地超过了它在国内让出的场地一倍以上。

战后以来美国对外投资的扩展的一个突出表现，就是美国垄断资本兴办的跨国公司或曰多国公司的发展。在这段历史时期里，西欧、日本垄断资本兴办的跨国公司也有了很大发展，但美国垄断资本在这个方面仍拥有明显的优势。尼克松总统的国际经济政策委员会的上述年度报告援引经济合作与发展组织的调查材料指出，本世纪70年代初期，全世界的"外国直接投资"总额中有60%掌握在美国人手中。[②] 所谓"直接投资"，就是将资本直接用于在国外兴办工商金融企业，并对所办企业拥有全部或相当部分的所有权和经营管理权，谋取利润，而不是将资本用于在国外收购种种债券，放债取息。有能力在国外进行这种"直接投资"的，主要是那些

[①] 参见《总统关于国际经济问题的报告》（英文版），1973年3月提交美国国会，第62、57、60页。

[②] 同上。

资金雄厚、经营规模庞大的垄断巨头——跨国公司。因此，从占有全世界"外国直接投资"60％这个事实即可看出美国垄断资本在跨国公司行列中所拥有的实力优势。

本世纪60年代，在美国与欧洲共同体之间除打了贸易战以外，还打过一场投资战。

实际上，投资战是贸易战的继续。美国垄断资本集团由于在贸易方面受到了欧洲共同体的限制和排挤，便使出了另外一手——增加投资，就地占领欧洲市场。经过较量，美国在贸易战的阵地上受挫，然而在投资战的战场上却取得了进展。本世纪60年代，美国在世界各地的投资有了不同程度的增长，在西欧的增长幅度最大，最为引人注目。1960年，美国在西欧的累计直接投资金额为67亿美元，占美国对外直接投资总额21％。1971年，美国在西欧的累计直接投资金额猛增到276亿美元，在美国对外直接投资总额中所占的比重跃居32.1％。[1] 由此可见，欧洲共同体一些成员国在投资领域里布下的防线被美国突破了。

随着在国外占据的投资场所的扩大，美国垄断资本集团从国外取得的投资利润急剧增长。1950年到1960年，美国从国外获取的投资利润累计203亿美元；1961年到1971年，它的国外投资利润累计金额达458亿美元[2]，后10年的利润等于前10年的225.6％。

对外投资除了通过增加利润因而相应增加了美国的国际收入以外，还对由盛而衰的美国对外贸易起了滋补剂的作用。

这是因为：

第一，本世纪50年代以来，美国的对外贸易有一部分是在总部设在美国的跨国公司及其设在国外的子公司之间进行的。这一部分贸易往来，通常是母公司对子公司的出口多于从子公司的进口。因此，尽管美国的对外贸易地位的总形态是由强到弱，由顺差转化为逆差，但由大力从事对外

---

[1] 参见《总统关于国际经济问题的报告》（英文版），1973年3月提交美国国会，第57—58、82页。

[2] 同上。

投资的跨国公司所进行的这一部分对外贸易却一直处于顺差的态势。①

第二，这些跨国公司的子公司的产品一般是在国外就地销售或出口，返销美国者为数甚微。② 它们在国外就地生产、销售的产品，均未列入美国出口贸易的统计之中。因此，美国垄断资本实际在国外占领的市场要大于美国政府的出口贸易统计所显示的规模。

尽管美国垄断资本的跨国公司立下了很大战功，但仍未能挽回颓势。就进出口贸易的总形态而言，从1971年起，美国已进入了逆差阶段。近一个世纪以来对外贸易作为美国国际收入的一大支柱现在已是倾倒了。这件事从一个重要领域反映了"金元帝国"由盛而衰的本质。

五　法宝丧失记之三

阴阳两虚元气亏损
国际收支持续逆差

（一）

上一节叙述了美国的对外贸易由顺差转化为逆差，现在进而讲美国的国际收支失掉平衡的问题。

美国政府计算国际收支的方法有其自己一套程序，比较复杂。这里讲这个问题将尽力采取简化的方式。

按照美国政府的计算方式，美国的国际收入主要有以下几个来源：

第一，"货物和服务出口"。其中包括除军事装备外的货物出口收入，交通运输业的对外营业收入，对外投资收入，外国游客到美国旅游的开支。这是美国国际收入的主要来源。

第二，"根据美国军事援助方案转让的货物和服务"所得的收入。

第三，"政府贷款的偿还"。

第四，"除流动资金外的外国资本"向美国的流入。这虽然是外国资

---

① 同上书，第58—59页。
② 同上。

本，但流进了美国，在美国的国际收支账上就算是一笔收入。

美国的国际支出主要有以下几条渠道：

第一，"货物和服务进口"。其中包括除军事装备外的货物进口支出，包括美国军事部门购买外国货物和服务以及美军人员及其家属在国外的开支在内的所谓"直接防务支出"，交通运输支出，美国游客在国外的开支，以及外国在美国投资所得的收入。

第二，"私人汇款和其他转让"，其中包括美国居民向国外的个人汇款，宗教、慈善、教育、科学等团体向国外的捐赠。

第三，对外国的"军事赠予"和"其他政府赠予"。

第四，"政府退休金和其他转让"，包括发给住在国外的美国人的退休金、补助金，等等。

第五，"私人资产交易"，包括因美国人在国外投资和外国在美国发行证券而流出的资金。

第六，政府向外国提供贷款和某些外币支付。[①]

上述六条出口渠道，就流出的金额而言，以第一条为最大。在美国政府的统计材料中，上述各项国际收入和支出两者相抵而产生的差额，称为"按流动资金计算的国际收支差额"。[②] 后来美国政府把统计方法略微做了点变动，这一笔账的名称也随之加了一个字，叫做"按净流动资金计算的国际收支差额"。[③] 两者之间的差别不大。

这可以说是第一笔账。

这一笔账，加上一笔私人资本项目（流入流出的差额）后，与美国官方储备额相对照，其计算结果，在美国政府的统计中称为"官方储备计算差额"，或称"官方结算差额"。它所代表的是美国官方储备资产与对外国官方的流动、非流动负债之间的差额，又称"国际收支的全面差额"。

这可以说是第二笔账。

现在来粗略地看看尼克松政府开列的这两笔账。

---

① 参见《美国统计摘要》（英文版），尼克松政府商务部1972年版，第764页。
② 同上。
③ 参见《美联社年鉴》（英文版），1973年，第569页。

尼克松总统属下的国际经济政策委员会1973年3月首次提出的年度报告讲到了当时美国在国际收支方面所面临的严峻局面。报告指出,第二次世界大战结束以来的大多数年月里,美国的国际收支都有不同程度的逆差。其中,1970、1971年,逆差特别严重,创造了战后以来国际收支逆差的"最高纪录"。①

先看第一笔账。

美国"按流动资金计算的国际收支差额",在第二次世界大战以前的一个时期呈顺差形态。战后初期有几年仍然是这样。但进入50年代以后,形势即发生了逆转。

根据商务部公布的材料,50年代以来美国"按流动资金计算的国际收支差额"的基本形态如下:

1950年:逆差34亿美元;

1955年:逆差12亿美元;

1960年:逆差37亿美元;

1965年:逆差13亿美元;

1967年:逆差35亿美元;

1968年:顺差1亿美元;

1969年:逆差69亿美元;

1970年:逆差47亿美元;

1971年(初步统计):逆差240亿美元。②

尼克松总统1973年1月提交美国国会的《总统关于经济问题的报告》讲到这一笔账时,把"按流动资金计算"改为"按净流动资金计算",并且按照这种计算方法展示出美国60年代到70年代初期有关这一笔账的基本表现形态。③ 这一计算方法的结果与前者基本相同,只是前者中1968年的顺差在后者中消失了,整个60年代都是逆差。

从上述第一笔账里似乎还看不出1970年美国国际收支逆差的严重性,

---

① 参见《总统关于国际经济问题的报告》(英文版),1973年3月提交美国国会,第18页。
② 参见《美国统计摘要》(英文版),尼克松政府商务部1972年版,第764页。
③ 参见《总统关于经济问题的报告》(英文版),1973年1月提交美国国会,第294页。

但第二笔账则显示了这一点。

据商务部的统计,美国国际收支的"官方储备计算差额",1970年逆差为98亿美元,1971年逆差为298亿美元。[①] 又据国际经济政策委员会1973年3月所做的陈述,美国1970年逆差达107亿美元,1971年达305亿美元。[②] 同一政府的两个机构所做的这两个计算结果的发布时间,商务部在前,国际经济政策委员会在后,看来后者较为可靠。

从尼克松政府开列的这两笔账里可以看出:

第一,作为一种基本形态,美国国际收支的顺差阶段在第二次世界大战结束后不久即已结束,50年代以来除个别年份外一直处于逆差状态。美国统治集团在国际收支方面长期处于入不敷出、年年亏空、寅吃卯粮、剜肉补疮的困境之中。

第二,美国国际收支逆差的恶化阶段开始于1961年,但到1970、1971年,恶化程度急剧上升。这时候,美国统治集团在国际上债台高筑,手头更加拮据,日子更加难过了。

这个国际收支逆差的恶化阶段也就是约翰逊政府执政晚期和尼克松政府第一任期,也就是美元危机恶性发作的时期。

（二）

美国国际收支长期处于逆差状态,有收入方面的问题。对外贸易地位削弱,逐步由顺差转化为逆差,即为直接原因之一。1971年既是本世纪美国对外贸易史上的逆差阶段正式开始的一年,又是美国国际收支史上的逆差幅度严重扩大的一年。这当然不是偶然的。尼克松总统及其国际经济政策委员会在上述1973年那个文件中反复强调的,正是这一点。美国国际收支逆差的恶化阶段的形成,与对外贸易由盛而衰的确有很大关系。这是客观历史事实。

然而这还只是事情的一个方面。它还不能完全说明美国国际收支的这

---

① 参见《美联社年鉴》（英文版）,1973年,第569页；《美国统计摘要》（英文版）,1972年,第764页。

② 参见《总统关于国际经济问题的报告》（英文版）,1973年3月提交美国国会,第18页。

一段历史。在美国的对外贸易还处于顺差状态的时候，它的国际收支早已进入逆差阶段了。对外贸易后来的逆差至少是不能说明国际收支早先发生的问题。

事情还有另一面，即美国的国际支出。而且这方面的问题更为突出。

只要粗略看一下前面所列美国国际支出的六条出口渠道，即可察觉，它们大都在不同程度上同美国统治集团的对外侵略扩张紧紧相关。其中第一条中的国外"直接防务支出"和第三条——对外国的"军事赠予"和"其他政府赠予"，与对外侵略扩张的关系尤为彰明较著。

所谓国外"直接防务支出"，简言之，就是美国统治集团派遣大批陆军、空军常驻拉丁美洲、欧洲、北部非洲、中东和东南亚、东北亚等地的国外支出，就是美国海军常驻大西洋、太平洋、地中海等海域的海外支出，就是美国统治集团打侵朝战争、侵略印度支那战争的国外支出。

这笔国外支出有多少呢？

尼克松总统1973年1月提交美国联邦国会的《总统关于经济问题的报告》开了一张账单。根据这张账单，第二次世界大战结束以来美国历年国际支出中的"直接防务支出"的金额如下：

1946年：4亿美元；
1947年：4亿美元；
1948年：7亿美元；
1949年：6亿美元；
1950年：5亿美元；
1951年：12亿美元；
1952年：20亿美元；
1953年：26亿美元；
1954年：26亿美元；
1955年：29亿美元；
1956年：29亿美元；
1957年：32亿美元；
1958年：34亿美元；
1959年：31亿美元；

1960 年：30 亿美元；
1961 年：29 亿美元；
1962 年：31 亿美元；
1963 年：29 亿美元；
1964 年：28 亿美元；
1965 年：29 亿美元；
1966 年：37 亿美元；
1967 年：43 亿美元；
1968 年：45 亿美元；
1969 年：48 亿美元；
1970 年：48 亿美元；
1971 年：48 亿美元。[①]

由此可见，第一，第二次世界大战结束后初期，美国在国外的"直接防务支出"较少。这是战后以来的最低水平。

第二，侵朝战争带来了美国国外"直接防务支出"的第一次上升。"直接防务支出"从1951年起即以一倍到几倍的幅度上升。朝鲜停战以后，美军继续留驻南朝鲜，美国统治集团还在国外大力拼凑军事集团，美军海外基地也在迅速增加。因此，50年代下半期到60年代上半期，美国国外"直接防务支出"继续保持高水平。1950年到1964年，美国在国外的这笔开支共计391亿美元，平均每年达26.06亿美元。这是第二次世界大战结束以来的第一次高峰。

第三，侵略印度支那战争的大规模升级带来了美国国外"直接防务支出"的第二次上升。这场战争的大规模升级始于1965年，因而这笔开支从1966年起便急剧增长。1965年到1971年，这一开支共计298亿美元，平均每年42.57亿美元。这是第二次世界大战结束以来的第二次高峰。

综上所述，可以看出，战后初期的和平时期——国外"直接防务支

[①] 参见《总统关于经济问题的报告》（英文版），1973年1月提交美国国会，第293页。

出"处于低水平时期，大体上就是国际收支的顺差阶段。

侵朝战争及停战以后时期——国外"直接防务支出"的第一次高峰时期，就是国际收支转入逆差和持续逆差阶段。

侵略印度支那战争大规模升级时期——国外"直接防务支出"的第二次高峰时期，就是国际收支逆差急剧恶化的阶段。

由此可见，美国国际收支发生逆差和逆差恶化，是与美国统治集团加紧对外侵略扩张步伐同步发生、同步发展的。

美国国际支出的第三项——对外国的"军事赠予"和"其他政府赠予"，即美国统治集团出于对外扩张和称霸世界的需要"赠予"它所拼凑的种种军事集团的成员国的一些军用飞机、兵舰、兵车、枪炮，等等。当然也不会是白白赠予。接受"赠予"的国家或地方当局也要为美国打仗，向美国提供军事基地，等等。

这一项开支，数目也不小。根据尼克松政府公布的材料，60年代和70年代初美国政府这两项对外"赠予"款额如下：

1960年：34亿美元；

1965年：34亿美元；

1970年：23亿美元；

1971年（初步统计）：27亿美元。①

由此可见，这两项"赠予"相加的结果，与美国在国外的"直接防务支出"的数额颇为接近。国际经济政策委员会在1973年3月提出的年度报告中曾指出："1967年以来，我国对外援助以及与军事相关的对外支出两项相加的净资金流出平均每年达70亿美元，而在这以前的10年，平均每年大约50亿美元。"② 这个报告没有明白指出美国国际收支转入逆差及逆差恶化是对外扩张和对外征战所致，但与此有关的事实，它还是有所涉及。

---

① 参见《美国统计摘要》（英文版），尼克松政府商务部1972年版，第764页。
② 《总统关于国际经济问题的报告》（英文版），1973年3月提交美国国会，第19页。

(三)

对外扩张和对外征战这个妖魔缠住了美国统治集团，弄得它元气大为亏损。

对外贸易垮下来了，国际收入锐减。长年累月的对外扩张和对外征战，国际支出猛增。进的少，出的多，引起亏空。国际收支年复一年地出现逆差，亏空越来越严重。这种症状就叫阴虚阳虚，阴阳两虚。

美元危机的恶性发作，就是在这种背景之下展开的。

美元危机史上的1971年5月危机爆发之后，除法国的蓬皮杜总统外，在美国国内，在其他国家，各界人士还曾就这次危机发表过不少符合实际、很有见地的言论。1971年5月11日，时任日本大藏相的福田赳夫在日本国会众议院的讲话很具有代表性，他一针见血地指出："当前的一切国际货币危机的根源是越南战争的继续进行。"福田说："美国在国际上的经济地位的继续削弱是这次麻烦背后的主要因素。""造成整个困难局面的原因，可以进一步追溯到美国本身的经济问题，归根结底，是由于它继续进行越南战争。"

这就说得很明白了。

法国《世界外交月刊》1971年7月的一期刊载的一篇题为《代价沉重的错误》的文章指出："印度支那战争的结果对美国在各方面都是灾难性的，在政治、军事、财政和外交方面都是这样。""主要的财政后果是美元地位的动摇。美国的国际收支之所以出现逆差，首先是因为在远离基地数千公里的地方进行的陆地、海上和空中的大规模军事行动所产生的消耗。"

这就说得很具体了。

由此可见，对外扩张和对外征战给美国招来了一个凶神——国际收支逆差。国际收支逆差及其恶化给美国招来了另一个凶神——美元危机疟疾般的发作。

现在可以看到，美国统治集团原来拥有的六件法宝中的另一件法宝，即美国国际收支大致平衡这一条，也已丧失殆尽。

然而事情并未到此完结。

六　法宝丧失记之四

诺克斯堡急剧收缩
"欧洲美元"恶性膨胀

（一）

"如今外面的架子虽没有倒，内囊却也尽上来了。"这句话是曹雪芹笔下冷子兴说荣国府的景况。其实，尼克松总统上台执政时的美国，其景况与荣国府很有点相似。

为了把问题说清楚，先从美国政府的黄金库——诺克斯堡的兴衰史说起。

如前所述，1934年到1949年，诺克斯堡经历了一个上升的过程，一个由小到大、从瘦到胖的过程，1949年达到了顶峰。美国当时达到了鼎盛时期，诺克斯堡的庞大成为这个鼎盛时期的一个重要标志。有人把美国当时在西方世界的霸主地位称为"诺克斯堡的统治"。美国腰缠万贯，的确有点像个"金元帝国"的样子。

可是好景不长。

1949年成为诺克斯堡兴衰史上的分水岭。从1950年起，诺克斯堡就掉转方向，转向了由大到小、从胖到瘦的过程。这个反方向发展的过程从杜鲁门政府后期开始，经过艾森豪威尔政府时期、肯尼迪政府时期、约翰逊政府时期的持续坠落，到尼克松政府执政初期达到危险点。美元危机史上的1971年5月危机和8月危机相继发作的时候，诺克斯堡黄金库已经从山峰之上跌到山脚之下了。诺克斯堡像一面镜子，准确地反映了"金元帝国"的兴衰。

1973年1月，尼克松总统向美国联邦国会提交了一份《总统关于经济问题的报告》。总统在这个文件里正式向联邦国会报告了诺克斯堡的衰落过程。

诺克斯堡的库存黄金量，是按当时规定的固定价格折成美元计算的。

根据尼克松总统提交的这个文件的记载，美国政府黄金储备的下降过程如下：

1949 年：245 亿美元；

1950 年：228 亿美元；

1951 年：228 亿美元；

1952 年：232 亿美元；

1953 年：220 亿美元；

1954 年：217 亿美元；

1955 年：217 亿美元；

1956 年：220 亿美元；

1957 年：228 亿美元；

1958 年：205 亿美元；

1959 年：195 亿美元；

1960 年：178 亿美元；

1961 年：169 亿美元；

1962 年：160 亿美元；

1963 年：155 亿美元；

1964 年：154 亿美元；

1965 年：138 亿美元；

1966 年：132 亿美元；

1967 年：120 亿美元；

1968 年：108 亿美元；

1969 年：118 亿美元；

1970 年：110 亿美元；

1971 年：102 亿美元。[①]

23 年间，美国政府的黄金储备呈现出略带曲线的持续下降形态，从 245 亿美元降到 102 亿美元，减少了将近 60%。在这个短暂的历史期间，大部分库存黄金从诺克斯堡不翼而飞了。

---

① 参见《总统关于经济问题的报告》（英文版），1973 年 1 月提交美国国会，第 299 页。

历史发生了倒退。70年代初期的诺克斯堡倒退到了30年代中期，向后倒退了30余年。

从1949年到1971年，诺克斯堡这23年的倒退史大致可分为两个阶段：

第一阶段，从1950年到1959年。与1949年比较，在这一阶段减少20.4％。也就是说，黄金库存缩减了50亿美元。从1950年开始下降起，10年间平均每年价值达5亿美元的黄金告别美国，投奔异乡。

第二阶段，从1960年到1971年。与1959年比较，在这一阶段减少47.69％。也就是说，黄金库存缩减了93亿美元。12年间平均每年价值达7.75亿美元的黄金离开美国，远走高飞了。

两个阶段，诺克斯堡都在走下坡路。但在第一阶段的10年，下坡路程图上呈现出了一定的曲线，在总的下坡线路上时而出现一小段倾斜向上的曲线。第二阶段的12年，诺克斯堡的下坡线路是垂直的，直到1969年才有一点变化，但1970年起又继续向下滑落。

诺克斯堡衰落史上的这两个阶段，在美国当代史上分别是什么时期呢？

第一阶段，1950年到1959年，前4年是美国政府派出大批军队、打着"联合国军"的旗号大举进行侵朝战争的时期，后6年是朝鲜停战以后的时期。侵朝战争揭开了诺克斯堡的衰落史的第一章。这场对外侵略战争一打响，诺克斯堡的黄金库存立即下降，反应十分灵敏。朝鲜停战以后，伤口并未愈合，仍在继续溃烂。由侵朝战争引发的诺克斯堡的衰落势头一经形成，即呈不可逆转之势，长期未能扭转。

第二阶段，1960年到1971年，除头一年外，为美国政府出兵侵略印度支那的时期。这场战争头3年逐步扩大，1965年起大规模升级，到1971年，战争的规模仍然不小。这场对外征战揭开了诺克斯堡的衰落史的第二章。这一段时期，诺克斯堡沿着自己的下坡路一个劲儿地向下滑。与第一阶段相比，诺克斯堡在第二阶段萎缩更快，直线下降。

尼克松总统上台执政之时，诺克斯堡的处境与它的全盛时期相比已经是一落千丈，面目全非了。"金元帝国"的黄金柱子已经倾颓了大半。总统怀抱凌云壮志，想干一番名垂千古的伟业，但目睹诺克斯堡的衰败景象，也只能喟然兴叹，无可奈何。

由此可见，诺克斯堡的衰落史，是同美国侵朝战争史、侵略印度支那战争史同时展开、同步发展的。诺克斯堡的衰落，主要是这两场对外侵略战争的恶果，是战争的产儿。这是诺克斯堡衰落史的一个重要特征。

那么，美国政府的这大批黄金储备究竟往何处去了呢？

尼克松总统的国际经济政策委员会对此做了交代。委员会在1973年3月提交总统转报美国国会的那份年度报告中开了一个账单。它以各年度的世界各国官方储备总额为100，列举了西方各国在其中所占的百分比。储备的内容包括黄金、特别提款权[①]、在国际货币基金组织中拥有的储备地位、外汇四项。

从1960年到1972年9月，这一笔账的发展、演变情况如下：

1960年：

美国：194亿美元，占世界储备总额32.2%；

欧洲共同体：203亿美元，占世界储备总额33.8%；

日本：19亿美元，占世界储备总额3.2%。

1965年：

美国：154亿美元，占世界储备总额21.7%；

欧洲共同体：273亿美元，占世界储备总额38.4%；

日本：22亿美元，占世界储备总额3.1%。

1972年9月：

美国：132亿美元，占世界储备总额8.8%；

欧洲共同体：573亿美元，占世界储备总额38.1%；

日本：165亿美元，占世界储备总额11%。[②]

美国的官方储备以黄金为主。欧洲共同体成员国和日本的官方储备除

[①] 《总统关于国际经济问题的报告》（英文版），1973年3月提交美国国会，第20页。"特别提款权"是国际货币基金组织于1969年建立的一种记账单位，是该组织定期按一定比例分配给会员国向它提款的一种权利，可与黄金、美元等一起作为成员国的官方储备。在此以前，各国官方储备的相当一部分是美国通过国际收支逆差而流出的美元提供的。许多国家觉得自己因此而吃了亏，纷纷表示不满。于是才有"特别提款权"的产生。

[②] 参见《总统关于国际经济问题的报告》（英文版），1973年3月提交美国国会，第20页。

黄金外，还包括了不少外汇，尤其是美元。这是一个区别。

从这一段西方各发达国家的官方储备演变史可以看出这样几点：

第一，欧洲共同体作为一群国家的联合体甫经组成，在官方储备的实力上就消除了原有的劣势，而与美国处于并驾齐驱的地位。

第二，经过仅仅13年的演变，欧洲共同体在官方储备的实力方面已对美国处于绝对优势地位，原有实力不及美国1/10的日本也已超过了美国。在这三方中，美国是唯一的落伍者，而且落后得厉害。

第三，这13年以1965年为界，分为前5年和后8年这样两个阶段。美、欧、日三方在官方储备实力上进行了两段角逐。第一段角逐，美国明显负于欧洲共同体，差距已被拉开，但仍保持了对日本的优势。第二段角逐，13年前与欧洲共同体钱袋大小相等的美国剩下的储备不到共同体1/4，对日本也转化为劣势。

可见，三方官方储备实力的对比关系变化最强烈的是后8年。这后8年就是美国统治集团大打侵略印度支那战争的时期。

告别美国的那一大批黄金主要是跑到欧洲共同体和日本的金库里去了。美国因对外战争消耗而变瘦，欧洲共同体和日本则因在和平环境下安居乐业并不断捡美国的洋捞而变壮。所谓"捡洋捞"，包括开门接受美国送来的大量美元，以及反过来用这些美元登门向美国政府索兑黄金。

尼克松总统及其国际经济政策委员会在1973年的那个文件里为此事反复抱怨欧洲共同体和日本，说它们乘人之危，占了美国的便宜。这是不对的。美国统治集团被对外扩张和对外征战这个妖魔迷住了，自我消耗，自我削弱，是自作自受。这样说才是公正的。

这样一来，"金元帝国"的门面就难以支撑得住了，它的"内囊"就要"尽上来了"。

现在可以看到，"布雷顿森林体系"赖以维持的六根支柱中的另一根又垮了下来，美国统治集团的另一个法宝又已丧失。

拥有充足的黄金库存这一条，在美国已不存在了。美国的对外经济实力进一步削弱了。

(二)

现在再看一下在西方外汇市场上到处兴风作浪、肆虐逞凶的"欧洲美元"的膨胀史。因为只讲诺克斯堡衰落史是远远不够的,也不能全面说明问题。只有把诺克斯堡收缩史与"欧洲美元"膨胀史并列在一起,才能较为全面地看出问题的严重性。

对于"欧洲美元",国际金融界有着不同的解释。一种解释把它的范围划得比较小一些,指的是由美国国境以外的个人和企业(包括住在国外的美国人和美国跨国公司的海外子公司)所拥有、存入西欧各国的商业银行、由这些商业银行贷给客户使用的那一部分美国货币。另一种解释把它的范围划得宽一些,即把各国中央银行存入西欧各国的商业银行的那一部分美元也包括在内(各国中央银行储存美元的另一种方式是用它购买美国政府发行的债券)。西欧国家的商业银行(包括美国各大商业银行在西欧开设的分支机构)对这一部分存贷业务的经营,被称为"欧洲美元市场"。它1957年首先出现于伦敦,并扩展到西欧各大城市,是不受或基本上不受各国中央银行直接控制的一种货币经营活动。

在诺克斯堡衰落史的第二阶段,即60年代到70年代初期,流出美国国境、流落在西欧各地的所谓"欧洲美元"急剧增长。由于对"欧洲美元"含义的解释不同,一些有关的统计材料也不尽相同。但不同的统计都显示出"欧洲美元"膨胀史的基本形态和基本走势。

一种是尼克松政府公布的材料。以此为据,"欧洲美元"的演变过程如下:

1960年:约40亿美元;

1964年:约80亿美元;

1965年:约100亿美元;

1966年:约150亿美元;

1967年:约180亿美元;

1968年:约250亿美元;

1969年:约380亿美元;

1970年:约470亿美元;

1971 年 4 月：约 500 亿美元。①

国际清算银行是以美国资本为主开设的一家国际性银行。它做出了与尼克松政府不同的统计。具体膨胀状况如下：

1968 年：268 亿美元；

1969 年：462 亿美元；

1970 年：587 亿美元；

1971 年：707 亿美元。②

这是根据 8 个西欧国家银行报告的数字所做的统计，包括各银行间互相转存的数字在内。

由此可见，"欧洲美元"这个怪物诞生于本世纪 50 年代下半期，壮大于 60 年代上半期，急剧膨胀于 60 年代下半期和 70 年代初期。

"欧洲美元"来自何处？

归根结底，它是来自美国，来自美国的国际收支逆差。侵略印度支那战争的大规模升级使美国政府的国际支出大量增加，引起美国国际收支急剧恶化。在此以前，美国国际收支多年逆差的累计数字已经很大。加上 60 年代下半期到 70 年代初期急剧增长的国际收支逆差，使矛盾顿时尖锐起来。

一个国家的国际收支发生逆差，有了亏空，要用黄金、外汇填补，不能用本国货币支付。美国则不然。如果要美国用自己的黄金、外汇储备填补国际收支亏空，那么，它在近数十年来的一系列对外扩张和对外征战就根本不可能进行。它没有这个本钱。实际上，战后以来，美国利用"布雷顿森林体系"，利用美元与黄金相等同的特权地位，一直在用本国货币——美元填补这笔亏空。随着侵略印度支那战争的大规模升级，美国的国际收支亏空迅速扩大，美国用以填补亏空而支出的美元也急速增加。这些流出美国国境的美元为西欧各国银行较高的利率所吸引，竞相涌向西欧。这就是这个时期"欧洲美元"高速膨胀的基本原因。

---

① 参见《新闻周刊》1971 年 5 月 10 日，第 51 页。
② 参见《世界经济统计简编》，生活·读书·新知三联书店 1978 年版，第 316 页。

由此可见，从根本上说来，"欧洲美元"的诞生、壮大和高速膨胀，是美国统治集团对外扩张和对外征战，特别是大打侵略印度支那战争的直接结果，是战争的产儿。

"欧洲美元市场"之所以出现，"欧洲美元"作为一种外汇之所以能在西欧立足，当然是因为西欧工商金融界为开展对外业务对它有所需求。但这种需求有一定限度。60年代下半期和70年代初期，急速膨胀的"欧洲美元"充斥于西欧金融市场，达到超饱和状态，超过了西欧社会在借贷和开支方面对美元的实际需求量。昔日的"美元荒"如今变为"美元灾"。所以"欧洲美元"得了一个新名称，叫"过剩美元"。同西欧本地的货币一样，美元在西欧一旦过剩，超过了需求量，它的币值就难以保持，它对其他一些西欧国家货币的比价就要下降，抛售美元的风潮就要兴起。美元在西欧外汇市场上就要兴妖作怪，搞得人们不得安宁。

美元危机的恶性发作，还有更为严重的因素在背后起作用。

"布雷顿森林体系"为美国提供了防空洞，使它有可能直接用美元填补国际收支的亏空。

但是，既然"布雷顿森林体系"还存在，还在发挥作用，别的国家也有权用自己手中的美元按固定比价向美国索兑黄金。随着国外美元的膨胀和美元的国际地位日趋虚弱，外国政府用美元向美国索兑黄金的压力也逐渐增大。这就是美国政府黄金库存锐减、诺克斯堡日趋衰败的直接原因。

诺克斯堡衰落史与美国国际收支逆差史是同步发生，同步发展的。美国国际收支逆差必然导致它的黄金库存下降。这是不可避免的。

诺克斯堡的衰落与"欧洲美元"的膨胀，给美国统治集团造成很严重的局势。昔日在布雷顿森林会议上，美国代表拍过胸脯，保证其他国家可以按固定比价用美元向美国政府索兑黄金。现在，既然诺克斯堡已日益衰落，流出国外的美元又堆积如山，美国还有什么本钱使"布雷顿森林体系"得以继续保持下去呢？只要把诺克斯堡衰落史第二阶段（1960—1971年）的状况与同一时期"欧洲美元"的膨胀相并列，事情就像小葱拌豆腐，一清二楚了。

下面就是这二者并肩而立的形态（其中的"欧洲美元"采用了范围较窄、数额较小的那种统计）：

年份	美国政府黄金库存（亿美元）	欧洲美元（亿美元）
1960	178	约 40
1964	154	约 80
1965	138	约 100
1966	132	约 150
1967	120	约 180
1968	108	约 250
1969	118	约 380
1970	110	约 470
1971	102	约 500（4月份）

12 年间，诺克斯堡黄金库一直由大变小，"欧洲美元"则由小变大。1966 年成为转折的一年。在这一年以前，诺克斯堡黄金库虽然不断减少，但仍大于"欧洲美元"。从这一年起，事情就颠倒了过来，"欧洲美元"超过了诺克斯堡黄金库。此后，二者之间的差距迅速扩大。到美元危机史上的 1971 年 5 月危机爆发前夕，诺克斯堡的黄金库存缩小到只有"欧洲美元"的 20.4%。也就是说，诺克斯堡库存黄金数缩到只有"欧洲美元"1/5 那么一点点了。

这一个收缩、一个膨胀的相互转化，意味着什么呢？

它向全世界显示，从 1966 年起，即使美国把诺克斯堡的底子通通挖空，也不足以应付"欧洲美元"兑换黄金的需要。到 1971 年 4 月，美国即使把诺克斯堡挖空，也只够兑换"欧洲美元"的 1/5。

这里只不过采用了一种简单化的对比方式。实际上，美国政府的黄金库存不足以应付外国用美元向它兑换黄金的需要并不是始于 1966 年，而是始于 1960 年（美元危机史上的第一次危机就是在那一年发作的）。这是因为：

第一，上面列举的历年"欧洲美元"数小于它的实际数量。

第二,"欧洲美元"并不等于流落美国国境以外的全部美元,后者的数量更大。

(三)

一个国家的国际收支发生逆差,其逆差部分就是对外负债。美国政府虽然用美元填补了这笔亏空,但它不能对流出国外的这一部分美元置之不理。它必须或者用库存黄金兑回这些美元,或者用货物或服务收回这些美元,二者必居其一。在这些美元没有回笼以前,它们仍然代表美国的对外负债。当然,美国还可以采取出售股票、债券的形式收回美元,但这种方式只有在美国经济处于较良好的运转状态、股票和债券的利息有保证的条件下才有可能使用,而且即使这样做了,也只是推迟了还债期限,并未改变负债的性质。

美国由于国际收支逆差而引起的对外负债究竟有多少?

尼克松总统的国际经济政策委员会在1973年3月提出的那份年度报告中说,这种负债1950年只有80亿美元左右,1972年10月已累计达到776亿美元。[1] 经过这23年的亏空,可以说美国统治集团在国际上已经是债台高筑了。

那么,到1972年10月,美国的官方储备还有多少呢?

这个委员会在上述报告中说,黄金、特别提款权、在国际货币基金组织中拥有的储备地位和外汇全部算上,也只有133亿美元。[2] 这就是说,美国的还债能力小得可怜,差得远着呢。

由此可见,在尼克松总统的第一任期,美国这个"金元帝国"和《红楼梦》中所描绘的那个荣国府是差不多了。

没有能力偿还债务,美国统治集团就想办法赖账。

60年代到70年代初期,在用库存黄金收回国外美元和保持美元对黄金的固定比价的问题上,美国统治集团连续赖过三次账。

第一个出面赖账的人是约翰·肯尼迪总统。

---

[1] 《总统关于国际经济问题的报告》(英文版),1973年3月提交美国国会,第19页。
[2] 《总统关于国际经济问题的报告》(英文版),1973年3月提交美国国会,第19页。

1960年10月，美元疾病史上的第一次危机发作，冲击了"布雷顿森林体系"和美元在国际货币金融领域的霸主地位。美国已经无力独自履行保持美元对黄金的固定比价的义务，全世界都看出了这一点。在肯尼迪政府出面活动之后，1961年12月，由美国出资一半、英国和法国等西欧七国出资另一半拼凑的"黄金总库"诞生了。此后，在国际上出现抛售美元、抢购黄金的风潮时，即由这个"黄金总库"委托英格兰银行出面抵挡。这就是说，美国把自己身上这笔账赖掉了一半。

第二个出面赖债的人是林登·约翰逊总统。

1968年3月，美元疾病史上的第二次危机发作。"黄金总库"抵挡不住这股风潮，被冲垮了。美国又无力独自在国外的主要金融市场——伦敦市场上用抛售黄金、收回美元来维持美元与黄金的固定比价。约翰逊政府于是对美国昔日在布雷顿森林会议上承担下来的义务又赖了一次账，即决定把原来的一个市场、一种金价改为两个市场、两种金价。一个叫官方市场，各国中央银行仍用美元对黄金的固定比价买卖黄金，仍可拿着美元按固定比价向美国政府索兑黄金。另一个叫自由市场，美国在这里不再履行通过抛售黄金、收回美元来维持美元对黄金的固定比价的责任了，对黄金价格撒手不管了，无论金价是涨到高山之巅或九霄云外，美国概不负责，对在这种市场上不断冲击黄金价格、汹涌而至的"欧洲美元"弃之不顾，不予理睬，不再回收了。这一笔账，美国赖掉了。

约翰逊政府赖账以后，问题并没有解决。各国中央银行不是仍然有权拿着美元上门，要美国政府按早先规定的固定比价兑换黄金吗？

尼克松政府只有摆出和颜悦色与严词厉色这样两副面孔，要各有关国家的中央银行不要登门逼债，不要拿美元来索兑黄金。即使索兑，也要手下留情，不要逼得美国走投无路。

这就是说，"欧洲美元"的持有者，首先是各国中央银行要把自己手头的美元向美国政府兑换成黄金，实际上已经不可能了。美国政府已经没有能力履行自己昔日在布雷顿森林会议上承担的义务，没有足够的黄金来兑回这些"欧洲美元"。按照美国报刊的说法，"欧洲美元"成了"无家可归"的弃儿了。这就是蓬皮杜总统所说的那个意思："美元实际上已不再是可以兑换的货币"，"美元的可兑换性实际上只是一种假象"。

昔日美元吃香，是因为由各国中央银行出面找美国政府财政部，这些美国钞票可以按固定比价兑成黄金。现在此路不通了。

"欧洲美元"的持有者们眼看着诺克斯堡的急剧衰落，眼看着"美元的可兑换性"的丧失，感到美元靠不住，因而竞相抛售美元，用美元挤兑西德马克、瑞士法郎等货币，或者用美元抢购黄金，形成了美元危机。

现在可以得出以下的等式：

国际收入减少，国际支出猛增＝国际收支逆差扩大；

国际收支逆差扩大，用大量美元填补亏空＝国外美元膨胀；

国外美元膨胀，用美元向美国索兑黄金者增多＝美国政府黄金库存锐减；

美国政府黄金库存锐减，美元的可兑换性丧失＝美元危机。

至此，美国统治集团的六大法宝，其中四个都已失灵。

(原载《尼克松在白宫——祸起萧墙》，世界知识出版社1991年10月版，第239—312页)

美国民主制研究中的立场、观点、方法

一 关于立场

我们研究美国的民主制有一个立足点问题。当前首先要解决的就是这个问题。马克思、恩格斯研究资本主义,包括研究资产阶级的政治统治,是从无产阶级的立场出发的,是为了唤醒无产者群众推翻资本主义制度。列宁研究资本主义的最高阶段——帝国主义,包括研究帝国主义的国家机器,是从无产阶级的立场出发的,是为了组织革命大军向帝国主义制度冲锋。马列主义的创始人从事理论工作所具有的这种鲜明的无产阶级立场,为我们树立了光辉的榜样。

近些年我国理论界就美国民主制发生过多次争论,发表过不少正确的见解,另外有一些论著观点欠准确,也有一些则是从非无产阶级的立场出发的。

新中国成立42年来,美国资产阶级在意识形态领域对中国共产党的领导和我国的社会主义制度一直在放肆攻击。70年代初期以后,中美两国的国家关系发生了变化,但从总体上来看,美国资产阶级在意识形态领域对中国共产党及其所领导的社会主义事业所持的敌对态度依然如故,可以说他们一直是旗帜鲜明、立场坚定的,并未因我国近些年来发表了不少吹捧美国资产阶级的文章、作品而有所改变。我们研究美国资产阶级的政治统治也应当有自己的立场,即马克思主义的立场,无产阶级的革命立场。我们也应当旗帜鲜明,不能模棱两可。与自然科学不同,社会科学不能搞"模糊理论"。这就算是向美国资产阶级学习的一点心得吧。但这并不是说要以其人之道,还治其人之身。美国资产阶级是专找我国的岔子

（至少99％是找岔子），专找中国共产党和中国社会主义事业的缺点、失误，攻其一点，不及其余。我们对美国（包括其政治制度）不能这么做，必须把握其总体，采取分析态度。

社会主义与资本帝国主义两种社会制度体系相互联系，又相互对立，其中包括两种意识形态之间的联系和对立。它们之间的斗争时缓时激，从未止息，近几年来达到了十分激烈的程度。一系列社会主义国家发生剧变的活生生的事实呈现在我们面前。它证明两种社会制度之间的矛盾可以调和的论点已经彻底破产。对于这两种社会制度体系之间的对立和斗争，尤其是国际敌对势力在意识形态领域发动的进攻，我们必须保持清醒的头脑，不能麻痹大意，不能自我解除武装。国家之间可以和平共处，但在意识形态领域不能和平共处。不是我们不愿意，而是国际敌对势力不同意，不容许。

我们是以辩证唯物主义和历史唯物主义为指导研究美国民主制的，对它并不采取全盘否定的态度。我国现在是处在社会主义现代化建设时期。为了把社会主义的两个文明建设好，我们有必要向世界上所有国家，包括向美国学习，取彼之长，补我之短。我们要加强社会主义民主政治建设，也有必要研究美国资产阶级民主制，在划清社会主义民主与资产阶级民主的原则界限的前提之下，批判吸收资产阶级民主形式中一些有益的成分，以利于完善我们的人民民主制度。要做到这一点，首要条件是要有马克思主义的立场。

包括美国在内的西方国家从社会主义制度体系吸收了不少它们可以接受的东西，借以巩固资产阶级的政治统治和经济统治。我们从美国和其他西方国家吸收、借鉴一些合理、有益的东西，用以巩固我国的人民民主专政，发展我们的社会主义经济和文化。由此可见，在这个互相学习、吸收的问题上，彼此的立场也是泾渭分明的。

目前正是世界社会主义制度体系遭受暂时然而严重挫折的时期。一些共产党人蜕化为社会民主党人和迷信资产阶级民主制，是导致这种严重挫折的重要原因之一。坚持马克思主义的国家学说，如实揭示资产阶级民主制的本质，成为无产阶级理论工作者的严肃的战斗任务之一。无产阶级的理论工作具有科学性、革命性和战斗性的传统。这三者是统一的，它们统一于辩证唯物主义和历史唯物主义之中。马克思主义的立场、观点、方法的统一，也是这样。

二　关于观点

我们研究美国民主制必须从美国的客观实际出发，从美国的基本国情出发。从最近这些年的情况来看，我们的研究有以下几点需要注意。

第一，民主作为一种国家形态，属于社会的上层建筑；作为一种思想、观念，属于社会的意识形态。一定社会的上层建筑和意识形态由这个社会的经济基础所决定，又反作用于经济基础。所谓经济基础，指的是这个社会里占统治地位的生产关系，首先是在生产关系中处于决定性地位的生产资料所有制。美国的生产资料所有制存在着多种形式，然而，其中主要的、对其社会性质起决定作用的一种，在本世纪以前为资本主义所有制，本世纪以来为垄断资本主义所有制。这是美国的基本国情之一。

美国资产阶级人士从不讳言他们实行的是资本主义制度，从来不讲美国产生了什么"社会主义因素"，充其量不过是宣扬他们实行的是所谓"人民资本主义"而已。我国有人力图将"社会主义因素"的桂冠戴在他们头上，他们并不乐意接受。尽管有几位美国学者从维护资本主义制度的立场出发，曾经宣扬过所谓社会主义与资本主义"趋同论"，现在美国资产阶级所竭力宣扬的则是社会主义和共产主义的"死亡"和资本主义的"胜利"，而不是什么社会主义和资本主义的"趋同"。事实上，美国资产阶级对社会主义是绝对排斥的。本世纪30年代，华尔街有些人对罗斯福"新政"产生过误解，以为那就是"社会主义"，曾经予以反对，演过一场"三岔口"。后来，类似的场面仍时有发生。近些年来在这个关系到美国社会性质的根本问题上我们国内出现的种种离奇观点，都是与客观事实不符的。

既然美国社会的经济基础是资本主义和垄断资本主义，作为这个社会的上层建筑的民主制就不可能是什么别的东西，只能是资产阶级的民主制。资产阶级运用经济、政治、法律、舆论宣传等手段，表面赋予、实际剥夺了无产阶级和其他人民群众的民主权利，保证了这种民主制的资产阶级实质。同样，美国资产阶级所竭力鼓吹、到处推销的所谓民主、政治多元化、多党制，等等，也不可能是什么别的东西，只能是一种资产阶级的意识形态，是他们用以向科学社会主义进攻的一种思想武器。撇开其阶级内容，就说美国民主制的具体形式。这种民主制的某些具体形式和做法有合理的因素，应予肯定。但形式毕竟是由内容决定的。美国的民主制既然是一种资产阶级的政治制度，它的形式便不能不具有浓厚的资产阶级色彩，不能不反映这种社会制度的资产阶级实质。这一点非常明显，只要身临其境，是一眼即可看出的。如果我们为美国资产阶级的民主制及其民主观涂上种种超阶级的色彩，那就是自欺欺人。

第二，与其经济基础相适应，美国在政治上处于统治地位的阶级，本世纪以前是资产阶级，本世纪以来是垄断资产阶级。这是它的国体。美国资产阶级采取驴象相争、轮流坐庄和三权分立的形式组织自己的政权，用以实施其政治统治。在这种制度之下，无产阶级和其他人民群众只能处于被统治的地位，不可能有别的命运。这是它的政体。这是美国的基本国情之二。

在美国，以驴象两党轮流坐庄和三权分立为特征的资产阶级民主制，就是资产阶级和垄断资产阶级对无产阶级和其他人民群众的专政制。它是一种用种种外衣装饰着的、十分凶残的血腥专政。美国建国以来的历史就是一部资产阶级血腥专政史。资产阶级对印第安人的大屠杀，对黑人群众的凶狠摧残，对无产阶级和其他人民群众的残酷镇压，就是这部专政史的突出特征。

国家是人类进入阶级社会后阶级矛盾不可调和的产物，是阶级压迫的工具和阶级统治的机关。古今中外，概莫能外。美国也只能是这样，不可能是什么别的东西。我国近些年来出现的与此相反的种种说法都是与客观事实相背离的。

第三，美国实行联邦制。它的整台国家机器由联邦、州、市县三级政权、三级武装部队（联邦正规军，州国民警卫队，市县警察部队）、三级法律、三级法院、三级监狱组成。对无产阶级和其他人民群众斗争的镇压，视斗争规模的大小分别由这三级政权机器实行。这是美国的基本国情之三。

美国资产阶级的通常做法是：规模最大的人民斗争由联邦政权（总统制政府、国会、法院）及其正规军出面镇压。南北战争结束以来，这类镇压平均7年左右一次，应当说是相当频繁的。人民斗争规模虽大，但州政权（州政府，州议会，州法院）及其国民警卫队有能力扑灭的，由各州政权及其国民警卫队出面镇压。南北战争结束以来，这类镇压数以千计，平均每年10次以上。这就更加频繁了。人民群众的日常斗争则由各市、县政权及其警察部队出面镇压。这类镇压年年有，月月有，天天有，不可胜计。我们考察美国国家机器的阶级性质和基本职能，必须考察这个联邦制国家整个政权系列分工实行的镇压行动的整体与总和。与此同时，美国无产阶级和其他人民群众的斗争有高潮和低潮，来潮和退潮；与此相适应，资产阶级的国家机器对人民斗争的镇压也有频繁和稀疏，集中与缓解。然而只要资本主义制度存在，这种斗争与镇压、再斗争再镇压的过程就不会结束，必将持续下去。我们的考察也应当注意及此，把握其总体和全局。如果我们在谈美国国家机器的基本职能时只限于谈联邦政府对人民斗争的镇压（即使对这个方面也予以缩小、掩饰），把各州和市县政权所从事的大量镇压置之不顾，或者着重谈人民斗争处于低潮、政府镇压趋于缓解的时期，把人民斗争处于高潮、政府镇压十分频繁的时期弃之不顾，由此引出的结论当然不可能是正确的，不可能是符合实际的。

第四，反对共产主义运动及其思想体系，是资产阶级的阶级本性；美国资产阶级在反共方面表现特别突出，特别露骨。这是美国的基本国情之四。

南北战争结束以迄如今，美国资产阶级在国内从事的一系列活动都具有露骨反共的特征；本世纪初期以来，这个阶级的一系列国际活动也具有这种特征。有时为了反对威胁最大的对手，它可以与共产主义势力握手言和；当这种威胁解除时，它就会立即翻脸。这种事情在国内国际事务上已经一再发生过了。从总体上来看，南北战争结束126年以来的美国资产阶级民主政治史，就是一部反共史。在国内对无产者和其他人民群众实行血腥专政的美国资产阶级一贯伪装"民主"旗手。他们之所以高举"民主"旗号，就是为了向所谓的共产党"极权专政"进攻。所谓"民主"，就是反共的代名词；所谓"政治多元化"、"多党制"，就是要推翻共产党在社会主义国家的执政地位。我们应当揭示美国资产阶级民主的这种反共实质，如实说明它的本来面貌。如果我们掩盖美国资产阶级民主的这种反共实质，把实行这种民主制的美国描绘成人间伊甸园，就只能麻痹我们的人民，对我国的社会主义事业显然是有害的。

第五，美国资产阶级具有暴发户的特点。损人利己，言行不一，满口仁义道德，实际作恶多端，是资产阶级的阶级特征。美国资产阶级及其驴象两党在这个方面表现特别突出，只要看一下驴象两党的竞选活动便可一目了然。驴象两党及其政客措辞华丽的有关民主的言论、文件车载斗量，基本上等于废纸一堆。这可以说是美国的基本国情之五。

我们研究美国民主制，首先必须了解、熟悉这个资产阶级，注意资产阶级的这种特征。

我们当然要阅读资产阶级思想家的著作、政府和驴象两党的文件，以及资产阶级政客的种种言论，但只能把这些东西作为参考材料。要听其言而观其行。人们的社会实践及其效果是检验其言论真伪的标准，对美国资产阶级尤其是如此。他们在民主旗号下实际上在干些什么，这些行动的实际结果是什么，这些行动和他们的言论是符合还是背离，这些才应当是我们注意的重点和立论的主要依据。如果主要以资产阶级人士的著作、文件、言论为据，是要步入歧途的，不可能得出正确的结论。

三　关于方法

只说一点，即阶级分析。这是最近这些年来在我国社会科学研究领域遭到非议、贬损、责难、攻击最多和最集中的一种研究方法。实际上，对人类阶级社会的研究如果取消了阶级分析，也就是从根本上取消了历史唯物主义，一般就谈不上真正具有科学价值的社会科学研究成果。

美国资产阶级学术界已经问世的关于美国民主制和美国政治的著作数以千计，如汗牛充栋。不能说这些著作毫无可取之处，其中记载的一些资料是有参考价值的。然而它们之中真正可以称得上科学著作的，却很难找出一本。其原因不在别处，正是由于他们拒绝历史唯物主义，特别是拒绝科学的阶级分析方法。他们之中有些人也讲阶级，实际上使用的是一种掩饰阶级剥削的概念。这与他们的世界观和阶级立场自然是有关的。如果我们在这个课题的研究上步美国资产阶级学者的后尘，差不多肯定是要失败的。

美国是主要由一个势力很强的资产阶级和一个队伍庞大的无产阶级这样两个互相联系又互相对立的阶级所组成的社会。这个社会里充满着阶级矛盾和阶级斗争。资产阶级正是运用以驴象相争、轮流坐庄、三权分立为特征的政治统治来处理资产者与无产者之间的矛盾冲突，处理资产阶级的内部事务的。这个政权对无产阶级和其他人民群众的斗争使出镇压的一手，是为了维护资产阶级的经济统治和政治统治；它在政治上采取一些改良措施，在不违反资产阶级根本利益的前提下对无产阶级和其他人民群众做出若干妥协和让步，也是为了维护这种统治。这个政权对资产者内部种种利害冲突的处理、调节，目的也是这样。

美国资产阶级政治舞台上花样不断翻新，情况错综复杂。资产阶级为其政治统治披上了种种色彩迷人的外衣。无产阶级的理论工作者必须运用马克思主义创始人给我们留下的阶级分析这个武器。只有这样，我们才有可能拨开层层迷雾，既从美国资产阶级的民主形式中剖析出若干合理、有益的成分，又如实揭示出这种民主制的阶级本质。

国际敌对势力挥舞"民主"旗号对我国进攻，我们当然不能忽视和置之不理。然而我们主要还是要办好自己的事情。第一，是要揭示资产阶级民主的本质，批判资产阶级自由化势力在这个问题上散布的种种荒唐言论，提高我国人民的认识和鉴别能力。这是我们战胜国际敌对势力的"民主攻势"的精神力量。第二，是要加强我国在共产党领导之下的民主政治建设，完善社会主义民主制度，使广大人民群众具体感受到这种制度的优越性，以进一步巩固我国的人民民主专政。这是我们战胜国际敌对势力"民主攻势"的物质力量。这两者是互为因果的，而后者又是主要的，起决定作用的。

（原载《世界历史》1991年第6期，第116—120页）

忽闻海上有仙山　山在虚无缥缈间

——垄断资本不再垄断了吗？

裘真同志：

我们现在就要开始讨论美国最近几年发生的这一场经济危机的性质。就是说，这场危机是仅仅属于一般性的资本主义危机呢，还是国家垄断资本主义陷入了危机？这就要涉及国家垄断资本主义问题，主要是国家垄断资本主义危机的问题。因此，为了弄清楚这场经济危机的性质，我们必须从国家垄断资本主义问题入手，这是回避不开的。

国家垄断资本主义的基础，是金融寡头统治之下的垄断资本主义。因此，为了讨论国家垄断资本主义问题，我们就必须从垄断资本主义问题入手，同样也回避不开。

为了探讨垄断资本主义，需要回答以下几个问题。它们是：

（1）有一位曾经在我国身居高位（当过省委书记）、1989年我国政府平息动乱后逃亡美国的人士1988年曾发表文章，说一些资本主义国家已经"制订并执行了反垄断法"，中小企业大量存在，那里的资本主义经济在很大程度上已经不是"垄断经济"了。

美国是早就制订了反垄断法的最大的资本主义国家，还能说美国是垄断资本主义吗？

（2）把美国资产阶级称为垄断资产阶级，有什么根据？

（3）美国金融业现在已经发生了许多新的情况，还能说美国的金融资本是"金融寡头"吗？

（4）现在美国的股票持有者数以千万计，说它是"人民资本主义"和"资本民主化"，难道有什么不对吗？

（5）在国家垄断资本主义制度之下，生产社会化与生产资料资本主义占有制之间的矛盾在美国是否仍然存在？它是否仍然是资本主义制度的基本矛盾？

我以为，弄清楚这几个问题，对我们了解当前资本主义制度的本质以及最近这几年发生的这场经济危机的性质，非常重要。

下面就说说我对这几个问题的初步看法，供你参考。

一

美国早就通过了反托拉斯法（即反垄断法），这是事实。中小企业在美国大量存在，这也是事实。那么，还能说它是垄断资本主义吗？这就是我们现在需要首先探讨的问题。

上述那位人士曾断言：现代资本主义在很大程度上已经不是垄断资本主义了；现代资本主义生产在很大程度上也已经不是无政府状态了；资本主义企业内部的阶级关系也模糊了；劳资关系发生了变化，已经不是"始终尖锐对立"，工人阶级也已经不再是"不断贫困化"了，等等。他说来说去，无非是要宣传一种观点，即现代资本主义的本质已经在相当程度上发生了变化，已经不是马克思所批判的那种资本主义了，已经不是列宁所批判的那种垄断资本主义了，资本主义制度已经从严重阻碍生产力发展变得"有利于生产力发展"、"能适应并促进其生产力的发展"了；换句话说，就是变得更有生命力了，可以长生不老，永世长存了；甚至它连对外政策也变了，变得追求缓和世界紧张局势了；也就是说，它已经变得不再对外侵略扩张了。总之，现代资本主义已经不是马克思所说的那种"极其残酷"的资本主义了；它也已经不是列宁所说的垄断资本主义了；因此，它自然也就已经不是列宁所说的腐朽的、垂死的资本主义了，已经不是帝国主义了。这样说来，我们当今这个世界上就已经不存在帝国主义了，也就不会再有帝国主义发动侵略战争的危险了，世界也就从此太平无事了。我们就可以铸剑为犁，刀枪入库，马放南山，高枕无忧了；人民解放军的指战员都可以解甲归田，安享田园之乐了。这真是善哉善哉，美妙无穷啊！

只是可惜这一切都不过是这位人士在游"太虚幻境",并非当今尘世间的现实。阅读这篇文章,面对他给我们描绘的那一幅现代资本主义"仙花馥郁,异草芬芳"的美妙图景,不禁使我产生了"忽闻海上有仙山,山在虚无缥缈间"之感。

白居易在这首充满浪漫主义色彩的七言古诗《长恨歌》里说,安史之乱平息后,唐明皇李隆基从峨眉山下回到长安皇宫,怀念死在马嵬坡前的杨玉环,"遂教方士殷勤觅"。那位方士本事极大,升天入地,到处寻访,"上穷碧落下黄泉,两处茫茫皆不见"。尔后,突然有了线索:"忽闻海上有仙山,山在虚无缥缈间。"那真算得上是一座"仙山",只见"楼阁玲珑五云起,其中绰约多仙子"。方士在那里果然把杨玉环找到了。白居易以其诗人的丰富想象力,把这座"仙山"以及方士抵达"仙山"后的情节描写得活灵活现,引人入胜,使这首长诗成为千古不朽之作。不过我国唐代这位伟大诗人在诗里明明白白地告诉我们,他在此处描写的是处"在虚无缥缈间"的"仙山",就是说,是为了渲染李隆基与杨玉环之间的爱情而虚构出来的。我们在读这首长诗时也不会发生误会,把他在此处写下的极度夸张的神话故事当作是发生在人世间的真实情节。我们上面讲到的那位人士却相反。此人并非等闲之辈。他曾在我国身居高位,又在香港那种资本主义社会里待过一段时间,以现代资本主义问题的权威自居;一些不明真相的善良的人们也对他以权威相待。因此他的有关言论分量颇重。而他在1988年发表的那篇并非诗词歌赋而是理论文章里,却给我们描绘了一幅现代资本主义的无限美妙的虚幻图画,使人产生一种"忽闻海上有仙山"的向往之情。但他却一口咬定别人对资本主义制度本质的批判都是"从定型的条条出发去看资本主义所形成的僵化观念",一律属于伪劣产品;只有他绘制的这幅图画才是真实的,才是"全面、正确地了解和对待资本主义",才是完全符合现代资本主义的本来面貌的,货真价实,毫不掺假,绝非"虚无缥缈"之物。这就迫使我们不得不做一点辨别是非真伪、以正视听的事情了。尤其是此人1988年公开发表的那篇文章不是限于个别观点,而是涉及一系列重大理论问题,特别是涉及马列主义关于"资本主义制度本身无法克服的固有矛盾"这个科学社会主义的基本理论问题。因此,不能等闲视之。

我以为，与马克思、列宁健在时相比，当今资本主义世界确实发生了许多新情况。有人说，马克思、恩格斯没有见过汽车、飞机，列宁没有见过电子计算机、宇宙飞船和航天飞机。这都是事实。从当前实际出发，对资本主义制度进一步加以研究，无疑是必要的。由于我国现在是处于现代化建设时期，吸收、借鉴资本主义国家的一些合理的、有益的东西，以利于我们的社会主义建设，无疑是正确的。但是这种研究必须以马列主义的辩证唯物主义和历史唯物主义的基本原理为指导，不应把这种基本原理轻蔑地斥之为"定型的条条"，予以抛弃；不能背离马克思主义的基本立场，掩饰资本主义制度本身无法克服的固有矛盾，竭力美化资本主义；这种吸收、借鉴只能是批判地吸收、继承，不能全盘照搬。

记得我在1984年10月2日给你的那封信里曾写过如下这样一段话："在人类社会进入社会主义阶段以前，资本主义是人类社会历史上最先进的制度。它创造了巨大的物质财富和许多优秀的文化。社会主义社会不是凭空产生的，而是从资本主义社会脱胎而来的。从根本上来说，社会主义是对资本主义的否定，从社会经济制度到政治制度，从经济基础到上层建筑、意识形态，都是如此。但是，社会主义与资本主义之间又存在着一种批判继承的关系，去其糟粕，取其精华，或者去其实质，取其某些形式，为我所用，在政治、经济、文化、思想等方面都是如此。"[①] 那封信距今已近10年，我仍然持此看法。

当然，我国的社会主义制度不是在发达的资本主义基础上，而是在旧中国的半殖民地、半封建的基础上将官僚资本主义经济收归国有、对原有的不发达的民族资本主义经济和小农经济实行社会主义改造的基础上建立起来的。因此，我国在生产力的发展程度上至今仍然落后于发达的资本主义国家。但是，既然社会主义制度已经建立，它作为一种社会制度就高于资本主义，与资本主义之间也就存在着一种批判继承的关系。这也就是说，我们有必要向资本主义学习。但是，我的感觉是，在这个向资本主义学习的问题上，我们面前存在着两种人。一种人决心为社会主义和共产主

---

① 拙作《我说美国》，北京出版社1987年版，第87—88页。

义事业而奋斗到底；他们主张向资本主义学习，是为了发展、壮大社会主义，最后战胜资本主义。另一种人则相反。他们曾经或现在仍然号称是社会主义者和共产主义者，其中有一些人当了一辈子的共产党员，但资产阶级世界观依然如故，丝毫未改，对社会主义和共产主义事业早已失去信心，在内心深处羡慕、崇拜资本主义。他们也主张向资本主义学习，但目的不是建设社会主义，而是要把我们现在的有中国特色的社会主义蜕变为有中国特色的资本主义。

在我看来，前面提到的那一位曾在我国身居高位、1989年后逃亡美国的人士就属于这后一种人。他竭力冲淡、掩饰当代资本主义制度本身无法克服的固有矛盾，全面修正马列主义对资本主义这些固有矛盾的分析，否定科学社会主义的基本原理，全面美化资本主义和帝国主义。也就是说，他就是那种神形不一、红皮白心，身为"共产党人"、心向资本主义的人，挂着"共产党人"的招牌，充当当代资本主义和帝国主义制度的辩护士。按照他对现代资本主义的描绘，其逻辑结论必然是：资本主义制度可以永世长存，西方各国的工人阶级没有必要推翻这种制度，没有必要用社会主义制度去取代资本主义制度；在我们国内，所谓"自觉建设社会主义"的任务也就可以根本取消，用不着费那么大的劲去干此事，干脆与资本主义"趋同"算了。这难道不是对社会主义和共产主义事业的背叛吗？如果说在1988年他发表此文还难以看出这一点，那么，此人1989年以后已经用自己逃亡美国的实际行动证明了这一点。你说是不是这样呢？

我读过他那篇文章后，当时就曾从波士顿给你写过一封短信，表示不赞成该文的观点。该文中有的观点，比如说现代资本主义社会是"法治社会"，我在1989年6月从美国弗吉尼亚州阿林顿市先后给你的三封信里已经做过一些初步分析，其他的问题在以后的信件中也会有所涉及，此信只说这个反垄断法的问题。

该文有关这个问题的一段，原文是：

> 在生产方面，为了保证商品经济的竞争原则不致受到严重破坏，为了扶持中小企业的发展，一些资本主义国家制订并执行了反垄断

法。许多资本主义国家和地区的中小企业，在它们整个经济体系中所占的比重和所起的作用依然很大，这与我们过去理解的资本主义经济就是垄断经济的概念也有很大不同。

这里，第一句说的"一些资本主义国家"、第二句说的"许多资本主义国家"，首先指的都是美国。因为美国是世界上最早通过反垄断法的资本主义国家，而且是世界上最大、最典型的资本主义国家。与此同时，他1989年以后不是逃亡别国，而是逃亡美国，此举也用实际行动对此做了注脚。第二句结尾处所说的"这与我们过去理解的资本主义经济就是垄断经济的概念"，有两点需要修改。一点是"我们"应改为"我"，即作者本人，因为别的一些人"过去"并不是像他那样理解资本主义经济的，他的结论也不能代表别人。另一点是"垄断经济的概念"，这种说法太笼统，应改为"垄断资本主义经济的概念"，因为当今世界上既有资本主义的垄断，也有社会主义的垄断，两者的外表有些类似，本质上是截然不同的。原因很简单，因为所有制不同。

美国既然是世界上制定了反垄断法的最大、最典型的资本主义国家，那么，它究竟是不是垄断资本主义呢？它"与我们过去理解的资本主义经济就是垄断经济的概念"究竟有什么"很大不同"呢？为了澄清是非，说明事实真相，我们必须回答这个问题，不能回避。此外，垄断资本主义问题还与帝国主义问题直接相连。如你所知，列宁有一个著名的、我以为至今仍然有效的论断，即帝国主义的经济实质是垄断资本主义。因此，为了探讨当代帝国主义这个课题，也必须从垄断资本主义谈起，同样不能回避。

二

我想先从美国政府对反托拉斯法（即反垄断法）的实际执行状况说起。

1988年到1989年在美国从事学术考察期间，我曾为此专门查阅了美国有关反垄断的法律。美国著名的《谢尔曼反托拉斯法》是在1890年7

月 2 日通过的，它的正式名称叫做《保护贸易和商业使之免遭非法控制和垄断法》①。本世纪以来，此法几度修订，迄今仍然有效。我在 1989 年 5 月 24 日于美国弗吉尼亚州阿林顿市给你写的那封信里曾简略介绍过《美国法典》的概况②；这个《谢尔曼反托拉斯法》的各个条款及本世纪以来的历次修正，就载在这部法典的第 15 个标题《商业与贸易》之下，独立成章；这一章的名称为《关于控制贸易的垄断与合并》③。这一章共 33 条，规定得很细，各个条文及说明共计 1471 页，在附有详细注释、按标题分类的那种版本的《美国法典》中占了两卷又 1/3 卷。在这部《美国法典》中，这些条文通称《反垄断法律》④。查阅这部法典后，我得到的印象是：就反垄断的法律条文而言，美国可以说是在世界上制定这种法律最早，其规定也是非常之周全的。

　　问题在于，法律条文规定是一回事，政府（包括行政部门和法院系统）的实际执行则是另一回事，不能书生气太重，把这二者予以等同，说法律规定等于实际执行；当然更不能歪曲事实，或者把莫须有硬说成是事实。从 19 世纪末期以来，在这一个多世纪期间，美国包括那个三权分立的国家政权和在社会上占统治地位的意识形态在内的整个上层建筑，都是建立在垄断资本主义的基础之上的。这样的上层建筑理所当然是（实际上也是，而且一直是）为垄断资本主义服务，而不是反对垄断资本主义。这并不是说它绝对不会时而向某一垄断企业开刀，时而向另一垄断企业开火。在这一个多世纪期间，这样的事情曾经发生过若干件。这类事件之所以发生，归根到底，是与垄断资本集团内部的矛盾、斗争直接相连的。然而垄断资本集团作为一个整体，只会得到国家政权的扶植和支持，而不会遭到这种国家政权的反对。这种有法不依的事情做起来很简单，只要联邦政府（或州政府）司法部睁一只眼，闭一只

---

① An Act to Protect Trade and Commerce against Unlawful Restraints and Monopolies.
② 拙作《再说美国》，北京出版社 1991 年版，第 473—477 页。
③ Monopolies and Combinations in Restraint of Trade.
④ Anti-Monopoly Acts. 上述法律条文，均载 UNITED STATES CODE ANNOTATED。1973 年（1973 年以后至 80 年代上半期通过的法律条文，均以袖珍本形式分别附在各有关卷之后）英文版 Title 15 Commerce and Trade，Chapter 1，Section 133。

眼，把《谢尔曼反托拉斯法》搁置一旁，不向联邦法院（或州法院）提出起诉（绝大部分是这样）；或者政府司法部门虽然装模作样地提出起诉，但法院系统不予受理；或者法院系统同意受理，但以光明正大的"照顾公众利益"或"不构成垄断"等等为由，判决被告胜诉（这一类的事也曾发生过），事情也就过去了。更有甚者，一些巨型企业的合并或兼并，组成十分巨大的垄断企业，是经过政府司法部和其他有关部门批准的。实际执行状况与法律条文实为南辕北辙，基本上是风马牛不相及。

从19世纪90年代到本世纪20年代初，包括西奥多·罗斯福政府、威廉·塔夫特政府和伍德罗·威尔逊政府在内的多届联邦政府都曾大肆张扬地向具有垄断性质的托拉斯发起攻势。然而美国的垄断资本主义恰恰是形成和大规模发展于这个时期。是不是有个别的垄断企业遭到打击呢？那也是有的（美孚石油公司被分成几个公司，即为最著名的一例）。然而作为一个整体，垄断资本主义这个时期在美国是不是形成和大规模发展了呢？确实是形成和大规模发展了。你只要读一读列宁名著《帝国主义是资本主义的最高阶段》中的有关部分，即可看出这一点。

到了富兰克林·罗斯福执政时期，就更是这样。美国联邦国会1933年通过了罗斯福政府提出的《全国工业复兴法案》，由罗斯福签署，正式成为法律。这道法律是直接与《谢尔曼反托拉斯法》相抵触的。几位美国经济史专家在其有关著作中指出，《全国工业复兴法》颁布以后，"在法律上，反托拉斯法仍然有效，而实际上已被束之高阁了"。国会同年通过的罗斯福政府提出的《铁路紧急法案》甚至规定，在必要时可以"把反托拉斯法搁置一边"。1938年，美国国会曾经根据罗斯福政府的提议，拨出专款，成立了一个"临时全国经济委员会"，对"经济力量的集中"做了一次全面调查。这个委员会的调查结果表明，罗斯福"新政"时期所推行的工商业政策"加强和鼓励了垄断的发展，而不是阻止了垄断"[1]。

---

[1] H. N. 沙伊贝等：《近百年美国经济史》，中国社会科学出版社1983年版，第400—408页。

让我们来看一看美国政府在内部是怎么说的吧。

我手头有一本书，共 632 页，书名为《美国经济问题》。这不是一本普通书籍，而是由美国当时的武装部队学院①编纂、经美国联邦政府军事部②1944 年审定，不公开发行，专供美国陆军、海军、海军陆战队和海岸警卫队训练军官之用的军内教材。

这本军内教材的第一章的标题是《生产和工商业组织》；第一章第四节的标题就是《大型企业和垄断》③。第四节的第一部分，标题是《我们当今世界的工商业巨头》④；其中的第二个要点《美国工业的集中》⑤，讲的是南北战争以后一个时期美国经济的发展和垄断在工业领域的形成。编著者说："这是美国以最高的速度实现工业化的时期，也是工业的集中趋势首次出现的时期。"

该书这一部分的第七个要点介绍从 19 世纪 80 年代到本世纪 40 年代初期美国垄断企业的组成形式，一共四种：（1）企业联合，就是若干个公司就实行统一价格、瓜分市场范围或限制产量等问题达成协议，予以执行；经营收入根据各公司所投入的资本量按比例分配。（2）组成托拉斯，即美国第一个托拉斯是 1879 年组成的美孚石油公司，以该托拉斯的组成状况说明托拉斯的含义；它以后虽然被迫分散成几个公司，但托拉斯并未从美国消逝，而是以一种多少变换了的形式继续发展。（3）成立控股公司，以通用汽车公司和美国电话电报公司为例，予以说明。（4）兼并与合并，以美国钢铁公司的组成作为兼并的典型，做了说明。

这一章第四节第二部分，标题为"垄断"（Monopoly）。这一部分首先说的是"垄断价格"（Monopoly Price），说明这种价格通常高于竞争价格。接下去是"垄断类别"（Types of Monopoly），其中讲到"合法垄断"（如邮政、铸造货币），"自然垄断"（Natural Monopolies）（说铁路公司、公共汽车公司、电话和电报公司、供电公司等等，属于这一类），"资本主义垄

---

① The United States Armed Forces Institute.
② War Department，如直译，应为战争部；美国联邦政府国防部的前身。
③ Big Business and Monopoly.
④ Business Giants in Our Modern World.
⑤ Concentration of American Industry.

断"（Capitalistic Monopolies）（通过巨额资本积累和强有力的组织机构，取得对生产的控制，消除竞争，取得对其产品或服务的垄断价格）。

美国军方编著的这本军内教材的上述内容，除"垄断类别"一处把所谓"合法垄断"、"自然垄断"划出了"资本主义垄断"范畴属于不科学之处，其他内容我以为都是符合实际的。

列宁的《帝国主义是资本主义的最高阶段》写于1916年；美国这本军内教材是1944年审定，随后在军内发行的。二者前后相隔将近30年。请你把美国这本军内教材的上述符合实际的内容与列宁在时隔近30年前的那部著作中关于"生产集中和垄断"的论述比较一下，难道它说的情况与列宁所述有什么重大原则区别吗？附带提一句，从这本美国军内教材所述的内容来看，难道我们能在其中发现任何"人民资本主义"和"资本民主化"的影子吗？

第二次世界大战结束直到本世纪70年代，美国政府对待反垄断法（包括反兼并的法律）的态度依然如故，仍然是表面上装模作样，实际上不予执行。[①] 至于80年代里根政府为期8年的统治，在这个方面就更是变本加厉了。我随后还会提到这一点。我再重复一句，从19世纪末期以来，以迄如今，包括国家政权在内的美国社会整个上层建筑，都是建立在垄断资本主义的基础之上的。100余年来的历史事实证明，这个上层建筑实际执行的任务是维护它的经济基础，即垄断资本主义，而不是反对这个经济基础。我国著名美国史学家黄绍湘在其所著《美国通史简编》中把美国政府在反托拉斯法问题上所持的态度称为"反托拉斯的骗术"[②]。我以为此说有充分根据。

三

现在说说当前美国垄断资本主义的现实状况。

根据我70年代和80年代两次在美国现场观察以及我所接触到的材

[①] 参见 H. N. 沙贝伊等《近百年美国经济史》，第538—539页。
[②] 黄绍湘：《美国通史简编》，人民出版社1979年版，第390—397页。

料，第二次世界大战结束以后四十几年来，美国资本主义的垄断程度不是削弱了，而是大大加强了。让我们来看一看在《幸福》杂志的榜上有名并被排列了座次的美国500家最大的工业公司（以下简称500家）的经营规模。我先要说明几点：

其一，这里所说的500家"工业公司"，其含义是指那些经营收入50%以上来自制造业或采矿业的公司；经营收入来自制造业或采矿业在50%以下的许多巨型企业均未列入。

其二，这500家也不包括那些不出售股票、不公布经营状况、属于个别资本家及其家属所有的巨型工业企业，如著名的赫斯特报业公司，纺织业巨头米利肯公司，炼油和石油产品巨头科克工业公司，谷物和畜产品加工巨头卡吉尔公司，谷物、化肥和家禽巨头大陆谷物公司，旅馆、餐厅和旅游巨头卡尔森公司，等等。

这一类企业，在美国叫"私营企业"。这是资本主义私有制的一种形式。

如果一家"私营企业"对外发行股票，那就叫"变为公众经营"，公司就变成"公众公司"。上述500家，都是经政府批准、股票上市、控股权掌握在垄断资本家手里的巨型"公众公司"。这是资本主义私有制的另一种形式，即垄断资本主义所有制。本世纪以来，它是占统治地位的私有制形式。

其三，这500家不是固定不变，也不是整齐划一的。首先是它们的经营状况（包括盈亏）不尽相同；其次是行列成员常有变动，有的落伍、出列，有的赶上、入列；它们的座次排列也是常常变动的。这里说的500家，是把它们作为一个整体而言的。

简单说来，从本世纪50年代到80年代，这500家的概况如下。

第一，500家从1954年到1989年的发展速度。

《幸福》杂志是从1954年开始每年公布这500家的名单并为它们排定座次的。因此，我对这500家的叙述也从1954年开始说起。

以1954年的水平为基数——100，到1989年，按票面价值计算，经过这36年的发展，这500家的销售额指数升到接近1600，利润额指数达到1300；按不变美元计算，经过这36年的发展，这500家的销售额指数略高于400，利润额指数达到300左右。

第二，500家在70年代的资产增长和经营规模扩大的趋势（以我第一次在美国期间中的四年为代表）。

1973年，这500家所拥有的资产总额为5554亿美元（这是《幸福》杂志1974年第一次公布的数字；该刊以后公布后续数字时，有时对第一次公布的数字略作调整。此处引用，都从第一次公布的数字。销售金额和利润金额亦同此），较上年增长14.3%；销售金额为6671亿美元，较上年增长19.6%；所获利润金额为386亿美元，较上年增长39%。1974年，这500家拥有的资产总额为6286亿美元，较上年增长13.1%；销售金额为8339亿美元，较上年增长25%；所获利润金额为436亿美元，较上年增长12.8%。1975年，500家拥有的资产总额为6684亿美元，较上年增长6.3%；销售金额为8652亿美元，较上年增长3.9%；所获利润金额为378亿美元，较上年下降3.3%。1976年，500家拥有的资产总额为7368亿美元，较上年增长10.2%；销售金额为9711亿美元，较上年增长12.2%；所获利润金额为494亿美元，较上年增长30.4%。

第三，500家在80年代的资产增长和经营规模扩大的趋势（以我第二次访美期间考察过的四年为代表）。

1984年，500家拥有的资产总额为1.4094万亿美元，较上年增长4%；销售金额为1.7587万亿美元，较上年增长4.27%；所获利润金额为864亿美元，较上年增长25.6%。1985年，500家拥有的资产总额为1.5195万亿美元，较上年增长7.4%；销售金额为1.8071万亿美元，较上年增长2.75%；所获利润金额为696亿美元，较上年下降19.1%。1986年，500家拥有的资产总额为1.5608万亿美元，较上年增长2.7%；销售金额为1.7234万亿美元，较上年下降4.63%；所获利润金额为650亿美元，较上年下降6.7%。1987年，500家拥有的资产总额为1.7057万亿美元，较上年增长9.2%；销售金额为1.8795万亿美元，较上年增长9.1%；所获利润金额为906亿美元，较上年增长41.3%。

第四，这500家在美国全部工业中所处的地位。

70年代到80年代初期，美国的工业企业约20万家。1973年，这500家的销售额在美国全部工业的销售总额中占了65%；500家在这一年所获利润在美国全部工业的利润总额中占了79%。1974年，这500家的销售额在美国全部工业的销售总额中占了66%；同年，这500家所获利润在美国全部工业的利润总额中占了72%。

据我所知，80年代的基本情况仍然是这样。

这500家中的头100家所拥有的资产在美国全部工业资产中所占有的比例是：1950年，39.8%；1960年，46.4%；1970年，52.3%；1980年，55%。

第五，500家在美国国民生产总值和全部工商金融企业中所处的地位。

先说500家的销售额在美国全部国民生产总值中所占的比例。其情况是：1954年，略高于36%；1977年，接近55%；80年代，由于美国各巨型工业企业纷纷进行了大规模减肥式的改组，到1987年，500家的销售额在美国国民生产总值中所占的比例降到42%，但仍比50年代增高了不少。

美国的工、农、商、金融等各行各业的企业多达1000多万家。

从50年代到80年代，这500家工业公司所获纳税后利润在美国全部工商企业纳税后利润总额中所占的比例如下：1954年，39%；1973年，50%；1977年，41%；1984年，59%；1987年，66%。[①]

90年代初期，在最近这一场经济危机的冲击之下，这500家的经营情况不佳，所获利润大幅度下降，甚至亏本。有关情况，前函已提及，不再赘述。尽管如此，与那些身瘦力薄、弱不禁风的大批中小企业相较，这500条壮汉子，至少是其中大多数的日子要好过多了。

上面我简略地讲了这500家工业公司在本世纪50年代到80年代的发

---

① 上述有关美国500家工业公司的材料分别援引自《幸福》杂志1974年5月号第230—255页，1975年5月号第208—233页，1976年5月号第316—341页，1977年5月号第364—389页，1985年4月号第144—201页，1986年4月号第132—174页，1987年4月号第155—210页，1988年4月号第20—25页和同期第1—58页。其中500家中的头100家所拥有的资产在美国全部工业资产中所占的比例援引自托马斯·戴伊《谁掌管美国——里根年代》，世界知识出版社1985年版，第24页。此处说的"私营企业"，英文为private enterpalse，"变为公众经营"，即go public。"公众公司"，即public company。

展速度，它们的资产额、销售额和利润额在 70 年代到 80 年代大幅度增长的趋势，它们在美国全部工业中所处的压倒优势地位，它们从 50 年代到 80 年代在美国整个国民生产总值中所占的重要位置，它们从 50 年代到 80 年代在美国全部工商企业利润总额中所占的巨大比重。请你把这些事实与在我国曾身居高位、1989 年以后逃亡美国的那位人士的有关论点比较一下，看看他说的是否符合实际。

上述美国 500 家巨型工业公司从本世纪 50 年代到 80 年代的种种事实，是否证明了它们具有垄断资本主义的性质呢？我以为，显然是证明了这一点。

列宁在他的名著《帝国主义是资本主义的最高阶段》第一章《生产集中和垄断》里，开宗明义第一句话是："资本主义最典型的特点之一，就是工业蓬勃发展，生产集中于愈来愈大的企业的过程进行得非常迅速。"为了论证这一点，列宁在这一章里讲了当时欧洲、北美资本主义的发展状况，其中讲得最具体的国家，第一个是德国，第二个就是"现代资本主义先进国家北美合众国"，说美国"生产集中发展得更加猛烈"。在引述了美国有关的统计材料以后，列宁写道："这种从竞争到垄断的转变，是最新资本主义经济的最重要的现象之一，甚至是唯一的最重要的现象。"[①] 列宁立论的依据，是 1904 年到 1909 年时的美国统计材料。70 余年以后的情况如何，我在上面已经讲过了。实际情况是：如今美国生产的集中和垄断，其规模比 70 余年前要大得多，其程度比 70 余年前也高得多。试问究竟有什么事实根据，断言现代资本主义已经不再垄断了呢？

美国是否制订了反托拉斯法亦即反垄断法呢？是的，它在距今 104 年以前就制定了。然而这种法律及以后的多次修正案妨碍了或者制止了美国资本主义向垄断阶段发展的势头了吗？事实说明，没有。美国是不是存在大量中小企业呢？是的，是存在。可是，难道在列宁撰写《帝国主义是资本主义的最高阶段》时，包括美国在内的资本主义发达国家就不存在大量中小企业吗？当然不是。

---

① 《列宁全集》第 22 卷，人民出版社 1958 年版，第 188—189 页。此处援引的是后来修改过的译文。

实际上，当时美国等国的中小企业不仅大量存在，而且在整个国民经济中所占的比重比现在要大得多。中小企业与垄断资本的关系不是只具有矛盾、斗争的一面，而是具有两面性。不少中小企业受到垄断资本的排挤、打击，并为垄断资本所控制，这是事实，我马上就要说到这一点。然而总的来说，大量中小企业的存在难道完全是与垄断资本主义势不两立、不共戴天的吗？不是的。它们之间还存在着同一性。这些大量存在的中小企业基本上是垄断资本主义经济的助手，是对垄断资本主义经济的一种补充，并且是为垄断资本主义服务、为垄断资本主义所需要的。别的（如为垄断企业制造零部件、设置销售网等）不说，仅就提供就业而言，大量中小企业的存在就是垄断资本保持其统治所绝对必需的。现在在美国，雇佣劳动力的主要不是为数极少的垄断企业，而是为数众多的中小企业，特别是中小型服务企业。在这些中小企业里就业的人数，目前已占美国全部民用劳动力的70%左右。这对保持垄断资产阶级的经济统治和政治统治无疑具有极其重要的意义。此外，不少中小企业主渴望把自己变成垄断企业主，这一般说来是不可能的；但也确有少数人在垄断资本的扶植下做到了这一点。因此，垄断资本又是有条件地（即有利于而不是有损于垄断资本）允许中小企业的存在和发展。

难道这些中小企业的存在就能证明美国不是垄断资本主义吗？当然不能。70余年以前不能证明这一点，今天更不能证明这一点。这是因为，事物的性质，主要是由处于支配地位的矛盾的主要方面所规定的。世界上的一切事物，概莫能外。一个多世纪以来，在美国经济中处于支配地位的矛盾的主要方面是谁呢？是那些为数众多但力量有限的中小企业吗？不是的。处于支配地位的是那些为数极少、但规模极大的巨型垄断企业。因此，我们说当代美国是垄断资本主义，是准确的，符合实际的。是不是只有垄断企业把社会各方面的经济活动100%地垄断起来，把中小企业通通消灭，一个不留，才算是垄断资本主义呢？当然不是这样。人类社会从来没有过这种100%的一个模样、绝对纯而又纯的社会，过去没有过，今后也不会有。

你说对吗？

话说至此，还要交代几点：

第一点，我在这里还只说了美国 500 家巨型工业公司。为节省篇幅，关于美国 50 家最大的商业银行、50 家最大的保险公司、50 家最大的多类型金融公司（即除联邦储备银行、商业银行和人寿保险公司以外的其他种种金融机构）、50 家最大的商品零售公司、50 家最大的交通运输公司、50 家最大的公用事业（电讯、水、电、煤气等）公司以及 500 家最大的服务公司，等等，我都没有说。它们在各自的领域里都是处于垄断地位的。

第二点，这些 500 家和 50 家等等公司，其中不少还是跨国公司。比如，上述 500 家巨型工业公司中的通用汽车公司、福特汽车公司、埃克森石油公司、国际商用机器公司、莫比尔（美孚）石油公司、通用电气公司、杜邦公司、道氏化工公司、阿莫科石油公司、谢夫隆石油公司、施乐公司、德士古石油公司，等等，都属于巨型跨国公司。有一些公司，例如波音飞机公司，它在国外并未建立分厂，然而它却在相当程度上垄断了世界民用客机销售市场，因而就其经营范围而论，也应属于巨型跨国公司之列。一些美国的大商业银行，也是巨型跨国公司。此事不属于我们现在要探讨的范畴，就不展开谈了。

第三点，这些巨型垄断企业中的相当一部分，其股票控制权掌握在一个或两个家族手中。有的美国学者在其有关著作里对这种由一个或两个家族控制股权的巨型垄断企业开过一个名单，一共开列了 71 家。他还援引《幸福》杂志的材料，说上述 500 家巨型工业公司中，有 150 家的股票控制权掌握在一个家族的成员手中。[①] 不过，我要补充一句，那些由许多家族联合控股的垄断企业仍然是垄断资本主义企业。此外，还有盘踞在这些家族之上的势力。这就是银行，即金融资本。我很快就要说到这一点。

上面引用过的列宁《帝国主义是资本主义的最高阶段》第一章在论述生产的集中和垄断时，即曾根据当时的情况指出：生产社会化了，但是占有仍然是私人的。社会化了的生产资料仍旧是少数人的私有财产。美国现在的情况仍然是这样，只不过是生产的社会化程度进一步提高了，而生产资料的私人占有（更准确地说，是垄断资本占有）的程度也空前地加强

---

① 参见托马斯·戴伊《谁掌管美国——里根年代》，世界知识出版社 1985 年版，第 59—63 页。

了。生产社会化和生产资料垄断资本占有之间的矛盾在美国这种典型的资本主义国家里不是缓和了，削弱了，消失了，而是相反，它不仅继续存在，并且是发展了，加剧了，恶化了。

四

现在简单说说第二个问题：把美国资产阶级（中、小资产阶级除外）称为垄断资产阶级，有何根据？我以为，之所以这样称呼他们，主要是因为：

第一，他们占有美国关系国计民生的绝大部分生产资料和金融资本，并且占有工人阶级的劳动力，榨取剩余价值。这是最基本的根据。

第二，他们在经济上组成了一些巨大财团，如摩根财团、洛克菲勒财团、梅隆财团、杜邦财团、美利坚银行财团、花旗银行财团、克利夫兰财团、芝加哥财团、得克萨斯财团，等等。据我 70 年代在美国考察，这些财团的组织形式、内部关系虽有些变化，但财团本身却仍然是存在的，并未消亡。

第三，他们组织、控制、资助了民主、共和两大政党，执掌了美国国家政权，掌握了美国整个国家机器，左右着国家的内外政策。

第四，除若干小报刊以外，他们占有了美国包括各大报纸、杂志、广播电台、电视台、电影制片厂、出版社以及学校等等宣传、文教机构，占领了美国全部重要意识形态阵地。我阅读、收听、收看这些报刊、书籍、广播、电视、电影 20 余年，所得印象是，除少数严肃、具有进步思想和正义感的作者的作品以外，这个阶级凭借自己手中的宣传工具和其他意识形态武器每日、每时、无孔不入地向美国广大人民群众不遗余力、大肆灌输资产阶级思想，包括资产阶级的世界观、人生观和价值观，并不断评论朝政，公开就种种内政、外交问题向政府、国会施加影响以至压力。

第五，他们建立了种种内外政策研究机构。在对外政策方面最著名、对政府决策影响最大的是设在纽约的三大委员会，即对外关系委员会，外交政策委员会和美欧日三边委员会。70 年代在美国期间，我曾分别拜访过这三大委员会及其主要或有关负责人。

第六，在考察这个问题时，还要考虑一种情况，即美国各行各业巨型垄断企业之间既是相互竞争的关系，然而在涉及工商界全体及行业共同利益的问题上又是相互联合的。这种相互联合的表现形式除政党外，就是这些企业的主人及其最高行政负责人还建立了总团体和各种行业组织。

据我所知，美国全国性、州和地方性的工、农、商、金融等各界组成的团体约6000个。其中最引人注目的团体有：

（1）美国商会。1912年由当时的美国总统威廉·塔夫特在华盛顿召集的一次专门会议上设立，总会设在华盛顿。各地方商会和各行各业的工商金融界组织均为其团体会员。它的领导权控制在垄断资本集团手中。在与政府的联系中，在国会山上的游说、笼络活动中，在社会上，它主要代表垄断集团的共同政治、经济利益。这是一个对美国国会立法和政府制定政策具有很大影响的工商界团体。第二次世界大战结束后在美国出现的反共、反劳工浪潮，就是由美国商会带头掀起的。我1989年从美国给你写的书信中曾经提及此事。

（2）全国制造商协会。为大型制造业公司的主人及其最高行政负责人的组织，1895年，由一批制造业巨头在俄亥俄州辛辛那提市的一次集会上设立。全国有2万余家制造业公司为该协会会员，总会设在纽约，在全国设了十几个地区分会。它所属的各个部门和各种政策委员会由全国3000家大型制造业公司的代表组成。这是一个对美国国会立法和政府制定政策具有很大影响的工业界团体。这个协会成立以来近百年的历史，既是一部为美国工业巨头的政治、经济利益而奋斗的历史，也是一部著名的反共、反劳工的历史。我1989年从美国给你写的书信中对此也曾有所涉及。

（3）美国银行家协会。1875年成立。全国一万余家各类银行为该协会会员。总会设在纽约。这是一个对美国国会立法和政府制定政策具有很大影响的银行界团体。100余年来，这个协会围绕着银行界的共同利益进行了大量活动。它还建立了一所美国银行学会，从事银行业务研究和培训，拥有近20万名会员。

（4）美国汽车制造商协会。1913年成立，设在汽车城底特律。它现在实际上主要是美国三大汽车制造公司——通用、福特、克莱斯勒的主人和最高行政负责人的一个协商机构，是他们对美国国会立法和政府制定政策施加影响的组织形式。美国这三大汽车制造业巨头的最高行政负责人经常开电话会议，用一个声音对美国国会、政府和社会各界讲话。

（5）工商界委员会。成立于本世纪 80 年代，主要由美国 100 家巨型垄断工商业公司的最高行政负责人组成。它每年开两次例会，讨论由数十名经济学家组成的一个附属机构事前就经济形势和对策问题所拟就的报告，做出结论，采取相应的统一行动，并对美国国会立法和政府制定政策施加影响。

（6）建筑业制造商协会。1921 年成立，总会设在威斯康星州的密尔沃基市。

（7）全国电力制造商协会。1926 年成立，由 525 家公司组成，设在纽约市。

（8）电子工业协会。1924 年成立，现由 200 余家大型电子企业组成，设在华盛顿。

（9）电子计算机业设备制造商协会。

（10）煤气设备制造商协会。1935 年成立，由 440 家企业组成，设在弗吉尼亚州阿林顿市。

（11）美国钢铁学会。1908 年成立，研究钢铁业问题，并为美国钢铁业巨头聚会的场所，设在纽约市。

（12）美国人寿保险协会。由 350 家人寿保险公司组成，设在华盛顿。

（13）美国石油学会。1919 年成立，研究美国与世界的石油业问题，提出对策，为美国各石油巨头集会、讨论问题、协调对策提供依据，设在华盛顿。

（14）航空与航天工业协会。它是军工企业的团体之一。美国军工企业还有其他的团体。

（15）美国报纸发行人协会。1887 年成立，其成员为美国各大报刊和通讯社的主人和最高行政负责人。每年开一次例会，讨论报刊业问题，设在弗吉尼亚州赖斯顿。

上列各大团体的名单不过是挂一漏万，并不完全。但即使如此，也可看出美国巨型工商金融企业主及其最高行政负责人组成团体的大致状况。

上述情况说明，美国各垄断企业的主人和最高行政负责人并不是一个孤身独处的个人,而是为了共同利益聚集在一起的群体。由于利害矛盾,这个群体内常常发出不同的声音,但在有关他们共同的切身利益的问题上,包括对待重大的内政、外交问题,对待美国无产阶级和国际共产主义运动,这个群体基本上是用一个声音讲话的。他们在美国处于统治地位。美国的政治、经济、宣传、文化、教育、内政、外交,归根到底,是由这个群体及其代表人物所左右、所决定的。

由此可见,我们说他们是一个垄断资产阶级,是科学的,符合实际的,是符合马克思列宁主义创始人对资产阶级和垄断资产阶级所下的科学定义的。

你说呢?

五

现在说说金融资本、金融寡头,同时说说生产资料的垄断资本占有制。

上面说了美国500家工业垄断企业以及没有细说的50家最大的交通运输企业、50家最大的商品零售企业、50家最大的公用事业企业等等在美国工业以至整个美国经济中处于垄断地位的状况。那么,难道它们是处于至高无上的地位吗?也就是说,除了它们垄断美国工业以至整个经济以外,还有没有别的什么势力凌驾于它们之上,垄断这些垄断者呢?换句话说,这500家以及其他种种50家在各自领域和整个经济中是处于主宰地位的,还有没有什么别的势力主宰这些主宰者呢?

这就要涉及金融资本和金融寡头。上面说过,美国的少数富豪掌握了一大批巨型垄断企业的股票控制权,然而还有一种势力盘踞在他们之上,即金融资本。为了说明这一点,也要谈金融资本和金融寡头。在探讨这个问题时,我将要援引美国联邦国会的一份正式文件里的材料。先交代一下这个文件的起源。

70年代我在美国期间,美国联邦国会曾经办过一件有意义的事,即对全国一些巨型垄断企业的所有权问题做了一次调查。事情是由国会参议院政府工作委员会所属的预算、管理与开支小组委员会主席李·梅特卡夫带头发起的。按规定，各大企业都有义务至少每年一次地向联邦政府的有关独立行政部门，如证券和交易委员会、州际商业委员会、联邦电力委员会、联邦电讯委员会、联邦海事委员会、民用航空委员会等提交有关本公司所有权属于谁的材料。但此事的进展颇不顺利。这些独立行政机构搜集到的材料既不充分，也不准确。不是它们不努力以赴，而是在美国现存的资本主义制度之下，要把此事弄清楚，不说是像海底捞月，至少是有如在没有大本营的支援之下攀登珠穆朗玛峰，反正是很难很难就是了。梅特卡夫参议员颇有雄心壮志，知难而进，从《幸福》杂志公布的巨型公司榜上挑出了324个大个子（即按销售额论的500家最大工业公司中的头100家，按资产论的50家最大的商业银行，按销售额论的50家最大的商品零售公司，按经营收入论的50家最大的交通运输公司，按资产论的50家最大的公用事业公司，按资产论的24家人寿保险公司），于1972年5月分别给它们发去公函，要它们向国会报告各自公司的30个数量最大的股票占有者名单及他们各自拥有的普通股票的数量。[①] 参议员言明要查普通股票的占有者，是有道理的。因为所谓普通股票，就是指在公司的股东大会上拥有投票权，并有权参与有关公司的经营方向和人事任免等重大决策者的股票。要弄清楚是谁在控制这些巨型企业，了解这些企业的普通股主要是控制在谁人手里，显然是必要的。

尽管联邦国会是美国式民主的代表机关，在美国国家政权中似乎是一个权力很大、颇具威严、神圣不可侵犯的机构，但这些大个头公司中的大多数对它仍然缺乏礼貌，甚至没有把它放在眼里，不屑一顾。从它们对待梅特卡夫参议员公函的态度即可看出这一点。

从复函的内容来看，这324家巨型垄断公司对梅特卡夫参议员公函的态度可以分为五类。其答复情况如下：

第一类，89家，尽管答复的真实性值得怀疑，但对公函里提出的问题毕竟全部作了答复；

第二类，74家，对公函里提出的问题只做了部分答复；

---

① 参见《公司所有权的泄露》（英文版），美国政府印刷所，1974年，第17页。

第三类，20家，总公司不理，只是责成其附属企业作了答复；

第四类，83家，写了复信，但对公函所提问题未做回答，未提供任何材料；

第五类，58家，连表面敷衍的复信也不写，对参议员公函根本不予理睬。①

这就是说，在这324家巨型公司中，有235家对参议员公函基本上未予理睬，甚至完全不予理睬。尽管如此，但由于得到了第一类89家公司的答复，总算是有所收获，还不能说是竹篮子打水——一场空。事后，国会参议院工作人员以上述第一类89家的答复为主要依据，并参照政府有关独立行政机构提供的材料，编写出了一份包括引言和四个部分加一大堆附件的洋洋数十万言的分析报告。接着，由参议院政府工作委员会预算、管理与开支小组委员会主席李·梅特卡夫和政府机构间关系小组委员会主席埃德蒙·马斯基于1973年11月26日联名致函参议院政府工作委员会主席小萨姆·欧文，要求将此报告作为政府工作委员会的文件付印。此议照准。1973年12月27日，此报告即以《公司所有权的泄露》②为标题，作为政府工作委员会的文件付印。1974年3月初，参议员小萨姆·欧文又致函参议院副议长（美国参议院议长由副总统兼任，参议院日常事务由副议长主管），要求将此件作为参议院文件付印。1974年3月4日，在取得众议院同意后，联邦国会参议院通过决议，将此件作为美国第93届国会第9362号文件付印，共印5000本，供国会使用。

随后不久，一位美国友人送了我一本。

我1984年9月15日给你写的那封信在讲到美国垄断资本集团掌握、操纵舆论工具时，曾经引用过这个文件里的有关材料。③此处就略去金融资本控制舆论工具那一部分，不再复述，只讲金融资本对其他巨型企业的控制。根据美国国会这个文件的叙述，有关情况如下：

第一，关于控制投资资金的巨型金融机构的实力及其控股总规模。这

---

① 参见《公司所有权的泄露》（英文版），美国政府印刷所，1974年，第18页。
② Disclosure of Corporate Ownership.
③ 参见拙作《我说美国》，北京出版社1987年版，第52—56页。

个文件在引言里首先提到，按照当时已经掌握的材料，截至 1972 年底止，可以用于投资、控制各大公司股票的资金金额在 50 亿美元以上的金融机构，除纽约证券交易所的附属企业锡德公司（它掌握的投资资金最多，属全国第一）以外，全国还"至少"有 32 家。其中 31 家均为商业银行、保险公司（主要是人寿保险）和多种类型金融公司（包括投资银行在内），而又以商业银行为最大多数。它们的名单和所控制的投资金额如下：

摩根保证信托公司（以下简称"摩根银行"）：274 亿美元；

银行家信托公司：199 亿美元；

美国谨慎人寿保险公司：183 亿美元；

花旗银行：172 亿美元；

纽约美国信托公司：170 亿美元；

大都会人寿保险公司：165 亿美元；

公平人寿保险公司：164 亿美元；

大通曼哈顿银行（以下简称"大通银行"）：162 亿美元；

旅行者公司：131 亿美元；

纽约人寿保险公司：115 亿美元；

制造商汉诺威信托公司：109 亿美元；

梅隆国民银行与信托公司（以下简称"梅隆银行"）：105 亿美元；

投资者多样化服务公司：97 亿美元；

芝加哥第一国民银行：84 亿美元；

芝加哥大陆伊利诺国民银行与信托公司（以下简称"大陆伊利诺银行"）：82 亿美元；

埃特纳人寿和灾害保险公司：82 亿美元；

美利坚银行（又译美洲银行）：71 亿美元；

哈里斯信托与储蓄银行：70 亿美元；

威尔明顿信托公司：70 亿美元；

波士顿第一国民银行：68 亿美元；

芝加哥北部信托公司：67 亿美元；

纽约化学银行：65 亿美元；

底特律国民银行：65 亿美元；

卢米斯、塞尔斯公司：63亿美元；
西北互惠人寿保险公司：61亿美元；
莱昂内尔·D. 伊迪公司：61亿美元；
韦尔斯·法戈银行：60亿美元；
巴尔的摩公平信托公司：55亿美元；
费城吉拉德信托银行：52亿美元；
克罗克公民国民银行：50亿美元；
安全太平洋国民银行：50亿美元。①

由此可见，不算拥有最多投资资金的锡德公司，仅上述31家金融机构拥有的投资资金合计，当时即达3222亿美元，平均每一家103.9亿美元。

各大金融机构在美国的工、商、交通运输、公用事业公司中一共控制了多少股票呢？国会文件援引美国股票交易所总经理保罗·科尔顿的估算，说1973年，全国金融机构占有的企业股票总数相当于3100亿美元。各类金融机构的占有情况如下：

银行：1700亿美元；
共同基金②：450亿美元；
保险公司：420亿美元；
其他金融机构：530亿美元。

国会文件另外援引联邦政府证券与交易委员会就银行拥有企业股票问题所做的研究结论，大于上述估算数字。这个委员会说，早在1969年，仅美国各商业银行的信托部在各工、交、商等巨型公司中拥有的普通股票即达1800亿美元；50家最大的商业银行信托部拥有这1800亿美元股票中的73%。③

我以为，上述估算数字和研究结论，都是非常保守的。种种迹象显示，实际数字要比这种估算和研究结论大得多。此外，上述材料是截止于

---

① 参见《公司所有权的泄露》（英文版），美国政府印刷所，1974年，第1页。
② Mutual Funds.
③ 参见《公司所有权的泄露》，第16、135—136页。

本世纪70年代初期。经过近20年来的发展，现在美国金融机构的实力及其所控制股票的规模都已经大大加强了。上述这些金融机构在工、交、公用事业公司里占有巨额股票，就是以银行为主的金融业与工业融合的一种最重要的形式。

列宁在《帝国主义是资本主义的最高阶段》一书的第三章《金融资本和金融寡头》里写道，生产的集中，由集中而成长起来的垄断，银行和工业的融合或混合生长，这就是金融资本产生的历史和这一概念的内容。[①]我们现在看到的美国本世纪70年代的上述情况，正是列宁在1916年撰写的这本著作里所论证的"金融资本"。新的情况主要有二，一是列宁当时讲的"亿万富翁洛克菲勒和摩根的银行"如今所控制的资本比本世纪初期要大得多，二是像"共同基金"一类的金融机构有了发展。关于后者，我很快就会讲到。

第二，关于各大金融机构对这89家巨型公司的控股户数。现在要说的是少数金融机构控制股票的范围。对梅特卡夫参议员公函所提问题全部做了答复的89家巨型公司的分类为：工业公司25家，交通运输公司26家，公用事业公司20家，商品零售公司8家，银行9家，人寿保险公司1家。1972年，对这89家巨型公司有投票权的股票占有2%以上、占有的公司户数在3家以上的金融机构共24家。由于只限于这89家巨型公司，范围甚窄，占有其有投票权的股票2%以上的金融机构也只限于24家；上列31个巨型金融机构有一些在此处没有出现，而另几家没有列进那31家名单之内的金融机构却露了面。其占有情况（所占有各家的有投票权的股票都在2%以上；下面分列各金融机构，只讲它们各自在这89家中占有这种股票的公司户数，不提占有股票的百分比）如下：

锡德公司：55家，其中工业公司17家，交通运输公司16家，公用事业公司14家，商品零售公司7家，银行1家；

大通银行：46家，其中工业公司17家，交通运输公司14家，公用事业公司8家，商品零售公司4家，银行2家，人寿保险公司1家；

---

① 参见《列宁全集》第22卷，第218页。

摩根银行：29家，其中工业公司9家，交通运输公司8家，公用事业公司3家，商品零售公司6家，银行2家，人寿保险公司1家；

花旗银行：28家，其中工业公司7家，交通运输公司7家，公用事业公司7家，商品零售公司1家，银行5家，人寿保险公司1家；

银行家信托公司：21家，其中工业公司8家，交通运输公司7家，公用事业公司2家，商品零售公司2家，银行2家；

梅里尔—林奇—皮尔斯—芬纳—史密斯公司（以下简称梅里尔—林奇公司）：19家，其中工业公司4家，交通运输公司10家，公用事业公司3家，商品零售公司2家；

纽约银行：17家，其中工业公司3家，交通运输公司9家，公用事业公司2家，商品零售公司3家；

波士顿州街银行与信托公司（以下简称波士顿州街公司）：16家，其中工业公司3家，交通运输公司6家，公用事业公司1家，商品零售公司4家，银行1家，人寿保险公司1家；

制造商汉诺威信托公司：9家，其中工业公司3家，交通运输公司3家，公用事业公司2家，银行1家；

芝加哥第一国民银行：8家，其中工业公司3家，交通运输公司2家，公用事业公司1家，商品零售公司1家，银行1家；

波士顿国民肖玛特公司：6家，其中工业公司1家，交通运输公司4家，商品零售公司1家；

大陆伊利诺银行：6家，其中工业公司2家，交通运输公司3家，商品零售公司1家；

堪萨斯城商业银行：6家，其中工业公司1家，交通运输公司2家，公用事业公司1家，商品零售公司1家，银行1家；

波士顿第一国民银行：5家，其中工业公司4家，交通运输公司1家；

底特律国民银行：5家，其中工业公司4家，交通运输公司1家；

纽约化学银行：5家，其中交通运输公司2家，公用事业公司1家，商品零售公司1家，银行1家；

明尼阿波利斯西北国民银行：5家，其中交通运输公司2家，商品零售公司3家；

泽西城第一泽西银行：5家，其中交通运输公司2家，公用事业公司1家，商品零售公司2家；

布朗兄弟与哈里曼公司：4家，其中工业公司1家，公用事业公司1家，商品零售公司2家；

美国信托公司：3家，其中工业公司2家，公用事业公司1家；

特拉华银行：3家，其中交通运输公司1家，银行2家；

梅隆银行：3家，其中商品零售公司1家，银行2家；

费城吉拉德信托银行：3家，其中公用事业公司、商品零售公司和银行各1家；

明尼阿波利斯第一国民银行：3家，其中公用事业公司、商品零售公司、银行各1家。[①]

以上24家金融机构合计，平均每家在12.9家巨型公司中占有有投票权的股票2%以上。

在前文提到的89家巨型公司中，锡德公司一家握有2%以上股票的公司就占了其中的55家，达公司总数的61.79%；大通银行一家握有2%以上股票的公司占了其中的46家，达公司总数的51.6%；摩根银行、花旗银行、银行家信托公司握有2%以上股票的公司也分别达到公司总数的32.58%、31.46%和24%。国会文件就此发表评论说，仅凭这一点即可看出美国工业、交通运输、公用事业和零售商业公司的有投票权的股票是集中在纽约少数几家银行和其他金融机构的手中。[②]

第三，关于八大金融机构对80余家巨型公司的控股比例。所谓八大金融机构，就是上列24家金融机构中的头8家。1972年，它们分别在这89家巨型公司里的10家以上中占有有投票权的股票（下同，不另注明）2%以上。按行业分类，这8家金融机构在这些公司里各自占有股票的百分比如下：

工业

A. 石油公司

[①] 参见《公司所有权的泄露》，第24页。
[②] 同上书，第6页。

莫比尔石油公司（又称美孚石油公司）：锡德公司：2.3%；大通银行：5.2%；摩根银行：2.9%；银行家信托公司：6.1%。

大西洋富田公司（简称阿尔科）：锡德公司：2.3%；大通银行：4.5%；花旗银行：2.7%。

大陆石油公司：锡德公司：4.4%；摩根银行：2.2%；银行家信托公司：5.8%。

阿什兰石油公司：锡德公司：7%；摩根银行：2.1%。

B. 其他工业公司

福特汽车公司：大通银行：3.5%；花旗银行：2.9%；波士顿州街公司：2.2%。

通用电气公司：大通银行：3.6%；摩根银行：2.7%。

克莱斯勒汽车公司：锡德公司：12.1%；大通银行：4%；梅里尔—林奇公司：2.2%；波士顿州街公司：2%。

威斯汀豪斯电气公司（又译西屋电气公司，机电）：大通银行：2.1%；摩根银行：5%。

美国无线电公司（机电）：大通银行：4.2%；梅里尔—林奇公司：3.2%。

联合碳化物公司（化学）：锡德公司：3.2%；大通银行：5.2%；银行家信托公司：2.4%；梅里尔—林奇公司：2%。

克拉夫特公司（食品）：锡德公司：2.1%；花旗银行：2.4%。

格雷杭得公司（多种产品）：锡德公司：8.1%。

利顿工业公司（电子，军工）：锡德公司：8.4%；大通银行：9%。

卡特彼勒拖拉机公司：摩根银行：2.1%；花旗银行：5%。

孟山都公司（化学）：锡德公司：3.1%；大通银行：7.4%；摩根银行：2.4%。

道氏化学公司：大通银行：2%；银行家信托公司：2.1%。

联合飞机公司（后改称联合技术公司。飞机、导弹）：锡德公司：4.6%；大通银行：4%；摩根银行：7%；银行家信托公司：3.1%；纽约银行：4%。

施乐公司（复印机）：锡德公司：4.3%；大通银行：2.5%；摩根银

行：3.9%；花旗银行：6.1%；银行家信托公司：2.5%。

雷诺兹工业公司（烟草）：大通银行：2.8%。

本迪克斯公司（机电、导弹）：锡德公司：4.9%；花旗银行：10.9%；银行家信托公司：4.9%。

联合布兰兹公司（食品）：锡德公司：20.5%；大通银行：8%；梅里尔—林奇公司：2.5%。

特克斯特隆公司（多种经营，包括导弹）：锡德公司：4.7%；花旗银行：4.1%；纽约银行：2.2%。

沃纳—兰伯特公司（医药）：锡德公司：2.4%；大通银行：4.7%；银行家信托公司：2.8%。

雷锡昂公司（机电、导弹）：锡德公司：5.5%；大通银行：2%；纽约银行：4.2%；波士顿州街公司：3.7%。

交通运输

A. 航空公司

联合航空公司：锡德公司：3.7%；大通银行：8.3%；摩根银行：2.5%；花旗银行：3.1%；银行家信托公司：6.3%；波士顿州街公司：2.4%。

美国航空公司：锡德公司：2.9%；大通银行：9%；摩根银行：4.3%；花旗银行：3.3%；银行家信托公司：8.1%；纽约银行：4.7%。

泛美航空公司：锡德公司：15%，大通银行：2.7%；摩根银行：2%；银行家信托公司：3.7%；梅里尔—林奇公司：2.3%；纽约银行：3.7%；波士顿州街公司：3.6%。

西北航空公司：锡德公司：4.8%；大通银行：6.9%；摩根银行：2.1%；银行家信托公司：4.9%；纽约银行：6.5%。

布兰尼夫航空公司：锡德公司：15.3%；花旗银行：3.7%；银行家信托公司：5.8%；梅里尔—林奇公司：3.5%；纽约银行：4.4%；波士顿州街公司：4.1%。

西方航空公司：大通银行：7.3%；摩根银行：5.1%；梅里尔—林奇公司：5.7%。

太平洋西南航空公司：锡德公司：21.3%；波士顿州街公司：6.5%。

中北部航空公司：锡德公司：10.6%。

边疆航空公司：锡德公司：10.7%。

B. 铁路公司

宾夕法尼亚中央运输公司：锡德公司：18.9%，梅里尔—林奇公司：2.7%。

伯林顿北方公司：大通银行：6.7%，银行家信托公司：4.5%；梅里尔—林奇公司：2.5%；纽约银行：6.1%；波士顿州街公司：4.2%。

诺福克西方铁路公司：大通银行：4.2%；摩根银行：2.1%。

切萨皮克—俄亥俄铁路公司：梅里尔—林奇公司：4.4%。

海岸沿线实业公：锡德公司：4.4%；大通银行：6.2%；摩根银行：3.2%；花旗银行：2.8%。

南方铁路公司：大通银行：8.3%；摩根银行：3.5%；花旗银行：2%；纽约银行：2%；波士顿州街公司：7.1%。

芝加哥—密尔沃基—圣保罗与太平洋公司：锡德公司：32.6%；大通银行：2.8%；梅里尔—林奇公司：4.4%。

圣路易斯—旧金山铁路公司：大通银行：6.5%；银行家信托公司：3.9%；梅里尔—林奇公司：2.5%；纽约银行：2.6%。

里奥格兰德实业公司：锡德公司：7.7%；大通银行：5.7%；花旗银行：4%；纽约银行：5.4%。

堪萨斯城南方实业公司：锡德公司：13.9%；大通银行：5.3%；花旗银行：2.1%。

苏线铁路公司：锡德公司：8.4%。

雷丁铁路公司：梅里尔—林奇公司：3.6%。

海湾—莫比尔—俄亥俄铁路公司：梅里尔—林奇公司：5.8%。

C. 其他运输公司

西特兰轮船公司：锡德公司：4.2%；大通银行：3.1%；纽约银行：4.4%。

斯佩克特实业公司：锡德公司：15.1%。

公用事业

A. 电信

通用电话电子公司：锡德公司：3.8%；花旗银行：2.3%。

大陆电话公司：锡德公司：2.4%；大通银行：4.9%；花旗银行：5.1%；纽约银行：2.8%。

西部联合公司：锡德公司：6.9%；大通银行：4.3%；银行家信托公司：6.2%；波士顿州街公司：4.1%。

B. 其他公用事业

美国电力公司：锡德公司：5.5%；大通银行：2.8%。

弗吉尼亚电力公司：摩根银行：3.1%；花旗银行：5.6%；梅里尔—林奇公司：3.7%。

得克萨斯东部管道公司：纽约银行：2.6%。

得克萨斯公用事业公司：大通银行：2.9%；摩根银行：2.1%；花旗银行：2.4%。

美国天然气公司：锡德公司：5.4%。

尼亚加拉—莫豪克电力公司：锡德公司：6.9%。

东北公用事业公司：锡德公司：3%。

宾兹公司：大通银行：2.8%；花旗银行：7.5%；梅里尔—林奇公司：3%。

巴尔的摩天然气和电力公司：锡德公司：4.2%；大通银行：2.1%。

阿勒格尼电力公司：锡德公司：5.9%；大通银行：2.8%；花旗银行：3.6%。

横贯大陆天然气管道公司：锡德公司：4.3%；银行家信托公司：2%。

宾夕法尼亚电力与电灯公司：锡德公司：3.8%。

长岛电灯公司：锡德公司：4.6%；大通银行：5.1%；摩根银行：3.9%；花旗银行：3%。

波托马克电力公司：锡德公司：6.1%。

太平洋电力与电灯公司：梅里尔—林奇公司：2.5%。

克利夫兰电力照明公司：锡德公司：3.3%。

商品零售

安全连锁店：锡德公司：5.3%；大通银行：10.5%；摩根银行：

3%；梅里尔—林奇公司：2.5%。

甘布尔—斯科格莫公司：锡德公司：5.4%；波士顿州街公司：3.1%。

大联公司：锡德公司：13.6%；大通银行：2.5%；摩根银行：3.3%。

梅西公司：锡德公司：2.4%；大通银行：3.4%；摩根银行：6.2%；纽约银行：3.3%；波士顿州街公司：2.6%。

州际百货公司：锡德公司：18.7%；大通银行：3.7%；摩根银行：4.1%；花旗银行：4%；银行家信托公司：2.7%；纽约银行：5.1%。

库克联合公司：锡德公司：6%；银行家信托公司：4.2%；纽约银行：2.2%；波士顿州街公司：2.9%。

梅尔维尔鞋公司：锡德公司：2.2%；摩根银行：6.7%。

普韦布洛国际公司：摩根银行：2.7%；梅里尔—林奇公司：9.7%；波士顿州街公司：3.4%。

保险

旅客保险公司：大通银行：3%；摩根银行：6%；花旗银行：2%；波士顿州街公司：3.8%。[①]

列宁在《帝国主义是资本主义的最高阶段》一书中曾经说过，只要金融资本在一家股份公司里占有了40%的股票，就能操纵该公司的业务。[②] 现在情况不同了。一般说来，现代资本主义企业，凡是公开发行股票的公司，某一金融机构只要占有了某一巨型公司有投票权的普通股票5%左右，就足以左右该公司的人事安排和经营方针。事情还不仅如此。这份美国国会文件援引国会众议院银行与通货委员会国内金融小组委员会的一项研究结论，说："在一家公开发行股票的公司里，即使只握有其股票的1%或2%，就可以对该公司的政策方针和经营管理施加极大的影响。"[③] 这个结论是根据美国现在的情况做出的，很值得我们注意。

---

① 参见《公司所有权的泄露》，第24—26页。
② 参见《列宁全集》第22卷，第220页。
③ 《公司所有权的泄露》，第9页。

上述八大金融机构分别在这 80 余家公司的 10 家以上中占有股票 2％以上。同时，你只要稍微仔细地注意一下它们的占有状况，即可看出以下引人注目的现象：

锡德公司在其中占有股票达 5％以上的公司共有 28 家；其中占有股票达 10％以上的公司有 13 家，占有股票达 15％以上的公司有 8 家，占有股票达 20％以上的公司有 3 家，最高的一家超过了 30％。大通银行在其中占有股票达 5％以上的公司有 17 家，其中有 1 家超过了 10％。花旗银行在其中占有股票达 5％以上的公司有 6 家，其中有 1 家超过了 10％。摩根银行和银行家信托公司在其中占有股票达 5％以上的公司也各为 6 家。此外，在这些公司中占有股票达 5％以上的金融机构及其占有的户数为：纽约银行：4 家；梅里尔—林奇公司：3 家；波士顿州街公司：2 家。

此处说一下拥有股权和投票权的关系问题。上列股票的投票权大部分而不是全部掌握在这些金融机构手里，因为就银行的信托投资部分而言，股权和投票权之间存在着一定的差异。非信托投资则不是这样。

拙作《美国走马观花记》第一章《纽约街头》和第九章《再访纽约》都曾提到，70 年代在美国期间，我曾与大通银行、摩根银行、花旗银行、制造商汉诺威信托公司等巨型商业银行的负责人有过一些交往，参观过这些银行的总部（其中还包括旧金山的美利坚银行总部），并曾应邀出席过摩根银行、花旗银行、制造商汉诺威信托公司的股东年会，对这些银行的状况多少取得了一点感性知识。其中的一个方面，就是这些银行的信托部（大通银行加上其属下的纽约大通投资者管理公司）在巨型工商业公司里拥有的投票权。它们只向股东们报告这一种投票权；是否还有别的投票权，他们不讲，我们自然也不便打听。现在以大通银行为例，说一下这方面的情况。

大通银行信托部占有的 50 家大型工商业公司的股票分为两种：一种由该行拥有全部投票权，另一种是该行与原投资者分分享投票权。纽约大通投资者管理公司占有的 100 家大型工商业公司的股票，其大部投票权由该行与原投资者分享，一部分为该行独占。把这两种股票加在一起，1975 年底，该行拥有股权所具有的投票权，一般绝大部分掌握在该行手中。该行开列的单子中有一种颇具重要性的现象，即大通银行在杰·普·摩根公司、第一芝加哥公司（银行）和花旗公司都有投资。① 我随后还会说到这一点。

我手头还有摩根银行、花旗银行同样的材料。因大通银行的上述情况具有代表性，可以举一反三，为节省篇幅，就不再引用了。

只要我们考虑一下上述国会文件援引的国会众议院银行与通货委员会国内金融小组委员会所做的结论，即不难看出，包括大通银行在内的上述8家金融机构对美国巨型工业、交通运输、公用事业、零售商业等类公司的控制已经达到了何种程度。这就是当今美国的金融资本和金融寡头，这也就是当今美国的生产资料垄断资本占有制的主要形式。

第四，关于30家最大的股票持有者、少数几家纽约银行加锡德公司（凡该公司持有股票者）对巨型工、交、商、公用事业公司的控股状况。让我们来进一步看一看30家最大股票持有者、少数几家纽约银行加锡德公司（不是设在纽约市的全部金融业，因为没有把纽约市的那些巨型保险公司、投资银行等等金融机构持有的股票计算在内）对美国工、交、商和公用事业等巨型企业的控制程度。还是就这些材料比较充分的89家公司来说吧。据这本国会文件记载，1972年，30家最大股票持有者和其中的纽约几家银行（及其中的银行或公司）以及纽约的几家银行加锡德公司对这89家公司的股票占有在各该公司发行的全部普通股票中所占的百分比，其按行业分类的情况如下：

工业

A. 石油公司

莫比尔石油公司：30家最大股票持有者：29%；其中纽约几家银行：17.4%；其中银行家信托公司：6.1%；纽约几家银行加锡德公司：19.7%。

大西洋富田公司：30家最大股票持有者：26.3%；其中纽约几家银行：11.7%；其中大通银行：4.5%；纽约几家银行加锡德公司：14%。

---

① 1975年《大通银行年度报告》附件：50 Combined Major Common Stock Holdings in Accounts of the Trust Department of the Chase Manhattan Bank, N. A. and Chase Investors Management Corporation, N. Y.

大陆石油公司：30家最大股票持有者：30.8%；其中纽约几家银行：13.3%；其中银行家信托公司：5.8%；纽约几家银行加锡德公司：17.7%。

阿什兰石油公司：30家最大股票持有者：22.6%；其中纽约几家银行：3%；其中摩根银行：2.1%；纽约几家银行加锡德公司：10%。

B. 其他工业公司

福特汽车公司：30家最大股票持有者：35.7%；其中纽约几家银行：11.2%；其中大通银行：3.5%；纽约几家银行加锡德公司：12.8%。

通用电气公司：30家最大股票持有者：21.1%；其中纽约几家银行：14%；其中大通银行：3.6%；纽约几家银行加锡德公司：15.6%。

克莱斯勒汽车公司：30家最大股票持有者：41.2%；其中纽约几家银行：8.2%；其中大通银行：4%；纽约几家银行加锡德公司：20.3%。

威斯汀豪斯电气公司：30家最大股票持有者：23.1%；其中纽约几家银行：11.7%；其中摩根银行：5%；纽约几家银行加锡德公司：13.4%。

美国无线电公司：30家最大股票持有者：24%；其中纽约几家银行：7.2%；其中大通银行：4.2%。

联合碳化物公司：30家最大股票持有者：26.7%；其中纽约几家银行：12.9%；其中大通银行：5.2%；纽约几家银行加锡德公司：16.1%。

克拉夫特公司：30家最大股票持有者：26.7%；其中纽约几家银行：7.3%；其中花旗银行：2.4%；纽约几家银行加锡德公司：9.4%。

格雷杭得公司：30家最大股票持有者：20%；其中纽约几家银行：2.7%；纽约几家银行加锡德公司：10.8%。

利顿工业公司：30家最大股票持有者：45.5%；其中纽约几家银行：11.9%；其中大通银行：9%；纽约几家银行加锡德公司：20.3%。

卡特彼勒拖拉机公司：30家最大股票持有者：30%；其中纽约几家银行：13.2%；其中花旗银行：5%；纽约几家银行加锡德公司：14.5%。

孟山都公司：30家最大股票持有者：31.9%；其中纽约几家银行：12.4%；其中大通银行：7.4%；纽约几家银行加锡德公司：15.5%。

道氏化学公司：30家最大股票持有者：26.1%；其中纽约几家银行：7.1%；其中银行家信托公司：2.1%；纽约几家银行加锡德公司：8.2%。

联合飞机公司：30家最大股票持有者：44.7%；其中纽约几家银行：20.6%；其中摩根银行：7%；纽约几家银行加锡德公司：25.2%。

施乐公司：30家最大股票持有者：31.9%；其中纽约几家银行：19.8%；其中花旗银行：6.1%；纽约几家银行加锡德公司：24.1%。

雷诺兹工业公司：30家最大股票持有者：27.6%，其中纽约几家银行：7.1%，其中大通银行：2.8%。

本迪克斯公司：30家最大股票持有者：37.4%；其中纽约几家银行：17.9%；其中花旗银行：10.9%；纽约几家银行加锡德公司：22.8%。

联合布兰兹公司：30家最大股票持有者：69.5%，其中纽约几家银行：10.7%；其中大通银行：8%；纽约几家银行加锡德公司：31.2%。

特克斯克隆公司：30家最大股票持有者：39.1%，其中纽约几家银行：6.3%；其中花旗银行4.1%；纽约几家银行加锡德公司：11%。

CPC国际公司（食品）：30家最大股票持有者：23.2%；其中纽约几家银行：6.6%；其中摩根银行：1.5%。

沃纳—兰伯特公司：30家最大股票持有者：28.3%；其中纽约几家银行：14.3%；其中大通银行：4.7%；纽约几家银行加锡德公司：16.7%。

雷锡昂公司：30家最大股票持有者：42.6%；其中纽约几家银行：7.8%；其中纽约银行：4.2%；纽约几家银行加锡德公司：13.3%。

交通运输

A. 航空公司

联合航空公司：30家最大股票持有者：47.1%，其中纽约几家银行：21.9%；其中大通银行：8.3%；纽约几家银行加锡德公司：25.6%。

美国航空公司：30家最大股票持有者：44.6%；其中纽约几家银行：30.8%；其中大通银行：9%；纽约几家银行为加锡德公司：33.7%。

泛美航空公司：30家最大股票持有者：49.2%；其中纽约几家银行：13.6%；其中银行家信托公司：3.7%；纽约几家银行加锡德公司：28.6%。

西北航空公司：30家最大股票持有者：53%；其中纽约几家银行：22.5%；其中大通银行：6.9%；纽约几家银行加锡德公司：27.3%。

布兰尼夫航空公司：30家最大股票持有者：56.1%；其中纽约几家银

行：17.1%；其中银行家信托公司：5.8%；纽约几家银行加锡德公司：32.4%。

西方航空公司：30家最大股票持有者：64%；其中纽约几家银行：13.8%；其中大通银行：7.3%。

太平洋西南航空公司：30家最大股票持有者：56.8%；其中纽约几家银行：3.7%；纽约几家银行加锡德公司：25%。

中北部航空公司：30家最大股票持有者：26.1%；其中锡德公司：10.6%。

边疆航空公司：30家最大股票持有者：66.2%；纽约几家银行加锡德公司：10.9%。

B. 铁路公司

宾夕法尼亚中央运输公司：30家最大股票持有者：42.4%；纽约几家银行加锡德公司：20.6%。

伯林顿北方公司：30家最大股票持有者：36%；其中纽约几家银行：30%；其中大通银行：6.7%。

诺福克西方铁路公司：30家最大股票持有者：37%；其中纽约几家银行：9.1%；其中大通银行：4.2%。

切萨皮克—俄亥俄铁路公司：30家最大股票持有者：19.7%；其中纽约几家银行：4.3%。

海岸沿线实业公司：30家最大股票持有者：40.1%；其中纽约几家银行：15.8%；其中大通银行：6.2%；纽约几家银行加锡德公司：20.2%。

南方铁路公司：30家最大股票持有者：40.2%；其中纽约几家银行：18.5%；其中大通银行：8.3%。

芝加哥—密尔沃基—圣保罗与太平洋公司：30家最大股票持有者：68.5%；其中纽约几家银行：5.2%；其中大通银行：2.8%；纽约几家银行加锡德公司：37.8%。

圣路易斯—旧金山铁路公司：30家最大股票持有者：48.2%；其中纽约几家银行：19.8%；其中大通银行：6.5%。

里奥格兰德实业公司：30家最大股票持有者：54.2%；其中纽约几家银行：19.2%；其中大通银行：5.7%；纽约几家银行加锡德公

司：26.9%。

堪萨斯城南方实业公司：30家最大股票持有者：49.3%；其中纽约几家银行：10%；其中大通银行：5.3%；纽约几家银行加锡德公司：23.9%。

苏线铁路公司：30家最大股票持有者：73.7%；纽约化学银行加锡德公司：9.4%。

雷丁铁路公司：30家最大股票持有者：70.6%；

海湾—莫比尔—俄亥俄铁路公司：30家最大股票持有者：52%；其中纽约几家银行：3.2%。

密苏里太平洋系统：30家最大股票持有者：72.2%。

芝加哥—罗克艾兰—太平洋铁路公司：30家最大股票持有者：92%；其中纽约几家银行：78.1%；其中纽约化学银行：77.4%。

C. 其他运输公司

西特兰轮船公司：30家最大股票持有者：88.3%；其中纽约几家银行：11%；其中纽约银行：4.4%；纽约几家银行加锡德公司：15.2%。

斯佩克特实业公司：30家最大股票持有者：72%；大通银行加锡德公司：15.4%。

公用事业

美国电话电报公司：30家最大股票持有者：7.5%；其中纽约几家银行：3%。

大陆电话公司：30家最大股票持有者：29.4%；其中纽约几家银行：15.2%；其中花旗银行：5.1%；纽约几家银行加锡德公司：17.6%。

西部联合公司：30家最大股票持有者：43%；其中纽约几家银行：17.8%；其中银行家信托公司：6.2%；纽约几家银行加锡德公司：24.7%。

通用电话电子公司：30家最大股票持有者：18.1%；其中纽约几家银行：4.7%；其中花旗银行：2.3%。

美国电力公司：30家最大股票持有者：25.5%；其中纽约几家银行：13.3%；其中制造商汉诺威信托公司：3.5%；纽约几家银行加锡德公司：18.8%。

弗吉尼亚电力公司：30家最大股票持有者：29.9%；其中纽约几家银行：16.1%；其中花旗银行：5.6%。

得克萨斯东部管道公司：30家最大股票持有者：26.9%；其中纽约几家银行：9.8%；其中纽约银行：2.6%。

得克萨斯公用事业公司：30家最大股票持有者：25.8%；其中纽约几家银行：11%；其中大通银行：2.9%；纽约几家银行加锡德公司：12.3%。

美国天然气公司：30家最大股票持有者：29.3%；其中纽约几家银行：10.1%；其中储蓄银行与信托公司：2.3%；纽约几家银行加锡德公司：15.5%。

尼亚加拉—莫豪克电力公司：30家最大股票持有者：16.9%；其中纽约几家银行：7.5%；其中纽约米德兰海运银行：2.7%；纽约几家银行加锡德公司：14.4%。

东北公用事业公司：30家最大股票持有者：14.1%；其中纽约几家银行：2.8%；纽约几家银行加锡德公司：5.8%。

宾兹公司：30家最大股票持有者：40.9%；其中纽约几家银行：18.6%；其中花旗银行：7.5%。

巴尔的摩天然气和电力公司：30家最大股票持有者：24.6%；其中纽约几家银行：4.8%；其中大通银行：2.1%；纽约几家银行加锡德公司：9%。

阿勒格尼电力公司：30家最大股票持有者：27.9%；其中纽约几家银行：9.3%；其中花旗银行：3.6%；纽约几家银行加锡德公司：15.2%。

横贯大陆天然气管道公司：30家最大股票持有者：27.1%；其中纽约几家银行：2.5%；其中银行家信托公司：2%；纽约几家银行加锡德公司：6.8%。

宾夕法尼亚电力与电灯公司：30家最大股票持有者：18.6%；其中纽约几家银行：2.1%；纽约几家银行加锡德公司：5.9%。

长岛电灯公司：30家最大股票持有者：26.4%；其中纽约几家银行：14.3%；其中大通银行：5.1%；纽约几家银行加锡德公司：18.9%。

波托马克电力公司：30家最大股票持有者：14.8%；其中纽约几家银行：1.2%；纽约几家银行加锡德公司：7.3%。

太平洋电力与电灯公司：30家最大股票持有者：10%。

克利夫兰电力照明公司：30家最大股票持有者：24.1%；其中纽约几家银行：3.2%；纽约几家银行加锡德公司：6.5%。

商品零售

安全连锁店：30家最大股票持有者：33.5%；其中纽约几家银行：18.4%；其中大通银行：10.5%；纽约几家银行加锡德公司：23.7%。

甘布尔—斯科格莫公司：30家最大股票持有者：55.1%；其中纽约几家银行：7.2%；其中欧文信托公司：2.5%；纽约几家银行加锡德公司：12.6%。

大联公司：30家最大股票持有者：45.2%；其中纽约几家银行：12.6%；其中摩根银行：3.3%；纽约几家银行加锡德公司：26.2%。

梅西公司：30家最大股票持有者：44.5%；其中纽约几家银行：15.5%，其中摩根银行：6.2%；纽约几家银行加锡德公司：17.9%。

州际百货公司：30家最大股票持有者：63.6%；其中纽约几家银行：24.4%；其中纽约银行：5.1%；纽约几家银行加锡德公司：43.1%。

库克联合公司：30家最大股票持有者：57.4%；其中纽约几家银行：8.5%；其中银行家信托公司：4.2%；纽约几家银行加锡德公司：14.5%。

梅尔维尔鞋公司：30家最大股票持有者：42.9%；其中纽约几家银行：10.2%；其中摩根银行：6.7%；纽约几家银行加锡德公司：12.4%。

普韦布洛国际公司：30家最大股票持有者：76.9%；其中纽约几家银行：2.7%（即摩根银行）。

保险

旅客保险公司：30家最大股票持有者：34%；其中纽约几家银行：14.4%；其中摩根银行：6%；纽约几家银行加锡德公司：16.2%。[1]

---

[1] 参见《公司所有权的泄露》，第26—28页。

我们从中可以看出以下几点：

一是这 30 家最大的股票持有者对这 80 余家巨型工、交、商、公用事业等类公司发行的有投票权的股票的占有程度，除少数外，普遍在 20% 以上；纽约几家银行加锡德公司对这些公司的控股程度一般都在 10% 以上。

二是这 30 家最大的股票持有者对这 80 余家公司中的 47 家的股票占有超过了 30%，对其中的 16 家超过了 40%，对其中的 7 家超过了 50%，对其中的 5 家超过了 60%，对其中的另外 5 家超过了 70%，对其中的 1 家超过了 80%，对其中的另 1 家超过了 90%。

三是纽约几家银行加锡德公司对这 80 余家公司中的 23 家的股票占有超过了 20%，对其中的 5 家超过了 30%，对其中的 1 家超过了 40%，对其中的另 1 家超过了 70%。我在前面已经说明，此处的纽约金融机构没有把那些巨型保险公司（特别是人寿保险公司）和投资银行等包括在内。如果把它们包括进去，则纽约金融机构对这 80 余家公司的股票占有程度将大大提高。

此处需要注意的是，不要把这些包括银行等等在内的 30 家最大股票持有者看成是彼此孤立、老死不相往来的金融机构。实际上，它们之间的关系是既斗争又联合。国会参议院就它们之间相互渗透问题发出公函询问，收到的答复极少，基本上是水中捞月。但从得到的少数几份其内容仅限于浮出水面的部分答复里，也可以看出这些金融寡头的资本互相连接的特征。比如，花旗银行答复说，1972 年，大通银行信托部占有花旗银行股票 2.7%，摩根银行信托部占有花旗银行股票 2%；同年，银行家信托公司答复说，大通银行占有银行家信托公司股票 2.4%，波士顿州街公司占有银行家信托公司股票 2.1%。[①] 此外，我在前面提到过，1975 年大通银行占有其他几家银行的股票，其中，占有摩根银行的母公司——杰·普·摩根公司股票 5.9%，占有该公司的投票权 3%；占有第一芝加哥公司股票 2.2%，占有投票权 2.2%；占有花旗银行的母公司——花旗公司股票 2.5%，占有投票权 1.8%。这种金融机构互相渗透，使它们成为一个

---

① 参见《公司所有权的泄露》，第 7 页。

又一个集团，成为一种联合起来的势力，从而大大增强了它们控制巨型工商业公司的能力。

这就是当今美国的金融资本和金融寡头，这也就是当今美国生产资料垄断资本占有制的最重要形式。

我在上面主要以美国联邦国会的正式文件为据，就美国金融机构拥有的投资实力及投资总规模，24家金融机构对美国国内80余家工、交、公用事业、零售商业等巨型公司的控股范围及其户数，8家大金融机构在这80余家巨型公司发行的有投票权股票中所分别占有的百分比，以及30家最大的股票持有者、纽约几家银行加锡德公司对这80余家巨型公司股票的占有程度，分别做了叙述。

凡此种种，集中说明了一点，即当今美国的金融资本和金融寡头在实质上与列宁在78年前所作的论证是相同的，而其实力和垄断程度则大大超过了列宁所论证的那个时期。

上面援引的美国国会文件的材料有几个弱点：

第一，很不完全。因为国会发函询问的对象是324家巨型公司，而收到的比较充分的答复只有89家；而且询问的最重要的对象——银行，收到的答复也最少，答复的内容也最差。我们对美国金融资本的了解只能主要以此文件为据，因而对所要探讨的问题的认识不能不受到很大局限。

第二，很不准确。即使就答复比较充分的89家巨型公司而言，所列材料均以它们的自报为准，它们报多少就算多少（包括我在现场直接了解的部分情况在内）。在美国资本主义的条件之下，出于种种利害关系的考虑，要那些巨型企业把本公司的股票分布、占有情况如实向政府、国会报告，是很难做到的。就是那89家公司已经向国会提供的本公司30户最大股票占有者名单，其中有不少并非真名，而是股票占有者用的化名。而使用化名的股票占有者，又以商业银行为最。因为按照美国国会1933年通过的格拉斯—斯蒂高尔法（到70年代，这项法律仍然有效；到80年代末期才开始有所松动）的规定，商业银行除了其各自所属的信托部的资金以外，不得运用其他资金从事买卖有价证券（主要是企业股票；政府发行的债券不在内）的业务。它们从事这类投资业务，就成了隐私，好似尼姑养子女、皇后偷男人一样，要极力保密，不让别人知晓。保密的办法，就是曹雪芹采用过的手法——"甄士隐",也就是将真名实姓隐去,改而使用化名和代号。

国会文件讲了这个问题的严重性,指出:各巨型公司向政府有关部门上报各自企业股票持有者的名单,"通常报的是种种代号①或街道字号②,由这类名称代表那些真正拥有股票的机构;而这些机构的本来名称在报告中通常是予以隐讳的。单独一家投资机构就有可能使用一打以上不同的代号或街头字号"。国会文件还以伯林顿北方公司(铁路)1973年上报的1972年本公司股票持有者名单为例,对此事做了具体说明。该文件指出,伯林顿北方公司这一年上报的30家拥有本公司股票最多、投票权最大的股票持有者名单中,许多家并不存在,只不过是一些银行的代用名称。比如,银行家信托公司在伯林顿北方公司持有的75.3219万股,就分别使用了亨法公司、皮特公司、莱科公司、索尔凯尔德公司、彭迪维公司、巴尼特公司6个化名;波士顿州街公司在伯林顿北方公司里拥有的56.15万股,也使用了巴克公司、塔奇斯通公司、穆芬公司等化名;大通银行在该公司里拥有的68.3858万股,使用了卡德公司名称;纽约银行在该公司拥有的65.7270万股,使用了勒切公司名称。其他银行,如摩根银行、制造商汉诺威信托公司、纽约储蓄银行与信托公司、泽西第一国民银行、明尼阿波利斯西北国民银行、宾夕法尼亚第一银行与信托公司、费城忠诚银行等金融机构在该公司里拥有的股票,也都是使用化名。国会文件说:"我们举出的此例绝非个别特殊现象,而是具有普遍性。投资机构、特别是银行拥有的股票,通常运用多种代号,诸如亨法公司、勒切公司、凯恩公司、巴克公司、佩斯公司,等等,以便向政府有关制订规章条例的部门和公众隐瞒,不让他们了解真情。当政府有关部门向他们询问这些'股票持有者'的所在地址时,他们只是简单地答以'纽约—纽约州'、'波士顿—马萨诸塞'或'费城—宾夕法尼亚',偶尔加上一个信箱号码。这些代号在各个城市的居民册上都是找不到的,在各个城市的电话簿上也是查不出来的;向那些标明号码的信箱寄去信件,从来收不到答复。"国会文件说,

---

① nominees.
② street names.

全国大约有 2000 家银行在占有工、交、商等巨型公司股票方面使用了 6000 个以上的化名。国会文件指出:"对联邦规章条例制订部门上报情况时就股票所有者持续使用这类代号的后果,是对极少数投资机构、特别是银行手里持有股票的集中程度的大规模隐瞒。"①

　　总之,美国各种金融机构,首先是银行究竟在工、交、商、公用事业等巨型公司中占有多少股票,是一笔糊涂账。上述各项都是最低数字。要真正弄明真相,弄个水落石出,几乎是不可能的。尽管如此,这一本国会文件里提供的上述各项材料,仍然可以使人眼界大开。它虽然很不完全,但所述金融机构对 80 余家巨型公司的股票占有状况仍然具有一定程度的代表性,可收举一反三之效。它虽然很不准确,但属于缩小、隐瞒性质,并非浮夸,只要知道有此隐情,心中有数,它就仍然可以作为我们立论的依据。

　　现在,我们就可以回到上面提出的问题了:谁是那些 500 家、50 家等等工、交、商、公用事业巨型垄断企业的垄断者呢?谁是那些在整个美国经济生活中起主宰作用的巨型企业的主宰者呢?

　　很明显,凌驾于这些垄断者之上、并且反过来垄断这些垄断者的那种势力,就是上述 32 家拥有最多投资资金的金融机构,就是上述这 32 家中的 24 家金融机构,就是上述这 32 家中的 8 大金融机构,就是上述 30 家最大的股票持有者、纽约几家银行加锡德公司;总之,就是由这些为数极少的金融机构所代表的美国金融资本(包括在上列各项中没有出现的那些巨型银行、保险公司、投资银行、共同基金,等等)和金融寡头。

　　由此可见,在当今美国,生产社会化的程度是大大提高了(仅从前述"美国 500 家"即可看出这一点),而生产资料垄断资本占有的程度也确确实实空前地加强了。垄断资本既然占有了生产资料,也就占有了工人阶级(包括体力、脑力雇佣劳动者)的劳动力。这是不言自明的。

　　由此可见,生产社会化和生产资料垄断资本占有之间的矛盾,现在在美国不是缓和了,削弱了,消失了,而是相反,这个矛盾不仅继续存在,

---

① 《公司所有权的泄露》,第 3、5、135—136 页。

而且是发展了，加剧了，恶化了。

难道事实不是这样吗？

六

现在再进一步谈谈美国的金融资本和金融寡头，同时顺便说说"人民资本主义"和"资本民主化"问题。

国会的这份正式文件就美国金融资本和金融寡头所采取的方针、所具有的能量、所扮演的角色及其所发挥的作用，还做了若干进一步的叙述。这种叙述大致可概括为如下几点：

第一，国会文件说："这些投资机构——特别是银行——拥有可以运用的经济力量，对那些它们在其中持有股票的公司施加重大的影响。这些投资机构控制股票高度集中的公司，大多数为巨型公司。"① 这就是说，金融资本和金融寡头所持的方针，主要是抓大头，其主攻方向是控制那些规模巨大的工商业公司。

第二，国会文件说："很明显，这种高度集中的投票权可用以达到多种目的，包括控制持有股票的公司里的董事会和行政管理负责人，以及左右该公司的种种决策。"②

关于控制董事会问题，国会文件把几家银行自报的有关材料作为附件，其中摩根银行和大通银行自报的名单如下：

摩根银行与巨型工商企业互任对方董事的名单：

（1）美国航空公司：摩根银行在美国航空公司开了4个代用名称账户，拥有该公司4.3%的股票。卡特·伯吉斯同时任摩根银行和美国航空公司的董事。

（2）美国电话电报公司：摩根银行拥有美国电话电报公司0.1%的股票。该公司的附属公司——西方电气公司的总经理、董事唐纳德·普罗克诺同时也是摩根银行的董事。

---

① 《公司所有权的泄露》，第136页。
② 《公司所有权的泄露》，第13页。

（3）大西洋富田公司：摩根银行拥有大西洋富田公司0.5％的股票。摩根银行的董事长兼总经理埃尔莫尔·帕特森兼任大西洋富田公司的董事。

（4）埃冯产品公司：摩根银行1972年底拥有埃冯公司的股票8.2％。纽约人寿保险公司的董事长R.曼宁·布朗是摩根银行董事，也是埃冯产品公司的董事。

（5）伯林顿北方公司：摩根银行在伯林顿北方公司开了3个代用名称账号，拥有该公司股票1.4％。摩根银行董事、前董事长小约翰·迈耶兼任伯林顿北方公司董事。

（6）可口可乐公司：摩根银行1972年底拥有可口可乐公司股票3.6％。可口可乐公司董事长、总经理J.保罗·奥斯汀兼任摩根银行董事。

（7）大陆石油公司：摩根银行在大陆石油公司开了3个代用名称账户，拥有该公司股票2.2％。可口可乐公司董事长、总经理J.保罗·奥斯汀同时兼任摩根银行和大陆石油公司的董事。

（8）伊思曼柯达公司：摩根银行1972年底拥有伊思曼柯达公司股票4.8％。摩根银行董事、前董事长约翰·迈耶兼任伊思曼柯达公司董事。

（9）埃克森公司：摩根银行1972年底拥有埃克森公司股票1.6％。埃克森公司执行副总经理伊米利奥·科拉多任摩根银行董事。

（10）福特汽车公司：摩根银行在福特汽车公司开了两个代用名称账户，拥有该公司股票1.7％。卡特·伯吉斯兼任摩根银行和福特汽公司董事。

（11）通用电气公司：摩根银行拥有通用电气公司股票2.7％。其中大多数是作为通用电气储蓄与证券信托公司的托管者账户的代理人而持有的。可口可乐公司的董事长、总经理J.保罗·奥斯汀兼任摩根银行和通用电气公司的董事。摩根银行董事、前执行委员会主席托马斯·盖茨也是通用电气公司的董事。

（12）通用汽车公司：摩根银行1972年底拥有通用汽车公司股票1.5％。普罗克特—甘布尔公司的董事长兼总经理霍华德·摩根斯为摩根银行董事，同时是通用汽车公司财政委员会委员和董事会成员。珀金斯—丹尼尔斯—马科尔麦克公司法律顾问托马斯·珀金斯为摩根银行董事和执行委员会委员，兼任通用汽车公司董事和财政委员会委员。

（13）国际商用机器公司（IBM）：摩根银行 1972 年底拥有 IBM 股票 4.5％。IBM 的董事长兼总经理弗兰克·科里兼任摩根银行董事。

（14）默克公司：摩根银行 1972 年底拥有默克公司股票 4.1％。摩根银行总经理沃尔特·佩奇兼任默克公司董事。

（15）南方铁路公司：摩根银行在南方铁路公司开了 3 个代用名称账户，拥有该公司股票 3.5％。该公司总经理、首席执行官小 W. 格雷厄姆·克莱顿兼任摩根银行董事。摩根银行执行委员会主席拉尔夫·利奇兼任南方铁路公司董事。

（16）联合碳化物公司：摩根银行拥有联合碳化物公司的股票 0.9％。纽约人寿保险公司董事长 R. 曼宁·布朗同时任摩根银行董事和联合碳化物公司董事。

（17）联合飞机公司：摩根银行在联合飞机公司开了 4 个代用名称账户，拥有该公司股票 7％。埃特纳人寿和灾害保险公司董事、前董事长兼总经理奥尔科特·史密斯同时任摩根银行董事和联合飞机公司董事。

大通银行与巨型工商企业互任对方董事的名单：

（1）美国电话电报公司（AT&T）：大通银行在 AT&T 开了 3 个代用名称账户，拥有该公司普通股票 1.1％。AT&T 的执行副总经理、董事罗伯特·利利也是大通银行的董事。

（2）大西洋富田公司：大通银行在大西洋富田公司开了 4 个代用名称账户，拥有该公司股票的 4.5％。大西洋富田公司董事会主席、总经理罗伯特·安德森也是大通银行的董事。

（3）克莱斯勒汽车公司：大通银行在克莱斯勒开了 3 个代用名称账户，拥有该公司普通股票 4％。休利特—帕卡德公司总经理、首席执行官威廉·休利特既是大通银行的董事，也是克莱斯勒公司的董事。洛克菲勒家族的投资银行家和联系人 J. 理查森·迪尔沃思既是大通银行的董事，也是克莱斯勒公司的董事。

（4）哥伦比亚广播公司（见拙作《我说美国》，此处从略）。

（5）通用电气公司：大通银行在通用电气公司开了两个代用名称账户，拥有该公司普通股票 3.6％。联邦百货商店董事长拉尔夫·拉扎勒斯既是大通银行的董事，也是通用电气公司的董事。

（6）梅西公司：大通银行持有梅西公司普通股票的 3.4%，有一部分是作为梅西公司职工退休基金的托管者而持有的。美国电话电报公司执行副总经理、董事罗伯特·利利既是大通银行的董事，也是梅西公司的董事。洛克菲勒家族的投资银行家和联系人 J. 理查森·迪尔沃思同时兼任大通银行和梅西公司的董事。①

国会文件对上列两家银行自报名单的评语是：摩根银行只报了自己与在美国国内公开发行股票的那些公司互任对方董事的名单（对自己拥有股票份额的申报，摩根集团显然是很谦逊的），隐去了那些不公开发行股票的公司、国内公司的其他附属公司和外国公司的部分；大通银行则属于多次催问、一直拒绝答复的金融机构之列。②

尽管如此，上列两份名单仍具有一定的参考价值。从上列这两份名单中可以看出如下几种情况：

一是由被占有股票的工商业公司的负责人出任占有一方银行的董事。摩根银行名单中的第（2）、（6）、（9）、（10），大通银行名单中的第（1）、（2），属于这一类。

二是占有股票的一方银行与被占有股票的工商企业的负责人互为对方董事。摩根银行名单中的第（15）属于这一类。

三是由本银行董事出任被占有股票一方的董事。摩根银行名单中的第（1）、（5）、（8）、（10），属于这一类。

四是由本银行的最高负责人出任被占有股票一方的董事。摩根银行名单中的第（3）、（14）属于这一类。

五是由第三者出面，兼任占有、被占有股票双方的董事。摩根银行名单中的第（4）、（7）、（16）、（17），大通银行名单中的第（5），属于这一类。

六是由第三者出面加本银行董事，一起出任被占有股票一方的董事。摩根银行名单中的第（11）、（12），大通银行名单中的第（3）、（6），属于

---

① 参见《公司所有权的泄露》，第 385—387 页。
② 参见《公司所有权的泄露》，第 10 页。

这一类。

这6种类型的共同特征,就是列宁在《帝国主义是资本主义的最高阶段》中提到的银行资本与工商业资本"日益融合起来"的方式之一;也是摩根、洛克菲勒等美国著名财团得以组成的重要手段之一。

金融资本在董事会组成方面采取的这6种类型,其具体目的和性质又不完全相同。银行采取第1、第2两类形式,主要是为了密切、巩固和加深自己与工商业资本的关系,是壮大金融资本的势力所必需。银行采取第3、第4两类形式,是为了加强对工商业资本的控制,进一步驾驭工商业资本。银行采取第5、第6两类形式,其目的与第3、第4类相同,只是外表有别;因为所谓"第三者",实质上通常都是银行资本的代表,只不过是披了一件"第三者"的外衣而已。在这最后一类中,大通银行把自己的主要靠山洛克菲勒家族的一位代表人物公开端了出来,对我们了解情况,认识大通银行的财团背景,也是颇有裨益的。

我以为,上列名单有助于我们认识当今美国的金融资本和金融寡头。

第三,国会文件说:"当一家投资机构持有一家公司已发行的股票达到一种较大的百分比时,它就有能力调动其所需的另外一些股票的投票权,以批准或者不批准该公司(行政领导层)提出的建议。这些投资机构作为一个集团,拥有巨大的权力在投票表决时予以运用。""指出另一点也是重要的,即某一个个人在一家发行了几十万或几百万股股票的公司里持有少量几股甚至几百股,他并不认为自己的那一点儿投票权具有什么意义。可是,一家公司的股票托管者却可以把这种数以百计或数以千计的少量股票持有人手里的投票权合并在一起,使之形成一股重要的投票力量,变为自己的一种非常有价值的资产。"①

文件在此处说了两种情况:一种,各大金融机构(如前述8大金融机构,30个最大的股票持有者,纽约几家银行加锡德公司等等)在投票时拧成一股绳,结为一个集团,以左右一家巨型工商业公司的重大决策。另一种,"一家公司的股票托管者"(美国商业银行的信托部、投资银行、"共

---

① 《公司所有权的泄露》,第137页。

同基金",都是这样的托管者;工商业公司里的监事也是这样的托管者;这些公司的行政管理负责人也可以成为这种托管者)可以与那些为数众多的小额股票持有人签订"投票委托书",代表他们投票。通过这种方式,这种"股票托管者"就可以积小成大,积少成多,使自己成为"一股重要的股票力量"。当今美国的金融寡头之所以能控制比自有资本大几倍、几十倍的资产,其秘密之一在此。

第四,国会文件说:"这些投资机构所扮演的角色,当然不仅仅限于购买和出售股票以及在许多情况下运用投票权。有一些投资机构还向它们拥有股票的公司提供贷款或者提供保险,予以扶植。这些投资机构的代表通常总是坐在这些公司董事会的座席上的。在有一些情况下,这些投资机构还运用自己的优越条件促进兼并或者阻挠兼并。""一家银行的信托部选择收购股票的对象,通常是那些与本银行建立了商业银行业务关系的公司。某一家公司在某一家银行增加活期存款,在很大程度上是与该银行信托部掌握着该公司比较多的股票直接有关的,是互相联系的。"①

这几句话里,讲了几个意思。这就是:金融机构除运用投票权左右工商企业的人事安排和经营方针外,还(1)凭借自己拥有股权的优势,要求有关的工商企业向自己的机构增加存款;(2)向自己拥有股票的工商企业提供贷款(在美国,工商企业要从银行获得贷款,特别是获得优惠利率的贷款,往往是很难的),或提供保险(如该金融机构是保险公司的话);(3)促进这些工商企业从事兼并或者阻挠其兼并。一言以蔽之,就是金融机构运用自己的实力和手里的投票权壮大自己,扶植自己投资的企业;并从自身利害出发,帮助或者阻止有关企业的扩展。

列宁在《帝国主义是资本主义的最高阶段》一书第二章《银行和银行的新作用》中,对银行资本如何左右、操纵工商业资本的命运做过很具体的论述。当今美国的银行资本仍然是那样,没有实质性变化。我们从这里也可以看出金融寡头的权势及对其所控制的工商企业颐指气使的态势。

第五,国会文件引用一位刚刚在国会参议院一个小组委员会的听证会

---

① 《公司所有权的泄露》,第1、136页。

上做过证的工业界人士的证词，讲了以下情况："这些投资机构一直在抬高与他们有个人和企业业务关系的那些巨型公司的股票价格。中小型公司发行的股票在交易场上陷于衰弱无力、萎靡不振的状态之中；尽管它们的盈利颇佳，然而它们的股票价格却坠落到了新的低谷。由于股票市场压低这些中小型公司的股票价格，致使它们不可能从股票市场筹集所需资金，以更新或扩充设备。这样，它们就被迫不得不（向这些投资机构）求借所需资金，增加了债务负担，使它们的负债对净资产的比例升到了危险的高度。它们以步步上升的利率从银行手里借贷，正是这些银行把它们逼进了债务的深渊。"[1] 就这样，金融寡头迫使这些中小型企业变成了被兼并、被接管的对象，成为金融资本的猎物。

我在前面讲了垄断资本与中小型企业的关系的两个方面。国会文件在此处讲的是垄断资本欺压、排挤、吞食中小型企业的一面。二者之间的关系中存在着这一个方面，这是客观事实。这里还涉及一种引人注目的事实，即以大商业银行为首的金融机构操纵股票市场交易，运用其金融力量抬高在自己控制之下的那些巨型工商业公司的股票价格，压低其他股票价格，翻手为云，覆手为雨，使股票市场朝着对自己有利的方向发展。我在上一封信里谈及1987年10月"黑色星期一"事件时，已经提到过这一点。

在这里，我想简单提一下关于所有权与经营权分离的问题。美国国会这份文件反复提醒我们，以银行为首的金融资本运用占有的投票权"达到多种目的，包括控制持有股票的公司里的董事会和行政管理负责人，以及左右该公司的种种决策"，"批准或者不批准该公司（行政领导层）所提出的建议"，"促进兼并或者阻挠兼并"，如此等等。由此可见，在金融寡头的统治下，所有权与经营权并未分离。

此事就说这几句，不展开了。

以上就是我要引用的美国国会这本文件的主要部分。现在，让我们把美国国会这本文件的上列各项叙述与列宁在《帝国主义是资本主义的最高阶段》中有关章节的论证对照一下，难道列宁在78年前撰写的这本名著

---

[1] 《公司所有权的泄露》，第1、2页。

过时了吗？应当说，列宁这本名著有关章节的基本论断至今仍然有效，依然闪耀着真理的光辉，并未过时；而且只要帝国主义制度还存在于人世间，这本名著的基本论点就不会过时。再让我们把美国国会这本文件的上列各项叙述与那种"现代资本主义在很大程度上已经不再是垄断经济"的断言对照一下，还能说这种观点是符合实际、有事实根据的吗？

你说是不是这样呢？

在引述了这本国会文件有关金融资本、金融寡头部分以及小额股票持有者与种种"股票托管者"签订"投票委托书"、委托他们投票等部分以后，我在这里就便说说此信篇首提到的第 4 个问题，即美国资产阶级大肆宣传的所谓"人民资本主义"和"资本民主化"。

美国资产阶级的一些代表人物及其舆论工具从本世纪 40 年代开始到现在，一直在大力宣传所谓"人民资本主义"和"资本民主化"。这种有关"人民资本主义"和"资本民主化"的宣传的主要根据是：（1）由于股票的公开、大量发行，美国已经有 4000 多万人拥有股票；（2）有些企业实行"职工持有股票计划"①。据我所知，截至 1989 年，就大约有 1000 万美国职工持有本企业的股票（有些企业给职工发奖金，不给现金，而是代之以发股票）。这是由联邦国会通过的法律实施的。有关法律规定，凡实行此项计划的企业可以享受政府给予的某些优惠条件。显然，美国国会对推行此项措施是予以提倡和鼓励的。我国有的最具权威的大报前几年曾对这个"职工持有股票计划"做过报道，公开予以赞扬。

但据我所知的情况，此事不宜予以赞扬。其实际情况是：

第一，尽管美国持有公司股票的人数达 4000 多万人，尽管持有本企业股票的职工也已多达 1000 万人，但据另一份美国国会文件《美国财富的集中》所载，截至 80 年代上半期，美国各类公司的全部股票中，89.3％为仅占总人口 10％的"超级富豪"、"大富豪"和"富豪"所占有，占总人口 90％的普通老百姓仅握有其中的 10.7％。② 由此可见，4000 万人持有企业

---

① "职工持有股票计划"的英文原文为 Employee Stock Ownership Plan，简称 ESOP。

② The Concentration of Wealth in the United States，美国联邦国会联合经济委员会 1986 年英文版，第 25 页。

股票，只是一种表面现象；这些富豪与包括普通工人在内的一般群众占有企业股票之间的对比才显示出事物的本质。看一看这种百分比，美国的工商金融企业究竟属于哪个阶级所有，便一目了然，用不着再多说什么话了。

第二，占总人口90％的普通老百姓在公司股票总额中只占10.7％，每个人手中拿着的只能是小额股票，投票权小得可怜。他们前往各企业参加股东年会，参加对公司各种决策的投票，起不了任何作用，毫无意义。因此，他们大都是与上述种种"股票托管者"签订"投票委托书"，授权他们代为投票。就是说，他们只具有企业股东的名义，并不具有股东的真实身份，对公司的事务毫无发言权和参与决策权。工人群众拥有少量小额股票，并未真正成为该企业的股东。他们依旧是工人，即雇佣劳动者。他们拥有的企业股票与在银行里的存款没有多少差别。

第三，美国目前最盛行的一种主要是小额资金拥有者的投资渠道，就是"共同基金"公司。数以千万计的这类小额资金投资者通过"共同基金"公司购买了股票，根本不能成为各有关工商业公司的小股东，连委托投票的资格也没有。我马上就要说到此事。

第四，美国一些实行"职工持有股票计划"、用职工投资买下的企业，其实际控制权掌握在工会上层人物及其行政管理者手中。工人群众表面上是企业的"股东"，实际上仍然是雇佣劳动者。他们在"自己"的企业里随时都有被解雇的可能。这些企业解雇"主人"即解雇拥有本企业股票的工人的事情，在美国屡见不鲜。[①]

有关此事，细说起来，还可以说许许多多。此处只说了4条，我以为大体上就够了。从这4条事实来看，难道这也算得上是真正的"人民资本主义"吗？难道这也算得上是什么"资本民主化"吗？美国资产阶级在内部（如前面提到的那本军内教材，又如前面较详细引用过的那一本国会文件）讲的是垄断或资本主义垄断，而他们对外公开则讲"人民资本主义"和"资本民主化"。孰真孰假，难道不是明明白白的吗？我以为，既然是

---

① 《商业周刊》1991年9月9日，第40页。

资本主义，就不可能是人民的。如果是人民的，就不会是资本主义。既然是资本主义企业，就必然由资产阶级所主宰，所控制，就不可能有什么真正的"资本民主化"。既然是"资本民主化"了，企业的权力真正掌握在工人群众及其代表手中，也就不会是资本主义企业了。这个道理虽然简单，难道不也是明明白白的吗？

那一位逃亡美国的人士说："现代资本主义社会在财产关系方面更加复杂化了。很多企业不像过去我们看到的那样纯属一个资本家个人所有或家族所有，而是企业的股票公开上市，形式上任何人都可能成为企业的股东。……有的企业还鼓励职工入股。这样，企业内部的雇佣与被雇佣关系模糊了。"

关于股份公司和股票公开上市，早在马克思、恩格斯健在时就已经出现于人世间了，并不是现代资本主义社会里发生的新鲜事。但我要予以评论的并不是这一点。我认为值得质疑的是，所谓"企业内部的雇佣与被雇佣关系模糊了"的断语是否正确。难道随着股票的公开、大量上市和职工持有股票，现代资本主义企业内部的"雇佣与被雇佣关系"就真的"模糊了"吗？我以为，"模糊"是有的，又是没有的。从表面现象来看，从某些工人的暂时的认识来看，"模糊"是有的。但从本质上看，从工人群众通过实践逐步提高认识的角度来看，"模糊"又是没有的。在美国的一些大型企业中，谁是资本家，谁是雇佣劳动者，这个界限在不少工人群众的心目中是清楚的，并不模糊。只要你亲临现场，同一些工人交谈一下，就不难了解这一点。

美国资产阶级搞虚假的"人民资本主义"和"资本民主化"，并大肆宣传，其目的主要是：

第一，从生产、经营上讲，它要给工人阶级造成一种虚幻的企业"主人翁"感，以便从工人群众身上榨取更多的剩余价值；

第二，从政治上讲，它是为了安抚、迷惑无产阶级，以维护资产阶级专政；

第三，从金融上讲，它是为了把无产者和其他人民群众手中的零星余钱吸引、集中在资产者手里，予以控制，以进一步壮大垄断资本。也就是说，发行大量小额股票，不是为了削弱，而是为了加强垄断资本的统治。

事实说明，他们的这第三种意图是实现了。

上述美国前一本国会文件没有讲，也不会讲这第一、第二条，但对这第三条却是讲得明明白白的。其有关内容，我在前面已经引用过了。

早在78年前，列宁在他的名著《帝国主义是资本主义的最高阶段》的《金融资本和金融寡头》一章中，曾明确指出：发行小额股票，"实际上它不过是加强金融寡头实力的一种手段而已"，并引用别人的话，指出"一英镑的股票是不列颠帝国主义的基础"。列宁在此处还批驳了发行小额股票是所谓"股票占有权'民主化'"、"资本民主化"等谬论。我以为，时至今日，列宁的这些论断不仅仍然是正确的，而且充分说明了他在理论上具有的远见卓识。

由此可见，所谓"资本民主化"，实质上是资本的进一步集中和垄断化，实质上是生产资料垄断资本占有制的进一步发展。

由此可见，所谓"人民资本主义"和"资本民主化"，不过是资产阶级为加强垄断资本主义制度而采取的一种手段，不过是资产阶级为垄断资本主义制度涂脂抹粉的一种化妆。它不是使生产社会化和生产资料垄断资本占有之间的矛盾缓和了，削弱了，消失了，实际上是相反，它加剧了这种矛盾，使矛盾的程度进一步上升了。

七

现在再说一点最近20年来美国金融资本的最新发展。这个方面的新情况主要表现如下：

第一，银行业的集中程度进一步提高。80年代，美国有大批规模较小、实力较弱的银行被兼并。仅80年代下半期，全国被兼并的银行即达3000余家，依然是大鱼吃小鱼。银行的总数减少了，然而银行业的总资产却比70年代显著增加了。到1990年初，全国银行界的资产总额已达3.3万亿美元。

第二，出现了一批越过州界的区域性银行。美国国会1927年曾经通过一道法律，不准总行设在一个州的银行越雷池一步，跨越州界在另一个或几个州、几十个州设立分行。它首先限制了集中在纽约华尔街、公园路一带的各大银行的分行网向纽约州以外扩展；后来还限制了西部的旧金山蒙哥马利街以及东南部的亚特兰大、西南部的达拉斯、东北部的波士顿等城市的各大银行分行网的越州扩展。这道法律不可能限制这些大银行的业务活动伸向全国（比如，全国各地的工商企业照样可以在纽约各大银行存款，并向纽约这些大银行申请并获得贷款），但它的确限制了这些大银行越过州界（甚至越过市界）设立分行。这些大银行大都具有全国性（其中纽约和旧金山的一些大银行还具有世界性），大都在全国各大城市设立了代表处，从事某些银行业务经营；然而半个多世纪以来，它们一直不能公开越过州界正式设立分行，就地吸收存款，发放贷款。本世纪以来，美国之所以形成分别以一家（或两家）大银行为核心、各自有其根据地的著名财团，与这一道法律直接有关。有关拙作[①]对此曾略有涉及。80年代初期，这种状况开始发生变化。有几个州达成协议，互相允许对方的银行在本州境内设立分行。1985年6月10日，美国最高法院经过裁决，宣布这种州际协议为合法。此后，这种跨越州界的区域银行即迅速增多。到1990年初，这种区域银行已发展到20余家，都位于纽约以外，其总资产已超过6000亿美元，呈现出一种向纽约市银行界发起挑战的架势。但纽约华尔街、公园路一带的各大银行也从最高法院的这一项裁决中得到了好处，获得了向全国正式扩展分行网、就地吸收存款、发放贷款的机会。花旗银行、大通银行、化学银行已经采取步骤，把自己的分行网大步向纽约以外扩展。今年，美国联邦国会又正式通过了《州际银行分行法》，这就为这些大银行跨越州界建立分行进一步提供了有利条件。近几年来，与前函所述其他银行一样，这些新涌现出来的区域银行也在不同程度上受到了这场经济危机，特别是其中的房地产危机的打击。

第三，就是所谓"非银行的银行"即一些巨型工商业公司自办的金融业有了明显发展。美国工商企业作为一种促销手段，向顾客发放贷款，以便对方购买自己的产品或商品，此举早就采取过，并非近些年来的新发明。当前的新情况，主要是它们为此纷纷正式建立了自己的金融机构；再

[①] 拙作《美国走马观花记》，上海人民出版社1980年版，第57—74、228—230页；《我说美国》，北京出版社1987年版，第23页；《尼克松在白宫——印支退却》，第16—24页。

就是这些金融机构除向顾客发放贷款外，向顾客发行的信用卡也大为增加。到 80 年代末期，一些巨型制造业公司，诸如通用汽车公司、福特汽车公司、克莱斯勒汽车公司、通用电气公司、威斯汀豪斯电气公司、国际商用机器公司、巨型商品零售企业，如西尔斯罗巴克公司、彭尼公司等，都已建立了这样的金融机构，其业务已具有了相当的规模。[①] 不过，这类金融机构近几年来也受到了这场经济危机的冲击，其中有的已经办不下去，并已卖掉了。

第四，保险业有新发展。从本世纪 50 年代以来，美国各大保险公司、特别是那些巨型人寿保险公司一直是操纵着巨额货币的金融机构。近些年来，美国保险业的资产总额有了进一步增长，其向工商业提供的贷款已经部分地取代了商业银行的业务。

第五，"共同基金"有了新发展。所谓"共同基金"，在美国早已有之。它发源于美国，本世纪 30 年代传到欧洲，传到英国以后，改称"单元信托"[②]它的特殊之处主要是：(1) 运用从投资人手中筹集到的资金购买各种股票和债券，并转过来卖给投资者。但它不是向投资人提供一家一家工商业公司的股票或债券，而是向他们提供一串股票或债券，或者是按投资人的意愿提供若干种利润高的"热门股票"加利息有保证的政府债券。(2) 它的投资人主要是小额资金拥有者；投资人通过"共同基金"公司通常可以用少量资金买到多家工商业公司的股票或债券。(3) 如前所述，投资人不是股票持有者，不是向其购买了股票的各该工商企业的股东；除获得股票平均利润（向"共同基金"交纳费用、向政府交纳税款以后）或者亏本以外，不能享有股东的权利。那些权利掌握在"共同基金"经营者手中。因此，这种股票投资大致相当于在银行存款。但它与银行存款有一个区别，即银行存款在 10 万美元及其以下者，由政府保险，而投资"共同基金"则没有这种保险。但由于是获取多家股票或债券的平均利润，在通常情况下，一串股票或债券中总会有若干种利润较丰；特别是各级政府发

---

① 以上两项关于银行的材料，一项关于"非银行的银行"的材料，主要援引自《经济学家》，1990 年 3 月 17—23 日第 81—84 页，1991 年 3 月 23—29 日第 85—86 页。

② Unit Trust.

行的债券不仅利息高,而且还本付息有保障,因而这种投资的利润较为可靠,常常高于银行存款利息,所以这种投资就具有很大吸引力。在银行存款利息过低时,尤其是这样。在这种情况下,人们常常从银行提出存款,投入"共同基金"。另外,由各地市政府发行的债券,收购者所获得的利润是免税的,这对投资者自然也更具有吸引力。在经济不景气、购买企业股票风险太大时,这些"共同基金"则重点经营利息有保证的政府债券,因而能吸引投资者,加速了自己的发展。

美国的"共同基金"一部分由银行或保险公司兼营,一部分由专业"共同基金"公司经营。

80年代后半期到90年代初期,美国"共同基金"业有了较大的发展。1987年,全国共有"共同基金"2000家;到1993年6月,全国"共同基金"已发展到4224家,而且还在继续增加中。80年代末期,全国规模较大的几百家"共同基金"公司的资产总额已达1万亿美元以上;到1992年底,全国"共同基金"拥有的资产总额上升到1.6万亿美元;1993年6月,它们的资产总额又进一步上升到1.8万亿美元,而且还在继续上升中。

近几年来"共同基金"的迅速发展,与1987年10月的"黑色星期一"事件及随后发生的这场经济危机所派生的"股市恐惧症"有关。此外,"共同基金"的这种发展,也与近几年来美国银行界降低利率(这是美国政府联邦储备委员会为医治这场经济危机而带头降低利率的结果。我在下一封信里将会谈及此事),特别是把存款利率降得过低直接有关。

1988年在波士顿从事学术考察期间,我曾经在一位友人的陪同下,在波士顿市中心区的查尔斯河岸边地带参观过一家这样的"共同基金"公司。它的招牌叫"忠诚共同基金"① 公司,在美国规模较大的几百家"共同基金"公司中位居榜首,它拥有的建筑物在这个地带差不多排成了一条街。这位友人还驱车陪我前往波士顿东北的纳汉特岛,在那里参观了"忠诚共同基金"公司主人的豪华住宅。友人还指着岛上另一栋建筑物说,那

---

① Fidelity.

是这家公司的主人专门用作举办招待会、欢宴宾客的房子。当时,这家公司拥有的资产已达 900 亿美元;到 1991 年,它的资产已经超过 1200 亿美元;到 1992 年 9 月,它的资产总额已达 1640 亿美元。

第六,"退休基金"有了发展。美国的退休基金分为两种:一种是各级政府职员的退休基金,另一种是私营企业(不是全部私营企业,许多私营企业没有这种基金)按法律规定设立的职工退休基金,而以后者为主。这种退休基金起着政府主办的"社会保障"基金的辅助作用(职工退休后,通常只能从"社会保障"项目下领取原有工资的 40% 左右,不足以维持生活)。这两种基金分别组成基金会,其支配权大都掌握在经营者(往往是私人资本或其指定的代理人,也包括某些工会上层)手中,用于投资工商金融企业。因此,每一个系统或单位的退休基金,实际上也已演变成为一家金融机构,其中资金庞大的一部分已经具有垄断资本的性质。向哪些工商金融企业投资,运用这些投资对所投资的企业的经营管理实行干预,这些权利都由基金会负责人行使。尽管企业主常常拖欠,但经长期积累、增值,现在这两种退休基金的金额已经不小;1990 年,仅全国头 10 名退休基金的资产总额已达 4370 亿美元。全国各退休基金购买的工商企业有投票权的普通股票在这种股票发行总额中占了相当大的比例。[①]

现在,我们可以大致看出美国当前的整个金融系统。它大致上可以排列为:

商业银行;

房地产等专业银行;

保险公司;

投资银行;

证券交易所自办金融公司(如前述锡德公司);

工商企业自办金融公司;

证券经纪行;

---

① 上述关于"共同基金"、退休基金的两项材料,主要援引自《幸福》1991 年 12 月 30 日,第 66—74 页;《幸福》1991 年 7 月 29 日,第 139—144 页;《商业周刊》1993 年 1 月 18 日,第 34—40 页;《经济学家》1993 年 8 月 14—21 日,第 73 页。

"共同基金";

退休基金。

此外,还有大批从事投资活动的"合伙基金"和"基金会"(一些富有家族为逃避纳税、转移资金而设立)等。当今美国的金融资本和金融寡头,就是由这整个金融系统组成的。

这个金融系统中的各个成员并不是彼此孤立、互相无关的,它们的地位也不是平等的。上面就近些年来的新发展讲的6条,第1、2条属于商业银行业本身的发展;后4条说的是其他金融机构的发展。这后4者与商业银行业之间的关系,既有占领银行地盘、相互对立的一面(近些年来,商业银行的存、贷款业务确有相当一部分被它们占领),也有从属与相互合作的一面。比较起来,商业银行的势力相对下降,其他金融机构的势力相对上升;但商业银行业仍然处于核心位置。① 这除了银行业在总资产、集中程度、经营规模、对工商企业的控制、长期积累的经营经验以及国内外分支机构网等方面占优势以外,还因为:

(1) 那些"非银行的银行"的母公司,大都处于银行资本的控制之下。

(2) 向工商企业发放大量贷款的各大人寿保险公司,也大都隶属于各大银行及其控股公司。

(3) 有一些"共同基金"是银行直接主办的,而且从80年代初期以来,商业银行主办"共同基金"呈直线上升趋势。1980年,银行"共同基金"拥有的资产微不足道;1985年,银行"共同基金"资产上升到接近200亿美元;1987年超过300亿美元;1990年超过800亿美元;1991年超过1200亿美元;1992年超过1800亿美元;1993年9月上升到2000亿美元以上。②

(4) 有一部分退休基金的投资分别由商业银行信托部和保险公司经营;另一部分则是由"共同基金"管理的。

此外,共同基金在相当程度上对投资银行具有依附性。

---

① 参见1990年2月布什总统送交国会的《总统关于经济问题的报告》(英文版),第98页。
② 《经济学家》1993年11月6—13日,第96—98页。

再从 80 年代美国的企业兼并浪潮来看一看商业银行近些年来显示的实力。美国从上个世纪末进入垄断资本主义阶段以来，先后出现过 4 次企业大兼并浪潮。第 1 次发生于 1897 年到 1904 年，第 2 次发生于 1925 年到 1936 年，第 3 次发生于本世纪 60 年代下半期，第 4 次就发生在 80 年代。里根政府执政 8 年期间，始终把《谢尔曼反托拉斯法》搁置一旁，放手让企业实行兼并，表面不问，实际鼓励，并对其中的一部分正式予以批准。美国 80 年代因而发生了一系列的重大兼并事件，其中最著名的有：

谢夫隆石油公司兼并海湾石油公司；

德士古石油公司兼并格蒂石油公司；

菲利普—莫里斯公司兼并克拉夫特公司和通用食品公司；

《时代》公司兼并华纳兄弟影片公司；

杜邦公司兼并大陆石油公司；

美国钢铁公司兼并马拉松石油公司；

通用电气公司兼并美国无线电公司（包括美国全国广播公司，即 NBC）；

莫比尔石油公司兼并苏必利尔石油公司；

等等。

这些闻名于全世界的重大兼并事件，都是在里根政府执政时期和布什政府执政初期发生的。全国每年发生的涉及 10 亿美元以上的企业兼并，1982 年为 6 件，1983 年增到 10 件，1984 年增到 15 件，1985 年增到 35 件，1986 年仍达 30 件左右，以后几年继续保持高水平。其中有 1 件兼并的金额高达 247 亿美元，有 5 件兼并的金额在 100 亿美元以上，有 8 件兼并的金额在 60 亿美元以上。每年企业兼并涉及的总金额，1982 年为 500 亿美元多一点，1983 年为 750 亿美元，1985 年即上升到 2000 亿美元，1986 年也接近 2000 亿美元，以后几年仍继续保持高水平。

80 年代的这次企业兼并浪潮之所以有可能发生，除了政府的政策因素以外，主要是由于以商业银行为首的金融系统的资金支持。如果没有这种巨额贷款支持，上述各项重大的兼并连一件也不可能实现。原因很简单，除了以商业银行为首的金融系统以外，任何一家巨型工商企业都不可能为兼并那些大个头企业筹集所需的巨额资金。事实上，每一件这样的兼并通常总是由一两家商业银行牵头，迅速地、悄悄地提供一笔贷款，促使交易达成。尔后再由这一两家牵头银行联合别的银行和其他金融机构，共同为这一件兼并交易提供其余所需贷款。据美国政府联邦储备委员会 1987 年调查，当时有一些商业银行 40% 以上的工商业贷款是用于支持企业兼并方面的。这些金融机构除收取贷款利息以外，牵头银行还有一项重要的收获，即"利用自己的有利地位占有兼并者的股票"，从而控制兼并者。①

由此可见，80 年代以来，以商业银行为核心的美国金融资本和金融寡头的势力在地盘上虽有伸有缩，然而其总的实力则是加强了。与此同时，我们从这一系列重大兼并事件中也可以看出，80 年代以来，美国工商企业的集中和垄断的程度不是削弱了，而是加强了。难道这不是明明白白的吗？

那么，在这个金融系统中处于核心地位的商业银行是不是至高无上的呢？那也不是的。它们之上还有"太上皇"。除了代表国家管理私营商业银行的联邦储备银行系统及其领导机构——联邦储备委员会和财政部货币检察局以外，它们的真正的"太上皇"就是各自的控股公司。各大商业银行都有自己的顶头上司——控股公司。

截至 1990 年 12 月 31 日，美国十大商业银行控股公司及其拥有的资产总额如下：

花旗银行之上：花旗银行公司（纽约），资产总额 2170 亿美元；

美利坚银行之上：美利坚银行公司（旧金山），资产总额 1107 亿美元；

大通银行之上：大通曼哈顿公司（纽约），资产总额 980 亿美元；

摩根银行之上：杰·普·摩根公司（纽约），资产总额 931 亿美元；

安全太平洋国民银行之上：安全太平洋公司（洛杉矶），资产总额 847

---

① 上述有关企业兼并的材料，主要援引自《商业周刊》1987 年 4 月 20 日，第 123—124 页；《商业周刊》1987 年 10 月 26 日，第 42—43 页；《经济学家》附件《国际金融调查》1991 年 4 月 27 日—5 月 3 日，第 8—12 页。

亿美元；

化学银行之上：化学银行公司（纽约），资产总额730亿美元；

北卡罗来纳国民银行（NCNB）银行之上：NCNB公司（夏洛特，北卡罗来纳），资产总额653亿美元；

银行家信托公司之上：纽约银行家信托公司（纽约），资产总额636亿美元；

制造商汉诺威信托公司之上（它不久前已与化学银行合并）：制造商汉诺威公司（纽约），资产总额615亿美元；

韦尔斯·法戈银行之上：韦尔斯·法戈公司（旧金山），资产总额562亿美元。[1]

其他大银行均如此，以此类推，不一一列举。

按照美国的法律规定，所谓银行控股公司，其定义包括三条：(1) 拥有或控制一家银行有投票权的股票25%或以上；(2) 以任何方式控制一家银行董事会多数董事或监事会多数监事的选举；(3) 左右或控制一家银行的行政管理及其经营方针。按照这样的定义，美国在1971年有银行控股公司1567家，在它们控制之下的银行所吸收的存款占全国银行存款总额的55.3%；1980年，美国的银行控股公司增加到3056家，其控制的银行所吸收的存款占全国银行存款总额的71%；1983年，银行控股公司再增加到5409家，其控制的银行所吸收的存款占全国银行存款总额的83.6%。

银行控股公司的迅速发展及其实力的迅猛增强，从另一个方面说明了银行业在美国整个金融系统中居于核心地位。到80年代上半期，银行控股公司之所以增加得如此迅速，主要原因是这种控股公司可以经营按法律规定一般不准商业银行经营的19种金融业务，包括开办工业银行，向包括出口贸易公司在内的一些工商业公司投资，经营人寿保险和信用保险的代理业务，等等。[2] 80年代下半期以来，法律允许的银行控股公司的经营范围又有进一步扩展。别的金融机构也有类似情况，如保险公司、投资银

---

[1] 1991年10月15日美联社纽约电讯。

[2] 美国联邦储备委员会 The Federal Reserve System-Purposes & Functions，1984年12月，第94—99页。

行、证券经纪行往往主要由商业银行及其控股公司控股，工商企业自办金融机构由各该工商企业直接控股，再由商业银行及其控股公司和其他金融公司间接控股，等等。

那么，美国真正的金融寡头是谁呢？真正的金融寡头主要是这些为数很少的银行控股公司及其他控股公司。主要是这些控股公司在实际操纵美国的金融系统及那些巨型工商企业，并左右为数众多的中小企业。由此可见，当今美国生产资料的垄断资本占有已经集中到了何种程度。这可以说是当今美国垄断资本主义的一个基本特征。为了掩盖事情的真相，美国资产阶级经济学界使用了一种笼统的说法，叫做"机构"控股，以别于私人控股，当然更不是金融寡头控股。实际上，他们所说的"机构"①，正是我在此处所说的控股公司及其控制下的整个金融系统。

总的说来，上述种种事实说明了什么呢？

第一，它们说明"现代资本主义"并不是垄断资本的垄断程度缩小了、削弱了的资本主义，而是垄断资本的垄断程度进一步发展了、加强了的资本主义。

第二，它们说明"现代资本主义"并不是生产资料垄断资本占有削弱了的资本主义，而是这种占有空前地加强了的资本主义；并不是生产社会化和生产资料垄断资本占有之间的矛盾缩小了、缓和了、消失了的资本主义，而是这种矛盾进一步发展了、加剧了、上升了的资本主义。

第三，在国家垄断资本主义制度之下继续发生以"生产过剩"为特征的周期性经济危机，而且愈演愈烈，其原因就在于：生产社会化和生产资料垄断资本占有之间的矛盾在国家垄断资本主义制度之下不仅继续存在，而且进一步发展了，加剧了，上升了。

第四，这些情况说明，从经济实质上讲，美国仍然是帝国主义，而且是当今世界上最大的帝国主义国家。这就是列宁在《帝国主义是资本主义的最高阶段》中所阐明的一条基本原理。第二次世界大战结束以来美国统治集团对外推行的种种政治、经济、军事、外交行动和侵略、扩张行为，

---

① Institutions.

充分证明了列宁阐明的这一条基本原理的正确性。

美国资本主义制度面临的主要危险，就在于此；它对世界各被压迫民族和被压迫人民所造成的主要威胁，也在于此。

那么，为何说生产社会化和生产资料垄断资本占有之间的矛盾是资本主义制度的基本矛盾呢？这是因为资本主义制度的其他矛盾，诸如个别企业生产、经营的组织性和整个社会生产的无政府状态之间的矛盾，生产与消费（市场）之间的矛盾，以及无产阶级与资产阶级之间的矛盾，都是由生产社会化和生产资料垄断资本占有之间的矛盾直接相连的，或者是由这对矛盾中派生出来的。只要解决了这对矛盾（把生产资料的垄断资本占有变为无产阶级国家占有），其他的矛盾就有可能迎刃而解。

上述种种事实，充分显示了列宁的伟大、正确，也充分显示了我国那一位逃亡美国的人士的荒唐和无耻。你说呢？

信写到这里，还没有进入正题——国家垄断资本主义危机，只好下次再说了。

有何异议，望及时见告。

敬礼！

张海涛
1994年5月29日夜

（节选自《三说美国——国家垄断资本主义危机》，当代中国出版社1998年7月版，第95—173页）

"亚洲危机"的起源、特点及其对资本主义世界的冲击

一，"亚洲危机"（这是世界上的通称。严格地讲，应当说是包括东南亚和东北亚在内的东亚危机）是一场传染性极强的瘟疫。

这场瘟疫的症状之一是多米诺骨牌反应，一个国家倒了，一系列国家跟着倒。它的症状之二是发疟疾，打摆子，不是发作一次即止，而是时断时续，多次发作，且其严重程度呈逐步加深之势。它的症状之三是顺向、逆向运动并存，交叉感染，来回扫荡，互相推波助澜。

危机发生以来一年有余的客观事实证明，一切有关这场危机已经结束或在短期内将会结束的论断，都是不符合实际的，它们一概经不起客观实际的检验。

二，就这场危机的第一阶段——金融危机而论，它是在市场经济全球化，特别是在金融市场全球化的条件下发生的。目前主要来源于美国、大约达 7 万亿美元与生产无关的游资不受任何国际组织监管，在全世界范围内自由游荡，横冲直闯，凭借现代化的信息技术以极高的速度调动资金，到处从事投机活动，兴风作浪，牟取暴利；其中尤以 90 年代发展起来，主要由美国大企业、大富翁的资金组成 3000 亿到 4000 亿美元（加上从银行等金融机构获得的几倍到几十倍于自有资金的贷款）的套利基金（又称对冲基金、套头基金）在世界各地从事的赌博为害最烈。1997 年 7 月初倒下的第一块多米诺骨牌——泰国金融危机，就是由美国的乔治·绍罗什为首的套利基金发起的冲击引发的。这就是说，"亚洲危机"风暴的风源，主要来自美国。

这种不从事生产、专门从事金融投机牟利的巨额游资的兴起、发展、

壮大及其危害之烈，是垄断资本主义腐朽性的最露骨的表现。它既然是赌博，而且是大规模赌博，其经营特点就是忽而大量赢利，忽而大量亏损。而无论是其赢利和亏损，都要给世界（在其猎取暴利时）或者其本国（在其大量亏损、资不抵债时）的金融体系造成损害，甚至是极大的损害。它在世界各地的活动方式是一种不受任何约束的、典型的、其规模和程度均属空前的无政府状态。它所反映的实际上是资本主义制度的固有矛盾之一——个别企业生产经营的组织性、计划性和整个社会生产的无政府状态之间的矛盾在市场经济全球化及金融市场全球化的最新条件下在世界金融领域的扩展和延伸。

我们现在看到的是，垄断资本主义的统治越出了常轨，金融资本反对产业资本，金融资本反对金融资本，资本反对资本家，美国资本反对全球资本。

就这场危机的第二阶段，即由金融危机引发的一系列国家的经济危机而论，它所反映的实际上仍然是在当代条件下多少改变了形态的资本主义制度本身无法克服的固有矛盾，即生产社会化和生产资料资本主义占有制之间的矛盾，个别企业生产经营的组织性、计划性和整个社会生产无政府状态之间的矛盾，生产与消费（市场）之间的矛盾，以及无产阶级与资产阶级之间的矛盾。

事情还不仅如此。金融、经济危机要引发政治危机或政局动荡，这已经为印尼、马来西亚、俄罗斯和日本（它的政局今后将继续处于动荡之中）等国的现实所证实。

今后两年，美、俄两国有可能证明，政局不稳将反过来加剧金融、经济危机。

三，由于这场危机是在市场经济全球化、金融市场全球化和信息技术迅速发展的条件之下发生的，因而它的冲击力极强。一年多来，它不仅席卷东南亚、韩国和日本，而且把俄罗斯拉下了水，冲击了东欧、西欧、中东、非洲（特别是非洲大国南非）、北美、拉美（特别是拉美大国巴西和阿根廷）和大洋洲。就是说，它实际上已经冲击了全世界。

美国总统克林顿最近在一篇讲话中指出，这场危机是近半个世纪以来发生的对全球经济最严重的威胁。国际货币基金组织总裁康德苏今年10

月 6 日在世界银行和国际货币基金组织年会上说："我们讲的不只是某些国家陷入危机之中，而是整个系统都陷入了危机。"联合国贸易和发展会议今年 9 月 16 日发表的 1998 年年度报告列举了当前世界上存在的种种金融和经济问题后指出：这些问题"预示着世界经济有可能陷入长期衰退，严重的贸易冲突也有可能再度出现"。在报道、评论资本主义世界经济方面颇具权威性的英国《经济学家》周刊 1998 年 3 月 29 日发表了一篇评论文章，它的标题就是《全球性经济衰退可能已经开始》。

世界各地股票市场的剧烈动荡显示，一种恐慌情绪目前正笼罩着整个资本主义世界。

这些迹象显示，资本主义世界有可能发生地震。它现在已经是山雨欲来风满楼了。

迄今为止，这场可能发生的地震的震源主要有三，即印度尼西亚、日本和俄罗斯，然而最大的震源有可能是美国。

四，震源之一——印度尼西亚。

印尼拥有两亿人口，是东南亚最大的国家，是东盟的台柱子，又是受这场"亚洲危机"打击最严重的国家。这场危机使印尼盾急剧贬值（1997 年 7 月是 2500 印尼盾兑一美元，危机发生后曾降到 15000 印尼盾兑一美元，现在仍在 10000 盾左右徘徊），股票市场价格大幅度下降，银行坏账剧增，政府、企业债台高筑，物价飞涨，迫使印尼经济发生大倒退，大批工商金融企业倒闭，2000 万工人失业，贫困人口已由 1996 年的 2250 万猛增至 1998 年 6 月的 7940 万，1700 万人挣扎在饥饿线上。印尼的这场经济疾病是战后以来资本主义世界发生的最严重的一场危机，它不能不拖累与它经济联系密切的一系列国家，首先是向它发放了大量贷款的美国、日本和新加坡。

1997 年 6 月底，香港股票恒生指数为 16000 点。在这场危机的冲击，特别是在美国的套利基金的反复打击下，1998 年 8 月 13 日，恒生指数降到了 6660 点。由于香港特别行政区政府果断地采取了干预市场的措施，从 8 月 14 日起，恒生指数止跌回升。到 8 月 27 日，恒生指数升到 7923 点。目前，这个指数已升到 8900 点左右。

值得注意的是，当我国香港特别行政区政府运用自己拥有的金融力量与美国的套利基金的破坏行为英勇搏斗时，美国联邦储备委员会主席格林斯潘先生公然对此提出指责，反对香港特别行政区政府与美国套利基金的破坏活动作斗争，说这是干预了金融市场的自由。可是，一个月之后，当美国的一个在世界各地从事金融破坏活动的套利基金——长期资本管理公司因投机亏本、濒临破产时，同一位格林斯潘先生却急如星火，亲自出面组织华尔街金融资本大力抢救，而他的这种行动却被他认为不是干预金融市场的自由。这难道不是只许州官放火，不准百姓点灯吗？这难道不是说明，美国套利基金在世界各地为非作歹，胡作非为，是得到美国最高金融当局支持的吗？

在东南亚，除印尼以外，泰国、马来西亚也早已经陷入经济危机之中，菲律宾的国民经济正在急速滑坡。我国香港特别行政区的经济受到了严重冲击。新加坡从1998年第三季度起也已经开始进入经济危机。

五，震源之二——日本。

日本是90年代以来世界上受泡沫经济破灭打击最严重的国家（日经225种股票综合指数1989年12月30日曾高达38900点；1997年12月24日降到14737点；1998年10月9日再降到12879点，10月12日回到13555点）。1990年泡沫经济开始破灭以来，日本经济基本上是处于危机和停滞状态；1996年稍有好转，1997、1998年再次处于危机之中，而且是战后以来最严重的一场危机。这场"亚洲危机"加剧了日本经济的病症。尽管日本政府一个时期以来一而再、再而三地实行反危机措施，现在这场危机仍在发展。

日本经济的问题主要是银行坏账太多（在6000亿到10000亿美元之间）和国内需求不振。日本政府目前正在采取的最新反危机措施使这些问题有所缓和是可能的；但要在短期内解决这些问题将是很难的。

日本经济处于危机和停滞状态的时间如此之久，不能自拔，为战后以来资本主义世界所仅见。这个事实充分说明，国家垄断资本主义反危机的能力已经大大削弱。

亚洲为日本对外经贸活动（进出口贸易、投资、信贷）的主要基地之一。日本经济陷入危机，不能不拖累亚洲一大片。日本还是资本主义世界的第二经济大国，它的金融和经贸活动遍及全球。它长期处于危机之中，必然拖累整个资本主义世界。

这场"亚洲危机"也揭掉了韩国经济表面繁荣的面纱。它也已陷入严重危机之中。

1998年初以来，我国台湾地区对外贸易的增幅急剧下降。它的日子也不会好过。

需要指出的是，所谓的亚洲"四小龙"、"四小虎"和日本"经济奇迹"，在某种程度上是美国在战后长期以来为了在经济上包围社会主义中国而一手扶植起来的。现在，美国垄断资本为了保持自己在世界上的经济霸主地位，又要把它们摧毁了。然而仅仅是由乔治·绍罗什等辈搞了一点动作，所谓的"四小龙"、"四小虎"和日本就纷纷倒下。"亚洲奇迹"竟然是如此不堪一击，此事充分显示了它的虚弱性。

在这场危机的袭击之下，多年来流传的有关"四小龙"、"四小虎"和日本的资本主义制度的种种神话，一起破了产。事实说明，一切赞美、羡慕、向往"四小龙"、"四小虎"和日本的资本主义制度的思想、言论、行动都是短视的、不对的，是不符合客观实际的。

六，震源之三——俄罗斯。

在这场亚洲危机期间，俄罗斯已相继发生了四次金融危机，即1997年秋一次，1998年1月一次，4、5月一次，7、8月一次，这第四次危机目前还在展开（1998年俄股票跌幅之大创世界之最，卢布再次贬值，金融市场一片混乱，国库空虚，政府无力发工资、发军饷、无力还债）。1991年12月苏联解体以来，俄罗斯经济一直处于危机状态，国内生产总值下降了50%以上；1997年略有缓解，1998年经济再一次陷入危机。日本是一个资本主义国家长期陷于经济困境的典型；俄罗斯则是一个社会主义国家复辟资本主义以后经济长期陷于困境的典型。它的经济实际上已病入膏肓。它继续沿着资本主义道路走下去，是很难找到出路的。

俄罗斯与原苏联各加盟共和国和东欧的经济存在着千丝万缕的联系。德国向俄罗斯提供了大量贷款。俄罗斯危机正在拖累原苏联其他加盟共和国（特别是乌克兰、白俄罗斯和亚美尼亚）和东欧，并且拖了德国的后腿，冲击了欧盟和包括美国在内的全球股票市场。

在"亚洲危机"、俄罗斯危机和华尔街股票市场动荡的三面夹击之下，

1998年1—8月,西欧四大股票市场价格平均下降了17%;9月下旬以来,西欧各股票市场继续大幅度下降。从1998年第二季度起,欧盟15个成员国的国内生产总值的增幅已明显下降。

从根本上说来,俄罗斯的严重经济疾病是复辟资本主义的恶果。把俄罗斯现在的经济疾病和社会疾病归咎于苏联的社会主义制度,是荒唐的。明摆着的历史事实是,苏联是世界上的一个经济强国,军事强国,政治强国,科技强国,文化强国,体育强国。现在,西方世界已经把俄罗斯划进了第三世界的发展中国家之列。

客观事实再一次说明,一切为俄罗斯私有化辩护的言论,一切羡慕、向往俄罗斯资本主义复辟的思想、言论、行动,都是不对的。

七,世界最大的震源可能是美国。

种种迹象显示,美国资产阶级正在搬起石头砸自己的脚。

目前美国经济领域的问题,首先是股票市场剧烈动荡。

这场危机期间,华尔街股票市场从1997年10月下旬开始发生动荡。道·琼斯工商业平均指数当年10月上、中旬在8000点以上;10月27日一天之内,道·琼斯指数降了554点,把这个指数拉到了8000点以下。但随后由于大量资金从亚洲逃往美国,购买美国股票和债券,促使华尔街股票价格扭头向上。到1998年7月17日,道·琼斯指数升到9337点,达到高峰。最近两个多月来,这个指数呈曲线下降之势。8月27日一天之内,降了337点,把这个指数拉回到了8166点。也就是说,从7月20日(7月18、19日为周末)到8月27日,这个指数一共降了1171点,降幅为12.5%。8月28日,这个指数再降115点,即降到8051点。8月31日,这个指数猛降512点,降到了7539点。目前,它在8000点左右徘徊。

所谓道·琼斯工商业平均指数,指的是规模最大、利润最丰的美国30家巨型垄断性工商业公司股票价格的加权平均指数。这个在美国被称为"热门股票"(blue chips,直译为蓝筹股)的指数只能代表那些为数甚少的巨型垄断公司,不能代表为数众多的中小型企业。1998年8月中旬,在道·琼斯工商业平均指数距离其最高点的降幅还不到7%之际,这些中小型公司的股票价格已经降了25%以上。

1987年的"黑色星期一"事件，美国的股票持有人损失的金融资产为1万亿美元。据美国威尔希尔联合公司统计，在1998年8月31日道·琼斯指数降到7539点时，与当年7月17日的高峰相较，美国持股人在股票市场上的金融资产一共损失了2.32万亿美元。美国联邦储备委员会主席格林斯潘今年10月7日在一篇讲话中也说，到他讲话时为止，与今年7月17日的高峰相较，美国的持股人损失的金融资产达1.5万亿美元。今年的这前后两个金融资产损失数字都大大超过了1987年的"黑色星期一"事件。

这种金融资产的损失，其结果必然是削减企业的固定资本投资和居民消费。

战后以来美国发生的历次经济危机，都是以股票市场的价格下降为先导或者相伴随的。1948年11月—1949年10月危机之前，股票市场价格下降了9.1%；1953年7月—1954年8月危机之前，股票市场价格下降了7.2%；1957年7月—1958年4月危机之前，股票市场价格下降了6%；1960年5月—1961年2月危机之前，股票市场价格下降了6.7%；1969年8月—1970年11月危机之前，股票市场价格下降了14.4%；1973年11月—1977年6月危机之前，股票市场价格下降了13.8%；1979年4月—1982年11月危机期间，股票市场价格也出现了下降；1988年—1993年11月危机之前，股票市场价格下降了27.8%（上述后三次危机的起止时间与美国官方的计算不同，我在拙作《三说美国》里已就此作了说明）。

既然战后以来的历次危机均如此，这一次也不会例外。

还有一点值得注意，即美国的股票市场打喷嚏，整个资本主义世界的股票市场都要患感冒。纽约股票市场1987年的"黑色星期一"事件就是如此。发生那个著名事件的1987年8—10月期间，美国股票市场的价格下降了27.8%，同一期间其他主要资本主义国家股票市场的价格下降幅度分别为：日本：19.8%；英国：27.2%；德国：38.4%；加拿大：28.4%；法国：34.7%；瑞士：30.5%；意大利：18.7%；荷兰：33.6%；澳大利亚：43.4%。今年7月以来的情况大体上也是如此。

目前美国经济的其他问题，大致如下：

（1）居民债台高筑，即所谓"消费者债务"大幅度上升。

（2）企业固定资本投资，特别是高技术设备投资正在下降。

（3）近几年来，美国经济的增长在相当程度上一直是由出口贸易的增长支撑的。现在，在"亚洲危机"的冲击下，美国的出口贸易正在明显下降。

（4）美国银行业向亚洲、拉美等地发放了大量贷款。现在，在这场"亚洲危机"的冲击下，这些贷款的一部分已经成了坏账。

（5）美国公司，包括一些跨国公司的利润率正在下降，并已开始着手裁员；全国失业率已开始上升。

（6）日本投资者（包括银行）手中持有约3000亿美元的美国国债券。现在，日本人已经开始抛售这些债券，把资金从美国调回国内。

（7）由于一些规模巨大的套利基金发生大量亏损，美国本身的金融系统正遭受严重冲击。

（8）纵虎伤人者终于开始为虎所伤，套利基金现在回过头来冲击美国。随着美国经济形势渐趋恶化，套利基金开始大量抛售美元。从今年10月上旬起，美元的地位发生动摇，由坚挺转化为疲软，在外汇市场上的价格急剧下滑。

如此等等。

按照美国联邦政府商务部公布的经过修正以后的数字，1998年第一季度，美国国内生产总值的增幅为5.5%，达到了这个经济周期繁荣阶段的顶峰；同年第二季度，这个增幅即降为1.6%。美国联邦储备委员会主席格林斯潘在上述10月7日的讲话中指出，今年8月以后，美国经济的增长势头又已明显减弱，明年美国经济的增长前景"已明显地变得暗淡了"。这些事实表明，美国经济已经从高峰上跌了下来，正在走向新一轮的经济危机之中（尽管其步伐有可能较快或较慢，还可能出现一定的曲线）。

"亚洲危机"已经冲击了世界，甚至俄罗斯危机也冲击了世界。美国不是东南亚，也不是日本，更不是俄罗斯。它发生危机，必然要把包括欧洲在内的整个资本主义世界推向灾难的深渊。

八、主要操纵在美、欧、日之手的国际货币基金组织（IMF）的行动不可能挽救这场危机，反而有可能加剧危机（从金融危机发展为经济危机）。这一点已为一年多来的客观事实所证实。如上所述，"亚洲危机"这股风暴的风源主要来自美国。危机爆发以后，美国和日本的资产阶级当权派又不愿意真正采取行动制止这场危机，而是力图趁火打劫，浑水摸鱼。这一点也已为一年多来的客观事实所证实。今年10月初召开的七国集团财政部长和中央银行行长会议的结果，同样说明了这一点。

资产阶级的阶级本性就是损人利己，唯利是图。他们只会干对自己有利的事情，否则他们是不会干的。

然而形势的发展必将证明，如果他们不悬崖勒马，他们将以损人利己开始，以损人损己告终。

九，联合国国际劳工组织今年9月24日发表报告指出，在"亚洲危机"的冲击下，到今年底，全世界新增加的失业职工将达1000万人，失业职工总数将达到1.5亿人（其中，欧洲联盟现有失业职工即达1800万人）。此外，还有7.5亿到9亿职工因不能获得全日制工作，只能打零工，所获工资不足以维持生存。

随着这场危机的发展，世界上将会有更多的职工群众被抛进失业大军之中。

今年以来，欧洲一些国家（尤其是法国）工潮迭起。今年夏季，美国出现了20余年来未见的工人斗争高潮（6月到7月，由于工人罢工，世界上规模最大的汽车制造企业——通用汽车公司被迫关门停业达一个多月之久。8月，大西洋贝尔公司、美国西部公司、南新英格兰电信公司数以10万计的电信职工发动了罢工。9月，西北航空公司的驾驶员发起了罢工）。

这些迹象表明，随着这场危机的发展，无产阶级与资产阶级之间的矛盾有可能在世界范围内进一步发展。

十，法国总理若斯潘就这场危机在法国《新观察家》周刊今年9月10—16日一期上发表文章，文章的眉题就是：《资本主义最坏的敌人可能就是资本主义本身》。引发这场危机的罪魁祸首、最初从泰国挑起这场金融危机的绍罗什基金会会长乔治·绍罗什在投机受挫之后，今年9月15日就这场危机在《华尔街日报》上发表文章，题目就是《全球资本主义危机》。

这场危机的性质是资本主义危机。这是明明白白的。这一点不应当，也不可能回避。

吸收、借鉴资本主义的一些合理、有益的东西，为我所用，以利于我国的社会主义两个文明建设事业的发展，是必要的、正确的。然而一切盲目崇拜资本主义制度，一切主张照搬资本主义制度，一切美化、羡慕、向往资本主义制度的思想、言论、行动，都是不对的，不符合客观实际的。

客观现实再一次提醒我们，马克思主义的基本原理不能违背。

（原载《当代思潮》1998年第6期；后作为附件收入《论美国"赌博资本主义"》，中国社会科学出版社2011年7月版，第264—276页）

20 世纪世界历史的回顾与展望

一

即将过去的 20 世纪是人类社会历史上罕见的、翻天覆地、惊天动地的世纪。大致说来,这个世纪的主要历史事实和它有别于以前人类社会历史的基本特征如下:

(一) 20 世纪是资本主义的最高阶段——垄断资本主义和国家垄断资本主义,即帝国主义制度由产生、发展到逐步走向衰落的世纪,而又以帝国主义发动两次世界大战、给人类社会造成空前浩劫为特征。两次世界大战都发生在 20 世纪上半期,第一次为帝国主义战争,第二次由帝国主义发动,随即变为法西斯与反法西斯势力之间的战争。

20 世纪下半期没有发生世界大战,主要是由于:(1) 美国帝国主义侵朝战争被击败,特别是它发动的侵越战争遭到惨败,输得精光,从而在美国国内产生了"越南综合征";(2) 世界人民反对战争,特别是人民反战运动在美国、西欧、日本不断兴起,风起云涌,捆住了资产阶级当权派的手脚;(3) 美、苏(俄)之间在核武器方面基本处于均衡状态,西欧、日本在核武器方面依附于美国;(4) 社会主义中国拥有核武器,并且切实加强了战备,使帝国主义不敢轻举妄动。

然而在 20 世纪下半期,局部战争仍然不断。除了美国发动的侵朝、侵越战争,入侵巴拿马战争和海湾战争,法国发动的阿尔及利亚战争,英国发动的马岛战争,以及英、法联军发动的苏伊士运河战争以外,即使是几次中东战争,非洲一些国家的战争,印巴战争,中印边界战争,等等,追根溯源,也无一不是帝国主义者埋下的祸根。即使是两伊战争、波黑战争，也有帝国主义或明或暗地插手于其中。

把20世纪40年代下半期到80年代称为"冷战"时期，是不完全符合历史事实的。美国在40年代下半期大力支援蒋介石政权进攻中国共产党领导下的革命力量，50年代上半期大打侵朝战争，60年代至70年代中期大打侵略印度支那的战争，都是大规模的炮火连天的战争。

（二）20世纪是无产阶级和被压迫民族、被压迫人民革命的世纪，而又以伟大的俄国十月革命的胜利、伟大的中国革命的胜利，以及亚、非、拉美一系列被压迫民族的解放、一百几十个新独立国家登上世界政治舞台为主要特征。

（三）以1917年俄国十月革命的胜利为开端的世界现代史，迄今为止，以社会主义与资本主义两种对立的社会制度同时并存、互相联系、互相斗争、互有进退、曲折发展为特征。

这83年的两种社会制度并存史的发展，可以分为四个阶段。

第一阶段，20世纪20—30年代。苏联人民在以列宁、斯大林为领袖的苏共领导之下战胜西方列强的武装干涉之后，在资本主义包围之中坚持一国建设社会主义，取得了伟大的成就，向全世界显示了社会主义制度的优越性和强大生命力。30年代，苏联社会主义工业化和农业集体化大踏步前进，国民经济欣欣向荣；而包括美国在内的整个资本主义世界则发生了空前严重的经济危机，无产阶级革命倾向上升，垄断资本的政治统治处于险境之中。为了挽救垄断资本主义制度于垂危之中，富兰克林·罗斯福于1933年开始实行"新政"，即实行国家政权与垄断资本主义相结合的国家垄断资本主义。

这个阶段证明，列宁关于一国建设社会主义的理论是完全正确的。

第二阶段，40年代至50年代上半期。以苏联红军为主力，包括中国在内的世界人民战胜了法西斯侵略者，社会主义制度向东欧扩展，中国革命取得了胜利，并且在世界的东方、在世界上一个人口最多的大国里确立了社会主义制度。西方列强中，德、意、日战败，英、法遍体鳞伤，殖民主义体系开始崩溃，剩下美国一家独霸。西方国家开始普遍实行以凯恩斯主义为指导的国家垄断资本主义。

以上两个阶段证明，列宁关于帝国主义是腐朽的、垂死的资本主义的理论，关于帝国主义是社会主义革命的前夜的理论，是完全正确的。

第三阶段，50年代下半期到80年代上半期。以苏共二十大为起点，国际共产主义运动思想发生混乱，开始进入低潮；东欧局势发生动荡；西欧正式形成了以抛弃列宁主义、抛弃无产阶级专政、抛弃民主集中制为特征的"欧洲共产主义"；中、苏两党展开公开论战；由于赫鲁晓夫集团将意识形态领域的分歧延伸到国家关系的对立，社会主义体系发生分裂，甚至发生武装冲突；中美关系由对立转向缓和，形成了中美苏大三角的国际格局；中国共产党经历了一段曲折以后，开始再次实现工作重点转移，开创了社会主义现代化建设的新局面。资本主义体系在相对稳定中也发生了动荡，经济危机频繁发生（美国仅1969—1982年就发生了三次危机，而且一次比一次严重，同时发生了停滞膨胀），国家垄断资本主义从70年代初期起开始进入衰落阶段（笔者在拙著《三说美国》里已就此作过一些说明）；一些国家政局不稳（60年代末期到70年代初期，美国人民掀起三次反战高潮，垄断资本集团在侵越战争问题和尼克松政府问题上发生分裂；法国1968年也发生了"五月风暴"）。

两种社会制度体系处于一种僵持状态，是这个阶段的特点。

第四阶段，80年代下半期到世纪末。以戈尔巴乔夫上台执政为标志，社会主义制度体系遭受暂时的然而是严重的挫折，东欧易帜，苏联解体，苏共亡党，资本主义复辟，世界历史发生大倒退；共产主义运动在原苏联境内虽然再度兴起，然而不得不重新探索前进的道路，处境艰难。资本主义制度体系取得了一些暂时的胜利，并将颠覆的重点开始转向中国；然而资本主义制度本身无法克服的固有矛盾依然在发生作用，经济危机的严重程度进一步加剧。美国经济1988—1993年基本上处于危机和停滞状态；西欧在80年代末期到90年代初期发生的经济危机结束以后，失业率一直居高不下；日本经济基本处于危机和停滞状态的时间从1990年一直延伸到1999年，至今还未结束。

社会主义遭受严重挫折和资本主义危机进一步加剧，是这个阶段的特点。

（四）20世纪的另一特征，是科学技术较之过去以更高速度发展。

从20世纪的上述主要历史事实和基本特征中可以得出如下结论：

第一，帝国主义制度是战争的根源。只要帝国主义制度存在，战争（包括世界大战和局部战争）就难以避免。然而在革命力量坚决以革命战争挫败帝国主义的侵略战争、在人民群众反战斗争的压力与和平力量增长的条件之下，另一次大战的爆发是可以推迟的。

只有帝国主义制度被最后埋葬之日，才是战争的根源被根本铲除之时。

第二，资本主义在20世纪经历了两个从兴盛走向衰落的阶段。从世纪初到30年代初期，为垄断资本主义从兴盛走向衰落的阶段；从1933年富兰克林·罗斯福在美国上台执政、实行"新政"起到世纪末，为国家垄断资本主义从兴盛开始走向衰落的阶段。

资本主义制度从兴盛走向衰落，直至灭亡，是必然的，不可避免的。

从70年代以来西方经济危机的严重程度一步步加剧来看，特别是从80年代末期到90年代西方经济危机时间的延长和严重程度的加剧来看，国家垄断资本主义反危机的能力已明显削弱，甚至基本丧失。

第三，科学技术的发展对资本主义制度具有两重性。它既有利于发展资本主义社会的生产力，也有利于稳定资产阶级的经济统治和政治统治；然而科学技术的进步不可能阻止以"生产过剩"为特征的周期性资本主义经济危机的爆发，而是相反，它成为引发危机的重要因素，加剧危机的严重性；它不可能阻止国家垄断资本主义制度由兴盛转化为衰落，而是相反，它成为这种转化的促进因素；它要求挣脱资本主义（包括国家垄断资本主义）的生产关系，从而动摇资产阶级的经济统治和政治统治。

科学技术的进步有利于发展社会主义社会的生产力，有利于巩固以工人阶级为领导、以工农联盟为基础的人民政权。

归根结底，科学技术的本质是革命的，它的进步有利于工人阶级的解放事业。

第四，只要帝国主义制度存在，就会有反对帝国主义的斗争，就会有无产阶级和被压迫民族、被压迫人民的革命斗争。尽管资产阶级运用镇压加安抚的两手以求得其统治的暂时稳定，尽管帝国主义改变对弱小民族的掠夺手法，然而随着国家垄断资本主义进入衰落阶段和资本主义制度固有矛盾的激化，这种革命斗争终究是不可避免的。

然而爆发革命是一回事，取得革命胜利是另一回事。要取得胜利，其前提条件是革命的指挥部执行一条符合本国实际的路线和一系列正确的政策和策略。

第五，无产阶级（产业工人和大多数脑力雇佣劳动者）革命与农民结盟，并与其他要求革命的阶级、阶层结成统一战线，有可能在帝国主义链条的薄弱环节首先取得胜利。

然而人民革命斗争和社会主义事业发展的总体形态不是直线的，而是高潮与低潮交替、来潮与退潮反复、失败与胜利交织、前进与倒退并存的曲线发展。

第六，迄今为止，资本主义和平过渡到社会主义的事例一次也没有发生过，而社会主义和平演变为资本主义则确确实实在一系列国家发生了。

革命的首要问题是政权问题。无产阶级不可能通过选票、通过议会道路和平取得政权。它只能以革命的暴力对付资产阶级的反革命暴力，经过武装斗争夺取政权。

在条件成熟时，武装斗争能否取得胜利，关键在领导。

在社会主义遭到严重挫折的国家里，失去了政权的共产党要以和平方式夺回政权，必然会遭到资产阶级的竭力阻挠；即使重新掌握了政权，要重建社会主义，也会遭到资产阶级的顽强反抗，非和平方式的斗争终将难以避免。

第七，国际共产主义运动诞生以来，一直存在着马克思主义与形形色色的机会主义的斗争。社会主义制度体系形成以后，这种斗争就从在野党之间转移到执政党之间和国家之间；由于坚持机会主义的一方不顾大局，推行大国沙文主义，其影响是严重的。马克思主义从来都是在与各种机会主义的斗争中发展。在共产党由在野党变为执政党以后，情况依然如此。

只有坚持马克思主义的基本原理，坚持理论联系实际，防止机会主义，才能巩固社会主义制度，维护社会主义制度体系以及国际共产主义运动在原则基础上的团结。

第八，社会主义国家之所以存在资本主义复辟的可能性，主要是因为社会主义革命是首先在经济落后的国家取得胜利的，在经济发展程度上，帝国主义集团仍占绝对优势；在社会主义建设的过程中，它在国际上面临帝国主义遏制、颠覆甚至武装干涉的强大压力，在国内面临资产阶级及其意识形态的严重影响；在马克思主义的理论修养深厚、善于理论联系实际、无产阶级的革命意志坚强的开国元勋逝世以后，领导层出现机会主义难以完全避免。

因此，社会主义革命取得胜利以后，执政党为了避免社会主义事业的失败和党的灭亡，必须全力在政治、经济、党的建设、意识形态等方面创造条件，防止产生机会主义。从社会主义体系遭受失败和挫折的情况来看，防止出现机会主义，包括"左"倾冒险主义和右倾机会主义。两者都不利于社会主义制度的巩固。

从社会主义事业在苏联的失败来看，应以防止右倾机会主义为主。

第九，资本主义制度取代封建制度，是以一种剥削制度取代另一种剥削制度。即使如此，它们一般都经历过反复，甚至是多次反复。美国的资本主义制度是在推翻英国的殖民统治的基础上建立的，它没有经历过封建阶段。然而由南方奴隶主的叛乱而引发的南北战争，也是一种反复。

用消灭剥削的社会主义制度取代资本主义制度，自然要艰难得多，发生反复是不足为奇的。然而如同资本主义制度取代封建制度是必然的一样，尽管会出现曲折反复，社会主义制度取代资本主义制度及社会主义制度的巩固，是必然的，这是由人类社会历史发展的规律所决定的。

第十，与马克思主义创始人预测的无产阶级革命首先在发达的资本主义国家取得胜利不同，正是由于无产阶级革命首先是在经济落后的国家取得胜利，因而决定了社会主义将是一个相当长期的历史阶段，要经历一个从不发达到发达的历史发展过程。社会主义社会的生产力超过发达的资本主义，不可能在短期内达到；谁战胜谁的问题不可能在短期内解决；阶级矛盾、阶级斗争不可能在短期内消失。

因此，把社会主义看成是短期的，因而急于过渡到共产主义，只能欲速则不达，是不对的，是违反客观规律的。

然而如果走到反面，把社会主义的长期性无限夸大，把共产主义的远大目标看成是某种虚无缥缈的东西，对它的实现丧失信心，甚至予以抛弃，同样是不对的，是不利于社会主义建设的前进、不符合社会发展的客观规律的。

在我国的新民主主义革命阶段，中国共产党实行的是新民主主义的社会、经济政策，但对党员、对青年进行的是共产主义教育。我国现在是处在社会主义的初级阶段，我们实行的是社会主义初级阶段的社会、经济政策，但对党员、对青年更应进行共产主义教育。工人阶级要巩固自己的政权，必须如此。

二

跨世纪之交的世界形势的主要特征是：

（一）目前在西方国家，垄断资本集团的资本积累和工人阶级（包括产业工人和大多数脑力雇佣劳动者）的贫困积累正在并行发展，而又以美国为最突出。在西欧和日本，现在工人阶级的失业率达到了战后以来的最高峰。无产阶级与垄断资产阶级之间的矛盾在积累，在发展。

（二）由于资本主义发展不平衡的规律的作用，尽管发展道路曲折，力量轮流消长，但20世纪下半期在西方世界逐步形成的美、欧、日三大集团的总体态势是美国实力下降，欧、日实力上升。随着欧洲联盟的建立和欧元的启动，力量对比已经进一步发生了不利于美国的变化。美国一家独霸的局面已经并正在进一步改变。帝国主义制度从兴盛走向衰落，是一种不可抗拒的历史规律。

大英帝国在20世纪上半期的衰落，就是这条规律的作用。美国也逃避不了这条规律的支配。它现在正在走着大英帝国的老路，尽管它的衰落还要经历一个曲线过程。

美、欧、日之间的矛盾、斗争在20世纪下半叶一直存在，从未止息；只不过由于社会主义苏联和中国的存在，使这种矛盾的发展受到了制约。现在，随着苏联解体，欧盟开始建立，三大集团之间的矛盾已经并将继续上升。

帝国主义之间关系的缓和是相对的，矛盾是绝对的。不应低估这种矛盾的严重性质。早在1971年，即美苏争霸正激、侵越战争方酣之时，由于受到美元危机的冲击和西欧、日本挤兑黄金的压力，尼克松政府即曾在内部做出结论，断定西欧、日本在经济上的崛起及其对美国的挑战是"除了敌对的军事行动以外对美国的国家安全最严重的威胁"。英国撒切尔政府执政后期曾与法国的密特朗政府密谋建立英法联盟，对抗德国统一。此二事即为这种矛盾最突出的表现。

西方在颠覆苏联后，并未就此止步，而是向原苏联控制的势力范围步步进逼；特别是有计划、分步骤地把东欧各国纳入北约范畴，把前进阵地一直推进到原苏联边界。西方援俄口惠而实不至，还对独联体实行分而治之的策略，竭力离间其中一些成员与俄罗斯的关系。凡此种种，正在并将继续引起俄罗斯的反抗。

虽然俄罗斯在经济上陷于困境，但在当今世界上，在军事力量方面能与美国抗衡的还是俄罗斯。

（三）目前，西方国家的财富积累与广大发展中国家的贫困积累正在并行发展。

亚、非、拉美原来的帝国主义殖民地在政治上取得了独立，然而在经济上仍然在不同程度上处于西方垄断资本的统治之下，并没有真正取得独立。据联合国开发计划署90年代上半期的推算，仅仅是西方国家在国际贸易方面实行的种种不平等政策，就使发展中国家每年损失约5000亿美元。仅1998年，发展中国家出口的原材料和初级产品在国际市场上的价格就下降了25％以上，其中有些产品的价格降幅甚至高达30％—40％。西方金融垄断资本的高利贷盘剥，加剧了第三世界国家的贫穷。高技术的发展正在进一步加剧南北之间的贫富差距。在美、欧、日垄断资本主宰世界经济的格局之下，广大发展中国家追求了几十年的国际经济新秩序如果不说根本不可能，至少是很难实现。因此，广大发展中国家与西方世界的矛盾也在积累，在加深。这实际上是昔日帝国主义与殖民地、半殖民地之间的矛盾的一种变相的继续。

与此同时，美、欧、日三大集团利用昔日的原有联系并伸出新的触角，几十年来一直时缓时急地在亚、非、拉美争夺势力范围。随着近些年来的世界经济集团化的发展，这种争夺也正在进一步发展。这实际上仍然是昔日帝国主义瓜分势力范围的一种变相的继续。

（四）从1997年7月开始，主要由美国垄断资本引发的"亚洲危机"已经并正在继续冲击着整个资本主义世界。

"经济全球化"是从资本主义制度取代封建制度开始的,并不是现在才有的一种新现象。马克思、恩格斯早在1848年发表的《共产党宣言》里即曾指出:"不断扩大产品销路的需要,驱使资产阶级奔走于全球各地。它必须到处落户,到处开发,到处建立联系。""资产阶级,由于开拓了世界市场,使一切国家的生产和消费都成为世界性的了。""它迫使一切民族——如果它们不想灭亡的话——采用资产阶级的生产方式;它迫使它们在自己那里推行所谓的文明,即变成资产者。一句话,它按照自己的面貌为自己创造出一个世界。"① 这就把"经济全球化"的来源及其阶级本质都说清楚了。

但是,"经济全球化"经历了一个曲折发展的过程。随着社会主义革命在苏联和中国的胜利和社会主义制度体系的形成,由于帝国主义集团对社会主义制度体系实行遏制和封锁,"经济全球化"被一分为二了。斯大林在《苏联社会主义经济问题》一书中指出:"两个对立阵营的存在所造成的经济结果,就是统一的无所不包的世界市场瓦解了,因而现在就有了两个平行的也是互相对立的世界市场。"② 斯大林在这里讲的是当时的客观事实。而这种形势的出现,帝国主义集团对社会主义制度体系的遏制、封锁政策是起主要作用的因素;也就是说,它主要是帝国主义集团造成的。90年代初期,随着东欧易帜,苏联瓦解,资本主义制度在原苏联境内复辟,随着我国对外开放的扩大,"经济全球化"又重新出现了。就其总体形态而言,这种"经济全球化"仍然是马克思、恩格斯所指明的资本主义经济全球化。

然而目前随着"经济全球化"而出现的新情况是,以美国为主的西方垄断资本占统治地位的市场经济全球化、金融市场全球化和高科技的发展,以及随之而来的资本主义制度的固有矛盾,特别是这种固有矛盾之一——个别企业生产、经营的组织性、计划性与整个社会生产的无政府状态之间的矛盾发生作用的范围,在金融领域已从一国扩展到全球。以美国

---

① 马克思、恩格斯:《共产党宣言》,中共中央马克思、恩格斯、列宁、斯大林著作编译局译,人民出版社1977年8月第3版,第31—32页。
② 《斯大林文选》,人民出版社1962年版,第594页。

为主的西方垄断资本利用这两个全球化加高科技，随时可以从世界各地迅速调集大量资金或者迅速撤走资金，从而冲毁某一国家的金融体系。同样是由于这两个全球化加高科技，某一个国家（如泰国、日本、俄罗斯、巴西）的金融系统出现决口，其影响已不再局限于一国之内，而是立即冲击整个资本主义世界。如果我国的人民币在资本项目下改成了可以自由兑换的货币，也在劫难逃。与金融危机接踵而至的是经济危机。这种金融危机加经济危机已经覆盖了世界上相当一部分地区，至今仍未停止发展。

西方垄断资本拥有的大量资金不是用于生产，而是用于在世界范围内从事空前规模的金融投机，给人类社会造成巨大灾难，这是垄断资本的腐朽性在当前条件下最突出的表现。归根结底，它是在自掘坟墓。

由于这种新情况在跨世纪之交的出现，在 21 世纪初期，整个资本主义世界发生一场地震虽然有可能推迟，然而它的发生终将难以避免。如果这场地震发生了，帝国主义国家内部无产阶级与资产阶级之间的矛盾，帝国主义国家及国家集团之间的矛盾，帝国主义与广大发展中国家之间的矛盾，也将随之而进一步加剧。

目前值得注意的是：（1）美国克林顿政府已经接过里根政府传下来的接力棒，决定拨出巨款，继续研制导弹防御系统。这是美国垄断资本集团发出的准备战争的最新信号。（2）日本正在竭力谋求成为政治大国和军事大国，军国主义势力在日正在重新抬头。（3）西欧、俄罗斯甚至印度，也在加强军备。

（五）与此同时，在目前，在下个世纪，还将存在帝国主义与社会主义国家之间的矛盾。帝国主义之间存在着矛盾，然而它们在反对社会主义方面又存在着一致性，当然它们在策略的运用上存在着差别。

社会主义中国在颠覆与反颠覆、和平演变与反和平演变问题上，在台湾问题上，与帝国主义之间的矛盾将是长期的。

由于上述种种矛盾的存在和发展，在 21 世纪上半期，世界局势有可能发生动荡。

21 世纪人类进步事业的发展，在相当程度上取决于中国社会主义事业的发展和社会主义制度的巩固。

我国在 21 世纪上半期将要面临的国际环境可能是严峻的。然而我们有许多矛盾可以利用，还有世界各国人民群众和广大的发展中国家的支持，在国际上有充分活动的余地。只要路线正确，政策和策略正确，我们是可以战胜国际敌对势力的。在列宁、斯大林为首的苏联共产党中央的领导下，苏联在资本主义包围之下一国建设社会主义，取得了光辉的成就。我国现在面临的国际环境比苏联当时要好得多，国内经济实力比苏联开始建设时要雄厚得多，只要正确吸取国际社会主义事业成功和挫折的经验教训，我国的社会主义建设是可以胜利前进的。

成功地建设社会主义，关键在国内，关键在党内。

鉴于苏联社会主义事业成功和失败的经验教训，在我国成功地建设社会主义，巩固社会主义制度，有几条是必须做到的。

第一，中华人民共和国是由共产党领导的社会主义国家。为了坚持共产党的领导，必须有一个一代接一代的、执行正确路线（在社会主义初级阶段，是全面执行一个中心，两个基本点）的最高指挥部，即马克思主义理论修养深厚、善于理论联系实际、无产阶级革命意志坚强的党中央，全力防止中央出机会主义。这一条是决定一切的。

第二，中华人民共和国是以工人阶级为领导、以工农联盟为基础的人民民主专政的国家，不是全民国家。必须坚持人民民主专政，即对广大人民群众广泛实行民主，对社会主义的真正敌对势力坚决实行专政，并旗帜鲜明地反对国际敌对势力的颠覆活动，在任何情况下决不动摇。

第三，必须集中力量发展科学技术，集中力量发展社会主义社会的生产力，全力增强社会主义国家的综合国力，竭力避免两极分化，不断提高广大人民群众的生活水平。

第四，必须保持党的工人阶级先锋队的性质。

在集中精力抓经济建设的同时，要提醒全党不要忘记党的工人阶级性质，不要忘记党的远大目标，不要忘记马克思主义的立场，不要忘记时时刻刻依靠工人阶级和广大人民群众；在国际敌对势力运用政治、经济、意识形态等手段，利用台湾、西藏等问题，举起"民主、自由、人权"等旗号，运用公开与隐蔽并举、官方与民间结合等形式时明时暗、时缓时急地向我进逼的情况之下，在市场经济全球化的条件之下，在国内还存在阶级矛盾、阶级斗争的条件之下，在埋头忙于经济建设时，不要忘记政治，不要忘记还有阶级斗争，不要被市场经济的五光十色冲昏了头脑，不要被金钱、色情所迷惑。必须真正反腐败，不是只反一些人的腐败，不反另一些人的腐败。

中国共产党不是全民党。党的现行社会经济政策允许一定范围内有剥削，但共产党员不能进行剥削；党的现行政策允许私营企业主存在和发展，但共产党员不能当资本家。在新民主主义革命时期就是如此，在社会主义建设时期就更应如此。这一条必须坚持，丝毫不能含糊。

第五，在社会主义的初级阶段，在存在多种所有制的条件下，必须千方百计地坚持以公有制为主体。这是因为：（1）它是我国社会主义制度的经济基础，是坚持中国共产党的领导、坚持人民民主专政的经济基础；（2）它是我国社会的社会主义性质的决定因素，是我国社会区别于资本主义社会的主要标志；（3）它是我国社会实行以按劳分配原则为主、尽量避免两极分化的经济前提；（4）它是我国国民经济按社会主义方向迅速发展的主要保证；（5）它是加强工农联盟、加强民族团结、实现社会安定的主要保证；（6）它是我国逐步实现"解放生产力，发展生产力，消灭剥削，消除两极分化，最终达到共同富裕"的社会主义本质的经济保证。

第六，在从事国防现代化的同时，必须保持人民军队的无产阶级性质。

第七，必须保持马克思主义在我国意识形态领域的领导地位。决不让资产阶级自由化思潮搞乱我们的思想、理论战线。

第八，必须坚持大小民族一律平等，反对民族分裂主义，全力维护民族团结。

第九，必须坚持和发展社会主义的统一战线以及热爱祖国的统一战线。

第十，必须联合世界上一切"以平等待我之民族"，并且在国内外实行党在长期斗争中积累的、行之有效的一系列正确的政策和策略。

（原载《当代思潮》1999年第2期，《国史研究参阅资料》1999年第5期）

论美国"赌博资本主义"

一 美国"新经济",究竟"新"在哪里?

(一) 美国资产阶级学者的"新经济论"

美国资产阶级学者的"新经济论",不是最近这两年才出现的。首先提出这种论点的人,当推未来学家阿尔温·托夫勒,其论点集中表述在他1980年出版的《第三次浪潮》一书中。继他而起的是约翰·奈斯比特。他的代表作是1983年出版的《大趋势——改变我们生活的十个新趋向》。他们的主要论据都是包括信息技术在内的高科技的发展和"从国家经济走向世界经济"(托夫勒的提法是"民族国家的崩溃")。随后,美国资产阶级报刊上不断发表一些经济学家有关"新经济论"的文章。其中具有代表性的是《华尔街日报》1986年12月23日发表的一篇署名文章《理解新经济》(Understanding a New Economy)。文中的基本论点仍然是包括信息技术在内的高科技的进步和服务业的发展。由这些著作和文章而引起的有关美国已经进入"信息时代"、"信息社会"的宣传,在整个20世纪80年代盛极一时。里根政府的高级官员带头从事这种宣传。

进入20世纪90年代中期,即在美国走出了上次经济危机、进入这个经济周期的繁荣阶段以后,关于美国经济已经成为"新经济"的宣传再度兴起。《商业周刊》在这方面起了带头作用。在刊登了一些宣传这种观点的文章之后,该刊在注明1997年11月17日出版的一期上发表了主编斯蒂芬·谢波德撰写的题为"新经济:它到底是什么意思?"的文章,代表该刊编辑部就这个问题讲了一些总结性意见。概括起来,他认为美国经济已成为"新经济"的主要论点是:(1)"经济全球化"(他的说法是"商业全球化","资本主义在全球 50 年代和 60 年代高经济增长、低通货膨胀的道路";(2)"低失业率与低通货膨胀率并存";(3)"股票市场价格上升","仅仅过去三年里股票市场的价格就增长了一倍"。

由此可见,斯蒂芬·谢波德先生的美国"新经济论",与美国 80 年代流行的"新经济论"存在着继承的关系,只是他在继承的基础上有发展。

不过,斯蒂芬·谢波德并没有把话说死,而是给自己留下了很大余地。他在文中一口气讲了一个"不是这样的"和五个"并不意味着",即:"新经济概念不是这样的:它并不意味着通货膨胀的消亡,它并不意味着我们永远不会再出现衰退,也并不意味着经济周期已经不复存在。它并不意味着股票市场注定摆脱衰退,永远上升,就像往上疯长的豆茎。它并不意味着亚洲的金融风波不会影响美国。"

(二)"新经济"的实质是"赌博资本主义"

那么,美国是不是出现了"新经济"呢？

答案是肯定的,是出现了。

问题在于:这种"新经济"究竟"新"在哪里？

先从美国 1998 年第四季度的国内生产总值的增长率说起。

美国联邦政府商务部 1999 年 1 月 29 日、2 月 26 日、3 月 31 日经过一次公布、两次修正,最后宣布美国 1998 年第四季度国内生产总值的增长率折成年率是 6%。由于第四季度的迅猛增长,美国 1998 年全年的国内生产总值上升了 3.9%。

这个季度美国国内生产总值的增长幅度,为 20 世纪 70 年代以来所罕见。这与斯蒂芬·谢波德先生美国"新经济论"的论点之一——"高经济增长",是相符合的。

不过,让我们来看看以下几种情况。

第一,据美国官方的统计,美国的制造业,即除了水、电、煤气等公用事业以外的美国全部工业(按照北美自由贸易区 1998 年制定的"北美行业分类系统",电子计算机硬件业属于制造业范畴)生产,从 1998 年 5 月到 12 月,连续七个月下降,处于萎缩状态,其中以 1998 年第四季度为最。1998 年 12 月,美国工业的设备利用率降到 79.9%,这是 1994 年以来第一次降到80%以下。

与1997年12月相比较,美国1998年12月在机床制造、农用机械设备制造、飞机制造、钢铁冶炼和石油及天然气的勘探、开采业方面的下降十分突出。

1998年第四季度,随着制造业的下降,包括铁路、公路、航空在内的美国运输业的经营业务也随之下降。

第二,据美国政府农业部的统计,1997年、1998年,美国农产品出口明显下降,农产品大量积压,价格下降,农业收入锐减,陷于不景气状态。许多农场主不得不退出农业领域,另谋生路。这也包括1998年第四季度在内。

第三,据美国政府商务部的统计,1998年从第二季度到第四季度,美国组成公司制的企业(这是美国全部企业的主体)纳税后利润连续三个季度下降,全年平均下降了2.2%,降到1991年以来的最低点。1999年4月5日出版的《幸福》杂志公布,在该刊榜上有名的美国500家规模最大的工商金融垄断企业1998年的利润总额出现了1992年以来的首次下降,平均降幅为1.8%。

另据统计,与1997年同期比较,1998年第三季度,就化学工业而言,美国最著名的杜邦公司亏损5.6亿美元,孟山都公司亏损1亿美元,联合碳化物公司的收益较1997年同期下降58%,道化学公司的收益较1997年同期下降26%。其他重要行业,如电子设备业的收益下降了74%,汽车制造业(它是靠打折扣出售而使销售量上升的)下降了63%,金属业下降了52%,石油天然气业下降了48%,半导体业下降了45%。1998年第四季度继续下降。

第四,根据美国政府商务部公布的统计,1998年,美国商品出口出现了13年来的首次下降,使进出口贸易逆差高达1686亿美元,较1997年上升了53%。这种逆差的大幅度上升,主要是反映了美国制造业不景气的实际状况。或者说,它既是美国制造业陷于不景气的原因,也是制造业不景气的结果。这也包括1998年第四季度在内。

由此可见,1998年第四季度,美国的物质生产的总体形态(就是说,汽车制造业、房地产业等少数生产部门除外)是下降,而不是上升。

那么，为什么这个季度美国的国内生产总值不是下降，而是上升，而且上升的幅度竟然高达6％呢？为何会出现这种离奇现象呢？

按照上述美国资产阶级经济学界所说，包括信息技术在内的高科技的发展，是美国"新经济"的最重要的组成部分。那么，是不是包括信息技术在内的高科技的发展推动了美国1998年第四季度国内生产总值的上升呢？

毫无疑问，包括信息技术在内的高科技的发展，对推动社会生产力的发展具有十分重要的意义。但是有必要说明以下两点：

第一，不能过高估计包括信息技术在内的高科技发展在美国经济中所占的比重。

按照北美自由贸易区制定的"北美行业分类系统"，信息业包括电子计算机软件、数据库、卫星通信、寻呼和移动电话及其他无线通信、有线信息和其他信息服务、电视、电影和音像出版、报刊出版及图书馆等。

按照这个界定，1998年，信息技术业的产值仅占美国全部国内生产总值的4.1％。

由此可见，有关美国已经进入"信息时代"、"信息社会"等说法，显然是夸大其词。

第二，在资本主义制度下，包括信息技术在内的高科技的发展受到资本主义生产关系的约束，受到资本主义制度本身无法克服的固有矛盾的支配，因而具有两重性。它可以推动资本主义社会生产力的发展，又不能推动，甚至由于它本身的生产过剩而阻挠生产力的发展。就1998年全年而言，信息业产值的增长在美国经济的产出增长幅度中占25％强。这说明它是推动美国经济发展的一支重要力量。然而就1998年第四季度而言，包括信息技术在内的高科技的发展并没有推动美国社会物质生产的发展。相反，美国在这个季度的物质生产不是上升，而是下降了。

那么，1998年第四季度，美国国民经济中主要是哪一个部门上升了，而且是急剧上升了呢？

答曰：主要是股票市场价格的上升以及这种上升带动的种种金融衍生品投机活动的发展。这基本上就是《商业周刊》主编斯蒂芬·谢波德的"新经济论"的第五条。

1998年7月17日，在纽约证券交易所，道·琼斯公司公布的代表美国30家巨型垄断工商业公司的股票价格加权平均指数曾经高达9337点。但是由于"亚洲危机"进一步加深对美国经济的冲击，由于一些炒股大户乘机兴风作浪，大量抛售，从7月20日（7月18、19日为周末）起，这个指数呈急剧下降之势。到8月31日，这个指数猛降到7539点，即一个多月之内下降了1789点。然而到9月1日，这个指数即开始扭头回升；9月30日，回升到7842点。10月、11月，回升加快，到12月30日，已经回升到9274点。

在此期间，随着道·琼斯指数的上升，华尔街其他股票价格指数也相应上升。

也就是说，道·琼斯平均指数从1998年9月1日到12月30日上升了1735点，如果把华尔街其他股票价格指数的上升算在内，把这些指数换成货币，那么，1998年9月到12月，华尔街股票市场的金融资产就增加了2万亿美元以上。

美国1998年第四季度国内生产总值猛增6%，其主要增长点就在这里。

如果说信息技术的发展促进了美国经济的发展，那么，它的主要促进作用也就在这里。因为信息技术的发展为华尔街金融垄断资本从事股票、债券等金融炒作提供了极为有利的条件。

由此可以初步得出几点结论：

第一，美国的股市价格与企业利润的走向严重背离，在总体形态上，企业利润下降，然而它们的股票价格却急剧上升。这就是典型的虚拟资本的上升。

第二，美国国内生产总值的增长主要不是物质生产（Material Production）或曰实体经济（Physical Economy）（后者的内容比前者稍广）的增长，它基本上是社会（主要是金融垄断资本）拥有的货币量或曰纸面财富的增长，亦即虚拟资本的增长。

第三，美国的国内生产总值已经在相当程度上与物质生产相背离，也就是说，它在相当程度上已经成为虚拟经济了。

第四，近来西方经济学界有人说当前的美国经济是"赌博资本主义"。

这种说法有道理。现在美国的经济增长主要靠金融赌博,因此可以说它的"新经济"基本上是一种"赌博资本主义"。

为什么说是"基本上"呢?这是因为,在资本主义制度下,股票市场(也包括债券市场等金融工具)具有两重性。在通常情况下,股票价格上升了,工商企业可以从中获得部分资金,用于扩大再生产和扩大经营,就是说,可以促进物质生产和商品流通,持股人也可以从中取出一部分,用于消费,而消费的增加又可以反过来促进物质生产。就1998年第四季度而言,它在某种程度上(如在上述汽车制造业、房地产业等方面)起到了这种作用,然而就美国物质生产的总体而言,它又没有起到这种作用。这是事情的一个方面。

就资本主义经济史而言,股票市场是与金融投机活动相伴随而产生的,它们是一对孪生兄弟。只要有股票市场,就会有金融投机活动,而且股票市场越发展,投机活动也随之进一步发展。就华尔街的股票市场而言,现在它的持股人有几千万,然而股市价格的涨落基本上操纵在为数不多的大炒股户手中,即主要是操纵在由金融垄断资本掌握的套利基金(Hedge Funds)、共同基金(Mutual Funds)、退休基金(Pension Funds)等等金融机构手中,其中真正拥有决定权的不过几十家(主要是商业银行、投资银行和它们的控股公司)。他们主要是直接或间接依靠炒作股票牟取暴利。也就是说,在华尔街股市兴风作浪的主要是金融垄断资本。他们的投机活动的猖獗必然破坏股票市场的正常运作,从而破坏整个国民经济的正常运转,加重社会生产的无政府状态,激化资本主义制度本身无法克服的固有矛盾。这是事情的又一个方面。

(三)美国政府推行"赌博资本主义"政策

究竟主要是什么力量推动了1998年9月以后华尔街股票市场价格大幅度上升的呢?

答曰,主要是华尔街金融垄断资本的盟友、美国政府的最高金融当局——联邦储备委员会(以下简称美联储)。

最近几年来,以格林斯潘先生为主席的七人委员会,即世界著名的美联储一直处于一种矛盾的心理状态,一种两难境地。他们从包括金融垄断资本在内的美国垄断资本集团的利益出发，既怕股市价格大幅度上升，更怕股市价格急剧下降。怕股市价格大幅度上升，是因为这种上升必然导致股市价格急剧下降。而股市价格急剧下降就意味着美国社会（主要是金融垄断资本）的金融资产，即纸面财富的大规模丧失，就意味着泡沫经济的破灭，就意味着一场严重的经济危机的降临。他们真正害怕的就是这场灾难。因此，早在1996年，当道·琼斯工商业股票加权平均指数上升到6437点时，格林斯潘先生即曾发出警告，说它是一种"非理性繁荣"。1997年和1998年上半年，格林斯潘又几度发出类似警告，给华尔街泼冷水，然而华尔街股市价格的这种"非理性繁荣"却继续发展，通常是向下波动一下，尔后再继续攀升。当时有一种特殊情况，即1997年7月"亚洲危机"爆发后，随着美国大规模撤资造成恐慌使大批亚洲本地资金逃往美国（仅1998年，以亚洲地区为主的外资流入美国的金额达2280亿美元），购买美国的债券和股票，从而推动了美国金融市场的"非理性繁荣"。直到1998年7月，即道·琼斯指数疯狂上升之际，格林斯潘不仅再次发出类似警告，并且威胁说要提高利率，以制止股市价格的上升势头。但是，当华尔街股市价格从当年7月17日的当时历史最高点9337点开始猛烈下降，到8月31日降到1997年2月以来的低谷7539点时，以格林斯潘为首的七人委员会却真正着急了，开始大力吹肥皂泡了。他们急如星火、雷厉风行地从两个方面增加了货币供应量，以推动股市价格上升。

第一个方面，直接增加货币供应，即一再印制新钞票。从当年8月24日到11月30日，美联储一共印制了138亿美元的新钞票，通过购买联邦政府财政部发行的国债券（由美联储下属的公开市场委员会下达指令，由纽约联邦储备银行具体执行）的方式将这些钞票投放到金融市场。这种新发行的钞票称为"流通中的货币"，其中约60%用于挽救在股票市场上从事投机活动而大量失血的金融垄断资本，即银行家和包括套利基金在内的种种金融机构。

第二个方面，通过降低利率，增加货币供应量。格林斯潘扬言要提高利率两个多月之后，以他为首的美联储非但没有提高利率，而是反其道而行之，一而再、再而三地降低利率，包括"联邦基金"（Federal Funds）利率和"贴现率"（Discount Rate）。所谓"联邦基金"，主要是指美联储用现金从银行手里购买联邦政府财政部发行的国债券，期限为 24 到 48 小时，然后再由银行买回。这就是所谓"再购买协议"（Repurchase Agreements）。美联储通过这种方式向银行提供短期资金。其利率就称为"联邦基金利率"。此外，"联邦基金"也包括联邦储备系统所属会员银行（美国商业银行中的大多数）之间的隔夜拆借资金。这种"再购买"和"隔夜拆借"虽然是短期的，然而可以接连进行，因而"短期"可以变为"半长期"。所谓"贴现率"，是指美联储通过联邦储备银行向缺乏资金的所属会员银行（商业银行）提供贷款所收取的利率。从 1997 年 3 月以来，"联邦基金"利率一直保持在 5.5% 的水平。1998 年 9 月 29 日，美联储第一次把这种利率降为 5.25%；16 天之后，即 10 月 15 日，美联储第二次决定把这种利率降到 5%，同时把"贴现率"从 5% 降到 4.75%；一个月零两天之后，即 11 月 17 日，美联储第三次决定把"联邦基金"利率进一步降到 4.75%，同时把"贴现率"进一步降到 4.5%。

通过如此接二连三地降低利率，美联储进一步给银行和其他种种金融机构提供了大量从事金融投机活动的廉价资金。

美国狭义货币供应量的名称是货币 1（M1），其广义货币供应量的名称是货币 2（M2）、货币 3（M3）。后二者基本上是随着货币 1 的增长而水涨船高的。"流通中的货币"属于货币 1。在 1998 年 8 月 24 日到 11 月 30 日期间，美国的货币 1（"流通中的货币"加银行"支票账户存款"，即 Funds in Checking Accounts，就是活期存款）的增长幅度折成年率上升了 12.4%，货币 2（货币 1 加时间有一定限制、不能以支票取款的银行"储蓄账户存款"，即 Savings Accounts，加银行管理部分的货币市场几种基金，加简称 CD 的 10 万美元以下的银行定期存款）的增长幅度折成年率上升了 10.8%，货币 3（货币 2 加巨额定期存款，加各种金融机构基金，加欧洲美元存款，加"再购买协议"）的增长幅度折成年率上升了 13.5%。

1998 年 9 月到年底，华尔街股市价格，就是在美联储所采取的这一系列降低利率、增加货币供应量的政策措施的协助之下，由金融垄断资本放肆从事投机、赌博而大幅度提升起来的。

美国最高金融当局采取这一系列政策措施推动"赌博资本主义"的发展，充分说明了美国国家垄断资本主义的腐朽。

还有一个问题需要说明，就是前述美国资产阶级经济学界所说的"低膨胀率"。美国在这个季度既然对外贸易逆差大幅度上升，加上货币供应量大幅度增长，为什么通货膨胀率又很低呢？

这主要是因为：

第一，美国的对外贸易逆差都是以自己的货币——美元支付的，而迄今为止，世界各国的外汇储备的构成又主要是美元。这就是说，美国至今拥有对外发行货币的特权。这同时也说明，它把自己的通货膨胀对外输出了。

不过，此事也有另一面。在1971年8月"布雷顿森林体系"崩溃以前，其他国家的中央银行可以拿着美元向美国兑换黄金，导致美国黄金储备枯竭。"布雷顿森林体系"崩溃以来，其他国家的中央银行也可以拿着美元购买美国国债券、工商企业和房地产，导致美国从20世纪80年代中期起即由债权国变为债务国。

第二，在"亚洲危机"的影响下，1998年，发展中国家向美国出口的燃料（包括石油）、原料和初级产品的价格下降了25%到40%。也就是说，美国在这一年，包括第四季度，从发展中国家进口了大量廉价商品供应市场，从而压低了美国国内的物价指数。此事说明，美国垄断资本对广大发展中国家及其工人阶级实行了超额盘剥。

不过，此事同样有另一面，即从国外大量进口廉价商品导致美国对外贸易逆差大幅度上升。这还会给美国国内的物质生产造成损害。美国资产阶级之所以一面高举"自由贸易"的旗帜以便促使美国商品进一步占领世界市场，同时又大搞贸易保护主义，不断与其他国家，包括与其盟国发生冲突，其基本原因在此。《商业周刊》主编的"新经济论"里讲的"魔弹"，其基本情况就是如此。

至于他说的"低失业率"，我在有关拙作里反复讲过，美国官方公布的失业率不能反映实际情况，掩盖了美国工人阶级失业的真相。就目前情况而言，美国的实际失业人数至少在2000万以上，其中绝大部分都被美国官方从失业人口统计中略去了。他们玩弄魔术，把大量失业人口变成了"在业人口"。

(四) 国家垄断资本主义的衰落与"赌博资本主义"的发展

笔者在拙作《三说美国——国家垄断资本主义危机》[①] 里说过，从19世纪末期到20世纪30年代初期，为美国垄断资本主义从兴盛到衰落的时期；从1933年富兰克林·罗斯福上台执政、推行"新政"到20世纪90年代，为美国国家垄断资本主义从兴盛走向衰落的时期，而国家垄断资本主义从兴盛转为衰落的转折点是20世纪60年代末期70年代初期。

现在要说的是，美国国民经济中的种种投机、赌博活动，是随着美国资本主义制度的产生而产生，随着资本主义制度的发展而发展的。资本主义制度离不开赌博。然而美国的资本主义发展成为"赌博资本主义"，则是与国家垄断资本主义从兴盛转为衰落的转折点相伴随而产生，是与国家垄断资本主义的衰落阶段的发展相伴随而发展的。

现在就要涉及美国的虚拟资本（Fictitious Capital）和虚拟经济（Fictitious Economy）的历史。

请看以下几个方面的事实：

第一，华尔街股票市场的历史发展。

华尔街的股票市场或曰证券市场（包括股票和债券），除场外经营部分外，主要由纽约股票交易所、美国股票交易所和纳斯达克股票交易所组成（它们现在都称为证券交易所）。其中又以纽约股票交易所历史最老（它成立于1792年），规模（交易量）最大。它经营的是那些大型股份公司的上市股票，其交易量是随着美国垄断资本的形成而大幅度上升的。或者说，正是它的交易量的大幅度上升促成了美国垄断资本的形成和发展。到了国家垄断资本主义阶段，它的股票交易量和股票价格进一步上升，特别是在美国国家垄断资本主义开始进入衰落阶段以后，它的股票交易量和价格以反常的速度急剧发展。目前，仅纽约证券交易所每天的股票交易量即达5亿股以上，其交易规模为全世界各证券交易所之冠。

以道·琼斯30种工商业股票的加权平均指数的历史曲线上升走势来

[①] 《三说美国——国家垄断资本主义危机》，当代中国出版社1998年版。以下简称《三说美国》。

说明华尔街股票价格的历史发展。

道·琼斯公司是从1928年10月1日（另一说法为1896年5月，但下列各指数不变）开始在每个纽约股票交易日公布这种指数的。从1928年10月到1973年1月，经过了44年有余，这个指数曲线上升到1051点。到1987年1月6日，仅仅经过了14年，这个指数曲线上升到2000点。到1995年2月，仅仅经过了8年，这个指数曲线上升到4000点。到1998年12月，仅仅经过了3年零10个月，这个指数直线上升到了9274点。也就是说，1973年以前，在44年有余的时间里，这个指数一共上升了951点，平均每年上升21.6点左右；1973年以后的25年期间，这个指数一共上升了8223点，平均每年上升328.92点。特别是90年代，这个指数的上升急剧加速。从1995年2月到1998年12月，在不到4年的时间里，这个指数上升了5274点，平均每年上升1300点以上。

这就是从量变到质变。仅就道·琼斯指数的发展、变化而言，20世纪70年代初期以来，美国的虚拟资本的增长速度就大步加快了。1973年到1987年，14年间的上升幅度超过了以前的44年；1987年到1995年，8年期间的上升幅度超过了以前的58年；1995年2月到1998年，在仅仅3年零10个月的短短期间内，它的上升幅度和总量均超过了以前的66年，可以说达到了疯狂的程度。在90年代以前的60年间，股票价格总值曲线平均数为美国国内生产总值的49%；1998年，股市价格总值达11.4万亿美元，为美国国内生产总值的140%。

仅就这一个方面的情况而言，70年代以来，美国经济已在相当程度上逐步变为虚拟经济。

第二，关于美国的外汇交易。

60年代以前，美国的外汇交易以用于商品进出口为主。直到1966年，美国的外汇交易总金额中，对外贸易所占的比重仍占80%以上。1976年，这个比重即急剧下降到23%。1981年，这个比重再下降到5%。1992年，这个比重竟降到2%以下。

那么，其余98%以上的外汇交易额都在干些什么呢？答曰，搞金融投机、赌博去了。

第三，关于金融衍生品（Derivatives）的发展。

美国的传统金融工具有商业银行、房地产等专业银行、保险公司、投资银行、证券交易所、证券经纪行、工商企业自办金融公司、"共同基金"、"退休基金"。它们共同组成以商业银行及其控股公司为核心的美国金融垄断资本的体系。但从20世纪70年代以来，情况逐步发生了变化，特别是90年代迅猛发展起来的"套利基金"（有人把它也列入了金融衍生品的范畴）尤为引人注目。美国的这种"套利基金"现在已发展到4200多家。它们的主要特点：一是它们只吸收大企业、大富翁的投资；二是它们的自有资金总额并不是很大（约为3000亿美元），但它们可以向商业银行等金融机构借到几倍到几十倍于自有资金的贷款；三是它们以从事倒买倒卖股票、债券、外汇和种种金融衍生品的赌博、投机活动为专业，不与物质生产发生任何联系；四是它们不受任何金融机构的监管，完全自由行动；五是它们行为诡秘，从不公开自己的业务活动。

由此可见，这种"套利基金"的恶性发展对社会有百害而无一利，是美国金融垄断资本的腐朽性的最露骨的、赤裸裸的表现。

现在再说美国从20世纪70年代逐步发展起来的一些金融衍生品。

金融衍生品，原名"合成证券"（Synthetic Securities），后来改称"金融衍生品"，因为它们是从传统金融工具中派生出来的金融工具。它们还有一些绰号，如"果子冻"（Jellyroll）、"铁蝴蝶"（Iron Butterfly）、"秃鹰"（TheCondor）、"总体利润交换"（The Total Return Swap）、"最致命一击的选择"（The knockout Option），等等。

它们的交易品种主要有：

股票指数期货。这里的股票指数，为一定股票价格的综合平均数。如某人持有的一定数额的股票要保持一段时间，而他预期股票价格会跌，他就按当时他持有的这些股票价格的综合平均数将股票卖出，但不是马上交割，只是与买方签订合约，在一定时期内交货。买方当然是预期股票价格看涨，才会同意签订这种合约的。这种期货的特点，是买方只需付少量现金即可签订金额巨大的合约。

外汇期货。这是指买卖双方在外汇市场上按照当时的比价以一定数量的一种外汇与对方交换另一种金额相同的外汇，在双方协议的日期交货。交易双方既是买方，又是卖方。他们之所以愿意以自己的外汇换取对方的外汇，是因为双方都预期对方的那种外汇的比价在协议的期限内看涨，预期自己持有的外汇的比价在协议的期限内看跌。

利率期货。其中包括长期国债券、中短期国债券、地方债券、定期存款单、商业票据等等的利率走势。如果这些金融证书的持有者预期在一定期限内利率看跌，他就会与他预期相反的对方按照当时的利率签订协议，在一定期限内交出这些金融证书，换回现金。如果他的预期相反，不是看跌，而是看涨，他的动作也会相反，不是卖出，而是买进。如此等等。

这些金融衍生品交易当然都是赌博，而且是空前规模的赌博。

80年代中期以来，芝加哥商品交易所改变了性质。它的主要交易已经不再是农产品等物资商品，而是这些金融衍生品。无论是商业银行、投资银行、证券经纪行，还是"共同基金"、"退休基金"、"套利基金"，或者是工商企业，都在从事这种交易。它们的交易量十分巨大，仅芝加哥商品交易所内一天进行的股票指数期货交易一项就大大超过了纽约证券交易所一天的股票交易量。

美国的金融衍生品交易的总金额究竟有多少呢？

根据美国联邦存款保险公司公布的数字，截至1998年6月30日，仅美国各商业银行即拥有价值达28.8万亿美元的金融衍生品，其中仅大通—曼哈顿银行一家拥有的金融衍生品金额就超过了美国全国的国内生产总值。美国各种金融机构拥有的金融衍生品金额已高达45万亿美元。[①]

由此可见这类金融赌博的规模之巨以及美国的虚拟经济发展之猛烈。说美国的资本主义已经变为"赌博资本主义"，是符合实际的。

第四，为了比较，再来看一看60年代末期以来美国物质生产的走势。

美国政府公布的国民生产总值（1991年12月起改为国内生产总值），从70年代到90年代，其平均增长年率为2%强，与40年代到60年代相比较，其增长幅度是显著降低了（40年代约为4.5%，50年代约为3.3%，60年代约为4%），然而其增长的绝对数仍然是很大的。如按1972年美元计算，美国1970年的国民生产总值为9930亿美元（毛值，下同）；

---

① 参见《行政人员情报述评》（Excutive Intelligence Review，简称EIR）1999年1月1日，第32页。

按 1992 年美元计算，美国 1997 年的国内生产总值为 7.2698 万亿美元。

对于这种国内生产总值的增长，有必要考察以下两种情况。

其一，美国国内生产总值是以货物（Goods）和服务业（Services）的"产出"为主体的货币量计算的。20 世纪 60 年代以前，国民生产总值里，上述两者中以货物"产出"为主；70 年代以来，两者所处的位置逐步颠倒了过来，变为以服务业的"产出"为主。服务业中包括商业、文教、医疗、从联邦到基层的各级政权甚至赌场、妓院在内，但以商业银行为核心的各种金融机构、股票、债券、外汇市场的交易及其收益为内容的金融业为主要部分。以上述 1997 年美国国内生产总值 7.2698 万亿美元为例。其中，货物"产出"为 2.8679 万亿美元，占国内生产总值的 39.44%。包括金融业在内的服务业"产出"为 3.7987 万亿美元，占国内生产总值的 52.25%。两者相加，为国内生产总值的 91.69%。剩下的 6032 亿美元为其他零星项目。按照另一种以"商品生产"（Commodity Production）和"非商品生产"（其主体仍然是以金融为主的服务业）计算，这一年，"商品生产"占美国国内生产总值的 32.9%，"非商品生产"在总值中占 67.1%。

这就是说，无论按上述哪一种算法，美国国内生产总值在相当程度上与物质生产相脱离并非从今日始，而是从 70 年代以来逐步形成的。

其二，根据著名经济学家、美国民主党人士林登·拉鲁什的计算，在此期间，美国的一系列物质生产的产品不是增长，而是明显下降了。他以 1967 年美国的人均消费物质产品（即产品的销售总量÷人口总数）为基数，即 100。1990 年，美国人均消费的资本货物：工业建筑下降了 63%，建筑机械下降了 46%，油田机械下降了 67%，化肥下降了 21%。人均消费的生活资料：纺织品下降了 66%，鞋和皮革制品下降了 70%，学校建筑下降了 50%，轿车下降了 43%，医院建筑下降了 17%，住宅建筑下降了 13%。人均消费的中间产品：铝土下降了 98.5%，镍下降了 98%，铜下降了 95%，硫黄下降了 89%，水泥下降了 73%，粗钢下降了 43%。

综上所述，美国经济从 20 世纪 70 年代初期以来，一方面是各种金融工具及其衍生品的投机、赌博活动空前猖獗，赌博金额的空前增长；另一方面是物质生产在国内生产总值中所占的比重急剧下降。这就是美国的虚拟经济的基本面貌,也是美国国家垄断资本主义处于衰落阶段的基本特征之一。

附带说一句,以不尽相同的形式实行国家垄断资本主义的西欧国家和日本,在不同程度上也是如此,不过是以美国为最典型罢了。

笔者在拙作《三说美国》里把美国国家垄断资本主义在60年代末期到70年代初期从兴盛转为衰落以来的主要标志归结为7条:(1)国民生产总值和国内生产总值的实际增长率明显降低;(2)"布雷顿森林体系"崩溃;(3)历时10余年的"停滞膨胀";(4)国家财政的高赤字、高债务、高利息支出,国债堆积如山;(5)经济危机愈演愈烈;(6)国家垄断资本主义反危机的两只手,即财政政策和金融(货币、利率)政策,在危机期间基本失效;(7)包括凯恩斯主义在内的各种资产阶级经济学说都难以治疗国家垄断资本主义所患的疾病。

关于美国国家垄断资本主义在此期间从兴盛转化为衰落的主要标志还应补充两条:(1)美国在80年代中期由债权国变为债务国;(2)国民经济在此期间已经在很大程度上变为虚拟经济。

(五)是谁大力促进了美国虚拟经济的发展?

对这个问题的答案是很简单的,即三权分立的美国政府。

首先,是美国政府行政部门的最高金融当局——美联储。

1999年1月20日,格林斯潘在美国联邦国会众议院筹款委员会作证,说"过去一些年来,政府已向美国公司提供了几万亿美元的货币供应"。但他没有具体讲这件事。

这里稍微具体地说一下。

70年代以来,美联储是提高和降低利率两手并举,然而它基本的一手是降低利率。在经济危机期间是如此,在经济走出危机、呈现增长期间也常常如此。在60年代末期到80年代初期相继发生的3次经济危机期间,美联储均曾多次降低利率,包括"联邦基金"利率和贴现率。从1982年到1986年,除第一年以外,都是美国经济的增长期。在这5年期间,除1984年的3个季度曾提高利率以外,美联储曾先后12次降低利率,把贴现率从12%一直降到5.5%。在80年代末期到90年代初期经济危机期间，美联储曾先后17次降低"联邦基金"利率，把它从接近10%一直降到3%，还曾先后7次降低贴现率，把它从7%一直降到3%。1993年夏，它还曾经应克林顿政府的要求，再一次降低利率。如前所述，1998年9月到11月，它又曾3次降低"联邦基金"利率，两次降低贴现率。近30年以来，美联储通过降低利率，增发钞票，向美国金融界提供了大量廉价资金。

20世纪70年代初期以来，美联储在货币供应方面也是紧缩与扩张两手并举，然而它基本的一手是扩张。

下面是美联储公布的具体数字，其中1999年3月29日的数字是迄今为止按季节调整以后的最新数字。

1970年，美国的"货币1"为2170亿美元，1999年3月29日，这个数字曲线上升到11129亿美元；1970年，美国的"货币2"为6280亿美元，1999年3月29日，这个数字曲线上升到44726亿美元；1970年，美国的"货币3"为6780亿美元，1999年3月29日，这个数字基本上直线上升到60638亿美元。利率连续降低，货币供应量大幅度增加（它当然在一定程度上与国民经济的增长有关），主要是为以华尔街为主的美国金融垄断资本从事金融赌博提供了资金。

其次，美国政府的立法部门（联邦国会通过法案）和行政部门（总统签署，使之正式成为法律，予以实施）联合，多次降低资本收益税率。70年代以来，美国政府的立法、行政部门曾多次通过法律手段，在提高个人所得税税率的同时，降低资本收益税率。大幅度降低资本收益税，一次发生在80年代里根政府时期，另一次发生在1993年以后的克林顿政府时期。

政府降低资本收益税率，很大程度上是鼓励金融垄断资本进一步从事金融投机、赌博活动。

由此可见，在国家垄断资本主义的衰落阶段，正是代表垄断资本，特别是金融垄断资本利益的美国联邦政府通过自己的政策措施，推动了美国虚拟经济的发展。

上述种种事实说明，越是国家垄断资本主义处于衰落阶段，美国垄断资本集团就越是要依靠虚拟经济的发展。

难道这样的国家垄断资本主义还不算腐朽吗？

然而他们这样做，无异于饮鸩止渴。

二　是谁引发和加剧了"亚洲危机"?

对这个问题的答复很简单：主要是美国垄断资本，特别是华尔街金融垄断资本及其在政界的代表。

(一) 美国政府对亚洲大力促进"金融自由化"

这里有必要简略提一下这场"亚洲危机"发生时的世界经济环境，即当前世界经济的一些重要特点。首先是"经济全球化"(Globalization of Economy)。这就是《商业周刊》那位主编的美国"新经济论"里所讲的第一条。它与"世界经济一体化"(Integration of World Economy) 既有联系，又有区别。迄今为止，两者的基本含义都是世界经济资本主义化（只有到将来在全世界实现了社会主义，它们的含义才会发生质的变化），但是后者的资本主义化程度更深，是前者发展的可能结果。与此相联系的还有一个"金融自由化"问题。

"经济全球化"是与资本主义制度的产生和发展相伴随而出现和发展的。关于它的曲折发展过程，我在其他有关拙文里已经说过，就不复述了。此处只是指出，当前的"市场经济全球化"，是符合美国垄断资本集团的愿望的，甚至在不同程度上是他们（当然还有其他一些西方国家的垄断资本）大力促成的。究其原因，正如《商业周刊》那位主编在他的"新经济论"中所言，在"经济全球化"的条件之下，"对美国来说，这意味着国际贸易和投资在我们的经济生活中所起的作用大大超过了以前"。说得明白一点，"市场经济全球化"为美国垄断资本在世界范围内，特别是在广大的发展中国家进一步从事超额盘剥提供了广阔的场所和舞台。

但美国垄断资本集团对"市场经济全球化"程度并不满意。华尔街金融垄断资本还要求在世界上进一步实行"金融自由化"(Financial Liberalization)，它与美国的虚拟资本和虚拟经济的利益紧密相连，也与"市场经济全球化"紧密相连，是"市场经济全球化"的进一步发展和延伸。

"金融自由化"也经历了一个历史发展过程。至少是从20世纪初期开始,在资本主义世界,资本在各国间本来是自由流动的。但从发生了30年代那场资本主义发展史上空前严重的经济危机以后,各资本主义国家除允许本国人持有少量外币外,相继(美国从60年代开始)限制资本的自由流动,包括限制购买外国股票或债券、向国外投资和外国在本国投资。70年代以后,在西方世界,这些限制逐步减弱或取消。但不少国家(包括日本)在金融领域仍然设了若干防线,如限制外国商业银行、保险公司、"共同基金"等金融机构在本国经营全部或部分业务。这类限制,对拥有巨额虚拟资本、执意向外扩张、牟取暴利的华尔街金融垄断资本当然是一种障碍。因此,当前推行"金融自由化",主要是华尔街金融垄断资本的意图和政策主张。

美国垄断资本,包括金融垄断资本在政界的代表,从里根政府起,就重新推行"门户开放"政策,即进一步促进"经济全球化"的发展和大力推动"金融自由化"。1985年,里根本人曾公开宣布:"我们的任务,就是要打破对贸易、外国投资及资本自由流动所设置的壁垒。"老布什政府继承了里根政府的政策。布什本人曾反复公开宣布,他的政策就是支持"自由市场和资本自由流动"。这两届共和党政府的主要进攻目标都是包括日本在内的亚洲国家。

以克林顿总统为首的民主党政府继承了前两届共和党政府的政策,而且变本加厉。

克林顿政府1993年1月上台执政之初,就提出了"对外政策三原则",其中第一条就是美国的"经济安全",其实际含义就是由美国经济、金融统治世界。因为在他们看来,只有如此,美国经济才是"安全"的,如果亚洲、欧洲的经济进一步发展,特别是亚洲发展中国家的经济增长对美国经济形成了挑战,美国的经济就不"安全"了。为此,克林顿政府建立了一个全国经济委员会,任命华尔街著名的戈德曼—萨克斯投资银行负责人罗伯特·鲁宾为委员会主席,其对外职能就是代表华尔街在全世界推行"金融自由化"政策。1995年,鲁宾改任财政部部长,由原哈佛大学经济学教授劳伦斯·萨默斯为副部长,对外继续履行"金融自由化"政策的职能。从克林顿政府就任之日起，他们就把推行"金融自由化"的主要矛头继续指向亚洲。除继续向日本施压、迫使日方进一步让步以外，他们随即把以亚洲为主的 10 个"新兴市场"（包括国家和地区）作为"打破壁垒"、推行贸易和"金融自由化"的首要进攻对象。克林顿政府为此召开内阁会议，正式批准了这个方案。他们把执行这个方案作为一场军事战役来打。政府商务部为此专门建立了"作战室"（War Room），"为自由市场而战"的作战"指挥中心"（The Command Center for Free Markets）就设在与白宫邻近的财政部大楼三层，即鲁宾和萨默斯的办公室。①

1995 年，全国经济委员会曾经在白宫隔壁的老行政楼召开过一次部际会议，讨论与智利签订一项自由贸易协定的问题，焦点是美国是否应为此强迫智利取消对短期资金流入的征税。会议进行中间，以鲁宾、萨默斯为首的财政部负责官员进场发言，斩钉截铁地说：智利对短期资金流入的控制"必须取消"。

1996 年，克林顿政府曾以同意韩国加入经济合作与发展组织为条件，诱使韩国进一步开放金融市场。以鲁宾、萨默斯为首的财政部在这笔交易中起了重要作用。该部在 1996 年 6 月 20 日致克林顿政府的一份备忘录中就韩国开放金融市场开列了具体项目，其中包括允许外国人购买韩国债券，并更加方便地购买韩国股票；允许韩国公司从国外借短期和长期贷款。韩国政府抱着忧虑的心情做出了重大让步，即除了保留对外国人购买韩国公司的限制以外，开放了短期资金市场，基本上满足了美方关于资金自由流动的要求。②

1997 年 4 月，鲁宾先生主持召开了一次七国集团财政部长会议。在此之前，美国常驻国际货币基金组织的代表即曾向美国政府财政部写过一份书面报告，建议修改国际货币基金组织的章程，规定该组织在世界资本自由化方面起领导作用。财政部负责人曾就此事与克林顿政府的其他内阁成员交换过意见。其结果是，由鲁宾先生出面在这次七国财长会议上正式提出这项主张，并被会议接受。会议发表声明，提出"促进资本自由流动"，

---

① 参见《纽约时报》1999 年 2 月 16 日文章（How U. S. Wooed Asia To Let Cash Flow In）。
② 同上。

并按照鲁宾的主张，把修改国际货币基金组织章程、将领导资本自由化作为该组织的任务一事写进了会议声明之中。

按照《纽约时报》的说法，国际货币基金组织"在许多方面都是美国政策的工具"。在这次七国财长会议以前，它早就在敦促一些亚洲国家实行资金自由流动，并在印度尼西亚等国取得了成功。在此之后，尽管修改章程一事被搁置，但该组织在亚洲促进资金自由流动方面所下的工夫进一步加强了。①

美国政府为什么要这么做呢？

克林顿总统的原经济顾问委员会主席，后来接替鲁宾任全国经济委员会主席的劳拉·泰森女士直言不讳地说：这是因为"我们的金融服务业要求进入这些市场"②。

在里根、布什，特别是克林顿政府的大力推动下，以华尔街金融垄断资本为主的西方金融资本在世界各地自由流动的规模逐步加大；在20世纪90年代达到了高峰。1996年，在国际间自由流动的资金为3万亿美元；1997—1998年，这种自由流动的资金达7.2万亿美元以上。1986年，国际间每天的外汇交易总量与国际贸易有关的部分占5%到10%。1998年，包括外汇交易在内的各种在国际间自由流动的7.2万亿以上的美元资金，与国际贸易有关的部分只有1%左右。就是说，其中的99%左右是从事种种金融投机、赌博活动了，与人类的物质生产活动毫无关系。仅就外汇交易而言，1998年，它一天的交易量即达1.5万亿美元，等于1986年的8倍，等于1998年4个月的国际贸易总量。1970年到1997年期间，以华尔街的金融垄断资本为主的西方国家金融资本在国外拥有的股票金额增加了197倍。1997年一年，仅各种金融衍生品在国际间的交易总金额即达360万亿美元，几乎成了天文数字。

20世纪90年代，特别是90年代中期以来，以华尔街为主的西方金融垄断资本的短期资金像洪水一样涌向东南亚和东北亚，包括印度尼西亚、泰国、菲律宾、马来西亚、韩国等国家。华尔街的商业银行、投资银行、

---

① 《纽约时报》1999年2月16日文章（How U. S. Wooed Asia To Let Cash Flow In）。

② 同上。

"共同基金"、"退休基金"、"套利基金"等等金融机构一起出动,向这些国家进攻。它们在这里除炒作股票、债券、外汇以外,还从事大规模的金融衍生品的投机、赌博活动。华尔街著名的商业银行,包括大通—曼哈顿银行、摩根银行、银行家信托公司等等除向这些国家的工商金融企业提供贷款外,主要是在这些国家里大规模出售各种金融衍生品。即使是它们提供的贷款,也大都与金融衍生品相联系。这就是说,它们把美国的虚拟资本大量引进了这些国家,大大增加了这些国家的国民经济的脆弱性,削弱了它们的抗病毒能力。

华尔街金融垄断资本就这样为摧毁这些国家的国民经济、促进"亚洲危机"的爆发制造了条件。

1997年7月,带头走上第一线,通过反复倒买倒卖泰铢和美元攻破泰国金融防线的,是乔治·绍罗什经营的"套利基金"。但不仅是他一家。上述华尔街的几家大银行也参与了这次进攻。

亚洲"金融危机",就是这样爆发的。

由于这场危机主要是在美国"套利基金"的兴风作浪之下引发的,而这些"套利基金"又行动诡秘,因而这场危机具有突发性,难以预测。这是这场危机的一个显著特点。

(二) 美国政府大力制造亚洲"经济危机"

美国政府主要是从两个方面下手,促使亚洲的金融危机发展为经济危机的。

第一,敦促华尔街金融垄断资本从亚洲撤出资金。

泰国金融危机爆发以后呈现蔓延之势。当时有两条渠道紧急催促华尔街金融垄断资本从东南亚、东北亚撤出资金。一条是官方渠道。克林顿政府曾在白宫地下室里的"形势室"(The Situation Room)多次开会,讨论东南亚、东北亚地区的金融、经济形势和美国的对策,并通过鲁宾财长私下给华尔街各大银行的负责人打电话,"敦促他们重新安排他们的贷款",意思是要他们从东南亚、东北亚撤回资金。这些银行照他的意思办了。另一条渠道是投资银行界,带头出面的是华尔街著名的摩根—斯坦利公司的"战略家"巴顿·比格斯。1997年10月,比格斯到东南亚转了一趟,从事现场观察。10月27日，在与华尔街各金融机构负责人举行的一次电话会议上，他建议这些金融机构把它们在中国香港、新加坡、马来西亚等地区和国家持有的金融资产全部卖掉，并把它们在泰国、印度尼西亚等"新兴市场"的投资削减1/3。

就这样，华尔街金融垄断资本从亚洲的大规模撤资开始了。

根据美国政府证券与交易委员会所存的档案记载，1997年12月，摩根—斯坦利公司带头抛售了它在亚洲的大量金融衍生品。像摩根—斯坦利公司一样，华尔街的商业银行、其他投资银行、保险公司、"共同基金"、"退休基金"、"套利基金"，等等，以及包括西欧在内的成千上万的各种金融机构，以空前的规模从亚洲撤资。顷刻之间，数以千亿计美元的短期资金即从亚洲撤出。

如此有计划、大规模的突然撤资，使人们猝不及防，致使一系列东南亚、东北亚国家跌入陷阱，一起落网，使它们的金融危机迅速转化为经济危机。

这是这场危机的另一个显著特点。

事情还不仅如此。华尔街金融垄断资本原来在国外收购的股票、债券、外汇和它们出售的种种金融衍生品，集中点虽然是在亚洲，然而在"市场经济全球化"所提供的条件之下，在电子互联网络把世界各国连接在一起的条件之下，这些金融工具及其衍生品的足迹实际上已经伸展到了世界上其他广大地区。现在华尔街大规模从亚洲撤资，其影响也就不仅限于亚洲，而是迅速波及世界上许多地区。城门失火，殃及池鱼。这场瘟疫发生以来之所以迅速、反复传染到世界其他地区，以致整个资本主义世界战战兢兢，风声鹤唳，草木皆兵，这是重要原因之一。

这是这场危机的又一个显著特点。

第二，在以国际货币基金组织从事救援的名义下提出苛刻条件，迫使这些国家屈服，使东南亚、东北亚地区的经济进一步陷入危机。

泰国发生经济危机，是美国政府采取的这种趁火打劫政策的一个典型。

早在1996年3月，华尔街的一家"套利基金"即向泰铢打响了第一枪。它预期泰铢对美元的比价将下降，因而抛售了价值约4亿美元的泰铢。1997年上半年，以绍罗什为主的美国一些"套利基金"向泰铢发动的进攻愈演愈烈，对泰国金融市场造成严重混乱。1997年5月，泰国中央银行行长给美联储主席格林斯潘写了一封秘密信件，说对泰铢的进攻"可能不仅对泰国，而且对整个亚洲地区的经济造成深远的恶果"，"并危害国际金融市场的稳定"，要求美联储对美国"套利基金"和其他金融机构的活动予以管理。应当说，这位泰国中央银行行长是有远见的。如果美联储采纳了他的建议，这场发源于泰国的世界性金融、经济风暴就有可能避免。但格林斯潘先生对来函不屑一顾，只是由他的一名助手给泰国中央银行行长写了回信，说一些大型金融公司可能搅乱像泰国这样的一些国家的金融市场，但此类事件最好是留给市场去处理。[①] 就是说，美国最高金融当局放手让华尔街金融垄断资本去搅乱泰国的金融市场，对泰国的合理要求不予理睬。

1997年泰国危机爆发后，泰国政府向国际货币基金组织求援。国际货币基金组织将一份援泰书面计划送到了美国政府财政部。财长鲁宾和副财长萨默斯在该计划书上签署，开列了援泰的几个条件，主要是：要泰国削减财政支出，提高利率，整顿银行系统。这明明是一剂毒药，它不是要挽救泰国经济，而是要置泰国经济于死地。国际货币基金组织拒绝附加这些条件，美国政府就拒绝给国际货币基金组织的援泰计划提供资金。泰国接着向日本要求援助。日本经过一阵考虑，还是拒绝了泰国的要求，其重要原因是美国政府坚持援助必须通过国际货币基金组织，而且坚持必须加上那几条苛刻条件。这时的泰国已羊落虎口，逃不脱了。在美国政府财政部的坚持下，国际货币基金组织终于迫使泰国接受了实行紧缩政策的条件，包括削减政府财政支出和提高利率。其结果是给泰国经济造成了灾难。[②]

国际货币基金组织按照美国政府财政部坚持的主张，向印度尼西亚、韩国等国提供的救援，都附加了上述条件。此外，还要求它们进一步对外开放市场。

1997年11月中旬，韩国危机爆发。它立即向国际货币基金组织要求

[①] 参见《纽约时报》1999年2月15日。
[②] 参见《纽约时报》1999年2月17日。

贷款援助。该基金组织在美国政府的坚持下要韩国接受上述条件。韩国政府受到国内工会的压力，拒绝接受这些条件。11月下旬，克林顿总统召集政府高级官员在白宫开了5个小时的会，讨论韩国经济形势和美国对策。会后，克林顿给当时的韩国总统金泳三打电话，说韩国除了按规定条件接受国际货币基金组织的贷款外，别无选择。12月9日，韩国政府改而直接要求美国和日本提供援助，当天即遭到美国政府的断然拒绝。最后，韩国无路可走，只好屈服。

除马来西亚以外，一系列亚洲国家的防线就是这样表面上是被国际货币基金组织、实际上是被美国政府逐一攻破的。

1997年12月，在世界贸易组织的主持下，在日内瓦举行了一次谈判。美国财政部副部长萨默斯出席。主要是在美国的压力下，许多亚洲国家，包括日本，在谈判桌上做出了重大让步，同意从1999年起进一步开放本国金融市场。华尔街金融垄断资本在这次谈判中取得了胜利。

1998年10月，克林顿政府与联邦国会曾就美国向国际货币基金组织的救援计划提供资金达成了一项协议。它规定，国际货币基金组织必须执行几个条件。其中主要是：(1) 在向财政开支有赤字的国家发放救援贷款时，必须收取高于市场利率的利息，受援国必须在两年到两年半期间还本付息；(2) 受援国必须取消贸易壁垒，对外进一步开放市场；(3) 受援国处理企业破产问题，必须公平对待所有贷方。此外，对韩国还增加了一条，即该国接受的救援贷款不能用于补贴国内受到金融危机打击的公司。这就是美国政府的所谓"救援"。

事情还不仅如此。

1997年6月，在美国丹佛市举行了一次七国集团政府首脑会议。日本首相桥本在会上提议讨论当时泰国的金融局势。克林顿对此议不予理睬，桥本的建议未能列入议事日程。

1997年9月，日本政府建议由日本出一半，其他亚洲国家出另一半，共筹集1000亿美元资金，成立"亚洲货币基金"，以援助受到金融危机冲击的一些亚洲国家。日本此议不需要花美国一分钱，但鲁宾财长面对此议却怒气冲天。鲁宾和萨默斯随后在香港举行的世界银行和国际货币基金组织的年会上把日本的这项建议扼杀了。

实际上，日、美双方各有自己的打算。日本是企图国内损失国外补。由于它的国内经济长期陷于停滞、危机之中，它试图打着发放援助贷款的旗号向其他亚洲国家推销自己的产品，乘机进一步占领亚洲市场。美国则认为亚洲应当由美国统治，因而坚决阻止日本在亚洲进一步占领金融、经济阵地。

此外，随着这场瘟疫的蔓延，在美国国内和国外，主张对金融衍生品交易实行监管的呼声日高。1999年3月19日，格林斯潘发表公开演说，断然拒绝了这种主张。由此可见，无论是亚洲金融危机还是经济危机，都是美国政府为了达到统治亚洲的目的，利用亚洲国家在经济、金融方面的弱点而一手造成的。也由此可见，马来西亚政府坚决拒绝在美国操纵下的国际货币基金组织的救援贷款，是正确的。

事情还有另一面。

亚洲金融、经济危机进一步发展，严重程度加深，工商金融企业大批破产，为美国垄断资本，首先是金融垄断资本廉价收购东南亚、东北亚的工商金融企业提供了历史上罕见的良机。1998年以来，它们以日本为重点，在东南亚、东北亚从事了大规模的收购。目前这种廉价收购正呈进一步发展之势。这是地地道道的弱肉强食。

可见，说美国垄断资本集团在趁火打劫，蓄意推进亚洲的再殖民地化，是符合实际的。

然而美国垄断资本集团举着"自由市场"和"金融自由化"的旗帜，在亚洲实行"自由掠夺"、"自由屠杀"，必然引发，而且正在引发亚洲国家和广大人民群众对美国垄断资本集团的仇恨。即使是《纽约时报》也公开承认这一点。[①] 我们且不说马来西亚总理马哈蒂尔对抗美国的言论，即使是在日本，一些政界人士也在破口大骂"盎格鲁—撒克逊式资本主义"。在这场"亚洲危机"期间，由于美国政府财政部副部长萨默斯数度出面赴亚洲活动，即使是一位德国分析家也把萨默斯比作"当今的道格拉斯·麦克阿瑟将军"。一场反对美帝国主义运动的种子已经在亚洲（还有俄罗斯）

[①] 参见《纽约时报》1999年2月18日。

的土地上深深埋下。

还有必要提及以下几点：

第一，中、美两国在就中国加入世界贸易组织问题举行的多年谈判中，美方一直坚持其苛刻条件，包括要我国进一步向美国商品开放市场，实行"金融自由化"，还附加政治条件。

第二，在这场"亚洲危机"开始形成之时，美国最高金融当局公开支持华尔街金融垄断资本，对刚刚建立的我国香港特别行政区的金融市场反复发起冲击，给香港的经济造成了严重困难。

第三，美国政府和金融垄断资本在向亚洲发起的攻势中，对我国台湾省手下留情，而且台湾当局在这场风暴刮起之时除采取防范措施以外，还曾企图配合美国的攻势（特别是对中国香港）。

第四，1998年以来，在美国发起的这场攻势下，我国内地经济受到了不利影响，美国资产阶级的舆论工具对此欢欣雀跃，乘机大肆宣传我国的经济即将崩溃，极力破坏中国在世界上的信誉。

战后以来，在一个相当长的时期内，美国的政策是在经济上封锁社会主义中国。现在，它是企图从内部瓦解中国的社会主义经济，并从外部在金融、经济上冲击社会主义中国。

由此可见，美国在亚洲发起的这场金融、经济攻势具有强烈的政治性质。

三 美国经济会长期是一个"繁荣的绿洲"吗？

美国资产阶级经济学界有人宣称，在世界经济的一片危机声中，美国经济却屹立不动，是一个"繁荣的绿洲"。

情况是不是这样？答曰：表面看来，暂时是这样，但不会长久。连格林斯潘也明确承认这一点。

格林斯潘今年1月20日在美国联邦国会众议院筹款委员会作证的证词中，说了美国经济在1998年的增长，同时也再一次提到美国经济面临着"一些危险"，存在着"脆弱环节"。

如前所述，就连《商业周刊》主编在他的"新经济论"中也一口气讲了五个"并不意味着",其中就包括"并不意味着我们永远不会再出现衰退,也并不意味着经济周期已经不复存在"。

美国经济目前的表面繁荣不会持续多久。其主要原因是:

第一,"亚洲危机"对美国经济具有两重性,即既具有有利的一面,也具有不利的一面,而且不利的方面有可能进一步增大。

其有利的一面,本文前面已基本上说到了。不过,这些有利条件同时也包含着对美国经济不利的因素。

其不利的一面主要是:(1)1999年1月以来,美国出口贸易进一步恶化,对外贸易逆差继续上升。20世纪80年代后半期以来,美国物质生产的增长以及上一次经济危机期间物质生产下降幅度受到抑制,在相当程度上靠的是商品出口的增长。最近几年来,美国的物质生产在一定程度上也是靠出口增长在维持。现在,这个经济增长点已经不复存在,至少是在短期内难以恢复。(2)美国的一些跨国公司在亚洲以及世界上其他一些地区的经营业务,在不同程度上受到了伤害。(3)由于亚洲国家陷于经济危机,大批企业破产,美国银行界尽管撤走了短期资金,但它们发放的长期贷款一时难以收回,其中的一部分已经成了坏账。有的美国银行已经关掉了设在一些亚洲国家的经营机构。华尔街的一些大银行,包括花旗银行在内,还有总部设在旧金山的美利坚银行,都在"亚洲危机"中受到了不同程度的损失。

由于"亚洲危机"发生的传染作用,目前包括亚洲本身(主要是印度尼西亚、日本)和东欧与中亚(包括俄罗斯、乌克兰和独联体若干其他成员国)、中东(包括海湾产油国)、南北非(包括非洲最大的国家南非)、拉美(包括经济总量占拉美40%的巴西)、大洋洲(主要是新西兰),约占世界经济总量40%的国家仍在不同程度上处于经济危机之中。由于受到危机的打击很重,一些国家的经济短期内难以恢复。"亚洲危机"也冲击了西欧经济。无论是欧盟15国还是欧元11国,1999年的经济增长都将减速。西欧的一些主要国家,如英国、意大利、德国等国,经济都出现了危机迹象;德国1998年第四季度的经济已经出现负增长。美国在对外贸易和国际金融交易的总量方面,在西欧都占很大比重。一旦西欧经济出了事,对美国的冲击力将非同小可。

"亚洲危机"对美国的不利影响,就是《商业周刊》主编在他的"新经济论"中也是承认的。

这是美国经济面临的主要危险之一。

由此可见,美国垄断资本集团蓄意制造"亚洲危机",实际上是在刀尖上跳舞。

第二,笔者在拙作《三说美国》里说过,美国资产阶级当权派在国内实行的实际上是债务经济政策,而且越是国家垄断资本主义进入衰落阶段,它就越是依靠债务经济度日。

首先是联邦政府负债。这里只说它的狭义负债,即政府为了刺激经济,采取寅吃卯粮政策,由政府财政部不断发行国债券而造成的债务,既不说它的广义债务,也不说美国各州及其以下的各级政府(在美国,州政府不算地方政府)的债务。

就美国国家垄断资本主义的兴盛阶段而言,这种负债的增幅较小,即从1945年(财政年度,下同)的2601亿美元增加到1969年的3658亿美元。在国家垄断资本主义的衰落阶段,这种负债由1970年的3809亿美元增加到1994年的4.6153万亿美元。最近几年,美国联邦政府所负的这种债务仍直线上升。1997年,它增加到5.4131万亿美元;1998年,它进一步增加到5.5261万亿美元;截至1999年3月23日(这个财政年度要到1999年9月底才结束),它已增加到5.6451万亿美元。政府负债总额迅猛增长,它为债务支出的利息也随之而水涨船高。现在,它每年为此的支出已经由1980年的748亿美元上升到3000亿美元左右。

这里有必要指出,克林顿政府宣布,1998年财政年度的联邦财政开支已经平衡,并有结余。这是与实际情况不符的。这个财政年度的联邦政府开支在计算上之所以平衡,并有结余,是因为克林顿政府把社会保障基金的990亿左右美元的盈余计算在政府财政收入的项目之内了。而美国全体在业职工所交纳的社会保障税,与美国居民缴纳的所得税和工商金融企业所缴纳的盈利税,在性质上是不同的。后者由政府使用,不需要归还给纳税人,而社会保障税是要在职工退休以后陆续归还给这些职工及其家属的,所以它不能与政府的财政收入混为一谈。也正是因此,社会保障税款与其他几种保险税(如医疗保险、联邦政府雇员退休保险等,这几种保险税以社会保障税为主），在联邦财政预算里有一个专门名称，叫做"信托基金"（Tust Funds）。至少是70年代以来，这笔"信托基金"收支相抵，一直是有盈余的。过去美国政府把联邦政府财政赤字归咎于此项基金开支过大，是不对的。现在，美国政府又把此项基金的盈余计算在政府收入总额之内，得出结论说政府财政收支平衡，并有结余，同样是不对的。如果扣除这990亿美元的社会保障基金盈余，则克林顿政府1998年财政年度的政府财政收支既不平衡，更无结余。1998年11月8日出版的美国《新闻周刊》已经载文指出了这一点。

其次，是居民负债（美国资产阶级称之为"消费者债务"。这种说法不科学。因为美国广大人民群众首先是生产者，其次才是消费者）。

美国垄断资本集团为了刺激经济增长，也为了防止"生产过剩"，在国家垄断资本主义阶段，特别是在国家垄断资本主义进入衰落阶段以后，采取包括大量发行信用卡（到90年代初期，美国各种金融机构和巨型工商企业发行的信用卡总数已经超过了美国人口总数）、大量发行住房抵押贷款等方式，极力促使居民超前消费。20世纪80年代，美国人除了把美国所生产的全部产品和提供的全部服务都吃光用光之外，还额外消费了1万亿美元的产品和服务，即为突出的一例。再如1998年全年，美国的居民平均储蓄率（即纳税后收入减去支出以后的余额），只有0.5%，而这一年的9月、10月两个月，则分别为负0.1%和负0.2%，第四季度合计为零；1999年1月为零，2月为负0.2%，创1959年以来储蓄率的最低纪录。这是突出的另一例。就是说，这半年期间，他们毫无积蓄，除了把纳税后收入全部吃光用光以外，还借债消费。这当然是就人均而言的。实际上，所谓超前消费或借债消费，全是体力、脑力劳动者。资产阶级不可能把他们从工人阶级身上榨取的剩余价值全部吃光用光，相反，他们要千方百计使自己的资本不断增值。体力、脑力劳动者的超前消费，正是资产阶级为了他们的资本增值而极力促成的。他们这样做的结果，就是居民负债额大幅度增加。

美国每户家庭的平均负债金额，1950年为1632美元，1960年为4800美元，1996年达到49248美元。根据美国政府公布的最新统计，到1999年3月24日止，美国人均负债21449美元。目前美国总人口为27186万人。按此数计算，现在美国居民负债总额已达 5.8311 万亿美元左右，即超过了联邦政府负债总额。如按四口之家计算（这是美国官方的计算标准），在这一天，美国每户家庭平均负债已增加到 85996 美元。

联邦政府负债加居民负债，总额已高达 11.4762 万亿美元左右。

此外，20 世纪 70 年代以来，美国工商企业所负的债务总额，也是急剧上升的。笔者在拙作《三说美国》里已经讲过这一点。

债务经济的规模如此庞大，一旦遇风吹草动，居民和工商企业还不起债，这种债务经济的破产就会带动整个国民经济垮下来。这盘残局到那时就难以收拾了。

这是美国经济面临的主要危险之二。

再次，关于美国股票市场的膨胀。

1999 年 1 月以来，道·琼斯 30 种巨型工商企业股票价格的加权平均指数继续上升。到今年 4 月 14 日，这个指数以 10411 点收盘，显著超过了它在 1998 年 7 月 17 日达到的历史最高纪录。也就是说，从 1998 年 9 月 1 日起，到 1999 年 4 月 14 日止，这个指数一共上升了 2872 点。如果加上华尔街其他股票指数的上升，如果再把它们折成货币，在这 7 个多月期间，仅华尔街股票市场增加的金融资产即达 3 万亿美元以上。

这种股票市场的膨胀，基本上就是虚拟经济膨胀总体中的一个组成部分。且不说美国整个虚拟经济的膨胀，仅就股票市场的膨胀而言，由于它是在全国公司利润总额下降的条件下实现的，它在相当程度上就是一种泡沫经济。它迟早是要破灭的。就连《商业周刊》那位主编在他的"新经济论"里也不否认这一点。

美国不是有《证券法》吗？美国不是成立了证券与交易委员会，负责管理股票和债券市场吗？

是的。鉴于 1929 年股市崩溃引发了 20 世纪 30 年代那场空前严重的经济危机的教训，美国联邦国会在 1933 年就通过了《证券法》（Securities Act of 1933）。1934 年，它又通过了《证券交易法》（Securities Exchange Act of 1934）。罗斯福政府根据这两道法律的有关规定，成立了证券与交易委员会（Securities and Exchange Commission），负责对证券市场的管理。应当说，战后以来，主要是在美国国家垄断资本主义的兴盛阶段，这两道法律及其他几道有关法律和这个委员会对包括股票在内的证券市场的比较平稳的发展,是起了作用的。然而在美国国家垄断资本主义的衰落阶段,它既未能防止1973—1974年华尔街股票市场的崩溃(道·琼斯平均指数从1973年1月的1051.70点降到1974年10月初的584.56点,全国持股人因此约损失了6000亿美元的金融资产,导致了70年代中期的一场严重的经济危机),也未能防止1987年10月"黑色星期一"事件的发生(当年10月19日,道·琼斯指数从2246点降到1738点,降幅达22.61%。如果按当年8月25日的道·琼斯指数2722点计算,那么,到10月19日,这个指数就降了接近1000点,全国持股人因此约损失了1万亿美元的金融资产,引发了80年代末期到90年代初期的一场严重经济危机)。既然70年代、80年代是如此,在华尔街股票市场空前膨胀的今天,有什么根据断言它这几道法律和这个委员会有能力防止它的再次崩溃呢?道·琼斯指数在1998年7月20日到8月31日期间猛降1787点,整个华尔街杯弓蛇影,人心惶惶,难道不是股市泡沫将要破灭的先兆吗?

至于"套利基金"一类专门从事金融赌博的工具,它们中的一些从1998年秋季以来已经亏损得很惨了。

那些主要从事大规模赌博活动的种种金融衍生品交易,随着华尔街股市泡沫的破灭,也会垮的。

这是美国经济面临的主要危险之三。

最后,现在还有一个欧元挑战的问题。

欧元从启动到稳定,还有一段路要走。但是它渐趋稳定几乎是肯定的,它向美元发起挑战也几乎是肯定的。首先,欧洲国家会把它们手中持有的部分美元外汇换成欧元。在欧元稳定以后,世界上许多国家都有可能把美元外汇,至少是其中的一部分换成欧元。欧元在国际贸易中部分取代美元的作用,也几乎是肯定的。

这就是说,美国迄今为止享有的向国外发行美元的特权,至少是将部分地被欧元所削弱。这无论是对美国的国内经济还是对美国在国际金融市场上的霸主地位,都将是一种打击。

这是美国经济可能要面临的另一种危险。

为什么说美国的经济是"表面繁荣"呢?

主要依据就是上述这几条。

美国经济学家杰里米·里夫金1998年在一次公开谈话中曾尖锐地指出，美国经济的所谓奇迹"是建筑在沙滩上的"。他的看法有事实根据。

这种"建立在沙滩上的繁荣"一旦垮了，治理的难度就很大了。

笔者在拙作《三说美国》里说过，美国政府财政部和美联储在平时运用财政（财政开支、税收）和金融（货币供应、利率）政策对国民经济实行宏观调控，还能起些作用。但一旦发生经济危机，由于它是直接由泡沫经济破灭引发的，加以庞大的债务经济的纠缠，国家垄断资本主义反危机的这两只手就不灵了。美国在20世纪80年代末期和90年代初期发生的那场经济危机期间，情况就是如此。日本从90年代初期泡沫经济破灭以来一直处于经济停滞和危机状态，情况也是如此（增加财政支出，削减税收，降低利率，都使用过了，甚至是反复使用过了，利率几乎已降到零，无可再降了，但所有这些反危机手段都失灵了，很难奏效）。

最后，说几句简短结语。

第一，目前世界经济已处于风雨飘摇之中。如果美国的经济再垮了，那就有可能给世界带来一场大灾难。包括美国在内的一些西方经济学界人士近年来不断发出有关20世纪30年代那种大灾难可能再次降临于人世间的警告。这一类言论值得我们注意。我们不希望它发生，它也有可能不会发生，但不能不未雨绸缪。

第二，对美国的一些合理的、有益的东西要借鉴，要吸收，当然是批判地借鉴、吸收，而且要与我国实际相结合。但是要看到美国经济貌似强大、实际虚弱的本质，不要盲目崇拜美国，更不要全盘照搬美国的资本主义制度，对美国的经济、金融霸权主义要保持必要的警惕。

这就是本文的主要结论。

（本文系作者1999年4月16日在北京大学马克思主义学院、4月24日在北京大学现代科学与哲学研究中心的演讲，原载《当代思潮》1999年第3期，后收入《论美国"赌博资本主义"》，中国社会科学出版社2011年7月版，第1—41页）

四论美国"赌博资本主义"

——一场世界资本主义经济危机正在形成

一 美国"赌博资本主义"面临险境

笔者在1999年4月、2001年2月和5月先后就此题撰写的三篇论文（以下简称《一论》《再论》和《三论》）①里，都曾对由物质生产萎缩、种种金融衍生品交易和股市交易恶性膨胀这两个方面组成的美国"赌博资本主义"做过说明。现在再就它的发展现状做简要补充说明。

关于美国物质生产或曰实体经济萎缩的现状，本文在下面有关部分将要提到。此处只说美国的基础设施状况。

截至2001年8月，美国的基础设施状况如下：

堤坝：全国各条河流上处于不安全状态的堤坝达2100座以上。仅在最近两年，堤坝溃决的事件就发生了61起。

道路：全国1/3的公路处于损坏或待修状态。道路损坏导致的人员死亡平均每年高达13800人。

桥梁：据联邦公路管理局判断，截至1998年，全国约29%的桥梁处于结构缺陷或功能老化状态，其中许多都已不能使用。

城市公共交通：全国94%里程的城市公共交通线靠公共汽车，轻轨铁路和地铁严重不足。

航空运输：最近10年来，全国空运增加了37%，但机场设施仅扩充

---

① 原载《当代思潮》第57、68、71期。

了 1％。2000 年，由于机场跑道严重不足，起、降的飞机险些相撞的事件发生了 429 起。

学校：全国 75％的校舍设施过于陈旧或过分拥挤，不能应付需要。

饮用水：全国 54000 个社区中相当一部分的供水系统已经或接近过时；其中一部分供水带有病菌或寄生虫。

污水处理：全国 16000 个污水处理系统超负荷运转；一些城市的下水道构筑年限已满 100 年，未经修理；全国 35％—45％的地表水已不符合使用标准。①

上述情况，从一个重要方面反映出了美国实体经济的衰落。

现在再说事情的另一方面，即由包括"对冲基金"、"利率期货"、"外汇期货"、"股票指数期货"等在内的金融衍生品交易和股市交易组成的美国金融赌博业，亦即美国虚拟经济的发展现状。

笔者在《一论》里说过，截至 1998 年 6 月底，美国各种金融机构所持有的金融衍生品总金额为 45 万亿美元。33 个月之后，即 2001 年 3 月，它们拥有的金融衍生品总金额就上升到 85 万亿美元。② 从 2000 年 7 月到 2001 年 6 月，仅美国银行界持有的金融衍生品金额即增加了 24％，达到 48 万亿美元。③

卡尔·马克思在《资本论》第 3 卷第 5 篇第 25 章里，以银行的存、贷款运转速度为据，论述了信用和虚拟资本。④ 马克思这部巨著的手稿，是他在 1883 年逝世前拟就，由他的战友恩格斯事后整理，于 1894 年出版的。当时，所谓金融衍生品交易还连一点影子也没有。这种金融赌博，是在《资本论》第 3 卷出版 100 年以后才在美国大规模发展起来的。在从事大规模金融衍生品交易的今日之美国，"虚拟资本"的规模比马克思当时所作的论述高出了成千上万倍。

此事具有极大的危险性。以美国最大的银行杰·普·摩根—大通银行

---

① 参见《行政人员情报述评》（Excutive Intelligence Review，简称 EIR）2001 年 8 月 31 日，第 13—14 页。
② 参见《行政人员情报述评》2001 年 4 月 6 日，第 4 页。
③ 参见《行政人员情报述评》2001 年 9 月 28 日，第 5 页。
④ 参见《马克思恩格斯全集》第 25 卷，人民出版社 1975 年版，第 450—467 页。

公司为例。2000年底，这家银行公司拥有的资产为7150亿美元，发放的贷款为2120亿美元，拥有的股本为420亿美元，而它持有的金融衍生品金额即达245000亿美元。这就是说，它持有的金融衍生品金额等于它的全部资产的34倍，等于它发放的全部贷款的116倍，等于它的全部股本的580倍。这是什么意思呢？这意味着，一旦它持有的金融衍生品亏损1/580，就等于把它拥有的全部股本一扫而光！美国银行界1994年发生的银行家信托公司（它是美国著名的一家大银行）破产，被德意志银行收购；2000年，杰·普·摩根银行（它在历史上曾经长期是摩根财团的核心）濒临破产，被大通银行兼并，都是从事金融衍生品交易发生亏损的结果。1998年，美国规模最大的"对冲基金"——长期资本管理公司破产，也是经营金融衍生品发生巨额亏损的结果。[①]

"9·11"事件的后果之一，是它对美国金融界的严重打击。在纽约那两幢高耸入云的世界贸易中心大厦里设有分支单位的美国金融机构，包括摩根·斯坦利投资银行、美林投资银行、雷曼兄弟投资银行以及包括花旗银行在内的许多银行，还有不少包括日本、西欧在内的外国银行。特别严重的是，由纽约清算协会为纽约地区银行界设立的"银行间支付清算系统"被摧毁。它的计算机系统专门用于清算美国国内和国际银行间的支付关系。美国、西欧、日本的各大银行都使用这个系统。它每天处理的清算业务达242000笔，通过它转移的资金平均每天高达12万亿美元，包括在世界各国间全部美元支付总额的95%。这个系统被摧毁，不仅打乱了美国的金融业务，包括金融衍生品交易业务，而且也使国际金融系统发生连锁反应，使整个资本主义世界的金融系统面临崩溃的险境。[②]

金融衍生品交易，是与人类生产活动毫无关系的一种金融赌博。

上述事实说明，第一，这种金融赌博业的空前发展，具有极大的危害性；第二，这种规模庞大的金融赌博具有高度的虚弱性；第三，这种金融赌博业的大规模发展，是美国国家垄断资本主义腐朽性的一种突出表现。

关于美国股市，笔者在《三论》里曾说过两点。第一，笔者当时指

---

① 参见《行政人员情报述评》2001年6月29日，第9页。
② 参见《行政人员情报述评》2001年9月21日，第4页。

出，在目前美国经济形势下，股市出现"双泡沫"的可能性不大。这一点已为半年多来的事实所证实。在此期间，美国股市走势的态势虽然随着各种经济信息、上市公司盈亏信息以及"反恐怖战争"的影响而时起时伏，时涨时落，但基本上仍然停留在原地，变化不大。第二，笔者当时指出，由于股市暴跌，从2000年3月到2001年4月中旬，美国股市投资人一共损失了7万亿美元的金融资产。迄今为止的最新数字是从2000年3月到2001年9月美国股市总值从18万亿美元降到11万亿美元[①]；也就是说，美国股市投资人损失的金融资产仍为7万亿美元。到2001年12月中旬，尽管美国政府大幅度增加军费，从事"反恐怖战争"，导致军工生产增加，军工企业股票价格上扬，但美国股市的总体形态基本上仍然是如此。

在低利率的条件下，股市本来是有可能大幅度上升的。但这一次，由于美国经济的整体严重虚弱，这种可能性没有变成现实。

空前规模的金融衍生品交易陷于崩溃状态和股市大量金融资产灰飞烟灭，反过来又要给美国经济带来严重打击。

二 美国这场经济危机已进入恶化阶段

由私人出面主持、国家出资合营的美国全国经济研究所"工商业周期"鉴定委员会，是美国朝野承认的"经济衰退"权威验收机构。美国发生的"经济衰退"或曰经济危机是否真实及其起止时间，严重程度，等等，要由它察看、验收，经过它通过、认可，才算定论。

2001年9月26日，这个全国经济研究所"工商业周期"鉴定委员会发表公报，裁定2001年3月为美国经济活动的高峰，也就是一场新的"经济衰退"的开始。公报就此裁定解释了三点。第一，"一场衰退就是整个经济活动发生的持续若干个月份的明显下降，尤其是工业生产、就业人数、居民实际收入以及批发、零售商业的显著下降"。第二，"一场衰退必须包括产出量和就业人数的大量下降"。"2001年3月，就业人数达到高

[①] 参见《行政人员情报述评》2001年9月28日，第5页。

峰，随之下降。"到同年 10 月，"累计的就业人数已经下降了约 0.7％，已相当于一场通常衰退的降幅 2/3"。工业生产"在 2000 年 9 月已达到高峰，这个指数在随后的 12 个月里持续下降，降幅已接近 6％，超过了此前多次衰退的平均降幅 4.6％"。第三，在裁定此次"衰退"时，委员会采用了按月统计的指数，"没有给予国内生产总值以过多的重视，因为国内生产总值只按季度计算，而且它还要经过多次、大幅度修正"，而"按月计算的指数则很少需要修正"。①

需要指出的是，全国经济研究所"工商业周期"鉴定委员会主席罗伯特·霍尔早在 2001 年 6 月 18 日，曾就此次"衰退"的鉴定方法做过公开说明。②

那么，霍尔先生为什么要在该委员会对这场"衰退"正式做出裁定的 3 个月之前就这次鉴定方法做出说明呢？

这是因为，该委员会对此次鉴定方法作了修改，其方法与以往历次都不相同。

这些不同，主要表现在：

第一，该委员会以往都是由 7 位美国著名的资产阶级经济学家组成，这次只有 6 位。

第二，该委员会过去鉴定"经济衰退"，是以国内生产总值连续负增长两个季度或以上为标准。这次既不按季度，也不采用国内生产总值，而是按月计算，计算的内容包括工业生产、就业人数、居民实际收入和批发、零售商业的现实状况，其中又特别强调了就业人数和工业生产状况。

第三，该委员会过去是在一场"经济衰退"结束以后才做鉴定，裁定"衰退"的起止时间，此次是在"衰退"还处于发展过程中就提前做出鉴定，而且只指出了这场"衰退"的开始时间，不说"衰退"何时结束。

第四，该委员会此次对"衰退"采用了"高峰"和"低谷"的提法，

---

① 全国经济研究所"工商业周期"鉴定委员会公报：《工商业周期在 2001 年 3 月达到高峰》，2001 年 9 月 26 日。

② ［美］罗伯特·霍尔：《全国经济研究所按照当前的形势发展对经济衰退的鉴定方法》，2001 年 6 月 18 日。

这与过去也是有所区别的。

应当指出,全国经济研究所"工商业周期"鉴定委员会这次改变鉴定方法,含有合理成分。这是因为,它此次强调了国民经济的实际运转状况,特别是它重视了工人阶级的就业状况和居民实际收入状况。这些都是应当肯定的。但是,该委员会这次抛弃了国内生产总值作为鉴定"衰退"的标准,这又是不合理的。因为尽管美国的国内生产总值含有相当大部分的虚拟经济成分,但它毕竟是衡量国民经济综合状况的一条重要标准。英国《经济学家》周刊在一篇评论中特别注意到了这一点改变。[①]

笔者在拙著《三说美国——国家垄断资本主义危机》里,曾经对全国经济研究所"工商业周期"鉴定委员会此前单纯以国内生产总值连续负增长两个季度或以上作为裁定"经济衰退"或曰经济危机的标准表示过异议,并提出了补充标准。这就是:(1)国内生产总值负增长两个季度或以上;(2)国民经济的实际运转状况;(3)工商企业的经营状况;(4)工人阶级的实际处境。根据这个补充标准,我把美国的经济危机分为三个阶段,即危机的始发阶段、危机的恶化阶段,以及一场地震后的余震阶段。在《三论》里,笔者重申了这个主张。该委员会这次修改的鉴定标准,基本上把笔者补充的后三条包括进去了。这就成了我们之间的共同点。但该委员会此次抛弃了国内生产总值负增长这一条,这又成了我们之间的分歧点。

由此派生出来的分歧是:

第一,美国国民经济的高峰,这一次究竟起于何时?也就是说,美国这场经济危机究竟开始于何时?

请看美国的国内生产总值。

根据美国政府商务部公布的统计,美国国内生产总值的增长率,2000年第一季度(折成年率,下同)为4.8%,第二季度为5.6%,成为一个分水岭,第三季度即降到2.2%,第四季度降到1.0%;2001年第一季度

---

① 英国《经济学家》2001年12月2日。

为1.2%，第二季度降到0.3%，第三季度转为负增长1.3%。① 美国国内生产总值2001年第三季度的负增长幅度，是20世纪90年代以来最大的负增长幅度。

因此，按照笔者的上述标准，就国内生产总值而论（其他三条，本文下一部分将要涉及），美国国民经济的这次高峰应当是2000年第二季度；也就是说，美国这场新的经济危机，或者说危机的始发阶段是开始于2000年第三季度，而不是全国经济研究所"工商业周期"鉴定委员会所裁定的2001年3月。

第二，美国这场经济危机的恶化阶段开始于何时？

按照该委员会的裁定，应当理解为2001年4月。而按照笔者的上述标准，这场危机的恶化阶段应当是2001年第三季度。这个阶段何时结束，目前还很难说。

至于危机的第三阶段，即一场地震后的余震阶段，我们之间还会发生分歧。

美国这场经济危机的特点，即它与第二次世界大战结束以来美国发生的历次危机的不同之处主要是：它是由美国经济学界所说的"科技泡沫破灭"，即高科技公司"生产过剩"引发的，而"科技泡沫破灭"又反过来加剧了这场经济危机的严重程度。这种现象，在战后以来的美国经济危机史上是首次出现。

"科技泡沫破灭"的主要表现是：

（1）从2000年3月起，以科技股为主的纳斯达克指数迅猛下跌，在短期内即陷于崩溃状态。到2001年底，这种崩溃状态一直没有改变。

2001年，在美国证券交易所上市的"技术硬件指数"（即生产、经营技术硬件公司的股票指数）也大幅度下降。

（2）个人用计算机（PC）的销售量，2000年后期即开始下降；2001年头三个季度，它的销售量又逐季连续下降。这种现象，在个人计算机产

---

① 2000年四个季度美国国内生产总值，见《三论美国"赌博资本主义"》一文；2001年第一、第二、第三季度美国国内生产总值，分别见美国政府商务部经济分析局2001年6月29日、9月28日、12月21日新闻公报。

生以来的历史上从未发生过。①

据主持个人计算机市场研究的美国国际数据公司预测，2002年，个人计算机市场仍将处于乌云密布状态。②

个人计算机市场的不景气，也把电信产业拖垮了。

（3）根据现有统计材料，到2001年6月底，由个人计算机、通信设备、半导体和其他相关电子产业组成的美国高技术产业的设备利用率，已降到67.5％。③这种严重情况，是美国资产阶级舆论工具所制造的"新经济论"出笼以来第一次发生。

（4）美国各个世界著名的高科技研究、开发区几乎无一例外地陷于衰落状态。

首先是硅谷。这次科技股市的崩溃，使硅谷的高科技企业受到沉重打击。截至2001年7月9日的一周之内，位于硅谷区域的所有高科技研究、开发公司一致采取了一种极其反常的措施：关门停业；在美国国庆节——7月4日，即国家规定的休假期间，让全体职工都去休息，休假时间从职工每年的休假时间中扣除。它们通过关掉办公室灯光、削减合同工、侵蚀职工的休假时间等手段，以削减开支。在美国经济繁荣时期，硅谷的各个停车场停留的小轿车密密麻麻，现在却空空荡荡。用《旧金山纪事报》的说法，这一周之内，硅谷变成了一座"鬼城"。④硅谷的这种反常行动波及整个旧金山湾区，其消极影响甚至扩散到加利福尼亚全境。它加剧了加利福尼亚的经济危机，包括房地产危机。

另一个高科技研究、开发区——弗吉尼亚到华盛顿特区之间的走廊地带，受到的冲击也很严重。区内许多高科技研究、开发公司破产。商业用建筑物的空房率成倍上升。⑤

---

① 参见路透社2001年7月22日旧金山电讯。
② 参见路透社2001年9月7日纽约电讯。
③ 参见新华社2001年7月22日华盛顿电讯。
④ 参见《旧金山纪事报》2001年7月9日。19世纪60年代，美国内华达州山区发现了金、银矿。随后20年间，一些人霸山为王，雇佣大批工人，在那里争采金、银矿，从而实现了资本原始积累。金、银矿采光以后，采矿队伍撤走，一系列采矿山镇被废弃。此后，人们就把这些被废弃的山镇称为"鬼城"。这就是"鬼城"这一名词的起源。
⑤ 参见《行政人员情报述评》2001年6月1日，第10页。

美国其他高科技研究、开发区，包括东起马萨诸塞州环绕波士顿市的第 128 号公路沿线、西到俄勒冈州波特兰市西南部的硅林在内，也都受到了程度不同的打击。

三 这场危机的发展趋势

在进入恶化阶段以后，决定这场危机发展趋势的主要因素如下：

第一，堆积如山的债务。

如今的美国，是一个债务缠身的国家。它是一个富国，而且是世界首富。尽管它的国内生产总值含有大量虚拟成分，但日本、西欧也基本如此，因而可以比较。现在美国一年的国内生产总值约为 10 万亿美元，没有任何一个西欧大国或日本能与它并肩而立。然而美国又是世界上负债率最高的国家。截至 2001 年第一季度，它的负债总金额已高达 315000 亿美元，等于它的国内生产总值 3 倍以上。在世界历史上，这是规模空前、危险性最大的"债务泡沫"。① 它是 20 世纪 60 年代末 70 年代初美国国家垄断资本主义进入衰落阶段以来，由三权分立的美国国家政权执行寅吃卯粮、超前消费的债务政策的结果。由此可见，美国的富是虚胖，是浮，它是一个强国，然而它又是一个外强中干的国家。

这 315000 亿美元的债务，分为两种，即内债和外债。其中内债为 295000 亿美元，外债为 2 万亿美元。

内债主要是三种。它们分别是：

(1) 政府，包括联邦政府和州政府债务。这种债务，主要是从 20 世纪 60 年代开始急剧上升，80 年代里根政府任期内达到高峰。到 2001 年第一季度，政府负债总金额累计为 70800 亿美元；其中联邦政府负债总额为 55000 亿美元，每年支付利息达 2000 亿美元。

(2) 工商金融企业债务。这种债务，1980 年为 20500 亿美元，1990 年上升到 35000 亿美元，到 2001 年第一季度再上升到 151800 亿美元；其

---

① 参见《行政人员情报述评》2001 年 9 月 28 日，第 8 页。

中包括银行在内的金融机构负债占了相当大的比重。

(3) 居民债务，包括信用证贷款逾期未还和购房抵押贷款。1978年，这种债务约为1万亿美元，1990年上升到36250亿美元，2001年第一季度再上升到72280亿美元。

2万亿外债主要为两种，一种是外国政府购买的美国联邦政府债券，另一种为美国用美元支付、从国外进口商品所欠的债务。①

上述债务，2001年后三个季度都上升了，其中又以联邦政府债务的增加最为明显。

如此庞大的债务，既是这场经济危机进一步恶化的重要根源，又是治疗这场经济疾病的主要制约因素。

第二，以工业生产为主的实体经济遭到严重破坏。其主要表现是：

(1) 据美国联邦储备委员会（以下简称美联储）2001年12月14日公布的统计，到同年11月，包括工厂、矿山和公用事业（供水、供电、供应煤气）在内的美国工业生产已经连续14个月下降，其下降时间之长为第二次世界大战结束以来美国经济危机史上所未见。其中，2001年第一季度的降幅折成年率（下同）为6.8%，第二季度为4.4%，第三季度为6.2%。② 美国工业的主体——制造业也随之大幅度下降。由于制造业的重要组成部分——汽车制造业的生产和销售大幅度下降，美国著名的汽车城底特律已再一次陷于衰落之中。

同样是根据美联储公布的统计，美国工业的设备利用率，以1992年为100，2000年4月为82.5%，其中制造业为81.8%；2001年1月降到79.4%，其中制造业降到78.4%；2001年3月降到78.9%，其中制造业降到77.5%；2001年5月降到77.4%，其中制造业降到76.0%。这已经是1983年8月以来的最低利用率了。但是，它们这一次还没有降到谷底。2001年11月，工业设备利用率进一步降到74.0%，其中制造业设备利用

---

① 参见《行政人员情报述评》2001年9月28日，第8—15页；《人民日报》2001年10月9日第7版。

② 参见路透社2001年10月16日、12月14日华盛顿电讯。

率也相应下降。① 这就降到谷底了吗？从目前美国国民经济的状况来看，还没有。

此外，还有一个库存问题。

美联储根据它属下的12家联邦储备银行分别就它们管辖区域的经济状况所作的报告，于2001年11月28日发表公报说："在全国大多数区域里，工商企业仍在继续削减库存。但是，大部分的库存削减还有待于今后进行。"

科技公司库存也是如此。2001年9月22日的《经济学家》报道说："目前，美国企业库存的总量之高，是破历史纪录的。特别是电子互联网和电子计算机企业的过度库存的削减，尚需一段时间。"

库存需要进一步削减，是什么意思呢？这就是说，包括制造业在内的美国工业生产以及高科技产业的生产，今后还将进一步下降。

（2）2001年第一季度，美国大型公司的利润总额即开始大幅度下降。第二季度，美国规模最大的巨型垄断公司的利润总额下降了67％。据出版《华尔街日报》的道·琼斯公司的初步统计，2001年第三季度，美国巨型垄断公司的利润进一步下降了72％。② 从目前美国的经济形势来看，第四季度，美国巨型垄断公司的利润总额还将继续下降。

在利润降幅最大的一系列巨型垄断公司中，包括著名的朗讯科技有限公司，英特尔公司，伊士曼柯达公司，通用汽车制造公司，福特汽车制造公司，戴姆勒—克莱斯勒汽车制造公司，美国在线—时代—华纳公司，爱迪生国际公司，得克萨斯仪器公司，美国电话电报公司，思科公司，惠普公司，摩托罗拉公司，施乐公司，国际商业机器公司，《纽约时报》公司，以及世界上规模最大的飞机制造商、总部原来设在西雅图、现已迁到芝加哥的波音公司。尽管中国民航总局在2001年10月一次就向波音公司定购了30架波音737型客机，但仍然扭转不了波音公司的厄运。该公司在同年12月14日宣布了大量亏损，并将在2002年中期以前至少裁员

---

① 参见美联储2001年5月14日、6月15日、12月14日公报。
② 参见《华尔街日报》2001年8月1日、11月12日。

25000人。①

仅在标准普尔证券交易公司上市的500家工、商、金融公司中，2001年上半年，由于大量亏损、到期无力偿还债务的大型公司就有101家，其中美国公司达83家。②

现在在美国，唯有军工企业一枝独秀。由于五角大楼的订货单源源而来，它们的生意兴隆，财源广进，生产增加，股票市值上升。

（3）一系列巨型公司破产或申请破产。

所谓"申请破产"，就是企业向法院提出申请，经法院审讯，批准给予该企业一个"保护期"，各家债主在"保护期"内不得向该企业讨债，该企业在此期间必须大刀阔斧调整业务，扭转资不抵债局面；否则法院到时将强迫该企业破产，由各家债主瓜分其资产。

到2001年9月为止的12个月，美国工商、金融企业经法院批准破产和向法院申请破产的案件达38490起，比上一年增加了2400余起。③ 其中，仅2001年上半年，破产倒闭的网络公司比2000年同期增加了9倍以上。

尤其值得注意的是，在这场危机期间，不算银行，一系列巨型公司破产或申请破产。从2001年4月起，这股巨型公司破产和申请破产之风越刮越猛。按时间先后次序，其大致情况如下：

4月2日，历史悠久的巨型化工和建筑材料公司——格雷斯公司申请破产；

4月6日，加利福尼亚规模最大的太平洋天然气与电力公司申请破产；

4月17日，业务遍及全国的温斯塔尔电讯公司申请破产；

6月1日，位于弗吉尼亚州阿什伯市的PSI网络公司及其24个分支机构申请破产；

6月11日，LTV钢铁公司申请破产，成为这场危机期间破产的十几家钢铁公司之一；

---

① 参见《西雅图时报》2001年12月14日；同日路透社西雅图电讯。
② 参见美联社2001年7月12日纽约电讯。
③ 参见路透社2001年12月4日华盛顿电讯。

7月9日，位于奥克兰的著名 Webvan 网络公司破产；

8月15日，位于波士顿的美国网络公司的先驱、向各网络公司供应技术及相关设备的 Egghead 公司申请破产；

8月20日，总部设在芝加哥的商品零售连锁系统——阿默斯百货公司申请破产；

9月28日，位于加利福尼亚州帕洛阿尔托市、拥有巨额资产的 Excite At Home 因特网公司申请破产，随后宣布于2002年2月关门停业；

9月28日，仅在一年前在美国著名赌城拉斯维加斯附近耗巨资建筑了一座大型休养场的阿拉丁赌博公司申请破产；

10月12日，美国著名的生产一次成像照相机和专用胶卷的宝丽莱公司申请破产，关闭了它所有的315家商店；

10月15日，美国第三大钢铁公司——伯利恒钢铁公司申请破产；

10月19日，总部位于佛罗里达州奥兰多市，分店分布于洛杉矶、纽约、拉斯维加斯等地的星球好莱坞饭店公司申请破产；

11月13日，阿拉默全国小轿车租赁公司的母公司——ANC租赁公司申请破产；

11月15日，位于北卡罗来纳州格林斯伯勒市、历史悠久的伯灵顿纺织公司申请破产；

12月2日，总部位于得克萨斯州休斯敦市、世界著名的安然能源公司申请破产。①

迄今为止，美国破产和申请破产的大型企业，已创战后以来美国历次经济危机之最。现在，美国这场危机还处在发展过程之中。随着这场危机恶化阶段的继续，破产和申请破产的大型企业还将会进一步增加。

空前规模的企业破产，就是对生产力的空前破坏。

（4）企业固定资本投资大幅度下降。

美国企业用于新厂房和设备方面的固定资本投资的下降，开始于2000年后期。2001年头三个季度，企业固定资本投资继续下降。其中，2001

---

① 这一部分材料，分别援引自美联社、路透社电讯和《行政人员情报述评》。

年第一季度下降0.2%，第二季度下降14.6%，第三季度下降11.9%。①

固定资本投资是企业扩大再生产的必要条件。美国企业固定资本投资如此大幅度的下降，表明美国这场经济危机的恶化阶段将继续发展。

尤其值得注意的是企业对高科技设备投资的下降。从2000年初到2001年上半年，企业对高科技设备的投资由增长20%转为负增长10%。2001年第二季度，企业对电子计算机及其软件的投资甚至下降了14.5%。②

高科技的研究、开发、生产，主要靠风险投资。美国的风险投资在2000年第一季度达到高峰，随后即连续5个季度下降。与2000年第二季度的风险投资相较，2001年第二季度下降了66%。③

企业对包括电子计算机及其软件在内的高科技设备的投资剧烈下降，表明美国的高科技产品生产将进一步下降。而风险投资的下降达到2/3，势必对高科技产品的研究、开发、生产起到巨大的抑制作用。这对美国生产力发展的消极影响是巨大的，对这场经济危机势头的扭转，也是极为不利的。

第三，金融业危机进一步发展。

关于金融衍生品交易的险境和股市交易的恶化，本文第一部分已经说过了。现在要说的是美国商业银行所面临的困境。

首先是银行业收不回来的坏账大幅度上升。根据有关金融机构的统计，逾期无力偿还的银行贷款，2000年占银行贷款总金额的3.4%，2001年头9个月已大约达到10%。与2000年同期相较，2001年上半年，全国银行勾销的坏账上升了45%。④

截至2001年10月中旬，一系列巨型银行的利润额显著下降。其中包括杰·普·摩根—大通银行公司，弗利特波士顿金融公司，纽约银行公司，韦尔斯法戈银行公司，以及包括雷曼兄弟公司在内的多家投资银行。⑤

---

① 参见《华尔街日报》2001年7月27日；《人民日报》2001年11月5日、12月4日。
② 参见《华尔街日报》2001年7月27日；《商业周刊》2001年7月27日。
③ 参见英国《金融时报》2001年8月14日。
④ 参见《华尔街日报》2001年10月17日。
⑤ 参见路透社2001年7月17日、9月25日、9月28日、10月17日纽约电讯。

在这场危机期间，濒临破产、被兼并的巨型银行，是杰·普·摩根银行公司。这在本文第一部分已经说过了。2001年3月，菲诺瓦金融集团公司破产，成为美国历史上最大的破产案件之一。还有一家正式宣告破产的银行，就是位于伊利诺斯州境内的苏必利尔银行公司及其18家分行。有关这后一件破产案的官司至今尚未了结。①

为了挽救美国的金融业（包括金融衍生品交易、股市交易和商业银行）和制止美国这场经济危机的发展，以格林斯潘为首的美联储同时紧急采取了两手措施。

第一手是降低利率。从2001年1月1日到12月11日，已经先后11次降低利率，把联邦基金利率从6.5%降到1.75%，把贴现率从5%降到1.25%。② 美联储在2001年，无论降息次数之频繁，还是降息幅度之大，在战后以来的历史上都是空前的。

第二手是增加货币供应量。美国的货币1（M1，即流通中的货币加活期存款），1999年6月为10998亿美元，2000年6月增加到11053亿美元，2001年5月再增加到11174亿美元；货币2（M2，即货币1加不能随时用支票取款的"储蓄账户存款"，加银行管理的货币市场几种基金，加简称CD的10万美元以下的定期存款），1999年6月为45171亿美元，2000年6月增加到47878亿美元，2001年5月再增加到51669亿美元；货币3（M3，即货币2加巨额定期存款，加各种金融机构基金，加欧洲美元存款，加"再购买协议"，最后一项主要是"联邦基金"），1999年6月为62279亿美元，2000年6月增加到68108亿美元，2001年5月再增加到75001亿美元。③ 2001年6月到11月，美联储又大量增发钞票，仅同年9月17日这一天就发行了570亿美元。④

美联储在2001年如此急如星火、大刀阔斧地降低利率，增加货币供应量，其效果如何呢？

---

① 参见《行政人员情报述评》2001年4月17日，第5页；路透社2001年7月27日、12月12日分别发自华盛顿、纽约电讯。
② 据美联储2001年1月1日到12月11日先后发表的11次新闻公报。
③ 参见美联储2001年6月14日发表的公报。
④ 参见《行政人员情报述评》2001年9月28日，第4页。

答案在本文前面已经有了。它既未能阻止美国金融衍生品交易陷于险境，未能扭转股票市场的颓势，也未能阻止美国这场经济危机朝恶化阶段发展。它采取的这些措施甚至有可能适得其反，导致在20世纪60年代末期到80年代初期危害美国10余年的"停滞膨胀症"的再现。

再说小布什总统的财政政策。他已经付诸实施的2001年7月到9月间的第一次减税，实践已经证明，对抑制这场经济危机的发展没有起任何作用。他增加军费开支，开始打了一场"反恐怖战争"，其用意之一是运用凯恩斯"战争增加财富"的理论，借以制止这场经济危机的发展。这场"反恐怖战争"情况复杂，对其性质姑且不予评论，只限于考察其对美国经济的影响。迄今为止，小布什总统打的这场战争对制止这场危机的发展是否收到了成效呢？事实说明：没有。最近，小布什政府公开扬言，下一步还要扩大这场"反恐怖战争"的范围。至于能否收到效果，也还要看。现在至少可以说，他的父亲老布什总统1991年打了一场大规模的海湾战争，并未能制止美国20世纪80年代末期到90年代初期发生的那场经济危机的发展。他这次效法他的父亲，其效果不大可能比他父亲的经历更好。相反，由于发生了经济危机，政府税收收入下降，加以包括军费在内的开支增加，联邦政府的财政赤字和负债总额又开始了新一轮的上升。2000年10月、11月，联邦政府的财政赤字已达350亿美元；2001年，截至12月20日，10月、11月、12月的财政赤字再上升到637亿美元。①

以格林斯潘为首的美联储的货币政策和小布什政府的财政政策为什么不能收到他们预期的效果呢？一句话，是美国堆积如山的债务挡住了他们的去路。关于这个债务问题，本文上面已经说过了。

第四，美国工人阶级的贫困积累进一步加深。其主要表现如下：

（1）据美国联邦政府劳工部2001年12月7日公布的统计，在这场危机期间，截至2001年11月，美国失业工人已上升到816万人。

由于美国官方对民间劳动力总数和真正失业人数的统计方法不科学，甚至故意缩小（对黑人的失业更是如此），它公布的失业人数与实际失业

---

① 参见路透社2001年12月20日华盛顿电讯。

人数相距甚远。一般地说,把它公布的失业人数增加一倍,才大体上符合实际。这样,到2001年11月,美国的实际失业人数就是1632万人。

与经济危机的发展相较,美国雇主解雇职工通常是滞后的。何况这场经济危机的恶化阶段才刚刚开始。因此,美国工人阶级的失业状况今后还将进一步恶化。

(2) 这场经济危机,美国工人阶级失业的一个显著特点,就是大批科技职工被解雇。

根据哥伦比亚广播公司播放的大型公司解雇职工的专题新闻节目,在这场经济危机期间,截至2001年10月,决定解雇职工的商品零售公司共10家,决定解雇职工的航空公司共14家,决定解雇职工的包括石油、快餐、咨询等多种类型的公司共25家,决定解雇职工的制造业公司共56家,而决定解雇职工的高科技公司就有170家;这最后一种,如果再加上决定解雇职工的32家因特网公司,就达到202家,遥遥领先于其他各类公司之上。还需指出的是,在上述制造业公司中,有一些也是高科技公司,如联合技术公司、通用电气公司等。上述170家高科技公司中,仅朗讯科技有限公司和摩托罗拉公司等6家,决定解雇的职工就达176000人。①

这场经济危机,美国各高科技研究、开发区的职工受到的打击最沉重。硅谷即为其显著例证之一。2000年9月,硅谷失业率还只有1.8%;到2001年9月,那里的失业率已上升到5.9%。② 仅2001年7月26日一天,硅谷及其邻近地区被解雇的高科技人员即达31000人。《洛杉矶时报》称这一天为"高科技糟糕的一天"。③

(3) 2001年,美国家庭总共约为10500万户。其中,6000万户以上为低收入户,每户年收入在25000美元或以下。他们还都是在业的工人群众。

设在华盛顿的"全国低收入住房联盟"于2001年10月发表的一篇报

---

① 参见2001年11月30日 CBS Market Watch。
② 参见路透社2001年10月13日圣何塞电讯。
③ 参见《洛杉矶时报》2001年7月27日。

告说，在全国各地，领取联邦政府规定的最低工资的在业工人无力支付廉价房租。要支付廉价房租，他们的工资必须等于政府规定的最低工资的 269%。①

因此，在这场经济危机期间，美国无家可归的流浪者人数正在大幅度上升。其中，又以纽约市的上升幅度为最高。

（4）在这场经济危机期间，约 40% 的美国失业工人同时失去医疗保险。与此同时，还有相当数量的工人根本没有医疗保险。②

美国是一个医疗费用极高的国家。工人群众一旦生病，没有医疗保险，就只有等死。就是那些由劳资双方各出一部分资金、与保险公司签订了医疗保险合同的公司（这通常是一些大公司），工人生病也不是完全保险。因为这些医疗保险，有一些只保工人，不保工人家属；有一些只保一般疾病，不保重病。

（5）2001 年，在这场经济危机期间，世界最富的美国，约有 2330 万人处于饥饿之中。

美国政府原来发放"食品券"，为穷人提供廉价食品。1996 年，美国联邦国会通过了《个人责任与工作机会法》。此后，有资格领取"食品券"的人数大幅度下降；大批穷人只能依靠私人慈善机构的施舍才能勉强维持生命。③

第五，"9·11"事件（包括事后发生的炭疽病在包括华盛顿、纽约在内的全国各地的反复传播、感染）对美国国民经济的冲击，尤其是对金融业（包括保险业）、航空业、旅游以及与之相关的行业的打击最为严重。这也成为加剧这场经济危机的重要因素之一。尽管联邦国会迅速通过了金额达 400 亿美元的"反恐怖和经济重建计划"，加上金额为 150 亿美元的"航空业援助计划"，但等于杯水车薪，对制止国民经济的进一步恶化基本上起不了作用。

---

① 参见《行政人员情报述评》2001 年 9 月 28 日，第 11 页；《基督教科学箴言报》2001 年 12 月 3 日。
② 参见"世界社会主义者因特网"2001 年 11 月 26 日。
③ 参见"世界社会主义者因特网"2001 年 12 月 3 日。

最近几个月来，特别是从11月的感恩节和12月的圣诞节期间，尽管包括各大商品零售连锁店在内的零售商对商品价格大幅度打折扣，使出各种招数吸引顾客，商品销售仍然疲软。在通常时期，这是美国商品销售旺季，商品零售总金额占全年50%以上。2001年，这种商品销售旺季没有出现。这种现象显示，美国轻、重工业将被迫进一步减产裁员，使这场经济危机进一步恶化。

由此可见，美国这场经济危机的发生和恶性发展，从本质上看，仍然是国家垄断资本主义处于衰落阶段资本主义制度本身无法克服的固有矛盾趋于激化的结果。

四　对两个重大问题的答复

第一个问题是，目前，一场世界资本主义经济危机是否正在形成？

由美、欧、日等30个国家组成的经济合作与发展组织（简称经合组织），2001年11月21日发表了它每半年一次的《经济展望报告》。报告虽然对经济恢复作了若干乐观的预测，但是它对当前世界经济形势所作的主要结论却是："世界已经陷入衰退，这是20年来第一次发生"；这将是"第二次世界大战以来最严重的一次"。

美国一些报刊也发表了大致类似的论断。

笔者认为，当前，说一场世界资本主义经济危机正在形成，比较稳妥。

说一场世界资本主义经济危机正在形成，其主要根据是：

（1）占世界国内生产总值接近30%的美国从2000年第三季度就开始发生经济危机，从2001年第三季度已开始进入恶化阶段。这场危机对整个资本主义世界的冲击，将是严重的。

（2）日本经济不仅2001年，而且2002年仍将处于危机之中。

（3）西欧经济实力最强大的德国，在2001年中期，也已经陷入经济危机。① 从2001年第三季度起，英国工业的主体——制造业生产也已开始下降。法国的失业率长期居高不下，目前仍然是8.9％，几乎相当于美国官方统计的一倍。

（4）笔者在《三论》里说过，到1998年底，在世界范围内流动的金融衍生品总金额已超过200万亿美元。现在要补充的是，到2001年3月，这个数字已上升到280万亿美元。其中85万亿美元在美国，其余195万亿美元则游移在欧洲、日本和世界其他地方。② 本文第一部分已经说过，大量的金融衍生品交易，在美国是危险的。现在要说的是，游移在欧洲、日本和世界其他地方的金融衍生品交易金额超过美国两倍以上，它同样是危险的。

（5）由于西方国家对广大发展中国家的盘剥，特别是债务剥削进一步加重，亚、非、拉美发展中国家的经济状况普遍不佳，其中一系列国家和地区已陷入严重的经济危机之中。

1980年，亚、非、拉美发展中国家的负债总额为6450亿美元。20年来，这些国家仅向西方国家支付上述负债款的利息已达56000亿美元。但是，这些国家的负债不仅没有减轻，而是进一步加重。到2001年3月，这些国家的负债总额竟相当于1980年的7倍。③

受西方国家债务盘剥之害的最突出典型，是阿根廷。它本来是拉美经济三巨头之一。由于无力偿还沉重的外债，目前阿根廷不仅已陷入连续4年的经济危机，而且已经发生社会动荡和政治危机，整个国家濒临破产。拉美第一大国巴西的情况也不好，债务沉重，每年向外国支付的利息即达200亿美元。2001年，巴西经济增长率已大幅度下降，金融市场也已多次发生动荡。

在亚洲，新加坡和我国台湾省已经陷入严重经济危机之中。包括印度尼西亚在内的大多数东南亚国家，经济增长率也在不同程度地下降。

许多非洲国家的经济状况不好，社会动荡。

---

① 参见《行政人员情报述评》2001年8月24日，第8—10页。
② 参见《行政人员情报述评》2001年4月6日，第6页。
③ 参见《行政人员情报述评》2001年4月6日，第8页。

由此可见，说一场世界资本主义经济危机正在形成，是站得住的。

第二个问题是，美国这场经济危机是否有可能发展成为20世纪30年代那种资本主义史上特别严重的"大萧条"（The Great Depression）？

笔者在《三论》里对这个问题的答复是："目前尚不能肯定，还有待进一步观察，但也不能绝对排除这种可能性。"经过半年多来的观察，现在笔者的答复是，目前也还不能完全肯定，但这种可能性已经进一步增加了。其主要根据是：

第一，美国这场经济危机已经长达6个季度，其恶化阶段来势凶猛；目前这场危机还"看不到隧道尽头的亮光"。

第二，世界上三个主要资本主义大国——美、日、德同时进入经济危机，彼此相互影响，而美国对日、德的冲击更为严重。

第三，一场世界资本主义经济危机正在形成。

第四，美国这场经济危机不是由于通货膨胀引发消费下降从而产生"生产过剩"引起的，而是由于投资过度、生产设备增长过度以及由此产生的企业负债过度和"生产过剩"引发的。这与美国在战前发生的多次经济危机相同，而与战后发生的历次危机不同。这种类型的危机难以驾驭。与战后发生的历次危机相较，这场危机的严重程度有可能更深，持续时间也有可能更长。①

第五，日本1990年泡沫经济破灭，12年来，尽管日本政府多次出台振兴经济方案，均不见效，一直处于危机—停滞—危机的恶性循环之中。如果加上2002年，就是13年了。至于2003年能否走出危机，现在还很难说。这是第二次世界大战结束以来资本主义世界出现的一种新现象。究其原因，是国家垄断资本主义进入衰落阶段以后资本主义制度本身无法克服的固有矛盾趋于激化的结果。

美国的泡沫经济比日本还要严重。1990年以前，日本的泡沫经济主要是股市泡沫和房地产泡沫。而美国的泡沫经济，除股市泡沫以外，还有巨额金融衍生品泡沫、债务泡沫和科技泡沫，其泡沫经济的规模远远超过日

---

① 参见英国《经济学家》2001年8月25—31日，第11页。

本。本文前面已经说过，美国的金融衍生品交易已陷于险境；股市泡沫已基本上破灭；债务泡沫正紧紧纠缠着美国统治集团，使他们难以医治美国的这场经济危机。

因此，能不能绝对肯定，美国的这场经济危机的持续时间将会比日本短得多，其严重程度将会比日本轻得多呢？至少目前看来，难以做出这种绝对肯定的结论。

此外，还有一个美元的国际地位趋于虚弱的问题。2001年7月以来，随着美国经济的恶化和美国经常项目赤字的上升，美元对欧元、日元的比价几度下降。一些国家的中央银行正在将本国的外汇储备部分地从美元转为欧元。2002年1月1日，"有形欧元"将正式出现在国际外汇市场上。随后，一些国家将本国外汇储备从美元转为欧元的步伐势必进一步加速。这种情况显示：(1) 外资将逐步撤出美国，从而削弱美国的经济；(2) 美国向国外发行本国货币的权利将遭到打击；(3) 美元的国际霸主地位将遭到严重挑战。凡此种种，无论在近期内或者从远景看，对美国经济都是不利的。

综上所述，可以看出：

第一，资本主义制度本身无法克服的固有矛盾将贯穿于资本主义制度的始终。只有资本主义制度结束，这个矛盾过程才会结束。一切回避或者否定资本主义制度本身无法克服的固有矛盾的观点，都是错误的，是违反马克思主义的基本原理的。

第二，一切断定美国经济已进入"新经济"阶段，从而断言美国经济将长期持续繁荣的观点，都是不符合客观实际的，因而是错误的。

第三，一切断定科学技术只有利于资本主义，断定科技将给资本主义制度带来长寿，从而否定科技在资本主义制度下具有二重性的观点，也都是不符合实际的，是违反辩证唯物主义和历史唯物主义的。

第四，一切为资本主义制度涂脂抹粉的观点，一切极力美化资本主义制度的观点，都是错误的，有害的。

第五，人类的未来属于社会主义、共产主义，而不属于资本主义。

这就是本文的基本结论。

（原载《当代思潮》2002年第1期，第28—42页；后收入《论美国"赌博资本主义"》，中国社会科学出版社2011年7月版，第97—124页）

对北约侵略南联盟问题的若干思考

一 这场战争的性质

以美国为首的北约发动这场侵略战争，走的是"三步曲"。第一步是培养、训练南联盟科索沃省的民族分裂势力，提供武器把他们装备起来，怂恿他们闹"独立"。第二步，主持南联盟与科索沃省的分裂势力谈判，北约提出损害南联盟国家主权、领土完整，令南联盟难以接受的条件，为向南联盟发动战争制造借口。第三步，武装侵略南联盟，进行狂轰滥炸。

这场战争的性质，是以美国为首的北约蓄意制造的，旨在摧毁南联盟的一场侵略战争。

二 战争发动者的旗号和行动

以美国为首的北约在这场战争中，高举"和平"的旗号从事野蛮的战争，高举"保卫人权"的旗号大规模摧残人权，高举"言论自由"的旗号摧毁报道事实真相的新闻机构和人员，高举"惩罚反人类罪"的旗号从事残酷反人类暴行，高举"反种族清洗"的旗号实行极端残忍的种族摧残，高举"人道主义"的旗号践踏最起码的人道主义原则，高举"反恐怖主义"的旗号实行地地道道的国家集团恐怖主义。

旗号与行动完全相反，举漂亮的旗号，为的是搞野蛮的侵略。这是一切帝国主义者、霸权主义者发动侵略战争的老手法在当前形势下的新运用。

三 这场战争的严重含义

这是北约成立50年来第一次大规模用兵；这是北约成立50年来第一次在北约区域外用兵；这也是北约成立50年来第一次撇开联合国安理会悍然大规模用兵；他们不是一般的用兵，而是继承老殖民主义的"炮舰外交"，进行狂轰滥炸。

值得注意的是，这是第二次世界大战之后德国第一次在曾经遭受希特勒德国侵略，并且遭到英勇反抗的南斯拉夫国土上用兵。

既然有了第一次，就很难说不会有第二次、第三次。

因此，这场战争的含义，值得严重注意。

美、英、德为主的北约之所以如此大胆妄为，以大欺小，以强凌弱，主要是因为苏联解体之后的世界局势发生了变化。如果苏联今天还存在，很难设想北约敢在巴尔干地区如此胡作非为。

四 美国对外征战的发展趋势

第二次世界大战以后，美国在50年代初期发动了一场大规模侵朝战争，在60年代到70年代中期发动了一场大规模的侵略印度支那战争，都被革命力量所击败；美国国内人民反战风暴迭起，垄断资本集团发生严重分裂。因此，在福特、卡特、里根政府时期，美国在对外征战方面不得不有所收敛。里根政府虽然大肆扩军备战，然而在实际对外用兵方面也只是在格林纳达和利比亚沿海等地小打小闹，不敢大动干戈。到了布什、克林顿政府任期内，情况发生了明显变化。布什政府一战巴拿马，再战海湾（我在拙作《三说美国》一书里较为具体地讨论过，布什政府发动的那场称为"沙漠盾牌"、"沙漠风暴"的海湾战争，表面上是一场正义战争，实际上是一场非正义战争）；克林顿政府上台执政后，接过布什政府的接力棒，在海湾继续耀武扬威，连续搞所谓"沙漠惊雷"、"沙漠之狐"，长期摧残一个战败国，使伊拉克广大人民群众陷于水深火热之中。现在又制造借口，对南联盟狂轰滥炸，必欲置南联盟于死地而后快。

布什、克林顿政府对外征战的气焰之所以嚣张，也与苏联解体以后的世界局势变化密切相关。如果苏联强盛，领导集团路线正确，布什政府就不敢大打海湾战争；如果苏联今天还在，克林顿政府就不敢如此欺负南联盟。

由此可见，苏联解体之后，以美国为首的少数西方列强发动对外侵略的气焰正在恶性发展。

五　美国进一步发动对外侵略战争的可能性

近几年来，美国政府已经并正在进一步进行对外征战的准备。主要有：（1）提出北约"战略新概念"，进一步实行北约东扩（对南联盟发动侵略战争，就是为北约进一步东扩扫清道路）；把北约的作战区域扩大到北约地区以外（对南联盟的侵略就是这种扩大的第一次实验）。（2）除了向美国国会提出为侵略南联盟增拨经费外，还在 2000 年财政年度政府预算中将军费增加了 120 亿美元，并且把它作为今后 6 年增加军费 1000 亿美元的一部分。美国众议院近日已经决定对联邦政府 1999 年度的预算增拨 130.1 亿美元的军费。政府提出的包括 2000 财政年度在内的 6 年增加军费的方案，受到了在国会占多数的共和党的欢迎。白宫行政管理和预算局局长公开扬言，这个增加军费的预算是为了"使军刀保持锋利"。（3）重新实行里根政府的"星球大战"计划，着手研制全国导弹防御系统和战区导弹防御系统。美国国防部近日在向国会提交的《亚太地区战区导弹防御系统结构方案》的报告里正式写明，军方已经就把中国台湾省纳入战区导弹防御系统的问题进行了研究。这就是说，美国政府要用这个战区导弹防御系统把台湾的天空覆盖起来，企图武力阻挠我国的统一事业。（4）违反中美三个联合公报，继续向台湾当局提供先进武器装备。（5）与日本政府签订《新日美防卫合作指针》；而且日本国会最近已在日本人民群众的一片抗议声中通过了日本政府提交的相关法案，即《周边事态法案》、《自卫队法修改案》和《日美物品劳役相互提供协定修改案》。美日双方均不明言所谓"周边事态"的地理范围，只是含糊其辞地说由美日双方"自主判断"；但日本右翼势力已经公开言明，所谓"周边事态"不仅包括中国台湾省，而且包括中国大陆。

由此可见，美国统治集团进一步对外发动侵略战争的可能性是严重存在的。

六 空袭中国驻南联盟使馆的严重含义

以美国为首的北约公然违反国际法和国际关系基本准则，在当地时间5月7日午夜用五枚美制精确制导导弹从不同方向袭击中国驻南联盟大使馆，摧毁我使馆馆舍，打死、打伤我使馆外交官员和我国新闻记者，这不是一个孤立的、偶然的事件。联系到上述将战区导弹防御系统覆盖台湾、向台湾当局继续提供先进武器以及《新日美防卫合作指针》中的所谓"周边事态"等事件，美制导弹空袭我驻南使馆之举已经明确显示了美国对我国实行军事干预的企图。此事的严重含义就在这里。

一系列事实表明，美国政府的对华政策是言行不一的。它口头上、文字上都承认西藏是我国领土不可分割的一部分，实际上却以公开的和隐蔽的方式大力支持达赖集团分裂祖国的罪恶活动。它口头上、文字上都承认台湾是我国领土不可分割的一部分，实际上却把台湾当作美国的一艘"永不沉没的航空母舰"，企图永远霸占。它口头上、文字上都承认中美两国互不干涉内政的原则，实际上却打着"民主、自由、人权"的旗号，运用政治、经济、意识形态等种种手段，以官方与"民间"相结合的形式，时明时暗、时缓时急地向我国进逼，企图以"和平演变"的方式推翻中国共产党的领导和我国的社会主义制度。它口头上、文字上都声称"支持中国加入世界贸易组织"，实际上却提出极为苛刻的条件，企图使我国"门户洞开"，从而大规模占领我国市场，迫使我国实行华尔街金融垄断资本要求的所谓"金融自由化"，使独立达50年之久的中华人民共和国重新沦为半殖民地。它口头上、文字上都表示要与我国建立"建设性的战略伙伴关系"，现在竟然背信弃义，发射导弹空袭我国驻南联盟使馆，对我国进行武装挑衅。

凡此种种都说明，美国对华的口头、文字承诺与它的实际行动是相反的。我们希望与美国保持正常关系，但对美国要善于区别现象和本质，要保持清醒头脑，对美国不宜抱有不切实际的幻想；在处理中美关系问题上要保持必要的警惕，不能太天真；要随时准备保卫国家主权、领土完整和民族尊严，保卫我国的社会主义制度。

七　美国共和、民主两党的阶级基础

我国学术界有过一种论点，说美国共和党代表垄断资本，而民主党则代表中小资产阶级和下层群众；言下之意，是说民主党不代表垄断资本。我们且不说美国的垄断资本主义和国家垄断资本主义是在美国南北战争以后，在共和、民主两党轮流执政之下产生和发展起来的这一历史事实，只谈第二次世界大战结束以来美国统治集团进行的对外征战。1946年到1949年的中国内战，是一场由美国民主党人杜鲁门为首的政府出钱出枪、由蒋介石政府出兵屠杀中国人民的战争。侵朝战争是由民主党人杜鲁门为首的政府发动，由共和党人艾森豪威尔为首的政府结束的。侵越战争是由民主党人肯尼迪为首的政府发动，由另一位民主党人约翰逊为首的政府大规模升级，最后是由共和党人尼克松为首的政府结束的。入侵巴拿马的战争和海湾战争是由共和党人布什为首的政府发动的，其中的海湾战争目前仍由民主党人克林顿为首的政府在继续进行中。如前所述，现在正在进行的对南联盟的侵略战争，则是由民主党人克林顿为首的政府带头发动的。

由此可见，无论是共和党还是民主党，他们代表的都是美国垄断资本。按照列宁所下的经典定义，从19世纪末期以来，由这两党轮流执政的美国，都是帝国主义，他们都会发动对外侵略战争。

与此相关的还有一个西欧社会党的阶级基础问题。

我国学术界近年来出现一种论点，认为西欧社会党（包括工党、社会民主党）是社会主义政党，他们实行的是社会主义。这样说来，多次、长期由社会党执政的一些西欧国家就都变成了社会主义国家。这种论点显然与客观事实不符。我们且不说这些西欧国家国内的垄断资本统治，也不说这些国家在对外反对社会主义（包括从外部瓦解苏联，演变东欧）方面曾长期与美国保持基本一致（凡此种种，都说明他们是资产阶级政党），就说此次对南联盟的侵略战争这件事。难道英国工党政府不是与美国完全一致的吗？难道德国的社会民主党政府不是与美国基本一致的吗？我并不是说欧美之间不存在矛盾。矛盾是存在的，而且时缓时激，有可能进一步发展。然而在从事对外侵略，特别是在反对社会主义方面，他们则常常与美国保持一致，或者基本一致。目前正在进行的对南联盟的侵略，就是最新的证明。

因此，在美、欧（几个西欧国家，加上日本）无论是哪一个资产阶级政党执政，我们对帝国主义发动侵略战争都要保持应有的警惕。

（原载《真理的追求》1999年第6期，第2—5页）

自由,平等,博爱!
步兵,骑兵,炮兵!

——关于美利坚合众国的阶级实质

一 千百万北美印第安人和非洲黑人哪儿去了?
——试问天赋人权说的真实性何在?

(一)

美国资产阶级 20 世纪 70 年代以后一直举起"民主、自由、人权"的旗号向苏联、东欧进攻。在演变东欧、瓦解苏联以后,它又举起这面旗号向中国步步进逼。1999 年 3 月 24 日到 6 月 10 日,它又举起这面旗帜对南联盟实行炮舰政策,向南发起武装侵略,持续狂轰滥炸,炸死、炸伤成千上万的平民百姓,企图把南联盟炸成一片废墟。

我们由此就不得不提出一个问题:美国资产阶级就真的是高举"民主、自由、人权"的旗手吗?它的所谓"民主、自由、人权"的实质究竟是什么?此事的真相究竟如何?

我们暂且不说马克思主义的民主、自由、人权观是世界上最先进的民主、自由、人权理论,也暂且不说共产主义运动所代表、社会主义制度所实行的是最广泛、最真实的民主、自由、人权。我们在这里只说一点,即美国资产阶级是世界上最没有资格讲什么"民主、自由、人权"的阶级。它举起这块遮羞布对外反对共产主义运动和社会主义制度,推行霸权主义和强权政治,实行侵略和扩张,完全是沐猴而冠,白骨精装美女,举起"替天行道"的旗帜从事人间最丑恶的勾当。

让我们先从美国资产阶级的"民主、自由、人权"理论，特别是从这个阶级的"民主、自由、人权"的实践说起。

这里首先要提到的，是1776年7月4日英属北美殖民地第二届大陆会议所通过的《独立宣言》。宣言的第一段写道："我们认为这些真理是不言自明的，这就是所有的人都是生而平等的，他们都被造物主赋予某些不可剥夺的权利，其中包括生存权、自由权和追求幸福的权利。"① 这就是著名的天赋人权说。这种学说的创立者为英、法等国近代史上的著名思想家洛克、卢梭等人，然而首先正式把它写进一个庄严革命战争宣言里的人，却是美国资产阶级革命家、政治家托马斯·杰斐逊。美国资产阶级当时要发动和领导反对英国殖民统治的民族、民主革命，需要以英属北美殖民地全体人民代表的身份发出号召，因而在宣言里写上了这些话，从而掩盖了这场革命的资产阶级实质。

也就是说，所谓天赋人权，从它开始写进《独立宣言》时就是虚伪的。

1787年《美利坚合众国宪法》是在独立战争取得胜利、美国资产阶级已经取得统治地位的形势下制定的，因而从《独立宣言》里具有的一些革命内容明显后退了。然而它仍然是以《独立宣言》里的天赋人权说为理论基础制定的。这部宪法篇首第一句话就是："我们，合众国人民。"② 从字面上看，这句话说的是刚刚建立的美利坚合众国全体人民。这与《独立宣言》里的天赋人权说是相符合的。然而无论是《独立宣言》里说的"所有的人"，还是《宪法》篇首所说的"我们，合众国人民"，从历史事实来看，从其实际含义来看，它们都仅仅指的是当时已经形成并先在独立战争中取得了领导权、建国以后又取得了统治地位的美国资产阶级。

这是因为：

第一，所谓"所有的人"，所谓"我们，合众国人民"，都不包括早已被征讨、被屠杀而且还在继续被征讨、被屠杀的北美原住民——广大的印

---

① 《独立宣言和美利坚合众国宪法》，美新处1976年英文版，第1页。

② We the people of the United States,《独立宣言和美利坚合众国宪法》，美新处1976年英文版，第9页。

第安人。

第二，所谓"所有的人"，所谓"我们，合众国人民"，都不包括原来已经是奴隶、美国建国以后继续长期处于奴隶地位的广大黑人群众。

第三，所谓"所有的人"，所谓"我们，合众国人民"，都不包括长期被剥夺了选举权、至今仍未取得男女平等地位的广大妇女群众。

第四，所谓"所有的人"，所谓"我们，合众国人民"，他们实际上也都不包括处于被压迫、受剥削地位的广大无产者群众。

因此，尽管当时的美国资产阶级还是一个刚刚领导过一场反对英国殖民主义的民族、民主革命的阶级，而且这场革命还未完成，它宣布自己代表全体人民，就是虚伪的，是与实际情况南辕而北辙的。

也是因此，我们说当时发表的《独立宣言》是一篇资产阶级革命的宣言；我们说当时制订、以后虽经多次补充修改但始终未改变其阶级实质、至今仍在实行的那部美国宪法是一部资产阶级宪法，是正确的，符合实际的。

（二）

我们先从印第安人的惨绝人寰的遭遇说起。

我先说几件事。

第一件，是我 1988—1989 年在美国从事学术考察时亲身经历的。1988 年 11 月 24 日，在美国是一个传统的节日——感恩节。当时我在马萨诸塞的波士顿。一位友人邀我去与当地印第安人共度感恩节。我欣然从命。这位友人开车，陪我前往马萨诸塞大西洋岸边的历史名城普利茅斯[①]。一个包括马萨诸塞在内的、来自全国许多地方的印第安人代表那一天的欢度感恩节的主要仪式，就在这座城市的港口岸边坡地上举行。当我走到集会场所时，才看到会场上悬挂的一面横幅，上面用英文写了一排醒目大字："对本土美国人的全国哀悼日。"因为友人事前没有告诉我，这种场面使我感到很意外。过去应邀在一些白人上层人士家里度感恩节，总是边饮

---

① Plymouth.

酒，边吃烤火鸡，欢声笑语，庆祝节日的气氛很浓。可是今天在普利茅斯举行的印第安人感恩节集会上，这个美国的喜庆节日却成了"全国哀悼日"。两种人的思想感情差别竟然如此之大，使我在思想上受到了深深的触动。关于这次印第安人举行的"全国哀悼日"的具体情况，包括印第安人对长期受到残酷屠杀的愤怒抗议，我在有关拙著里已经写过[1]，此处就不再赘述了。

第二件，是在哥伦布"发现"美洲新大陆500周年即将来临之际，美国学术界就哥伦布的功过展开的一场激烈辩论。有一些诚实、严谨的学者向美国资产阶级的传统宣传发起了挑战。他们对北美大陆的原住民——印第安人深表同情，指责哥伦布不是"发现"而是征服美洲新大陆。他们谴责哥伦布抵达美洲及其以后英、法、西等国先后大批向美洲殖民、大肆屠杀印第安人、美国建国后继续这种屠杀的那一段历史为入侵[2]，为大屠杀[3]，为种族灭绝[4]。

第三件是，1992年10月12日是美国举国欢庆的一个重大节日——纪念哥伦布"发现"美洲新大陆500周年。可是，在波士顿，在纽约，在芝加哥，在俄亥俄的哥伦布市，在加利福尼亚的伯克利，在全国其他一些城市，都举行了性质截然不同的两种纪念活动。一种是白人上层人士或团体组织的纪念活动。参加这类纪念活动的人群大都穿着节日盛装，欢欣雀跃，高呼颂扬哥伦布的口号，举行集会或游行。另一种主要是由印第安人组织、有的地方也有白人进步青年参加的集会或游行。这些群众举着的标语牌和呼喊的口号则大都是："哥伦布是一个屠杀者"，"反对500年的压迫"。[5]

印第安人为何如此愤慨呢？

为何有些美国学者说对印第安人是种族灭绝呢？这件事还得从头

---

[1] 拙著《再说美国》，北京出版社1991年版，第488—492页。
[2] invasion.
[3] holocaust.
[4] genocide. 以上三种谴责，均见1991年5月13日《美国新闻与世界报道》第25页，另见美联社1992年10月13日弗吉尼亚夏洛茨维尔电讯。
[5] 美联社1992年10月13日纽约电讯。

说起。

　　1606年，英国国王正式批准一些贵族、绅士和商人的申请，决定向北美殖民。首批英国移民1607年和1620年先后在弗吉尼亚的詹姆斯敦①和马萨诸塞的普利茅斯登陆后，受到了好客的印第安人的友好接待。② 他们向远道而来的客人们提供食品，并无微不至、耐心细致地教给他们种植玉米、南瓜、西红柿以及狩猎的技术。这些英国移民就这样在这个"新世界"里生存下来。③ 在北美第一次种植的玉米获得丰收，这些英国移民欢天喜地地予以庆祝，并称丰收日为感恩节。这就是美国这一特有的节日的由来。但他们感谢的是上帝的恩赐，而不是感谢印第安人。相反，随后不久，在大批英国移民陆续涌至后，美国资产阶级的前身——这些英国殖民者便恩将仇报，开始驱逐这片大地上的主人，掠夺他们的土地，使用包括分而治之、软硬兼施等殖民主义者惯用的种种手段，分化、收买印第安人各个部落，制造有利形势，采取各个击破的策略向印第安人开战，进行大屠杀。殖民主义者的屠杀虽然遭到了印第安人的英勇反抗，但处于人类发展史上的原始部落阶段的印第安人终究抵挡不住已经开始进入资本主义阶段的英国殖民主义者，不得不且战且退。英国殖民主义者屠杀印第安人的一系列战役和印第安人的反抗，从1622年一直持续到1769年。④

　　美国建国以后，随着疆土的大踏步向西扩展，资产阶级当权派对印第安人的征讨和屠杀进一步加强了。美国政府开始正式建军后，命令军队立即向西开进。美国陆军第一团从成立之日起，征剿印第安人就成为它的基本任务。美国联邦正规军队和民兵从事的这种残暴的屠杀和征剿，从1803年（正规军正式开始投入战斗是1811年）一直持续到1892年，差不多进行了整整一个世纪。特别是在19世纪60年代到90年代，在当地民兵的配合下，美国联邦正规军采取分进合击等战术，集中发起了1000多次不同规模的军事行动，基本上完成了消灭印第安人的作战任务。威廉·福斯

---

　　① Jamestown.
　　② 参见黄绍湘《美国通史简编》，人民出版社1979年版，第11—12页；杰·布卢姆等《美的历程》上册，商务印书馆1988年版，第24—39页。
　　③ 参见黄绍湘《美国史纲》，重庆出版社1987年版，第22页。
　　④ 参见威廉·福斯特《美洲政治史纲》，三联书店1961年版，第273—276页。

特同志在有关著作中叙述这段历史时写道："美国向西、向南、向北三个方面猛烈推进时，不仅排挤了阻止它前进的国家，并且残暴地粉碎了这些土地上原来的主人——印第安人——的反抗。这种残酷地驱逐印第安人的行动是美国历史上最可耻的污点之一，而当时美国许多杰出的民主领袖也曾积极参加这种行动。"[1]

"曾积极参加"这种"残酷地驱逐印第安人的行动"的"当时美国许多杰出的民主领袖"之一，就是提出"所有的人都是生而平等的"天赋人权说的美国《独立宣言》的主要起草人、美国第三届总统托马斯·杰斐逊。美国1803年从拿破仑手中购买路易斯安那（即从密西西比河西岸到洛基山麓之间的广大地区）以后，随着疆土大步向西推进而大规模驱逐和屠杀印第安人的一系列事件，就是在杰斐逊的总统任期内开始的。

如此长期征剿、屠杀的结果是什么呢？

据美国一些诚实、严谨的学者在20世纪80年代末期到90年代初期依据史料重新做出的推算，当哥伦布1492年"发现"美洲新大陆时，在现在美国和加拿大境内居住的印第安人总人口少则为3000万，多则达1亿。[2] 为谨慎起见，我们就以他们推算的最低数字，即3000万人为准。那么，20世纪70年代我生活在美国期间，被迫分散聚居在美国全国各穷乡僻壤的"保留地"里的印第安人总人口还剩下了多少呢？据美国官方统计，还不到80万人。[3] 这就是说，在这3000万人里，至少有2900万人先后被美国资产阶级的前身——以英国为首的西方殖民主义者和建国以后的美国资产阶级当权派所屠杀了。

事情至此还没有完。

在整个20世纪，无论是民主党人或共和党人执政，幸存下来的印第安人在美国一直处于受歧视、受迫害、受摧残的地位。直到1992年7月，布什政府还宣称，它有权宣布在美国境内的任何印第安人部落已经灭绝！[4]

---

[1] 参见威廉·福斯特《美洲政治史纲》，三联书店1961年版，第273—284页；阿伦·米利特、彼得·马斯洛斯金《美国军事史》，军事科学出版社1989年版，第237—243页。

[2] genocide.

[3] 参见拙作《美国走马观花记》，上海人民出版社1980年版，第154页。

[4] 参见美联社1992年7月3日西雅图电讯。

由此可见，美国资产阶级手里的资本的每一个毛孔都充满了印第安人的鲜血。

凡此种种，难道不都是事实么！

这难道还不是人类社会历史上空前规模的大屠杀么！这难道还不是人类社会历史上空前严重的种族灭绝么！这难道不堪与希特勒的种族主义大屠杀相媲美吗！

难道从这些历史事实中，能够找出"所有的人都是生而平等的"天赋人权说的一丝一毫的真实性吗！

试问在这种种族灭绝中，美国资产阶级对普通人民群众的所谓"民主"何在？"自由"何在？"人权"又何在？

至于残存下来的那些为数甚少的印第安人的贫困处境，就连克林顿总统在参观了几块"保留地"以后也承认，美国对他们不公正。① 其他的话就用不着再说了。

（三）

有关广大黑人群众在美国的悲惨遭遇，黑人群众争取生存权、自由权、平等权的斗争高潮不断兴起，以及美国政府多次出动军队镇压黑人群众的正义斗争等情况，我在有关拙著里已经较为具体地叙述过了②，不再详述。

此处只补述以下几点：

第一，美国资产阶级的前身——以英国为首的几个欧洲国家的殖民主义者从 17 世纪初期开始在非洲和美洲之间从事惨无人道的贩卖黑奴交易，一直持续到 19 世纪。美国新英格兰地区的资产阶级后来也参与了这项罪恶活动，借以从事资本的原始积累。威廉·福斯特同志在其有关著作中，曾就后者参与这项罪恶活动写过这样一段话："因此，新英格兰的一些臭名昭著的资产者家族如同昔日南方的那些贵族一样，其根子是扎在对黑奴

---

① 参见美联社 1998 年 7 月 9 日弗吉尼亚州阿林顿电讯。
② 拙著《我说美国》，北京出版社 1987 年版，第 192—207 页；拙著《再说美国》，北京出版社 1991 年版，第 189—203 页；拙著《三说美国》，当代中国出版社 1998 年版，第 466—495 页。

的贩卖、剥削和种族灭绝之中的。早在殖民地时期的奴隶贸易中，北方的进出口贸易商即与南方的奴隶主结成了同盟。这些北方奴隶贩子们的后裔继承其祖业，直到1861—1865年的内战期间，仍然持续以不同形式从事其反动事业，其阴影甚至到今天仍在我们面前徘徊。"①

在这历时近两个世纪期间，英、美等国的资产阶级究竟从非洲向美洲贩卖了多少黑奴呢？

福斯特同志在其所著《美国历史上的黑人》一书中援引美国著名黑人学者、历史学教授威廉·杜波依斯的研究成果答复说，仅在1680—1786年期间，这些资产者就从非洲向美洲贩卖了2000多万黑人。这个数字仅限于活着抵达美洲、在黑奴拍卖市场上被强行卖出为奴的黑人。由于在非洲抓捕过程中被打死，在远洋航行过程中被虐待致死或起而反抗被镇压致死等原因，活着抵达美洲的黑人仅占被捕捉、被押运的黑人总数的1/3到1/4。因此，整个非洲由于英、美等国资产者所从事的这一罪恶活动而损失的人口至少达6000万人之众！②

这种资本原始积累，难道不是罪恶滔天么！

难道这不又是人类社会历史上空前严重的暴行么！

福斯特同志说这是种族灭绝，难道不是如实地反映了客观历史事实么！

这难道不是比希特勒的种族主义大屠杀更为疯狂吗！

难道从这一段血腥史中，能够找出"所有的人都是生而平等的"天赋人权说的一丝一毫的真实性吗！

试问在这一段血腥史中，美国资产阶级对人民群众的所谓"民主"何在？"自由"何在？"人权"又何在？

第二，20世纪90年代初期，在托马斯·杰斐逊250周年诞辰即将到来之际，一些美国历史学家批评他为人言行不一，口是心非。他们指出，杰斐逊一方面在《独立宣言》中说"所有的人都是生而平等的"，然而他本人却不释放自己家里的黑奴。他在自己的遗嘱里写明，只准许他家里的

---

① 威廉·福斯特：*The Negro People in American History*，1954年，第24—37页。
② 同上。

900个黑奴中的5个人成为自由人。他认为黑人生来就比白人低劣，还明明白白地写过这样的话，说黑人"无论在头脑的天赋或体格方面都不如白人"。①

无论是历史事实还是现实都表明，这些历史学家对杰斐逊的批评，揭示了这位资产阶级政治家的天赋人权说的虚伪性及其阶级本质。

第三，美国资产阶级在立国之初所制定的《美利坚合众国宪法》，只字不提反对奴隶制。用福斯特同志的话来说，这实际上是"默认了奴隶制的合法性，默许了奴隶制的无限期存在"。②

这就是这部宪法的社会阶级属性的明显表现。

第四，在美国工人阶级和其他广大人民群众要求废除奴隶制的呼声日益高涨的形势之下，在美国北方工业资产阶级与南方奴隶主之间的矛盾迅速激化的形势之下，在南方奴隶主政权首先发起叛乱、南北分裂迫在眉睫的形势之下，林肯政府奋起应战。主要是由于工人阶级和黑人群众的踊跃参战，1861—1865年的美国南北战争以北方的胜利而告结束。经过这场战争，在广大人民群众的推动之下，美国宪法补充、修正案中终于增加了一个第13条，即在美国境内废除奴隶制的条款。

然而美国资产阶级的民族沙文主义、白人至上、歧视黑人的思想根深蒂固。如上所述，就连美国《独立宣言》的主要执笔人、天赋人权说的倡导者、资产阶级杰出的民主领袖托马斯·杰斐逊也不例外。

1989年春我在得克萨斯首府奥斯汀从事学术考察期间，曾看过美国垄断资本的巨型电视、广播公司之一——美国广播公司③在其著名主持人唐纳休的主持下播放的一个辩论会节目，时间是当年2月23日上午，主题是对黑人的待遇问题。1988年，曾由美国联邦国会通过法案，由里根总统签署，决定对第二次世界大战期间在美国被拘留、关押的日本人及其后裔给予赔偿。随后，马萨诸塞一黑人参议员向州议会提出法案，要求对贩卖到美国的黑奴后裔同样予以赔偿。美国广播公司播放的这场辩论会，主

---

① 美联社1992年10月13日弗吉尼亚夏洛茨维尔电讯。
② 威廉·福斯特：*The Negro People in American History*，1954年，第24—37页。
③ American Broadcasting Company，简称ABC。

题就是围绕这后一个法案展开的。参加辩论的多为美国上层社会人士。会上对给予日本人及其后裔以赔偿没有异议,但对给予黑奴后裔以赔偿的问题却发生了尖锐分歧,黑白双方立场严重对立,争论异常激烈。有的白人提问:给黑人后裔以赔偿,钱从何处来?一位黑人代表分别指着一些白人答道:"从你们来,从你们来,从你们来!"① 一个白人妇女高声说道:"如果你们认为自己是被迫来到这个国家的,那么,你们可以走嘛!可以回到你们的非洲去嘛!"另外一个白人妇女接着说道:"这个国家根本不存在少数民族②。如果说有,那么,意大利人、爱尔兰人也是少数民族!"这个辩论会上气氛之紧张,立场对立之严重程度,是我看过的美国电视辩论所从未见过的。

美国资产阶级的民族沙文主义、白人至上、歧视黑人的思想之所以顽固,是由这个阶级的历史传统和阶级本性所决定的。

因此,在美国,黑人问题从根本上来说是一个阶级问题,是一个被压迫阶级的问题。只有一个特殊性,即同样是受压迫、受剥削,但黑人无产者受压迫、受剥削的程度要比白人无产者严重得多。

在美国,奴隶制在法律上的废除已经一个多世纪了;但时至今日,除少数黑人上升到了资产阶级的行列之中以外,绝大多数黑人实际上仍然处于奴隶地位。有不少黑人成了雇佣劳动者,即依靠出卖劳动力过活的雇佣奴隶;但同样是雇佣奴隶,他们的地位和处境却大都不如白人职工。同样是失业者,黑人当雇佣奴隶的资格被剥夺的比例却比白人高得多。同样是无家可归的流浪者,黑人流浪者无论是在本民族人口总数或流浪者总数中所占的比例却都比白人高得多。同样是妇女,黑人妇女处于贫困地位的比例却比白人妇女高得多。同样是儿童,在贫困中生活的黑人儿童所占的比例却比白人儿童高得多。南北战争结束以来,黑人群众争取"生存权、自由权和追求幸福的权利"的斗争彼伏此起,连续不断,高潮迭起,但大都被美国统治集团以镇压加安抚的两手政策平息下去了。这些斗争不是毫无成就,在促使美国统治集团采取某些改良措施方面是起了作用的。这是客

---

① From you, from you, from you!
② Minority.

观事实。但所有这些斗争都未能从根本上改变广大黑人群众受歧视、受迫害的命运，这也是客观事实。而且只要资本主义制度存在于美国，他们的这种命运就不可能根本改变。

试问在广大美国黑人群众的这种长期悲惨遭遇里，美国资产阶级的所谓"民主"何在？"自由"何在？"人权"又何在？

第五，还有一件事需要提一下。从里根政府执政时期开始，每年一月，即在1968年遇刺身亡的美国黑人民权运动领袖小马丁·路德·金牧师的诞辰之时，联邦总统都要签署一道公告，宣布这一天或者它以前、以后的某一天为小马丁·路德·金纪念日，即联邦节日。1992年1月18日，布什总统为了争取黑人选票，竞选连任，还曾亲赴亚特兰大，在小马丁·路德·金牧师墓前献花圈，并在"小马丁·路德·金非暴力社会改革中心"发表演讲，颂扬这位牧师的功绩。①

为何要提起此事呢？

因为在20世纪60年代黑人群众斗争高潮期间被暗杀身亡的美国著名黑人民权运动领袖，还有梅德加·埃弗斯和马尔科姆·爱克斯，并非只有小马丁·路德·金一人。美国政府为何单单对小马丁·路德·金牧师如此尊敬，给予如此高的礼遇，而对其余那两位却打入冷宫，不予置理呢？

答案很简单：其一，小马丁·路德·金牧师是一位非暴力主义者，另外那两位则不是；其二，许多黑人青年不相信非暴力主义能改变他们的命运，因而不追随小马丁·路德·金牧师所倡导的道路，而尊崇另外那两位。

由此不难看出，美国政府企图把黑人群众的斗争引向何方。

如果把话说明白一点，美国政府是企图通过这一尊一贬，公开号召包括青年在内的广大黑人群众以斯陀夫人笔下的生性善良、忍气吞声、听天由命的汤姆大伯为榜样，而不要学习这位夫人那部名著里所描写的几个反抗奴隶主迫害的典型人物——勇敢、聪明、机智的伊丽莎、凯茜和哈里斯的斗争精神。这就是此事的实质之所在。

---

① 参见合众国际社1992年1月18日亚特兰大电讯。

我提起此事，并没有贬低小马丁·路德·金牧师的意思。应当说，这位牧师具有两重性。他是一位非暴力主义者，这是他的弱点；但即使如此，他也不为资产阶级所容允。对他居然使用暗杀手段，就证明了这一点。他在白人资产阶级种族主义者的暴力面前挺身而出，领导黑人群众斗争，把自己的生命献给了黑人争取"生存权、自由权和追求幸福的权利"的事业。这是他的一生的主导方面。因此，他仍不愧为美国黑人斗争史上一位值得尊敬的领袖人物。

再说一遍，我之所以提起此事，是为了说明美国统治集团对待黑人群众斗争的政策意图，即企图引导他们忍气吞声，对资产阶级的歧视、迫害不起来反抗，即使反抗也要走非暴力主义的道路。而历史事实证明，在美国资本主义制度之下，在美国资产阶级的严密统治之下，对广大黑人群众的解放事业来说，这条道路是根本走不通的。

二 乔·希尔为何被判处死刑？
——再问天赋人权说的真实性何在？

(一)

上一节简略地说了美国资产阶级在资本原始积累和资产阶级正式形成、执掌国家政权以后的一个历史时期对广大印第安人和黑人群众的大规模屠杀和迫害；现在要说的是美国垄断资本开始出现及其发展、壮大时期以及进入国家垄断资本主义以来，统治集团对美国广大无产阶级和其他人民群众争取"生存权、自由权和追求幸福的权利"的正义斗争所从事的长期残酷镇压和迫害。

我在拙著《再说美国》里曾较为具体地叙述过美国资产阶级的政权从19世纪70年代到20世纪80年代残酷镇压以美国无产阶级为主体的广大人民群众的正义斗争那一段血腥史，并且依据为期120年的一系列历史事实，指出美国资产阶级的民主就是对无产阶级和其他广大人民群众的专政。① 因为已经出版了那一本专著，此处只限于就此问题作若干补充说明。

我先从1988—1989年在美国从事学术考察期间从《华尔街日报》上看到的一则消息说起。

1988年12月12日的《华尔街日报》刊载的这条消息的标题是：《有一个问题是你们不应当问的：乔·希尔究竟怎么样了？》② 消息的主要内容是，1915年，这位劳工诗人兼歌词作家在可疑的证据之下被判处谋杀罪，由行刑队予以枪决。希尔先生留下遗言，将他的遗体火化，把骨灰撒在大地上。事后，他的骨灰被撒在世界上许多国家和除了判处他死刑的犹他州以外的美国其他各州。但是有一小包骨灰从未抵达目的地。由一个信封装着的两盎司骨灰在邮寄过程中被损坏了，由邮局保存，最后交给了国家档案馆。联合汽车工人工会出版的刊物不久前报道了国家档案馆保存着乔·希尔骨灰的消息。乔·希尔生前参加的工会——世界产业工人工会③获悉此事，经过几个月的谈判，终于从国家档案馆把他们的烈士的骨灰迎回，安置在这个工会设在芝加哥的总部里。这个工会专门成立了一个"乔·希尔委员会"，负责就如何处理乔·希尔遗留下来的这部分骨灰征求会员群众的意见。上个星期，这个委员会根据已征求到的意见，公布了一个包括18种选择的处理意见单，其中的一种方案，是用一架直升飞机将骨灰撒在预定于1989年1月20日乔治·布什总统举行就职典礼的场所——国会大厦的上空。④

此事之所以引起我的注意，是因为它至少说明了两点：

第一点，美国无产阶级至今仍然深深怀念为本阶级的正义事业而英勇献身的先烈；

第二点，美国无产阶级至今仍然对杀害了本阶级的诗人和歌词作家的美国统治集团深怀仇恨。

乔·希尔本来是美国无产阶级的一位诗人。从1913年起，他就全力

---

① 参见拙著《再说美国》，北京出版社1991年版。
② A Question You Shoudn't Ask: What Ever Became of Joe Hill?
③ The Industrial Workers of the World，简称IWW，是美国历史上一个战斗力很强的工会组织。
④ 《华尔街日报》1988年12月12日第2部分第1版。

投入为工人歌曲作词的事业,写作了一系列讥讽资产者的贪婪和残酷、歌颂无产者的崇高和英勇、呼吁未参加工会的工人参加工会发起的斗争等内容的歌词,用自己那热情奔放、充满战斗激情的歌词鼓舞无产者群众争生存、争自由、争平等、争民主的斗争。仅《产业工人》杂志①在1913年的4个月之内就发表了他创作的8首工人歌曲的歌词,它们分别是《布洛克先生》《不参加工会的工人》《我们将唱同一首歌》《我们的要求》《我应当永远是一名战士》《白人奴隶》《流浪者》和《刺痛了右派》②。他还在工会里或街头上亲自教斗争中的工人唱自己创作的歌曲。工人群众非常喜爱他创作的歌曲。这些歌曲在广大工人群众中不胫而走,不仅传遍了美国,而且流传到墨西哥、加拿大和世界上许多其他国家。他还以画漫画的方式,描述无产者的贫穷处境和资产者的吝啬与冷酷,以启发无产者群众的觉悟。尽管他只不过是一位手无寸铁的书生,然而由于他得到了工人群众的喜爱,鼓舞了无产者群众的斗志,因而遭到了资产阶级及其当权派的深恶痛绝,必欲置他于死地而后快。1914年1月13日,犹他州警察当局以"谋杀罪"将他逮捕。虽然这是明明白白的诬陷,犹他州地方法院仍然判处他死刑。围绕这场官司,美国无产阶级与资产阶级之间展开了一场激烈的斗争。有的主持正义的人士甚至将此案件提到了白宫,提到了伍德罗·威尔逊总统的办公桌上。但这位总统在给犹他州州长的电报里只用了询问的语气,不愿表示肯定的态度。1915年7月2日,犹他州最高法院做出裁决,维持地方法院的原判。1915年11月19日,美国无产阶级的优秀儿子、广大无产者群众热爱的诗人和歌词作者乔·希尔在犹他州监狱里被枪杀③。消息传出,美国全国无产者群众和国际无产阶级表示无限悲痛和愤怒。美国无产阶级为他举行了隆重的葬礼。

  这是当时震惊美国、震动世界的一个重大事件。

---

 ① The Industrial Worker.
 ② "Mr. Block" "Scissorbill" "We Will Sing One Song" "What We Want" "Should I Ever Be a Soldier" "The White Slave" "The Tramp" "Stung Right".
 ③ 上述情节以及有关注文,均见 The Man Who Never Died,1951年纽约版,第19—97页。

（二）

然而乔·希尔只不过是呻吟在美国资产阶级国家政权铁蹄下成千上万的无产者和其他人民群众的无辜牺牲者之一。

美国资产阶级专政的国家政权，分为三个层次。

第一个层次是三权分立的联邦政权，包括联邦国会（由它负责制定镇压人民斗争的各项法律），以总统为首的政府行政部门，指挥权属于总统的联邦正规军队，隶属于总统的司法部联邦调查局和联邦监狱，以及联邦法院系统。对于无产阶级和其他人民群众争生存、争民主、争自由，各州无力对付的大规模斗争的镇压，由这个层次出面处理。

美国独立战争刚刚结束，美利坚合众国刚刚建立，这个国家政权就以一个阶级统治的机关出现在世人面前。1786—1787年在马萨诸塞发生了一次农民起义，即美国早期历史上著名的谢司起义。当时，美国虽然已经建国，但三权分立的联邦政权尚未成立。这次起义，是由马萨诸塞州政府出动军队镇压下去的。1794年，在宾夕法尼亚爆发了另一次农民起义。这时，美国联邦政府已经成立。这次农民起义，就是由美国第一届总统、曾经在广大人民群众的支持下胜利地指挥了美国独立战争的乔治·华盛顿将军派兵镇压下去的。① 这两次出兵镇压农民起义，明显揭示了初生的美利坚合众国资产阶级专政的阶级实质。

以美国总统为最高统帅的美国联邦正规军队，具有对外、对内两方面的职能。这里先说他们的对内职能。

我在拙著《再说美国》里以1967年第37号美国国会众议院军事委员会的会议记录为据，逐一叙述了1873—1967年期间美国总统历次出动联邦正规军队镇压国内大规模人民斗争的事件。那个统计是很不完全的。在做补充说明以前，先把那个统计里已经载入的事件简略列举如下：

（1）1873年尤利塞斯·格兰特总统出动联邦军队镇压"新奥尔良动乱"；

---

① 参见黄绍湘《美国通史简编》，人民出版社1979年版，第83—87、108—109页。

（2）1876年格兰特总统出动联邦军队对付"南卡罗来纳暴乱"；

（3）1877年拉瑟福德·海斯总统出动联邦军队镇压西弗吉尼亚、马里兰、宾夕法尼亚、伊利诺伊等州的"铁路罢工暴乱"；

（4）（5）（6）本杰明·哈里森总统、格罗弗·克利夫兰总统、威廉·麦金莱总统先后出动联邦军队镇压从1892年开始、历时7年的爱达荷矿工罢工斗争；

（7）1894年，克利夫兰总统出动联邦军队镇压"考克西失业请愿军"；

（8）1907年，西奥·罗斯福总统出动联邦军队，镇压"内华达矿工暴乱"；

（9）1914年，伍德罗·威尔逊总统出动联邦军队镇压科罗拉多"煤矿工人暴乱"；

（10）（11）（12）1919年，威尔逊总统一年之内3次出动联邦军队，分别镇压钢铁工人大罢工、首都哥伦比亚特区的"种族暴乱"和内布拉斯加的"种族暴乱"；

（13）1921年，沃伦·哈定总统出动联邦军队，镇压西弗吉尼亚煤矿工人罢工斗争；

（14）1932年，赫伯·胡佛总统出动联邦军队，镇压从全国各地集中在首都哥伦比亚特区的失业退伍军人；

（15）1943年，富兰克林·罗斯福总统出动联邦军队，镇压汽车城底特律的"种族暴乱"；

（16）1967年，林登·约翰逊总统出动联邦军队，再次镇压底特律的"种族暴乱"。[①]

关于美国总统历次下令出动联邦军队镇压人民斗争的清单，1991年7月出版的我那本拙著《再说美国》就开列到此为止。当时没有想到，仅仅过了9个月之后，即1992年4月，就发生了乔治·布什总统出动联邦军队镇压洛杉矶"种族暴乱"的事件。[②]

[①] 参见拙著《再说美国》，北京出版社1991年版，第228—230页。
[②] 参见拙著《三说美国——国家垄断资本主义危机》，当代中国出版社1998年版，第466—495页。

现在对这个清单补充说明以下几点：

第一，上列清单是美国军方公布的，很不完全，多次总统用兵镇压国内人民群众的事件没有包括在内。其中至少有：1894年克利夫兰总统出动联邦军队镇压芝加哥铁路工人斗争，1896年克利夫兰总统出动联邦军队镇压科罗拉多矿工斗争，1899年麦金莱总统出动联邦军队镇压犹他州矿工斗争，1918年威尔逊总统出动联邦军队镇压世界产业工人工会的斗争，1920年威尔逊总统出动联邦军队实行美国历史上著名的"帕尔默大搜捕"，1941年罗斯福总统出动联邦军队镇压加利福尼亚航空工人的斗争。此外，还有1971年尼克松总统从北卡罗来纳、弗吉尼亚、马里兰等州境内的联邦军事基地分别调集大批空降兵、海军陆战队和陆军到首都华盛顿，镇压以青年学生为主体的广大人民群众反对侵越战争的抗议示威的事件。然而即使把这些事件包括在内，这个统计仍然是不完全的。

即使依据上述不完全统计，在美国南北战争结束以后的19世纪70年代初期到20世纪90年代初期，在这120余年间，总统出动联邦军队镇压人民群众斗争，共达23次，平均每5.2年就发生1次。在此期间，从尤利塞斯·格兰特总统起，到乔治·布什总统止，美国多届总统，包括高举"新自由"旗帜的民主党总统伍德罗·威尔逊和大刀阔斧实行"新政"的民主党总统富兰克林·罗斯福在内，对美国人民群众的这些正义斗争一律出动联邦军队，用飞机、大炮、机枪、刺刀，实行了血腥镇压。

第二，上述美国总统历次出动联邦军队镇压的对象，除已说明是从事斗争中的钢铁工人、煤矿和金属矿工人、铁路工人以外，其余的所谓"种族暴乱"，大多数都是起来反抗的黑人无产者或联合起来反抗的黑、白无产者。包括那次"考克西失业请愿军"在内的所有这些斗争，绝大多数都是无产者群众的斗争。他们之所以起来斗争，无非是被资产者逼得走投无路，迫不得已，起而反抗，争取自己的"生存权、自由权和追求幸福的权利"。而这些权利，都是美国资产阶级的天赋人权说所载明了的。

第三，在这一个多世纪的时间内，这些美国总统出动联邦正规军队镇压美国无产者和其他人民群众的斗争时，大都举的是反对共产主义的旗帜。

在这一系列军事镇压中，究竟有多少美国无产者群众（包括女工群众和儿童）被杀身亡，无法统计！

美国国家政权镇压人民群众的第二个层次，是全国各州的三权分立的政权，即州政府的立法部门——州议会，以州长为首的行政部门（包括以州长为统帅的武装部队——国民警卫队和州政府管辖之下的监狱），以及州法院系统。

各州的国民警卫队也具有双重职能。平时，他们除从事救灾等活动外，主要是奉州长之命对本州人民斗争实行征讨。当美国从事大规模对外征战时，联邦总统也有权征召各州国民警卫队对外作战。

现在要说的是他们的国内职能。

各州国民警卫队是镇压美国无产阶级和其他人民群众正义斗争的主力军。凡是各州国民警卫队有能力对付、无须请求联邦总统出兵镇压的人民斗争，一律由各州州长下令本州国民警卫队出动，实行镇压。因此，一个多世纪以来，美国各州州长出动国民警卫队镇压人民斗争的次数，成百倍、上千倍于联邦总统的国内用兵。

根据现有资料，美国各州州长出动国民警卫队镇压人民斗争，从19世纪70年代初期到20世纪70年代初期的100余年间，至少出现过4次高潮。第1次高潮出现在19世纪70年代初期到20世纪40年代中期。这个期间，各州国民警卫队镇压的主要对象是从事斗争的无产者群众，其中对大批女工，特别是纺织女工斗争的镇压特别残酷。第2次高潮出现在20世纪40年代下半期到50年代上半期。这个期间，各州国民警卫队镇压的主要对象仍然是斗争中的无产者群众。第3次高潮出现在20世纪50年代下半期到60年代下半期。这个期间，各州国民警卫队镇压的主要对象是从事斗争的黑人群众，包括大批黑人妇女。第4次高潮出现在20世纪60年代末期到70年代初期。这个期间，各州国民警卫队镇压的主要对象是从事反对侵越战争的青年学生，包括大批高等学府的女学生。

在这历时一个多世纪的期间内，各州州长下令出动国民警卫队镇压人民斗争时，也大都举的是反对共产主义的旗帜。

国民警卫队一个多世纪以来在国内征讨的次数，没有完整的统计，也无法做出比较准确的统计。

他们屠刀之下的牺牲者，这些征讨的受害者究竟有多少？除少数情况

（例如20世纪60年代末期到70年代初期对反战青年学生的屠杀）外，无法统计。

美国国家政权镇压人民群众的第三个层次，是全国各市、县政府及其所辖的大批警察部队，包括骑警部队。各市、县政权有能力对付、无须请求本州州长出动国民警卫队镇压的人民斗争，一律由各市、县警察局长或市、县长下令警察部队出动镇压。这些警察部队是美国无产阶级和其他人民群众斗争面对的最经常、最直接的压迫者。他们出动镇压人民斗争的次数，又成百倍、上千倍于国民警卫队，几乎每日每时都在发生，不可胜数。至于一个多世纪以来在这些警察部队的枪弹下、皮鞭下究竟有多少牺牲者、受害者，则更是无法统计。

卡尔·马克思在其著名的历史唯物主义著作《路易·波拿巴的雾月十八日》一文里，谈到法兰西第二共和国的阶级实质和当时的阶级斗争形势时，曾经写过这样一段名言："每当这种休会期间议会的喧闹声趋于沉寂而议会的身体消融到国民里去的时候，就显然可以看出，这个共和国为要显出自己的真面目来，只缺少一件东西——使议会的休会持续不断，并把共和国的自由，平等，博爱这句格言代以毫不含糊的步兵，骑兵，炮兵！"①

美利坚合众国这个资产阶级共和国与马克思论述的法兰西第二共和国只有一点区别，即在通常情况下它不需要议会休会，就可以"把共和国的自由，平等，博爱这句格言代以毫不含糊的步兵，骑兵，炮兵"！

卡尔·马克思在他的不朽巨著《资本论》第1卷第7篇第24章《所谓原始积累》里指出："美洲金银产地的发现，土著居民的被剿灭、被奴役和被埋葬于矿井，对东印度开始进行的征服和掠夺，非洲变成商业性猎获黑人的场所；这一切标志着资本主义生产时代的曙光。"他进一步指出："资本来到世间，从头到脚，每个毛孔都滴着血和肮脏的东西。"② 在谈到无产者群众被剥夺了一切生产资料、"成为他们自身的出卖者"时，马克思指出："对他们的这种剥夺的历史是用血和火的文字载入人类编年史的。"③

---

① 《马克思恩格斯全集》第8卷，人民出版社1965年版，第160页。
② 《马克思恩格斯全集》第23卷，人民出版社1965年版，第819、829页。
③ 同上书，第783页。

我们在这里分别引用了马克思三句话的原文。他的第一句话里说的几个重大事件，除其中一件以外，都主要发生在美国；他的第二句、第三句话也完全符合美国的历史和现实。

把本书上一节和这一节的内容综合起来，就可以看出美国资产阶级在资本原始积累和资产阶级正式形成、执掌政权后的一段历史时期内对广大印第安人和黑人群众的大规模屠杀，以及美国垄断资本主义和国家垄断资本主义时期，亦即美国进入帝国主义阶段一个多世纪以来对广大无产者和其他人民群众的规模大小不同的一系列屠杀的概貌。在资产阶级和垄断资本集团的屠刀下，美国究竟有多少人人头落地，妻离子散，家破人亡，包括美国在内的世界上的历史学家没有人能够做出准确的考证和精确的统计。我们只能大致地说，成千上万，成千上万，数以千万计！

难道我们说美国资产阶级的"资本来到世间，从头到脚，每个毛孔都滴着血和肮脏的东西"，不是千真万确的事实吗！

难道我们说对美国无产阶级的这种剥夺的历史"是用血和火的文字载入人类编年史的"，不是千真万确的事实吗！

难道从这种充满血腥的历史和现实中，能够找出"所有的人都是生而平等的"天赋人权说的一丝一毫的真实性吗？不，找不到。美国资产阶级的所谓天赋人权，所谓"所有的人都是生而平等的"，在历时200余年的美国资产阶级统治的历史和现实中，找不到任何站得住的、能证明这些理论的真实性的证据。

难道这不是赤裸裸的资产阶级专政吗？

试问在这种充满血腥的历史和现实中，美国资产阶级对人民群众的所谓"民主"何在？"自由"何在？"人权"又何在？

当然，美国统治集团对待无产阶级和其他人民群众，除使用血腥镇压一手外，还使用分化瓦解、招安、安抚的一手。这就是美国统治集团对待人民斗争所使用的屠夫加神甫的两手政策。其所以采取这种两手政策，无非是为了更有力地保住资产阶级的经济、政治统治。

关于美国统治集团采取的这怀柔的一手，还有美国统治集团一个多世纪以来镇压"思想犯"的一系列事件，我在有关拙著已多次说过，这里就不再复述了。

三 在"两面国"里
——三问天赋人权说的真实性何在？

(一)

前两节说了美国建国以前和建国200余年来资产阶级对广大印第安人、黑人、无产者和其他人民群众的无数次血腥屠杀。这里很自然地产生一个问题：难道美国资产阶级一点人道主义也不讲么？

对这个问题的回答是：人道主义是有的，又是没有的。

这种回答表面上看有点矛盾，或者说不合逻辑。然而这样讲是符合客观实际的。因为这里有一个表象与本质需要予以区别的问题。

我先说有人道主义这一面。

我于20世纪70年代、80年代先后两次在美国生活的7年期间，曾经亲眼看到过一些现象。

比如，我曾多次乘坐过波士顿的地铁。那里的地铁属于波士顿市政府管理。地铁当局有一条规定给我印象很深，这就是，只要年满65岁，不分男女，一律称为"老年公民"①。这种"老年公民"购买地铁月票，可以享受打折扣的优惠待遇。

再如，美国联邦政府设了一个"住房和城市发展部"②。它的职能之一，就是从国会取得一定数量的拨款，建筑廉价住房，供低收入家庭租用。

再如，美国联邦政府设了一个卫生、教育和福利部，它的职能之一，是给一些只有子女、没有丈夫、无法就业的妇女，或领取失业保险期满且仍未找到职业的失业职工定期发放救济款。

再如，我在美国一些城市的停车场里都看到，这些地方都专门为残疾人画出了停车专用线，除残疾人外，其他人驾驶的汽车不准许停于其中。

再如，得克萨斯奥斯汀市内的约翰逊档案馆的阅览室设在第8层楼，

---

① senior citizen.

② Department of Housing and Urban Development.

但楼下电梯旁放着几个轮椅，专供残疾人使用。

再如，在一些城市，每年圣诞节，常常由某些慈善机构出面，为乞丐们提供饮食。

再如，每年冬季，一些地方政府或慈善机构会拨出若干废弃不用的旧房，供一些无家可归的流浪者临时居住。

如此等等。

上述这一类事情，有一些是联邦国会或州议会通过法律而实行的；有一些是市、县政权发布法令而实施的；也有一些是民间团体或者个人出面做的。

难道上述这些事情不是人道主义行为吗？我以为，是的。

这一类事情的发生，究其原因，不外乎以下几种：

第一，是美国统治集团维护其统治的需要，即属于我在上一节里所说的怀柔、安抚政策的范畴；

第二，是在人民斗争的压力下，有关当局不得不采取的措施；

第三，是美国三级政权，即联邦、州和市、县的议员和政府行政部门需要通过竞选获得职位的官员为了争取选票而采取的行动；

第四，当然也有的是一些腰缠万贯的富翁出于乐善好施、或者是为了减免纳税而做出的举动。

如此等等。

但无论出于何种原因，这些官方和民间的行为属于人道主义范畴，则是无可置疑的。

然而这些只是事物的表象。

（二）

现在，我们就要说到事情的本质。

1989年2月2日晚，在得克萨斯首府奥斯汀市，我和夫人应邀前往约翰逊档案馆，出席一个演讲会。除了我们夫妇以外，出席者大都是奥斯汀市上层社会人士。演讲人是20世纪60年代哈佛大学毕业生、美国著名学者乔纳森·科佐尔先生,演说的题目是《在美国流浪》①。

科佐尔先生的这篇演说,接触到了问题的实质。它从一开始就把我们深深吸引住了。

我把他的这篇演说的主要内容分为两个部分。下面是他的演说的这两个部分的原文:

(一)3年多一点以前,1985年的圣诞节,一个晚上,在波士顿附近的家里,我打开《纽约时报》,从中读到了一条消息。纽约市一个无家可归的小男孩死了。他的母亲住在一个叫做"马蒂尼克旅馆"的建筑物里……在整个怀孕期间没有医疗照顾,营养不良。因此,毫不足奇,这个小男孩早产了,出生时体重只有4磅。生下两天后,发现他头脑受损,耳聋眼瞎。他仅仅活了8个月就死了。他是在母亲节那一天死去的。

我不可能把这个夭折的小男孩从脑子里赶走。在度过了几个不眠之夜以后,我驱车前往机场,飞到纽约,找到了那个小男孩的妈妈。我立即发现自己处在她的住所——"马蒂尼克旅馆"。这真是一次异乎寻常的经历。就我的家庭背景而言,眼前的一片凄凉景象,是一次糟糕透顶的遭遇。尽管我多年来见过种种贫困景象,但从未看到过这样的场面。一幢建筑物,一幢高楼,16层高,就坐落在纽约5马路的边上,曼哈顿的中部区域。2000人拥挤在这一幢建筑物内,其中2/3是儿童,他们的平均年龄仅6岁……

有1400名无家可归的儿童在那座建筑物里整整生活了3年。

有12000名无家可归的儿童在纽约市流浪。在美国,无家可归、到处流浪的儿童有50万。如果把所有这些无家可归的儿童集合在一起,他们所代表的人口总数超过了佐治亚的亚特兰大,或者是科罗拉多的丹佛,或者是密苏里的圣路易斯。由于他们分散在数以千计的不同的地方,因而不容易被人们看到。由于许多这样的儿童夭折在幼年

---

① Jonathan Kozol, Adrift in America.

期，或者在童年时期失去了斗争和反击的力量，大批这样的儿童将永远消失，不可能活下来倾诉自己苦难的经历……

他们中没有任何一个犯过任何罪行。他们没有做过任何错事。他们的唯一罪过就是出生在美国的贫穷家庭里。你们看看这些儿童。通常，你们将看到年仅 8 岁、10 岁的儿童在凌晨 1 时或 2 时在纽约街头乞讨。如果你们去纽约，你们将在百老汇大街与第 42 街相连接的角落里，或者是在 5 马路与第 28 街相连接的角落里看到他们。他们的避难所、藏身处就在那个区域里。在有一些城市，无家可归的儿童们就睡在用木板搭成、已经废弃的建筑物里，或者是睡在地铁轨道旁的隧道里……

我在圣安东尼奥①遇见了一个无家可归的流浪汉。他曾试图在电影摄像机前充当替身演员，但不适合任何镜头。难道他疯了吗！他既不懒惰，也不吸食毒品，更不酗酒。他本来是一个汽车制造工人。在汽车制造业不景气时，他失掉了在底特律克莱斯勒公司的职业。先是失业，然后逐一失掉了失业保险金，失掉了医疗保险，失掉了住房，失掉了妻子。家庭分裂了。这是无家可归者的流浪人群中所通常经历的苦难历程。他来到圣安东尼奥，试图找到一个职业和一所低租金住房。结果是两者都未找到。在我碰见这个流浪汉时，他为了给自己的儿女购买食品，不得不每周出卖两次血……

现在，你们在全国各处都可以看到这种购买鲜血的处所。在有些城市可以看到二或三处。这都是那些手无分文的穷人为了给他们的儿女购买食品而出卖自身鲜血的地方。在美国看到这种情景，真是丢脸，骇人听闻！

在这个美好的国家里，究竟出了什么岔子？究竟发生了什么？我国一直有穷人。然而在我迄今为止的整个生命历程中从未见过数量如此之众多的无家可归的流浪者；甚至在大萧条时期②也没有过如此众多的无家可归的儿童。究竟发生了什么事？

---

① 得克萨斯的一座著名城市，位于该州首府奥斯汀的西南方向。
② 大萧条，指 20 世纪 30 年代美国发生的那场空前严重的经济危机。

1980年以来，这个国家发生了一些重大变化。首先是房租成倍地增长；在美国全国各大城市，有些地方甚至增长了3倍。在我的家乡波士顿，8年之内，房租就涨了3倍。同一期间，我们也看到劳工市场发生的变化。200万个就业岗位，200万个在汽车制造业、钢铁冶炼业、纺织业、石油业、制造业里的良好工资、高工资的就业岗位，1980年以来，每年都要丧失200万个这样的就业岗位。这些都是在通常情况下每小时挣14或15美元的就业岗位。在此期间出现的新就业岗位，有一半是低工资，是使人处于贫穷境地的低工资。当然，这些就业岗位是没有医疗保险的。祸不单行。房租上涨了，工资下降了，联邦政府还采取措施，削减了对有幼小儿女的家庭①的援助。这种援助是美国福利②的主要形式。1970年以来，按不变美元计，这种援助削减了35%。政府对食品券③的发放范围实行了限制。政府还对领取医疗补贴的条件实行了严格限制。对妇女、婴儿和儿童④的援助……对她们提供紧急营养补助，是防止早产和婴儿头脑受损害的最后武器之一，然而白宫已经把这个援助项目砍掉了50亿美元。而在这方面发生的最重要的事情，是把给低收入户提供住房的经费砍掉了250亿美元。低收入户住房补贴从320亿美元降到70亿美元，今年还要再减10亿美元。

（二）我做过多次演讲旅行，并愿把在座诸位带到我依次到达过的一些地方去。

去年冬天，我在华盛顿哥伦比亚特区，做过这个题目的演讲。

听众里显然是受到了感动的一位男士在演讲结束时站了起来，开始提问时使用的是温和语气。他说："我基本上同意你的意见。"你们知道，当有人开始用这种语气提问时，演讲人总是会担心对方接着会说些什么。此人接着说道："我唯一不能理解的是，为什么这些穷人

---

① Families with Dependent Children，指的是有幼小儿女的贫穷家庭。
② welfare，通常译为救济。
③ Food stamps，一些穷人用廉价从政府手里买到，然后到超级市场买食品。
④ Women Infants and Children，简称 WIC，指对抚育婴儿、儿童的贫穷妇女的援助。

要住在华盛顿？为什么他们要到这里来？谁都知道华盛顿生活费用昂贵，谁都知道这里的房租高。如果他们付不起这里的房租，为什么他们不到别的地方去？"我想了一下他的话，知道他的意思是什么。他是在说，这里是我们国家的首都，为什么这些穷人不到别的地方去。因此，我问他："什么地方？他们应当去什么地方？"他说："我不知道。一定有什么地方，一些物价便宜的地方适合这些人居住，比如波士顿。"我告诉他，波士顿的生活费用是如何昂贵。但是我的话未能阻止住他继续讲下去。他又说："喔，那么，一定有什么别的地方让他们去。可能是芝加哥。"

第二天，我到了芝加哥。在我演讲结束时，听众里又有一位站了起来，而且又是男士。这是一种很有趣的现象，因为我的演说的内容，许多地方涉及妇女。这位男士的提问，差不多是同样的问题。他说："为什么这些无家可归的人要到芝加哥这里来？"你们看，这是一种多么奇怪的念头，好像这些无家可归的人属于异类，不是我们自己人，而是外国人，总是从什么别的地方来的人，好像他们是永久的漂泊者，是他们自己国土上的难民和流放者。他没有问："为什么他们要生活在这里？"而只是问："为什么他们到这里来？"接着，我听到了同样的克制语言。他说："听着，所有的人都知道芝加哥生活费用昂贵。""如果这些妇女"——现在，他涉及真正引起他烦恼的事情了——他说："如果这些妇女负担不起芝加哥的房租，她们可以寻找一个别的地方去生活。"我问他："什么地方？"我还真的怕他说"华盛顿"。不，他没有说。他说的是："在西部的一些地方。"他是用一种异想天开的语气说这句话的，似乎在他的脑子里有一幅无边无际的边疆的图画。我问他："西部什么地方？"他说："我不知道。可能是怀俄明或者科罗拉多。"

因此，第二天，我到了科罗拉多的丹佛，在演讲时告诉他们，要准备接受一批无家可归的人。一位男士非常气愤，当场播放了一个有我参加的广播节目，其内容是募集经费，在丹佛建立一座无家可归者的住所。这位男士说，他当晚将在教堂里开枪杀死我。他还说："听着，如果这些女人不断繁殖儿童——这是他的原话——而她们又无力养活他们，我们将要做我们应当做的事。我们将把这些女人阉掉，然后把她们遣送到加利福尼亚去。"

那个周末在洛杉矶，我听到了洛杉矶县督察官在提问时说的一段话。他站起来提出了一个可能是最终解决美国存在的无家可归者危机的方案。他说，我们应当用船只把这些无家可归者送到大海里去，并且把他们装在驳船上，让他们在太平洋上漂流。

他说的这种办法，当然是我们处理垃圾的方法。

关于科佐尔先生的演说，就援引到此为止。

对于这篇演说，只需要做一点说明，即科佐尔先生对林登·约翰逊总统的"向贫困开战"方案是持肯定态度的。这就是约翰逊档案馆邀请他来发表演说的原因。

附带说一下，对约翰逊总统大张旗鼓地实行"向贫困开战"方案，我在有关拙著里也做过一点评价。大意是说，这位总统并非真正同情无产者群众，而是为了全力以赴打侵越战争，在越南前线实行大屠杀，需要国内社会稳定，因而有此必要；由于他是在约翰·肯尼迪遇刺身亡后接替的总统职位，为了争取选票，也有此必要；而且实际上也做过一些努力，暂时取得过一定成效。但由于无产阶级的贫困积累是资本主义制度不可改变的客观规律，这种制度本身就是不断产生贫困的根源，因而在总统任期内和以后，贫困问题在美国不是减少了，解决了，而是越来越严重了。[①] 黑人斗争、工人斗争的高潮，都发生在这位总统的在任期间；青年学生的反战斗争也起始于这个时期。对黑人斗争的频繁镇压，也发生在这个时期。由于大打侵越战争受到广大人民群众反对，作为1968年民主党预选本党总统候选人，这位总统就出师不利，首战败北，中箭落马，不得不宣布退出竞选。就是说，这位总统实行"向贫苦开战"的两个目的，均未达到。

现在再回到科佐尔先生的演说上来。

[①] 参见拙著《三说美国——国家垄断资本主义危机》，当代中国出版社1998年版，第353—379页。

应当说，这篇演说表达了他作为一位诚实、严谨的学者对美国广大无家可归者群众的深切同情，说明了美国这些穷人的艰难困苦处境，同时也揭示了美国资产阶级对这些处于美国社会最底层的穷苦群众的冷酷无情，甚至极端残忍，毫无人道主义可言。

在听这篇演讲的过程中，在他讲到美国资产阶级极端冷酷无情的部分时，客观事实的严酷程度，不禁使我们毛骨悚然。

从科佐尔先生的演说里，难道能找到"所有的人都是生而平等的"一丝一毫的实际证据吗？

从这篇演说里，难道能找到美国资产阶级天赋人权说一丝一毫的真实性吗？

我们只能说，找不到！

试问在这种资产阶级专政之下，美国资产阶级对普通人民群众的所谓"民主"何在？"自由"何在？"人权"又何在？

（三）

我们再简略提一下一个骇人听闻的事件。这就是关于美国政府长期秘密地用美国人的人体做核辐射、神经毒气、幻觉剂、麻醉剂等项试验的惨无人道的事件。

据克林顿政府在公众压力下于1994年任命的一个专门小组所做的初步调查，从1944年到1975年，31年期间的历届美国政府，包括罗斯福政府后期、杜鲁门政府、艾森豪威尔政府、肯尼迪政府、约翰逊政府、尼克松政府任期内和福特政府前半期，政府各有关部门一直在从事这种惨无人道的试验。这种试验一共进行了1400余次，受害者达23000人，其中包括大学学生、酒吧女招待员及其主人、精神病患者、吸毒者和囚犯。国防部和能源部从事的这种试验还不包括在内。据《美国新闻与世界报道》记者的调查，仅美国陆军为了试验一种化学武器——"幻觉剂"，一次就使用了3000名士兵。陆军为了试验神经毒气，一次也使用了几千名士兵。

陆军和空军还分别在图兰大学①、密苏里大学精神病学院②和明尼苏达医院大学③的学生身上从事过这类试验。所有这些试验，都是在绝大多数受害者不知真情或者被有关当局提出的"正当理由"所引诱而受骗的情况下秘密进行的。这些被试验过的人在头脑、神经系统和体格等方面都受到了严重损害。当受害者发现自己受到这种试验的残害，要求政府赔偿时，里根政府、布什政府和克林顿政府及其有关部门和法院系统，对其中绝大多数的这种正当要求都予以拒绝。原告律师表示非常为难，因为"档案已经销毁；关键的证人已经死亡，或者迁移他处；在那些被使用化学药剂试验的案件中，受害人神经系统受到损害，因而破坏了他们在法庭上所作陈述的信任度"。④

关于这些受害者在接受试验时和试验后所经历的种种痛苦和他们身体所发生的种种惨状，诸如头晕目眩、呕吐、全身麻木、几十天沉睡不醒、动作粗暴反常、面部变形、患深度抑郁症以至寻求自杀，等等，我们就不再说下去了。

从这个历时 30 余年，秘密用数以万计的美国人的人体从事核武器和化学武器的大规模试验中，能找到美国资产阶级所宣扬的"所有的人都是生而平等的"一丝一毫的真实证据吗？

从这长期、一系列的灭绝人性的秘密试验中，能找到美国资产阶级的天赋人权说一丝一毫的真实性吗？

在美国资产阶级内部存在着种种矛盾、斗争，然而在这个阶级中，民主是有的，自由是有的，人权也是有的。这是事实。当然在他们中间，每一个集团或派别拥有的这些权利的大小，要以他们各自拥有的金钱多少、权势大小来决定。

然而在这个阶级对待无产者和其他广大人民群众方面，难道有什么"民主"可言吗？有什么"自由"可言吗？又有什么"人权"可言吗？

---

① Tulane University.
② University of Missouri Institute of Psychiatry.
③ University of Minnesota Hospital.
④ 《华盛顿邮报》1994 年 10 月 22 日第 1 版；《美国新闻与世界报道》1994 年 1 月 24 日，第 32—38 页。

在本节的第一部分，我说了美国资产阶级有人道主义的一面。在本节第二、第三部分，我们又看到了美国资产阶级毫无人道主义可言的一面。

美国资产阶级具有的这两个方面，究竟哪一个方面是事物的表象，哪一个方面是事物的本质呢？

显然，有人道主义的一面只是表象；毫无人道主义可言的一面才是本质，才是这个阶级的阶级本质。

这个阶级在公开场合，是要讲一点人道主义的。这既是他们装潢门面的需要，也是他们为安抚无产者和其他人民群众所必需。

然而在内部，在不见阳光的场合，他们是赤裸裸地口吐真言，干尽坏事，连一点儿人道主义也不讲的。说他们是"满口仁义道德，实际男盗女娼"，是一点也不为过的。

话说至此，不禁使我想起了我国清代作家李汝珍在他的著名小说《镜花缘》里写的一个"两面国"。

李汝珍写道：这个"两面国"里的人"头戴浩然巾，都把脑后遮住，只露一张正面"。"彼此一经交谈，他们那种和颜悦色、满面谦恭光景，令人不觉可爱可亲。"接着，作者借小说中的主人公唐敖之口说了这样一段话："后来舅兄又同一人说话，小弟暗暗走到此人身后，悄悄把他浩然巾揭起。不意里面藏着一张恶脸，鼠眼鹰鼻，满面横肉。他见了小弟，把扫帚眉一皱，血盆口一张，伸出一条长舌，喷出一股毒气，霎时阴风惨惨，黑雾漫漫。"[①]

李汝珍写的是文学作品，用的是夸张手法。然而他写的这个"两面国"却具有现实意义。

综上所述，从这个"两面国"里的人的形象里，难道不是可以看到美国资产阶级的尊容么！难道不是可以看到他们的真实面貌么！

（原载《何处是"美利坚帝国"的边界——1946年以来美国对华战略策略史》，人民出版社2000年3月版，第38—73页）

[①] 李汝珍：《镜花缘》，作家出版社1955年版，第178—179页。

1989年美国对华"西化"、"分化"战略

一

我们现在要说的是美国统治集团从1989年起对我国大肆推行"和平演变"战略这件事；用我国在新的历史条件下重新产生的民主个人主义者的代表人物方励之先生的话来说，就是"全盘西化"战略。

在谈到此事时，有必要首先交代几点背景。

第一点，毛泽东同志早在20世纪50年代末期到60年代初期即以一个无产阶级革命家、战略家的政治远见，反复强调美国统治集团对社会主义国家推行"和平演变"战略的危险性，要求全党同志提高警惕。按照笔者的记忆，当时毛泽东同志在党内发表这类讲话曾经有过多次。

吴冷西同志在他撰写的《中苏关系回忆录》里正式记载了两次。

第一次是1959年12月在杭州召开的中共中央政治局常委会讨论国际形势的会议上的讲话。毛泽东同志这次讲话的有关要点是：

帝国主义的战略目的是保存资本主义、帝国主义制度，消灭社会主义制度，也要消灭民族独立运动。这就如同战争的目的是保存自己、消灭敌人一样。帝国主义现在使用两套办法，一套办法是用战争手段，另一套办法是用和平手段。这就是一方面搞原子弹、导弹，搞军事基地，准备用战争的办法来消灭社会主义，但它打的也还是和平的旗帜。这点要看清楚。另外一套办法也是打着和平的旗帜，发展文化往来，甚至经济往来、人员往来，准备用腐蚀的办法，从内部搞演变的办法来消灭社会主义。帝国主义总是这样的，能够消灭的就立即消灭，暂时不能消灭的就准备条件消灭之。这两套办法可以同时并用，也可以交替使用，根据对象不同采取不同

的办法。机会主义、修正主义是帝国主义拉拢的对象,帝国主义尽力扩大机会主义、修正主义的影响,从内部通过和平演变搞垮社会主义。①

第二次是 1964 年 7 月在中共中央讨论九评中的最后一评《赫鲁晓夫的假共产主义及其在世界历史上的教训》时的讲话。毛泽东同志这次讲话的有关要点是：

一切新生事物,无产阶级专政也一样,都要经过长期的、反复的、曲折的过程,中间有成功,也有失败。我们现在讲无产阶级专政的历史教训,既要看到那种遭受资产阶级武装镇压和失败的无产阶级专政,像巴黎公社、匈牙利苏维埃那时的样子,又要看到另一种形式的资本主义复辟,而这是更应该值得我们注意的,更值得引起我们警惕的危险,这就是和平演变。

赫鲁晓夫集团在苏联搞和平演变,是向所有社会主义国家,包括我们中国在内,敲响了警钟。帝国主义对我们第一代、第二代大概没有指望了,但他们寄希望于第三代、第四代和平演变,杜勒斯辈就是这么公开说的。②

毛泽东同志不仅是在中国共产党内而且是在国际共产主义运动史上最早提出要警惕和防止帝国主义"和平演变"战略的第一人。20 世纪 80 年代末期到 90 年代初期世界社会主义制度体系遭受严重挫折的严酷事实,完全证实了这位伟人关于防止"和平演变"理论的正确性。

第二点,20 世纪 80 年代后半期,戈尔巴乔夫的右倾机会主义路线在苏共中央逐步占据了统治地位,全盘否定斯大林、否定无产阶级专政、否定社会主义制度、美化资本主义制度、否定苏联国内外阶级斗争之风在苏联再次刮起,后来甚至发展到否定列宁和他的学说。苏共在思想、理论上自我解除武装,在党内、在社会上造成了极大的思想混乱。戈尔巴乔夫刮起的这股歪风不仅最终葬送了苏联,袭击了东欧,首先是在 80 年代末期在波兰、匈牙利造成了政局动荡；而且在中国共产党内和中国社会上,特别是在一部分知识分子中也造成了很恶劣的影响。

---

① 参见吴冷西《十年论战》上册,中央文献出版社 1999 年版,第 231 页。
② 参见吴冷西《十年论战》下册,中央文献出版社 1999 年版,第 781 页。

第三点，中国共产党第十一届三中全会以后逐步形成的社会主义初级阶段理论，以及在此基础上确定的党在社会主义初级阶段的基本路线，都是正确的。然而在20世纪80年代，党的两任前总书记后来"在根本问题上，就是在坚持四项基本原则的问题上犯了错误，栽了跟头"。他们把毛泽东同志关于警惕和防止帝国主义"和平演变"战略的理论置于脑后，没有全面执行党的基本路线，只埋头抓改革开放，把党的基本路线中的坚持四项基本原则搁置一旁，一手软，致使一些领域中出现了偏离党的基本路线的问题，出现了一些混乱，如官商勾结，物价飞涨，民怨沸腾；20世纪40年代末期到50年代初期在中国社会上已经绝迹的"民主个人主义者"在中国共产党内和社会上再度涌现。这就给美国统治集团对华推行"和平演变"战略提供了有利条件。

设在华盛顿的美国传统基金会亚洲研究中心1989年8月公开发表的这个研究中心的政策分析员安德鲁·布里克当年6月15日在葛底斯堡学院的一篇演讲，很值得我们一读。这位先生说："美国在培养中国的政治意识方面起了主要作用。在过去10年中，美国在中国做了广泛的经济投资和社会投资，结果使中美两国在科学、技术和文化上有了广泛的接触。学生们在天安门广场、在向毛先生致意大利老式敬礼的地方竖立的那座民主女神像与自由女神像有明显的相似之处，这绝不是偶然的。"他说："中国领导人在制订发展方针时未能想到：……当你从别的国家买来烤箱和电视机的时候，你同时也带进了它的思想和观念。"①

这位先生的讲话从反面给我们提供了一个客观事实：美国统治集团在20世纪80年代一直在中国播种"和平演变"的种子。在外交新局面打开、国际条件具备以后，从事社会主义现代化建设当然要实行对外开放。但是，如果放弃了四项基本原则，如果忘记了毛泽东同志关于防止帝国主义"和平演变"战略的反复警告，如果脑子里根本没有了国内外阶级和阶级斗争这根弦，对外开放就会偏离正确方向，从而给我国社会带来严重恶果。20世纪80年代中国共产党的两任前总书记所犯的错误，主要在此。

---

① 美国传统基金会1989年8月出版的一期公报。

我们自己的失误，是造成我国1989年政局动荡的主要因素。我们在这里之所以不展开说这一点，而把主要篇幅放在美国统治集团对那场动荡所起的作用上，是因为本书的主题就是讲美国统治集团对华的战略与策略。

第四点，我们现在回述一下中、美两国在1972年、1979年和1982年先后发表的三个《联合公报》关于两国关系应遵循的各项原则的有关内容，看看美国统治集团是否遵守了这些原则。

1972年第一个《联合公报》即《上海公报》的有关部分是这样写的："中美两国的社会制度和对外政策有着本质的区别。但是，双方同意，各国不论社会制度如何，都应根据尊重各国主权和领土完整、不侵犯别国、不干涉别国内政、平等互利、和平共处的原则来处理国与国之间的关系。国际争端应在此基础上予以解决，而不诉诸武力和武力威胁。美国和中华人民共和国准备在他们的相互关系中实行这些原则。"实际上，这就是中华人民共和国在外交政策方面一贯主张的、著名的和平共处五项原则，美国政府现在同意了这些原则。

1979年1月生效的第二个《联合公报》中写明："中华人民共和国和美利坚合众国重申上海公报中双方一致同意的各项原则。"

1982年的第三个《联合公报》写明："互相尊重主权和领土完整、互不干涉内政是指导中美关系的根本原则。一九七二年二月二十八日的上海公报确认了这些原则。一九七九年一月一日生效的建交公报又重申了这些原则。双方强调声明，这些原则仍是指导双方关系所有方面的原则。"[①]

那么，美国统治集团在处理中美两国关系上，是否遵守了这些原则呢？

应当说，由于主要面临的是美苏矛盾，尼克松、福特、卡特、里根四届政府在处理中美关系上基本上遵守了这些原则。当然，如上所述，以里根为总统、以布什为副总统那一届政府的两个任期内，美国统治集团已经在中国努力播种"和平演变"的种子；然而主要问题是在于我们自己方面

---

① 《国际关系史资料选编》下册，武汉大学出版社1983年版，第570—589页。

的有些人解除了思想武装，没有对美国统治集团的"和平演变"战略采取充分必要的防范措施。

从乔治·布什先生1989年1月上台执政时起，美国统治集团就开始大张旗鼓地、公开地违反、践踏中美两国关系应当遵循的这些原则了。

第五点，说一点乔治·布什总统的个人特点。

布什先生的独特之处主要是：

他为双重巨富家庭出身。从美国东部著名的常青藤大学——耶鲁大学拿到毕业证书以后，他就跑到刚刚发现大油田的西得克萨斯去淘金，从事石油开采业，随后在东得克萨斯石油城——休斯敦开了一家公司，经营石油业务。在这个过程中，布什先生与华尔街金融资本和得克萨斯石油资本都结成了盟友，在美国轮流执政的驴、象两党的象党党内建立了自己的势力。凭借这些资本，他踏上了华盛顿国会山，从1966年到1970年，他在联邦国会众议院里活动。关于他的这一段经历，我在有关拙著里已经较为具体地介绍过了[①]，不再赘述。

他较其他美国总统的独特之处，还有如下几点：

一是曾任美国常驻联合国代表（1971、1972年）。1971年10月在第26届联合国大会上关于恢复我国在联合国合法权利问题上，代表尼克松政府直接与我国和广大第三世界国家对抗的，就是这位先生。

二是曾任美国驻华联络处主任（1974年秋到1975年）。在任期间，他曾经骑着自行车在北京大街小巷里转过，可以说是一个中国通。

三是曾任美国中央情报局局长（1975年冬到1977年初）。在位于与哥伦比亚特区隔河相望、弗吉尼亚州兰利的中央情报局总部上任之初，他即曾指挥策反我国常驻一个国际组织的负责人。

四是1981年出任美国副总统，直到1988年。在此期间，他直接参与对华政策的决策。

由此可见，布什先生在美国资产阶级政界生涯中的主要时期，一直是在直接、间接地与中国打交道。

[①] 拙著《再说美国》，北京出版社1991年版，第10—12页。

布什总统事后在与斯考克罗夫特将军共同撰写的回忆录里，除了中央情报局那一段以外，上述经历他都提到了。①

我们说这一段往事，不是说美国从20世纪80年代末期起对中国大力推行"和平演变"战略，完全取决于布什总统个人的愿望和意志，完全属于布什总统个人的行为。他当然是具有这种强烈的愿望和意志，而且是带头推行这种战略的。然而对中国竭力推行"和平演变"战略，主要是由美国垄断资本集团作为一个整体的战略利益所决定的。布什总统只是这个集团在政界的首要代表，他执行的主要是这个集团的要求和意志；他本人在政界的经历和他的总统职位，不过是使他更具备推行这种战略的条件。

1989年1月，乔治·布什先生当上了美利坚合众国总统。这时，波兰、匈牙利的政局已经开始发生剧变；苏联政局发生剧变的条件也已基本成熟。这位美国新总统断定对中国正式开始实施"和平演变"战略的时机已经到来。

于是，他决心把赌注全部押上，孤注一掷了。

这是1971年以来美国统治集团对华战略与策略的一次最大幅度的转变，即由利用中苏矛盾、重点对付苏联转到大张旗鼓地对中国实行"和平演变"。

二

1989年2月，美国新总统乔治·布什赴东京，出席刚刚去世的日本天皇裕仁的葬礼。随后，布什总统旧地重游，以美利坚合众国总统的身份访问北京。2月26日，布什总统笑里藏刀，在北京长城饭店举行此次访华的答谢宴会时，公开邀请方励之出席。

总统举行的这次宴会，是为了答谢谁呢？按照外交礼节，他是要答谢中华人民共和国政府及其领导人对他此次访华的热情接待。总统明明知道，这位方励之先生是坚决反对中国共产党和中华人民共和国政府的中国

---

① 参见乔治·布什、布伦特·斯考克罗夫特 *A World Transformed*，1998年英文版，第90、91页。

一小批"民主个人主义者"的首席代表。然而总统却公开违反外交礼节，给方励之发了请帖。总统的这一张请帖明显发出了两个公开信号：一个公开信号是表示美国政府与中国共产党和中华人民共和国政府对立；另一个公开信号是鼓励中国的那一小批"民主个人主义者"利用有利时机，进一步起来煽动群众，推翻中国共产党的领导和中华人民共和国政府。

布什总统在与斯考克罗夫特将军事后共同撰写的回忆录里说："基于我在此以前14年里看到的情况，我认为中国是在缓慢的变化中。我认为已经形成的改革力量是强大的。"[①]

这就是布什总统决定在1989年孤注一掷的基本原因。

当年4月15日，胡耀邦同志逝世，在以方励之为首的一小批人的鼓动之下，一场学潮开始在北京和其他一些地方爆发。4月15日到5月20日，布什总统一直密切注视着中国政局的发展，然而他却一言不发，而是由其政府的对外宣传机构——"美国之音"电台和美国新闻处（以下简称美新处）带头，美国垄断资本集团的所有舆论制造工具随之倾巢出动，竭力煽风点火，推动以方励之为首的中国"民主个人主义者"们策划于密室，煽动于基层，动员群众与中共中央和人民政府对抗。5月20日，中华人民共和国国务院根据《中华人民共和国宪法》的规定，宣布在北京部分地区实行戒严。这时，布什总统虽然正在美国东北角缅因州大西洋岸边肯尼邦克港[②]的一座夏季别墅里休假，但仍一直在与万里之外的美国驻华使馆保持联系，直接掌握中国政局发展的第一手材料；并责令总统国家安全事务助理布伦特·斯考克罗夫特[③]将军不断从白宫向他传递有关中国政局发展的信息。5月20日中国政府宣布在北京部分地区戒严后，布什还将斯考克罗夫特将军召到他在肯尼邦克港的夏季别墅里，当面向他汇报中国政局。[④]

上面写的这一段历史事实发生时，笔者在得克萨斯首府奥斯汀市从事

---

① 乔治·布什、布伦特·斯考克罗夫特：*A World Transformed*，1998年英文版，第98页。
② Kennebunkport.
③ Brent Scowcroft.
④ 《纽约时报》1989年5月22日第1部分第11版。

学术考察，是从美国报刊、电视、广播里观察布什政府在中国政局问题上的表现。从当年 5 月 20 日起，到当年 8 月初，我一直住在五角大楼所在地、与哥伦比亚特区隔河相望的弗吉尼亚州阿林顿市，在美国首都华盛顿市从事学术考察。因此，布什总统及其政府以及美国垄断资本集团的舆论制造工具这个期间在煽动中国动乱方面的种种表现，我都是在现场直接观察的，也可以说是一个亲身经历者。

一直沉默不语的布什总统，美国东部时间 1989 年 5 月 21 日，即在中国政府宣布在北京部分地区实行戒严的第二天，突然打破沉默，公开站出来讲话了。这一天，布什总统在专程从华盛顿赶来的斯考克罗夫特将军的陪同下，离开他的夏季别墅，来到马萨诸塞州波士顿市，举行记者招待会，用答记者问的方式，开始时使用第二人称，然后使用第三人称，直接对天安门广场上的"民主个人主义者"讲话了。

下面是布什总统这次答记者问的讲话要点：

"为了你们的信念，继续战斗吧。起来，为了你们的信念而坚持下去吧。

"对参加要求改革、争取民主的运动的许多人，许多学生和其他的人来说，肯定是面临着巨大的压力。我本人知道，那里追求民主的力量是非常强大的，但是我不会从美国给这些学生下命令，或者试图告诉他们如何处理这件事情。

"此事由他们决定。他们知道美国对民主、对自由承担了义务，他们知道美国渴望所有的人们都生活在民主社会之中。

"我们支持言论自由，集会自由，出版自由；我们明确地支持民主。我不愿意免费提供建议，但是我愿意鼓励克制。我不希望看到流血。"[①]

布什总统这篇讲话当天即由"美国之音"电台向天安门广场、向中国其他城市广播。5 月 23 日，"美国之音"发表了一篇注明是反映美国政府观点的社论，用直接引语援引了布什总统这篇讲话的要点，由美国驻华使馆出新闻公报[②]，散发到天安门广场。

---

① 《纽约时报》1989 年 5 月 22 日第 1 部分第 11 版。
② 美国驻华使馆出版的 Wireless File, Wednesday, 1989 年 5 月 24 日。

就这样，在中华人民共和国政府依法宣布在北京部分地区实行戒严以后，布什总统终于忍耐不住，赤膊上阵了。他口口声声说不会给北京"学生下命令"，说"不愿意免费提供建议"，然而他却公然违背外交惯例，大声疾呼，直接命令方励之等人组织北京学生与中国政府对抗，要他们在中国政府宣布在北京部分地区实行戒严之后"继续战斗"，"坚持下去"，反复强调美国政府支持这种对抗，并且实际上对中国政府发出威胁，即"鼓励克制"，"不希望看到流血"，赤裸裸地干涉中国内政。美国总统对与美国先后签订了载有"互不干涉内政"原则的三个《联合公报》的中国内政如此粗暴干涉，如此背信弃义，在国际外交史上实属罕见。

然而布什总统的话还没有说完。他要一鼓作气，趁热打铁，继续煽风点火，呈现出一种不把中国共产党的领导和中华人民共和国政府推翻誓不罢休的架势。

上述讲话两天以后，即5月23日，布什总统就直接面对中国政府发表谈话，说他敦促中国政府"保持克制"。布什说："我们对全世界实行民主承担着巨大的义务。这是我们作为一个国家存在的基础。"总统进一步对中华人民共和国政府说："我敦促（你们）不要干扰'美国之音'的广播，并且让新闻记者随处采访。"①

布什这篇谈话当天即由"美国之音"电台向中国广播，并由美新处播发；美国驻华使馆也把这篇谈话刊载在使馆5月24日出版的新闻公报上②，散发到了天安门广场。

布什的意思是明明白白的：我们美国对包括中国在内的全世界实行"民主"（反过来说，就是推翻《中华人民共和国宪法》总纲第一条规定的中华人民共和国的国体，即"工人阶级领导的、以工农联盟为基础的人民民主专政"）"承担着巨大的义务"，你们中国政府不得妨碍我们履行此项"义务"；你们对方励之等人鼓动、组织的争取"民主"的动乱要"保持克制"，不得制止；你们要让"美国之音"向北京和全中国自由广播，不得

---

① 《纽约时报》1989年5月24日第1部分第11版。
② 美国驻华使馆出版的 Wireless File, Wednesday, 1989年5月24日。

干扰；你们要让美国记者到处活动，不得阻拦。

美利坚合众国总统如此无理、露骨地向伟大的中华人民共和国政府下命令，岂不是今古奇闻吗？

布什总统以"中国通"自居，但却忘记了一件事，即中国新民主主义革命史。在这位美国总统眼里，中华人民共和国政府岂不是与一贯向美国摇尾乞怜、唯美国之命是从的蒋家王朝一模一样的吗？中华人民共和国还是一个经过了中国人民在中国共产党领导下历时数十载的艰苦奋斗、取得了民族独立和国家主权的伟大国家吗？

次日，即5月24日，布什总统不辞劳累，专程赶到康涅狄格州新伦敦市，在美国海岸警卫队学院发表公开演讲，再次煽动中国动乱。

下面是这篇演讲的主要内容：

"我们是生活在这样一个时期。在这个时期，我们正在目睹一种观念的终结：共产主义实验的最后一章。甚至是在共产主义世界里的许多人都承认，共产主义是一种失败的制度。……

"但是共产主义的奄奄一息只是我们所处的这个时期所发生的事件的一半。另一半是民主观念已经取得支配地位。自由观念从来没有像今天这样征服全世界男女们的思想。对自由的渴望从来没有像今天这样召唤如此众多的人们：华沙的工会工作者，巴拿马的人民，正在与被统治者协商的苏联统治者。甚至就在我们讲话的今天，全世界都正在被天安门广场的戏剧性事件弄得目瞪口呆。在所有地方，人们正在众口一词地讲着一种语言，发出了民主和自由的呐喊。我们听到了他们的呐喊。美国将做出一切努力鼓励他们。

"因此，我今天想讲一讲我们在90年代的安全战略，一个推进美国观念和坚持美国目标的战略。……

"建立一个新世界的机会就摆在我们面前。我们想看到的究竟是什么？它是一个日益壮大的、使国际和平与稳定得以巩固的民主家庭，以及一个在全球范围内促进繁荣与进步的、生气勃勃的自由市场制度。这个新时代的经济基础就是已经被证明是成功的自由市场，而培育这个基础是那些植根于自由和民主的观念。

"……

"从长远一些着眼，我们将开发和部署一种新的、高速流动的、单弹头的导弹。……我们也将研究、并且已经承诺在研制完成时予以部署的一种简称为 S. D. I.① 的更为广泛的防御系统。"②

我们对布什总统的这篇讲话不拟多予评论，因为他已经把自己反华、反共、反社会主义以及美国统治集团要称霸全世界的意思说得非常清楚了。此处仅仅指出一点，即布什总统是一个历史唯心主义者。他的通篇讲话可以概括为一句话，即"观念"决定一切。如果用马克思主义的历史唯物主义的基本原理予以衡量，他没有一句话是说得对的；如果用曹雪芹笔下的话来说，就是"满纸荒唐言"，通篇都是谬论。

"美国之音"电台当天就向中国广播了布什的这篇讲话要点；美新处同一天播发了布什这篇讲话的全文；美国驻华使馆并把这篇讲话全文刊载在自己出版的新闻公报③上，散发到天安门广场。

在布什总统的带动下，美国联邦国会参、众两院的各位议员先生们也迅速行动起来，通过决议，支持方励之等人打着"民主"旗号在北京等地组织、指挥的动乱。众议院首先在 5 月 25 日通过了这个决议；参议院于 5 月 31 日通过了众议院的决议，因而这篇东西就成为美国联邦国会参、众两院的联合决议。决议责成国务卿詹姆斯·贝克向中国领导人表示，如果中国政府对那些要求"民主"、"自由"、"公正"的示威者采用"暴力或压迫"措施，将"严重"损害中国与美国的关系。决议也采用命令语气，说中华人民共和国应当采取"一切必要的措施，建立一个具有自由和公开的政治制度的、公正和民主的社会，以保护生活在那个国家之内的所有人不可或缺的人权"。④

美国国会的诸位先生得意忘形，也居然认为自己有权指挥中华人民共和国政府。但是这些先生的权力也实在是有限得很。他们通过的这一类决议无论对谁都没有约束力。它只能用来吓唬人；除此以外，就是废纸一

---

① S. D. I. 指里根政府时期开始研制的"战略防御方案"（或称"计划"）。
② 《纽约时报》1989 年 5 月 25 日第 1 部分第 8 版。
③ 美国驻华使馆出版的 Wireless File，Wednesday，1989 年 5 月 25 日。
④ 美国驻华使馆出版的 Wireless File，Wednesday，1989 年 5 月 26 日、6 月 2 日。

张，任何用处也没有。

然而"美国之音"电台在众、参两院先后通过这个决议的当天还是照样向中国广播；美新处也是先编发消息，在参议院通过之日即播发决议的全文；美国驻华使馆也相继把美新处的消息和决议全文刊载在使馆出版的新闻公报上①，散发到天安门广场。

此处还有必要提一下，即布什政府的国务卿詹姆斯·贝克5月23日曾在白宫就布什总统即将前往西欧访问向新闻界举行过一次吹风会，其中有一些值得注意的内容。

在这个吹风会上，贝克国务卿曾就当时中国政局、北大西洋公约与共产主义谁战胜谁两个问题答记者问。问答原文如下：

"问：北京学生在游行示威时欢呼的是米·谢·戈尔巴乔夫，而不是布什总统，你感到失望吗？

"答：那是因为这位苏联领导人刚刚结束了一次对中国的访问。

"这些学生可能口头上呼喊着戈尔巴乔夫的名字，但是在他们的思想里却是西方的政策方针。正是西方的政策方针在激励着这些学生干着目前他们正在从事的事业。他们目前宣传的正是西方的哲学，他们目前追求的正是西方的观念。

"他们正在要求民主。他们正在要求集会自由。他们正在要求言论自由。因此，我的感觉不错，一点儿不舒服的感觉都没有。"

至于北大西洋公约与共产主义谁战胜谁的问题，贝克的回答是："北大西洋公约正在意识形态领域战胜共产主义。

"西方的观念从来没有像今天这样受到羡慕，这些观念甚至正在给成群结队的中国群众提供理想。

"我认为西方从来也没有像今天这么强大。我们正在全面地取得胜利——我们正在经济领域里取胜，我们正在政治领域里取胜。另外那种哲学正在承认失败，坦率地承认失败。我们从事的所有事业正在取得成功。"②

贝克国务卿在白宫吹风会上的上述答记者问有两点值得重视。其一，

---

① 美国驻华使馆出版的 Wireless File, Wednesday, 1989 年 5 月 26 日、6 月 2 日。
② 美国驻华使馆出版的 Wireless File, Wednesday, 1989 年 5 月 24 日。

他坚持认为，中国发生的这场动乱是美国资产阶级在意识形态领域向中国渗透的结果。其二，他宣称以美国为首的西方世界"正在意识形态领域战胜共产主义"，"正在全面地取得胜利"。这种因暂时的胜利而冲昏了头脑、得意扬扬的情绪具有代表性，在当时美国垄断资本集团的头面人物里普遍存在。

接着，贝克介绍说，布什总统就要启程赴布鲁塞尔出席5月29、30日举行的北大西洋理事会成立40周年的首脑会议，尔后将访问罗马、波恩、伦敦。总统在沿途与他的同事们会谈时和在公开讲话中将指出：盟国"是由共同的西方观念的基石支撑的"，这些观念包括信仰民主，人权，法治，自由市场，自由企业，以及尊重个人。①

贝克国务卿的这次白宫吹风会，当天即由"美国之音"电台向中国广播，并由美新处分为两条新闻予以播发；美国驻华使馆也把这些内容刊载在使馆5月24日出版的新闻公报上②，散发到天安门广场。

就像贝克国务卿介绍的那样，布什总统1989年5月底6月初西欧之行，在沿途发表的演说里，总是强调西方必须抓住戈尔巴乔夫的"新思维"所提供的机会，向"共产党世界推广民主制"；并且多次高声提醒听众："看一看天安门广场吧"，趾高气扬地大肆宣扬美国的"民主"、"自由"观念在中国取得的进展和胜利。在西德的美因茨城发表演讲时，布什还说：对"民主"的追求"目前正席卷欧亚。这一种观念，就是从布达佩斯到北京的整个共产党世界发生骚乱的原因"。③ 在布什总统看来，仿佛中华人民共和国的天真的就要塌下来了，仿佛中国共产党的领导和中华人民共和国政府就要被推翻了。

在那些日子里，布什总统该是多么兴高采烈啊！

然而在中华人民共和国政府1989年6月4日依法清理了天安门广场后，布什总统的幻想终于破灭了。

布什总统下的赌注全部输光了。

---

① 美国驻华使馆出版的 Wireless File, Wednesday, 1989年5月24日。
② 同上。
③ 《华盛顿邮报》1989年6月1日第1部分头版转第32版。

三

从在好莱坞充当二流演员起就把自己的一生投入美国资产阶级反华、反苏、反共、反社会主义事业，老奸巨猾的里根总统退休不到5个月，在中华人民共和国政府清理天安门广场12天以后，即1989年6月16日，就对美国统治集团这一次对华推行"和平演变"战略失败的教训做了总结。他的结论是："可能学生们在推进他们所从事的事业方面走得太远，走得太快了一些。"然而他断定，中国共产党人今后还会面对"一种不同的革命"。[①]

里根先生口头上讲的是北京学生，实际上指的是他的继任人布什总统。在他看来，布什总统处理此事劲头有余，慎重不足，这一次"走得太远，走得太快了"。不过不要紧，以后还可以在中国发动"一种不同的革命"，亦即用不同的形式重新干。这就是说，尽管这一次遭到了惨败，但美国统治集团不把中华人民共和国整垮，是决不会罢休的。

布什总统遭到这次惨败，怒不可遏，迅速对中国政府采取了一系列高压手段。

第一，1989年6月5日，布什总统宣布对中国采取五条所谓"制裁"措施。其中包括：中止美中之间政府对政府的一切销售和商业性武器出口，中止美中两国军事领导人之间的互访，重新研究中国留美学生延长逗留时间的请求，重新研究两国双边关系的其他方面。[②]

但是，布什总统留了一手，没有切断中美两国企业和民间的商业交往。

布什总统事后在回忆录里对他做出的上述"制裁"决定做了解释。他说："我以为，我们两国之间的商业交往已经导致了更多的对自由的追求。如果人们获得了商业利益的刺激，追求民主的运动就会形成不可阻挡之

[①] 路透社1989年6月16日华盛顿电讯。
[②] 参见合众国际社1989年6月5日华盛顿电讯；《华盛顿邮报》1989年6月6日头版转第18版。

势，无论在中国或者其他实行极权制度的国家都是如此。正是因此，我决定避免切断所有商业关系，而只是中止武器销售和军事交往。重要的是，要让中国领导人懂得，我们不能若无其事地保持正常关系；要让中国人民解放军懂得，我们希望他们克制。完全切断1972年以来我们一直艰苦努力建立起来的关系，我是肯定不会干的。我们即使是要保持任何影响，或者为使他们克制并与我们合作而保留讨价还价的余地，我们就不得不与中国政府保持联系和接触；更不要说人权和民主的问题了。"①

由此可见，布什总统对这次失败并不甘心。正像前总统里根所言，他要留下种子，以便以后在中国发动"一种不同的革命"。

第二，同年6月8日，布什总统在白宫举行了一次记者招待会。在谈到美国因此次对中国实行"和平演变"战略失败而对中国采取"制裁"措施时，布什总统说："我们不得不为保卫人权而呐喊。我们并不是在改造世界，但是我们必须坚持我们的某些立场。在那些学生的头脑里，美国与他们站在一起，他们是知道的，对这一点是没有疑问的。"在谈到方励之逃进美国驻华使馆并得到保护的问题时，布什总统说："首先，让我提醒在座各位，我们并未讨论政治避难的问题。这差不多是像一场关于情报问题的公开辩论。""这件事情非常难办。当一个人走进了我们的使馆，此人是一个持不同政见者，他说若把他交回去，他的生命就受到威胁，这件事对美国来说就非常难以处理。把他交回去，这不是美利坚合众国赖以建立的前提，或者前提之一。"②

布什总统的这次谈话，有两点值得注意。一是他说"我们并不是在改造世界"，这与布什总统在当年6月4日以前的10多天期间高唱美国"观念"战胜共产主义的调子已经有所不同了。另一点他说要"为保卫人权而呐喊"，接着就说明了美国向中国挥舞"保卫人权"旗帜的实质，即保卫方励之之流反对中国共产党的领导、推翻中华人民共和国政府的"权利"。

第三，同年6月20日，白宫新闻秘书菲茨沃特发表声明说，总统今天指示暂停与中华人民共和国的一切高级政府官员的互访；此外，美国还

---

① 乔治·布什、布伦特·斯考克罗夫特：*A World Transformed*，1998年英文版，第89页。
② 《纽约时报》1989年6月9日第1部分第23版。

将力求推迟考虑国际金融机构向中国提供新的贷款。①

第四，同年6月，甚至连一个小小的华盛顿黑人市长马里恩·巴里先生也数典忘祖，竟然公开站出来威胁中华人民共和国，宣布中止华盛顿市与北京市结成的友好城市关系。他为了表现自己反华、反共，向美国垄断资本集团献媚，甚至不惜进一步采取行动，在市区唐人街他本人与北京市长共同竖立的一个象征两个城市之间友好情谊的牌坊上围上了黑纱。笔者每行至此处，都不禁为这位黑人市长对美国广大黑人群众解放事业的背叛而深感气愤和遗憾。

尽管巴里先生反华、反共表现得如此坚决，但美国垄断资本集团还是不能容忍一个黑人当华盛顿市市长，随后不久就由联邦调查局特务抓着了他的一根小辫子（吸毒），把他从华盛顿市长的座位上拉了下来，投进了监狱。

第五，同年7月中旬，布什总统在西方七国集团首脑会议上进行活动，促使这次会议发表的政治宣言的第二部分专门写了一段关于所谓"制裁"中国的内容。其中包括：中止与中国的部长级接触和高级别接触，中止与中国的武器贸易，世界银行应当推迟审查对中国的新贷款。②

这里附带再说一句，所谓七国集团，除加拿大外，其余六国，即美、英、法、德、意、日，都是1900年入侵中国、占领北京的八国联军的成员国。时间过去了89年，他们又再度纠集在一起，摆出了对中国虎视眈眈的架势。

第六，在布什政府的操纵下，当年6月12日，世界银行宣布中止向中国发放新的贷款；6月26日，该行再次宣布推迟考虑对中国提供新贷款。③

我们现在说一点美国垄断资本集团的舆论制造工具在此期间密切配合布什政府的有关中国政局的歪曲宣传。

从1989年4月15日起，包括美国政府的对外宣传机构"美国之音"

---

① 参见合众国际社1989年6月20日华盛顿电讯。
② 参见美联社1989年7月15日巴黎电讯。
③ 参见法新社1989年6月12、26日华盛顿电讯。

电台和美新处在内的垄断资本集团的所有舆论制造工具,如报纸、杂志、电视、广播、通讯社,等等,一起出动,实行舆论一律,对方励之等人在北京、上海等地组织、指挥的动乱竭力煽风点火,促使他们竭尽全力推翻中国共产党的领导和中华人民共和国政府。1989年6月4日晨,中国政府对天安门广场实行清场,平息了这场动乱。美国垄断资本集团的舆论制造工具便乘机掀起了一场空前规模的、疯狂的反华、反共、反社会主义的宣传运动,包括制造、传播各种离奇古怪的谣言,无所不用其极。

美国垄断资本的各大电视台,包括 CBS[①]、NBC[②]、ABC[③] 在内,他们平时都只有早间新闻、晚间新闻(相当于我国中央电视台的新闻联播)和夜间新闻,其余时间都是播娱乐节目。现在,他们一反常态,一天到晚每隔一小时,即以"中国在危机中"[④] 和"中国在紧急状态中"[⑤] 等耸人听闻的标题,播放中国局势的专题新闻节目。此外,还要加上一家以专门播放新闻和评论的 CNN[⑥]。20 世纪 70 年代"水门案件"期间,这几家巨型垄断电视公司(除 CNN,当时它尚未成立)也曾经大肆宣传,笔者也在现场看过那场大规模电视宣传。但那次电视宣传的规模与 1989 年这场反华、反共、反社会主义的电视宣传相比较,就好似小巫见大巫一般。这些电视台的此种专题节目的独特之处在于:其一,频繁、反复、重复播出,每个小时一次;其二,他们每一次开始播出时,屏幕上出现的第一个镜头,就是经过他们运用技术手段特别制作的北京火光冲天、枪声四起的场面,一言未发,就给观众一种异常恐怖的可怕景象;其三,在节目开播后,他们又挖空心思,运用技术手段,制作一种特别镜头,让观众毛骨悚然,仿佛中国人民解放军的大批坦克正朝着成千上万的人民群众头顶上压来。各大广播电台每隔一小时的新闻节目,头几条新闻也总是中国政局,或者整个一小时都是这一种内容,似乎世界上什么其他的事情都没有发生。各大报

[①] 哥伦比亚广播公司。
[②] 全国广播公司。
[③] 美国广播公司。
[④] China in Crisis.
[⑤] China in Emergency.
[⑥] Cable News Network,1980 年成立。总部设在亚特兰大,属于特纳广播公司。

纸，包括《纽约时报》和《华盛顿邮报》，从第一部分头版到下面多版，充满了使用大字或黑体字标题的有关中国政局的种种谣传、歪曲评论，以及使用夸张手法制作的图片。

我们现在说一下美国垄断资本舆论工具制造和传播的一系列谣言中最重要、最典型的几种。

第一种，就是美国垄断资本的各种舆论制造工具大肆宣传的所谓"天安门广场大屠杀"。

1989年6月4日晨中国政府清理天安门广场的整个过程中，并非同情中国政府的美国人权组织"亚洲监督委员会"调研工作负责人罗宾·芒罗始终在现场。他事后公开发表文章，说天安门广场上没有发生过死人的事件，"没有恐慌的迹象，也没有一点迹象表明刚刚发生过任何大屠杀"。①

但是，美国垄断资本的各种舆论制造工具却一口咬定，绘声绘色地说发生了"天安门广场大屠杀"。ABC在6月4日早间新闻节目中说，天安门广场被杀死的人在2600到7000人之间。CNN还煞有其事地说，中国人民解放军在天安门广场对面的肯德基烤鸡店附近用刺刀刺杀平民。各家电视台、广播台、报纸、杂志，纷纷播报和刊载这种谣言。"美国之音"自然也没有落后。

1989年12月，为了推翻罗马尼亚政府，以美国政府国务院设在慕尼黑的"欧洲自由电台"为首的一些西方宣传机构曾经在罗马尼亚的蒂米什瓦拉临时挖了一个所谓"4630人被集体屠杀"的假"杀人场"，将这条假"新闻"广为传播，收到了煽动群众的效果。遗憾得很，天安门广场位于中华人民共和国首都北京的中心区域，"美国之音"和美国垄断资本的其他宣传工具不可能在天安门广场上临时挖一个假"杀人场"，为他们的所谓"天安门广场大屠杀"作证。

可是，尽管连一点儿假证据也没有，美国垄断资本的舆论制造工具却具有把"无"说成"有"的本领，具有睁眼说瞎话的本领，硬是说发生了"天安门大屠杀"。不仅当时这样宣传，直到10年之后的今天，他们仍坚

---

① 《南华早报》（英文版）1989年9月23日。

持这样宣传。这些先生们的脸皮也真厚就是了。

第二种，就是他们当时大肆宣传的所谓"邓死、杨走、李伤"。

不过，随着这几位领导同志陆续出来与群众见面，这种谣言便不攻自破了。

第三，就是所谓中国人民解放军第 38 军与 27 军打内战，并且说得似乎有根有据，娓娓动听，说是为了保护北京城里的文物，两军达成协议，把部队拉到城郊去打。《纽约时报》在 6 月 6 日、7 日连续两天用该报通常不用的大字标题刊载长篇报道，宣传这条谣言；两天都配合刊登了巨幅图片，6 日图片的画面是一个人阻挡我军坦克前进，7 日图片的画面是用特写镜头制作的我军一辆停在中途的坦克。① 这样，这种子虚乌有、引人发笑的谣言就似乎变成真实的事情了。

所有这类谣言，"美国之音"电台都对中国广播了。它蓄意要在中国进一步制造混乱。

在当时的美国，垄断资本的舆论制造工具竟然造成了这样一种气氛：谁也不能给中国讲一句公平话，谁也不能就中国政府清理天安门广场事件讲一句真话。基辛格博士给《洛杉矶时报》辛迪加②写了一篇文章，说"世界上没有任何一个政府会容忍自己首都的主要广场被占领达 8 周之久"。当年 8 月 29 日，《华盛顿邮报》就发表文章，攻击这位博士。9 月 15 日，《华尔街日报》及其亚洲版又发表报道，攻击基辛格博士，说这位博士之所以为中国说公平话，是因为这位博士与中国政府经营的一家公司有商业往来，"赚取数以 10 万计美元的利润"。③ 基辛格博士事后接受新闻界的采访时说，这种对他的攻击是"麦卡锡主义"在美国的再现。④ 台湾学者熊玠教授 1989 年 6 月 4 日前后刚好住在北京饭店，对北京街头做了现场观察。6 月 10 日，他到了香港后，说了他当时亲眼看到的长安街上的情景。他说："我首先说明，此次事件应将学生与暴民严格划开。暴民中

---

① 《纽约时报》1989 年 6 月 6 日第 1 部分头版转第 14 版，6 月 7 日第 1 部分头版转第 8 版。
② the Los Angeles Times Syndicate.
③ 《华尔街日报》及其亚洲版 1989 年 9 月 15 日。
④ 《华盛顿邮报》1989 年 12 月 14 日。

可能有少数学生，可能有一两个学生，可能连一个学生都没有。学生归学生，暴民归暴民，不能混为一谈。我到香港后，发觉海外，包括香港在内，绝大多数报刊所作这次事件的报道与我目睹的事实完全不同。"他说："6月3日夜晚亦即6月4日凌晨时分，我正在住宿的北京饭店顶层凉台上，亲眼看见有许多解放军头上既未戴钢盔，身上也未带武器，从北京饭店东边向天安门广场方向跑步前进。忽然间，大批暴民蜂拥上前阻拦。解放军被形势所迫，只有向来路跑回。其时解放军与暴民并未发生任何流血事件。过了不久，又有解放军乘坐军车，携有武器，军车行走方向显然是天安门广场。斯时，又有大批暴民蜂集，先则用铁栏杆、脚踏车等物设置路障，继则将军车轮胎放气，以阻止军车开进天安门广场。军车因前有路障及轮胎放气而慢速行驶。此时有些暴民居然把汽油浇到军车上，放火焚烧，解放军乃朝天开枪予以吓阻。""外传的死亡人数都不可信。"返回纽约后，他还是这样讲，并且再次强调要把暴徒与学生分开，"一切问题都是暴徒先动手造成的"。由于他坚持说明事实真相，结果引起了一阵阵围攻。①

笔者当时在现场阅读、观看、收听美国各大报刊、电视台、广播台的报道、评论、节目的感受是，美国垄断资本集团的这些舆论制造工具在1989年夏掀起的这一股反华、反共、反社会主义的狂潮，是这些舆论工具的固有阶级性的最露骨的表现。一切以所谓"新闻媒介"、"媒体"、"信息传播"等掩盖资产阶级舆论制造工具的阶级性的说法，都是不符合客观事实的，因而都是不科学的。

四

1990年以后，由于中华人民共和国政府在外交上做了出色的工作，取得了一系列卓越的成就，西方包围中国的联合阵线被逐一突破，对中国的所谓"制裁"纷纷解除。布什政府虽然在对华"制裁"方面有所松动，但

---

① 纽约《中报》1989年6月13日头版；纽约《世界日报》1989年6月19日。

仍然独家坚持它对中国实行的若干主要"制裁"措施，不肯放弃。

然而布什政府对中国也不是只有高压、"制裁"的一手；即使是在1989年，它实行的仍然是两手政策。1989年7月，布什先生即曾派遣他的国家安全事务助理布伦特·斯考克罗夫特将军秘密访华，与中国领导人会晤。贝克国务卿事后承认，他为了严格遵守总统关于保密的命令而向新闻界隐瞒了斯考克罗夫特将军此次访华之行。① 当年12月，总统再次派遣斯考克罗夫特将军访华。总统此类举动，一是为了直接摸清中国领导人的意图；二是试图使他一手制造的中美紧张关系有所缓解。

1990—1992年布什政府在任期间，仍然实行这种两手政策。

布什政府这样做，主要原因是：

第一，尽管压力重重，似乎有点泰山压顶、黑云压城城欲摧的样子；然而在长期革命斗争过程中经过千锤百炼而成长、壮大起来的中国共产党以无产阶级大无畏的精神，坚决顶住了重重压力，奋发图强，坚如磐石，毫不动摇；中华人民共和国在似乎是"敌军围困万千重"的严峻形势面前依然巍然屹立于世界东方，无论来自以美国为首的西方世界的压力有多么巨大，都压不垮、压不倒。布什总统对此只能望洋兴叹，无可奈何。

第二，1989年，虽然戈尔巴乔夫的右倾机会主义路线已经形成，但苏联仍然存在，中、美、苏"大三角"格局也在一定程度上依旧发挥作用。1991年底以后，苏联虽然瓦解了，但俄罗斯政局走向不明；而处理俄罗斯和东欧事务又是美国的战略重点，美国统治集团要消化俄罗斯和东欧仍然需要相当长的时间，需要花费很大的力量。

因此，美国统治集团一时间难以集中力量对付中国。

第三，20世纪90年代初期，包括美国在内的整个西方世界发生了一场严重的经济危机。布什总统被这场危机困扰得焦头烂额。1989年存在于美国统治集团里的那种美国"观念"战胜共产主义的兴高采烈的气势为之一扫，一种对资本主义制度沮丧、绝望的情绪笼罩在美国上空。我在有关拙著里较为具体地叙述过这一点。②

---

① 合众国际社1989年12月20日华盛顿电讯。
② 拙著《三说美国——国家垄断资本主义危机》，当代中国出版社1998年版，第1—94页。

因此，美国统治集团已经翘上了天的尾巴突然坠落到了地下。他们垂头丧气，神气不起来了。

第四，随着苏联解体和资本主义世界一场严重经济危机的发生，西方世界内部的矛盾也随之上升。美国继续使用高压手段对付中国，难以继续得到西欧各主要国家和日本的支持。

再说，布什政府本身对华实行的就是两手政策，因而也就不可能阻止别国同样使用两手政策。

第五，美国统治集团对华奉行的仍然是"和平演变"战略。既然他们要推行这种战略，就不能不与中国保持接触。如果不保持这种接触，他们怎么能对中国社会继续渗透呢？

本书第二、第三两章已经说明，美国资产阶级是世界上最没有资格讲"民主、自由、人权"的阶级。无论在国内，还是在国外，美国资产阶级讲"民主、自由、人权"都是假，在国内任意踏践无产阶级和其他人民群众的民主、自由权利和人权，实行资产阶级专政，在国外反华、反共、反社会主义、反民族解放运动与实行侵略、扩张则是真。

布什总统从反面给我们上了一堂课，再一次说明了毛泽东同志关于警惕和防止帝国主义"和平演变"战略的理论是革命真理。

从布什政府如此大张旗鼓地、公开地干涉中国内政的确凿无误的大量事实来看，它遵守中美三个《联合公报》了吗？

没有。恰恰相反，它彻头彻尾地违反了这三个《联合公报》。

从上述美国资产阶级1989年高举"民主、自由、人权"的旗号对中国大张旗鼓地推行"和平演变"战略的种种事实来看，难道它真是要关心、保护中国工人、农民、知识分子等广大人民群众的民主、自由权利和人权吗？

不是的。

美国资产阶级对中国大肆鼓吹的所谓"民主、自由、人权"，与中国广大人民群众根本不相干。恰恰相反，它是要剥夺中国广大人民群众在中国共产党领导下经过长期革命斗争已经取得的民主、自由权利和人权。

美国资产阶级真正要保护的，是方励之等一小批人从事推翻中国共产党的领导、推翻中华人民共和国政府的罪恶活动的"民主权利"；

美国资产阶级真正要保护的，是这些在新的历史条件下再生的少数"民主个人主义者"推翻中国的社会主义制度的"自由权利"；

美国资产阶级真正要保护的，是这些少数中华民族的败类把独立自主的中华人民共和国变为美利坚合众国的殖民地、附属国，把广大中国人民重新投入水深火热之中的"自由权利"。

当这少数败类作为美国帝国主义的代理人在中国内部从事颠覆活动失败、遭到中国政府依法通缉以后，美国资产阶级真正要保护的，就是这些人的所谓"人权"。

难道这一切不是清清楚楚吗？

（原载《何处是"美利坚帝国"的边界——1946年以来美国对华战略策略史》，人民出版社2000年3月版，第176—203页）

关于我国社会主义建设的若干问题

一　关于共产主义理想与社会主义初级阶段

我国现在的社会是处于社会主义初级阶段。这是正确的，符合实际的。然而共产党人在为社会主义初级阶段的各项工作而努力奋斗时，必须牢牢记住自己的最终目标是实现共产主义。这首先是因为，中国共产党之所以叫共产党，就是因为党的最终目标是实现共产主义。自从党成立之日起，在自己的旗帜上就写的是共产主义。这是共产党区别于社会民主党的主要标志。党成立以来所经历的各个阶段，包括新民主主义革命、社会主义革命、社会主义建设，在这些阶段所从事的各项工作，都属于共产主义运动的范畴。其次是因为，只有牢牢记住党的最终目标，共产党人在达到这个目标以前的各个阶段，包括社会主义初级阶段从事各项工作时才不至于迷失方向。这好似攀登珠穆朗玛峰。攀登必须从峰底开始，但只能沿着正确的路线，不迷失方向，最终才能到达峰顶。如果迷失了方向，路线错了，登山队在攀登途中虽经千难万险，还是达不到目的地，甚至有摔跤、葬身于万丈深谷的危险。再次是因为，只有牢记党的最终目标，共产党人在达到这个目标以前的各个阶段，包括社会主义初级阶段，才能自觉地为实现这个目标准备条件。在我国，社会主义与资本主义谁战胜谁的问题终将不可避免。如果不为迎接这场战斗准备条件，我国人民为之长期艰苦奋斗的社会主义事业就有可能失败，更谈不上实现共产主义了。最后，只有牢记党的最终目标，共产党人才能成为真正的、名副其实的共产党人。归根到底，这是一个世界观问题。大量事实证明，如果淡化，甚至抛弃党的最终目标，共产党人就有蜕化变质，以致淹死在市场经济海洋中的危险。

二 关于解放思想与坚持四项基本原则

解放思想是为了反对教条主义；坚持四项基本原则是为了反对右倾机会主义，两者缺一不可。近些年来，大量事实证明，抛弃了四项基本原则的"解放思想"，只能是胡思乱想，损害以至破坏党和人民的社会主义事业。试问抛弃了"坚持社会主义道路"的"解放思想"，会把我们引向何方？抛弃了"坚持共产党的领导"的"解放思想"，会把我们引到哪里？抛弃了"坚持马列主义、毛泽东思想"的"解放思想"，又会把我们引到哪里？当然，在中国，走社会主义道路是一个长期探索的过程。然而这种探索必须以马列主义的基本原理为指导。就是说，要理论联系实际。马克思主义要随着客观世界的发展而发展；理论联系实际的结果，就是发展。然而马克思主义的基本原理是不能违背的。

三 关于对资本主义的学习与批判

在人类社会发展史上，社会主义制度是比资本主义制度更高一级的社会制度。从根本上讲，社会主义是对资本主义的否定。然而社会主义制度不是从空地上建立起来的，它与资本主义又存在着批判继承的关系。这与马克思主义的三个组成部分有三个来源，是一样的道理。

新中国诞生51年来的经验证明，拒绝向资本主义的一些合理的东西学习，不批判地继承资本主义的文明成果，对我国的社会主义建设事业是不利的。但是，在这个问题上，我们面前有两种人。一种人主张向资本主义学习，是为了更好地建设社会主义，发展、壮大我国的社会主义阵地。另一种人主张向资本主义学习，是为了把有中国特色的社会主义变为有中国特色的资本主义，即把独立自主的社会主义中国变为西方资本主义的附属国。显然，我们必须坚持前者而拒绝后者。

中华人民共和国诞生51年来的经验同样证明，在吸收、借鉴资本主义的一些合理的文明成果时，必须结合现实情况坚持对资本主义制度的反动本质进行彻底的批判。这主要是因为，首先，不彻底批判资本主义制度的反动本质,社会主义信念就难以保持,共产主义理想就无法树立。对于一个无产阶级政党,对于社会主义事业,这种信念和理想是命根子,是须臾不可分离的。其次,目前拜金主义、极端利己主义在我国社会上的泛滥,实质上是资产阶级意识形态的反映。我们的公有制企业当然要赚钱,但这是为社会主义赚钱,为人民大众赚钱,不是为个人谋私利。这与拜金主义、极端利己主义是有原则区别的。应当看到,资产阶级的意识形态——拜金主义、极端利己主义已经对执政的共产党员、对全社会造成了极为恶劣的后果。这是我国社会现阶段阶级斗争的一种重要表现形式。意识形态阵地无产阶级不去占领,资产阶级就必然去占领。大量事实说明,国内、国外资产阶级正千方百计地占领我国意识形态阵地,反复地向我国工人阶级的先锋队——共产党及其意识形态进攻。国内外资产阶级是必然要这样做的。这是阶级斗争的客观规律,是不以人们的主观意志为转移的。如果我们主动放弃批判的武器,不批判资本主义制度的反动本质,不批判资产阶级及其意识形态,中国共产党就将无立足之地,我国的社会主义事业就将被葬送。再次,20世纪的历史,是一部资本主义与社会主义在全球范围内互相联系而又反复斗争、互有进退的激烈阶级斗争史,而以苏共亡党、苏联瓦解、社会主义事业遭受严重挫折告终。这个惊心动魄的事件之所以发生,主要是戈尔巴乔夫集团在意识形态领域里背叛马列主义的结果,也是帝国主义集团从各个方面,特别是从意识形态领域向苏共全力发动进攻的结果。展望21世纪,这种世界范围内的阶级斗争还将进一步展开。如果我们主动放弃批判的武器,不与国际敌对势力在意识形态领域对我国发动的进攻针锋相对,不批判资本主义制度的反动本质,不批判资产阶级及其意识形态,我们就有重蹈苏联覆辙的危险。

四 关于以公有制为主体与多种经济成分共同发展

在我国社会主义初级阶段,实行以公有制为主体、多种经济成分共同发展的方针,是符合我国现阶段的实际情况的,因而是正确的。在实行这个方针时,毫不含糊地坚持以公有制为主体,极为重要。这是因为:

第一,顾名思义,初级阶段的社会主义也是社会主义。公有制的主体地位是我国社会的社会主义性质的决定因素,是我国社会区别于资本主义社会的主要标志。

第二,公有制的主体地位,是实行以按劳分配为主的经济保证。

第三,公有制的主体地位,是坚持中国共产党的领导、坚持人民民主专政、坚持马克思主义在我国意识形态领域的领导地位的经济基础。

第四,公有制的主体地位,是我国的市场经济体制之所以是社会主义的市场经济体制的决定因素。

第五,公有制的主体地位,是在我国实现"解放生产力,发展生产力,消灭剥削,消除两极分化,最终达到共同富裕"的社会主义的主要保证。

第六,西方国家实行国家垄断资本主义,运用财政和金融政策对国民经济实行宏观调控之所以不成功,避免不了以"生产过剩"为特征的、20世纪70年代以来愈演愈烈的周期性经济危机,主要是生产社会化与生产资料垄断资本占有制的矛盾在起作用。公有制为主体,是我国政府对整个国民经济实行有效的宏观调控的主要保证。

第七,公有制的主体地位表明它是我国社会生产力的主要部分,是我国政府实现社会安定、经济按社会主义方向持续发展、加强民族团结的主要保证。

由此可见,是否坚持以公有制为主体,决定着我国现在能否成功地进行社会主义建设、将来能否向社会主义的高级阶段和共产主义过渡、能否成功地避免我国社会向资本主义蜕变亦即向西方资本主义附属国蜕变,事关战略全局。

由此可见,是否坚持公有制的主体地位,是鉴别真假共产党人的试金石。

五 关于经济基础与上层建筑

经济基础决定上层建筑,上层建筑又反作用于经济基础。这就是经济基础与上层建筑之间的辩证关系。生产关系是经济基础的主要构成部分;而生产关系的主要构成部分是生产资料所有制。

目前我国的实际情况是，生产资料公有制，特别是全民所有制在整个国民经济中所占的比重正在日益缩小，非公有制的阵地正在迅速扩大。与之相伴的是，我国社会的阶级结构正在急剧变化。这种经济基础的变化必然会影响我国的上层建筑，包括中国共产党、人民政权（特别是人民军队、公检法等部门）和意识形态战线。

早在1987年中央纪律检查委员会向中国共产党第十三次全国代表大会所作的报告中即曾提出："几年来，各级纪检机关处理了成千上万的不正之风案件。但如前所述，常是此伏彼起，或纠而复生，究竟是什么原因呢？这不能不引起深思。"① 报告在回答这个问题时，虽然说发生这种现象的原因是多方面的，但主要归因于党员干部思想意识不正。按照马克思主义的辩证唯物主义和历史唯物主义的基本原理，是存在决定意识，社会存在决定社会意识，思想意识发生变化的原因要从经济因素发生的变化中去寻找。

中纪委做那个报告已经过去13年了。现在，中国共产党在反腐败方面所作努力不是比13年前减弱，而是进一步加强了，处理的案件不是比13年以前减少，而是进一步增多了。然而党内外正在发生的种种不正之风不是比13年以前减少了，而是恶性发展了。发生这种现象的根本原因，在于我国经济基础，包括社会阶级结构所发生的变化。毛泽东同志早在1949年3月中国共产党七届二中全会上所作的报告中就提到资产阶级糖衣炮弹问题。现在，资产阶级的糖衣炮弹不是一两发、两三发零零星星地打，而是向着中国共产党万炮齐发了。的确，这不能不引起深思。它再次说明，坚持以公有制为主体的极端重要性；不如此，就是对社会主义制度釜底抽薪。

六 关于计划与市场

马克思主义的创始人是在揭示资本主义制度本身无法克服的固有矛盾

---

① 人民网：中国共产党新闻，文献资料。

之一——个别工厂生产的组织性和整个社会生产的无政府状态时,提出社会主义实行计划经济的理论原则的。他们不是空想家,不可能为未来的社会主义社会如何实行计划经济制订具体方案,而只能把这个问题留给后人在实践中去解决。计划经济无论在苏联还是在中国社会主义建设的早期都发挥过十分积极的作用。苏联在建设社会主义的早期如果不实行计划经济,就不可能在短期内建立起强大的工业和国防体系,就不可能在反法西斯战争中发挥主力军作用。中国在建设社会主义的早期如果不实行计划经济,就不可能在短期内建立起独立的工业体系和国防体系,就不可能在20世纪70年代形成中美苏"大三角"的世界格局。现在有人把苏联、中国的一切经济问题都归咎于计划经济,竭力朝计划经济泼脏水,是不符合历史事实的。

由于我国是一个拥有12亿人口的东方大国,随着时间的推移,国民经济的规模越来越大;发展又不平衡,全国各地的情况千差万别;又由于我国必须长期实行商品经济,因而实行市场与计划相结合的社会主义市场经济体制就成为必要的了。

我国社会主义市场经济体制的特征是:(1)它是在中国共产党的领导之下;(2)它是以公有制为主体;(3)它是与计划(包括五年计划和年度计划)相结合的;(4)它是在人民政府强有力的领导下组织实施的。人民政府的领导之所以强有力,是以上述三条为前提、为基础的。正是因为如此,我国中央人民政府一个决定,就在全国砸毁了1000万纱锭;一个决定,就在全国关闭了4万多个煤窑;一个决定,就向除公有专业部门以外的所有机关、团体、企业、个人关闭了到全国农村收购粮食的大门。凡此种种,都是任何资本主义市场经济,包括实行国家干预的国家垄断资本主义的市场经济不可能做到的。

由此可见,为了成功地实行社会主义的市场经济体制,我们就必须坚持上述四条,缺一不可。

七 关于对外开放与自力更生

新中国诞生以来51年的实践证明,在我国遭到以美国为首的帝国主义集团的重重围困之时，在经济建设上实行自力更生为主、争取外援为辅的方针，是正确的。在我国突破了帝国主义、霸权主义的封锁、包围，打开了外交新局面以后，在经济建设上实行对外开放的方针，同样是正确的。现在的问题是如何处理对外开放与自力更生的关系。

目前的国际形势要求我们必须将对外开放与自力更生相结合。这主要是因为，除了有利于我国的机遇以外，还存在着种种不利因素。它们主要是：（1）资本帝国主义目前正在大力推行经济殖民主义，不会容允我国建设成为一个独立、强大的社会主义国家，必然使用种种手段予以阻挠。（2）主要由美国垄断资本推动的"经济全球化"，实质上是要建立以美国为首的世界资本主义化。我们要参与经济全球化的进程，但必须趋利避害，坚决拒绝美国垄断资本的险恶企图。（3）华尔街金融垄断资本不会让世界经济平稳、持续发展，必然在世界各地选择薄弱环节，不断兴风作浪。继1997年首先突破东南亚金融防线、进而在世界大部分地区引发金融、经济危机以后，现在又在纽约商品交易所和伦敦石油交易所从事大规模石油期货投机，在世界石油市场供过于求的形势下引发油价猛烈上涨的反常现象，从而冲击世界经济。（4）从2000年4月中旬发生"黑色星期五"事件以来，美国的泡沫经济已经出现破灭的征兆。从4月中旬到10月中旬，由30家巨型垄断企业的股票价格组成的道·琼斯加权平均指数已经下降了13%；主要由科技股价格组成的纳斯达克指数已经下降了22%。目前纽约股市仍呈曲线下降趋势。由此可见，美国泡沫经济崩溃的可能性不能排除。随着泡沫经济的破灭，美国的整个虚拟经济崩溃的可能性也不能排除。这种恶果如果发生，不仅将给美国带来灾难，而且必将严重冲击世界经济。

此外，只要帝国主义制度存在于人世间，战争的根源就会存在。美国统治集团研制全国导弹防御系统（NMD）和战区导弹防御系统（TMD）的方针已定。这两个导弹防御系统一旦部署完成，战争的危险就会立即增大。何况我国还有一个台湾问题没有解决。一旦我国不得不使用武力收回台湾，美国统治集团实行军事干预的可能性不能排除。

对于上述种种情况，我们必须保持清醒的头脑。

由此可见，我们在实行对外开放的同时，不能放弃自力更生的方针。

主要把希望寄托在扩大开放上，是有危险的。把对外开放与自力更生相结合，做到有备无患，比较稳妥。

八　关于以经济建设为中心与阶级斗争

1978年12月举行的中国共产党第十一届三中全会决定，把全党的工作重点转移到社会主义现代化建设上；同时指出，阶级斗争仍然存在，对于社会主义社会的阶级斗争，要严格区别和正确处理两类不同性质的矛盾。实践证明，全会采取的这个方针是正确的。

十一届三中全会以后逐步形成的一个中心、两个基本点的社会主义初级阶段基本路线，使我国两个社会主义文明建设（物质文明和精神文明）取得了伟大成就。同时，我国社会的阶级斗争的范围也进一步扩大了。由于对这条基本路线的贯彻执行出了偏差，一手硬，一手软，造成了严重恶果，甚至发生了1989年我国建国以来最严重的政治风波，引发了一场急风暴雨式的阶级斗争。这个教训，我们永远不应忘记。

大量事实说明，目前在我国政治、经济、意识形态领域，在国际关系领域，都存在着阶级斗争，甚至是激烈的阶级斗争。我们在贯彻以经济建设为中心的同时，应当正视并正确处理阶级斗争问题。对确实存在的阶级斗争如果采取回避态度，不能迷惑国内外敌对势力，只能麻痹自己的队伍，其后果将是严重的。应当承认，我国社会目前仍然是一个阶级社会；我们观察各种社会现象，仍然需要运用阶级分析的武器。只有这样，才能看清事物的本质，才能具有正确的政治立场和遵循正确的政治方向。

由此可见，历史唯物主义的基本原理必须坚持。

九　关于反"左"与反右

中国共产党建立以来的全部历史，在这个问题上为我们提供的主要经验教训是：（1）必须根据实际情况，有"左"反"左"，有右反右。（2）反"左"必须防右，反右必须防"左"。（3）如果不按照实际情况办事,反"左"必出右,反右必出"左"。(4)在与资产阶级关系破裂时,主要要防"左";在与资产阶级合作时,主要要防右。

纵观20世纪80年代以来国际共产主义运动的历史,"左"、右倾机会主义都会葬送社会主义事业,但以右倾机会主义为主要危险;在我国亦然。我国80年代两任前总书记所犯的错误,尽管情况不尽相同,但都是右倾错误。在反错误倾向问题上,我们必须接受这些经验教训,要坚持辩证唯物主义。

十　关于建设社会主义与中国共产党

中国共产党从成立之日起,就是一个用马克思主义武装起来的无产阶级政党,是工人阶级的先锋队。正是由于有了这样一个党的正确领导,我们才有可能在一个农民人口在总人口中占绝大多数的东方大国里先后取得新民主主义革命、社会主义革命和社会主义建设的伟大胜利。

1840年以来的整个中国近、现代史证明,只有有了这样一个善于理论联系实际、制订并执行正确路线的工人阶级先锋队——中国共产党的领导,中国人民才有可能推翻压在自己头上的三座大山,把中国建设成为一个独立、民主、文明、富强的社会主义国家。

为了把中国的社会主义事业不断引向胜利,在党的建设上至少有以下两条是必须坚持的。这就是:

第一,必须有一个坚持马克思主义基本原理、善于理论联系实际、执行正确路线的党中央。由于我国社会主义是一个相当长时期的历史阶段,这样的党中央不能只有第一、第二、第三代,而是必须有一代接一代的接力棒。对于无产阶级的解放事业来说,这一条是决定一切的。

第二,必须坚持党的工人阶级先锋队的性质。中国共产党不是"全民党"。剥削阶级分子除非彻底背叛其原有阶级,站稳工人阶级立场,执行党的纲领,全心全意为党和社会主义事业服务,全心全意为广大劳动人民服务,才能留在党内;否则必须劝退。

由于我国现阶段实行的是以公有制为主体、多种经济成分共同发展的政策,党的各级领导干部在日常工作中必然要与国内外的各种非公有制企业的领导人接触，与他们交朋友。但在这样做时，党员领导干部必须时刻记住自己是共产党员，必须站在工人阶级立场上，必须时刻想着工人阶级和广大劳动人民，而不能相反。

(原载中国教育网，2002年4月1日)

一位忠诚的共产主义战士

——怀念尊敬的老领导吴冷西同志

一

惊悉尊敬的老领导吴冷西同志不幸突然逝世，不禁热泪盈眶。一个忠诚的共产主义战士的形象、他的音容笑貌立即浮现在我的眼前。回忆他生前的种种业绩，思绪万千，竟感到无从着笔。

还是先从20世纪50年代初期我开始受到冷西同志的教诲说起吧。在回忆这一段以前，先简略回顾冷西同志作为一位伟大的共产主义战士的成长过程。

据我所知，冷西同志生长于我国现代史上具有重大历史意义的五四运动和中国共产党成立的热火朝天的年代，少年时期就受到共产主义运动的熏陶。18岁奔赴革命圣地延安，19岁参加中国共产党，决心为共产主义事业奋斗终身，并开始在延安马列学院任研究员。从那时起，他就在毛泽东同志身边工作，包括在党中央机关报《解放日报》担任负责职务，从而用马克思列宁主义与中国革命实际相结合的毛泽东思想武装了自己。他作为一个共产主义战士，已经进入成熟期。

新中国诞生初期，冷西同志即被以毛泽东同志为首的党中央委以重任，开始担任新华社总编辑，随后担任新华社社长。我当时在新华社江西分社任记者。也就是在这时，我开始受到冷西同志的教诲。每次到总社开会时，我和其他一些同志就开玩笑，说新华社社长的名字叫陈克寒，总编辑的名字叫吴冷西，秘书长的名字叫谢冰岩，又"寒"又"冷"还加

"冰","难怪对下属冷冰冰的"。然而事实并非如此。冷西同志表面严肃,实际上对青年干部是非常热情的。以冷西同志为首的新华总社编委会(即党组)从那时起就培养、提拔了一大批青年干部,我本人就是其中之一。1952年,我被任命为新华社江西记者组组长。随后,1953年,我又被破格提拔为新华社江西分社社长。

冷西同志非常重视对青年干部的培养。在这方面,以他为首的新华社编委会遵循毛泽东同志的教导,采取了如下重要措施:

第一,冷西同志反复强调对新华社记者、编辑进行新闻业务的训练。20世纪50年代,针对"在稿件写作方面,我们的新闻概括性不够,逻辑力不强,文字不够精练严谨"等问题,反复多次在全社开展过练笔运动。1951年,作为新华社总编辑的冷西同志就做出了《开展练笔运动的决定》。同年,冷西同志又以新华总社总编辑办公室的名义向全国各总分社、分社发出了关于《纠正稿件中文字缺点的通知》。1953年,冷西同志在第三次全国社务会议上所作的总结报告中,代表总社编委会正式对新闻写作提出了八条要求。1954年,他在给党中央的报告里重申了这八条要求。它们是:(1)用事实说话;(2)事实要精练,对事实要作分析,反对客观主义;(3)将最重要、最新鲜、最吸引人的事实放在最前面;(4)逻辑清晰,条理分明;(5)交代背景,说明意义;(6)生动活泼,饶有风趣;(7)文字简洁、确切、优美;(8)迅速及时。这八条要求,在我国新闻史上是第一次提出,是一种重要创新,对我国新闻事业的发展具有极为重要的指导意义。不仅如此,冷西同志还以身作则,写出了一系列精彩新闻和评论,而且他作报告或讲话,也都是声音洪亮,逻辑严密,条理分明,饶有风趣,给人的印象极为深刻。

第二,反复强调记者、编辑要认真做调查研究。早在20世纪50年代初期,冷西同志就提倡新华社的记者、编辑对国内外的客观实际做调查研究,指出这是马克思主义的辩证唯物主义对新闻工作人员的起码要求,也是毛泽东同志的一贯教导。在第三次全国社务会议所作的报告里,他再次强调做调查研究,并且指出:"必须加强调查研究,养成实事求是的作风,克服主观主义的毛病。"应当说,冷西同志多次强调记者、编辑做调查研究,对我国新闻事业的发展具有极大的重要性。事实早已证明并将继续证明，只要我们沿着这个方向走，我们的新闻事业和其他各项事业就发展；反之，就会倒退。

第三，反复强调新闻工作人员学习马克思主义基本原理的重要性。建国初期，冷西同志在新华社总编辑任期内，就倡导新华社记者、编辑学习理论。在第三次全国社务会议上所作的报告中，他再次指出："干部的理论学习，是提高干部水平的基本环节，必须继续办好，并力求使之与报道工作结合。"他还提倡学习知识，包括人文科学知识和外语。以后，他又多次强调学习理论、学习知识的重要性。

我本人就是冷西同志这些教诲的受益者之一。

首先，我虽然从1948年就当新闻记者，但年幼无知，对什么是新闻几乎一窍不通。只是后来在冷西同志的教导下，才开始懂得一点什么是新闻。在此基础上，以后才一步一步有所提高。

其次，关于调查研究。当然，我首先是向毛泽东同志学习的。早在第二次国内革命战争时期，毛泽东同志就对当时的中央苏区从事过一系列调查研究，包括著名的《寻乌调查》《东塘等处调查》《兴国调查》《长冈乡调查》《才溪乡调查》，等等。但是，冷西同志的教导对我仍然具有重要意义。记得1949年7月到12月，我在任《江西日报》兼新华社江西分社（当时仍然沿袭战时体制，报、社合一，戴邦同志为《江西日报》副社长兼新华社江西分社第一任社长）记者期间，曾随军采访解放赣西南之役，接着访问前中央苏区。这次采访期间，我曾注意对赣南地区的社会基本状况进行调查。除了写新闻、通讯外，还曾写过一篇《赣南调查》。戴邦同志很重视，专门让分社同志把这篇调查刻蜡版油印，报送中南总分社转总社转呈中央（新华社20周年时，曾作为展品展出）。以后在卡拉奇分社、雅加达分社、联合国分社工作期间，我也程度不同地注意了对巴基斯坦、印度尼西亚和美国的基本社会状况和当前内政、外交动向的调查研究，并写过一些调研报告，包括对印尼共产党国内工作路线调研报告，报总社转中央。其中，对美国的调查比较广泛、深入，这不仅有助于新闻报道，而且为我以后从事对美国问题的学术研究打下了基础。

再次，关于理论学习。我的理论知识，是1946年在以李先念将军为首的新四军五师"中原突围"前在中原民主建国大学打下初步基础的；但理论根基不深。新中国成立以后，在冷西同志的引导下，我进一步认识了理论学习的重要性。记得1961年底从卡拉奇分社奉调回国后，我曾利用一个月的休假期间，第一次阅读《资本论》。但是，理论基础终究不扎实。后来在联合国分社工作期间，刚好碰上了美国发生1973—1975年经济危机。开始时，我还不知道是怎么一回事，回到办公室里重温马克思的经典著作，才懂得美国发生了一场严重的经济危机。事实证明，作为新闻记者，如果不懂得马克思主义的基本原理，在报道工作中就可能人云亦云，随波逐流，忽东忽西，迷失方向，是很难做好新闻工作的。后来我从新华社转到中国社会科学院以后之所以能做点学术研究，还是得益于在新华社工作期间在基本理论上打下的基础。

此外，还应当说明，在江西分社任职期间，我在主持报道江西社会主义改造方面之所以取得一些成绩，也是与以冷西同志为首的总社领导多次指示分不开的。这些指示，全面、准确地阐述了以毛泽东同志为首的党中央的精神，它们在《新华社文件资料选编》中都可以查到。

二

1955年，毛泽东同志曾说过一句饶有风趣的话："新华社要把地球管起来"，意思是新华社要尽可能向世界各国，包括尚未与我国建交的国家派出记者，建立分社（由于美帝国主义对新中国实行政治孤立、经济封锁、军事包围，当时与我国正式建交的国家不多）。在冷西同志协助下，周恩来总理主持从全国调集大批干部，在北京培训，准备派往国外。我和夫人江红就是在以冷西同志为首的总社领导的指定下从江西调到北京，并送到外交学院外语系学习的。学习结业后，总社领导就把我派往卡拉奇，随后又把我和江红同时派往雅加达。由此可见，我们夫妇都是冷西同志培养、选拔的。20世纪70年代，我们赴联合国分社工作，虽然是由当时的新华社军管小组所派遣，但我们的工作能力，包括新闻工作能力和外语能力，还是冷西同志担任新华社领导职务时培养的结果。对此，我们至今不能忘怀。

需要特别提及的是，我在雅加达分社的工作与冷西同志的关系。

1963年8月，以冷西同志为首的总社领导决定派我前往雅加达分社任社长。就此说三件事，主要是第三件。

第一，我抵达雅加达后，发现不懂印尼语根本无法工作。以冷西同志为首的总社领导送我进外交学院学英语，使我懂得了此事的重要性。于是，我要求前任分社社长沈定一同志暂时不要交班。我关起门来突击学习了一个月的印尼语，达到能大致读懂印尼文报刊上政治性消息和评论的水平，才开始接班。事实证明，我在雅加达分社的工作及随后与苏哈托反动政权的斗争中之所以能取得一些成绩，与这一条直接有关。

第二，我主持雅加达分社工作期间，在以冷西同志为首的总社编委会的领导下，曾经大力报道苏加诺总统的反帝反殖立场和对华友好政策，大力报道以艾地同志为首的印尼共产党所从事的民族民主革命斗争。这些报道，对加强我国与以苏加诺总统为代表的印尼民族资产阶级的反帝统一战线，对加强中国共产党与印尼共产党之间无产阶级国际主义的团结，曾起过一定的作用。

第三，苏哈托将军率部进入雅加达，在美国约翰逊政府的指使、指挥之下，推翻苏加诺总统，掀起白色恐怖狂潮。在此之前，我们虽对此事略有觉察，但由于要陪同一个亚非记协（当时总部设在雅加达）代表团访华，我当时在北京。在1965年国庆节天安门观礼台上，我是从总社同志那里听到这个消息的。于是，我立即要求返回雅加达。冷西同志向党中央请示后，在新华社社长办公室约我谈话。他说，中央同意我回雅加达，并给我传达了以毛泽东同志为首的党中央的指示精神。冷西同志语重心长地说："你这次返回雅加达，会遇到很大风险，甚至有生命危险。为了国际共产主义运动事业，必要的牺牲也是值得的。希望你按照党中央的指示，坚持斗争。"我表示一定照中央的指示办，请冷西同志放心。1965年10月9日，我飞往雅加达途中在柬埔寨首都金边停留。当晚，给夫人江红（她当时已在国内）写了一封信，说我准备牺牲在雅加达（这封信至今仍保存着）。10月10日，我飞抵雅加达。因雅加达实行宵禁，第二天向使馆党委传达了中央指示和冷西同志的谈话；接着立即将分社全体人员，包括华侨工作人员的家属撤回国内。从1965年10月11日到1966年4月1日，我根据党中央的指示和冷西同志的谈话，以及随后总社发来的电示，率领分社全体同志（包括华侨工作人员），为支持印尼共，与苏哈托政权的反共反华政策和在国内掀起的大规模白色恐怖浪潮进行了坚决斗争。分社全体同志（特别是谭东白同志），包括华侨工作人员，在这场斗争中都表现得很英勇。总社发给我们的有关揭露苏哈托政权残酷迫害印度尼西亚共产党和工农群众的长篇报道和评论，由分社华侨林宝泰、萧瑶壁、方学辉、李勉之、房奕强等同志译成印尼文，由麦棠源同志打字，由唐平安同志及时发送到各家各户，有时还冒着极大风险直接送到苏哈托家中。司机邹利章、卫生员温光辉同志也坚守岗位，毫不动摇。苏哈托政权连续袭击分社；最后使出了两手。一手是派出一个连的士兵，身穿便服，带着燃烧瓶，焚烧分社社址，我本人受伤，华侨丘国武同志因救火摔伤。在斗争中，我们还受到了我国驻印尼使馆的大力支持。由于分社社址被焚，我们临时迁进使馆居住。苏哈托政权的另一手，是由印尼外交部出面，干脆下令将分社封闭。在党中央的关怀下，我随即奉命率领分社全体同志，包括华侨工作人员，乘国内派去的专机撤回国内。从广州到北京，我们受到了广东省负责同志和以冷西同志为首的我国首都各界知名人士的隆重欢迎。我们之所以在雅加达做了力所能及的工作，是由于有党中央的英明决策，是由于有强大的祖国做后盾。尽管如此，周恩来总理还代表以毛泽东同志为首的党中央，在冷西同志陪同下，在人民大会堂接见了我和分社全体同志，包括华侨工作人员和他们的家属。总理与我和分社全体同志、家属一一握手。然后，总理首先亲切地问我："你多大了？"我答道："39岁。"总理说："从使馆发回的电报，我以为你已经50岁了。你还年轻，还可以为党做更多的工作嘛！"总理接着问我："印尼的锡产量有多少？"这个数字我本来是知道的，但由于当时满脑子都是与苏哈托反动政权的斗争，加上受到总理接见，情绪激动，竟一时答不上来。总理接着说："中央是准备你们牺牲在雅加达的。为国际共产主义运动献身，是光荣的。现在你们回来了，中央非常高兴。"最后，总理委托冷西同志亲自执笔写这条接见新闻，交《人民日报》刊载，并由中央电视台播放。随后，冷西同志还在新华社的办公室里接见了我和分社全体同志，发表了充满热情的谈话，并专门设宴招待。

  由此可见，我之所以在雅加达分社做了一点工作，从始至终都是冷西同志和以他为首的总社党组领导、支持和关怀的结果。

  也由此可见，冷西同志对雅加达分社的特殊关怀和指导，表现出了一位共产主义战士的优秀品质。

三

冷西同志从广播电影电视部部长的岗位上退下来以后，也就是他离休以后，作为一位老共产党员继续关注党和人民的社会主义事业，并为此继续努力奋斗。

1989年动乱以后，当时的党中央委托胡乔木、邓力群同志负责组织班子，总结70天（即从胡耀邦同志逝世到十三届四中全会）的经验教训。从1989年11月到1990年6月，我有幸与冷西同志在中南海西楼会议厅一起开会，探讨有关问题。我记得冷西同志在一系列问题上，包括我们所处的时代问题以及阶级观点、阶级分析问题，都发表过很精辟的见解。

应当着重指出的是，冷西同志撰写、出版《十年论战》的重大意义。

记得在1993年初，我登门拜访冷西同志，向他请教。谈话过程中，我曾建议冷西同志把他亲身经历过的对赫鲁晓夫修正主义的批判写出来，给后人留下一笔宝贵遗产。我之所以提出此建议，是因为他曾经是《九评》（九篇马克思主义与赫鲁晓夫修正主义尖锐斗争的理论文章）起草小组副组长。冷西同志欣然同意。但据我后来了解，并不是因为我曾提过建议，他早在1987年就已经着手撰写这部著作了。他自己说是"体弱多病"，实际上他患有严重的疾病，特别是心脏病，靠起搏器增强心脏功能。我们这些"老新华人"都知道，冷西同志早在新中国成立初期就有一只眼失明。尽管如此，冷西同志仍以坚强的毅力坚持埋头写作。在这部巨著里，他论述了中、苏两党从发生分歧到我党不得不公开应战的全部过程。在这上下两卷长篇著作中，他记载了毛主席的智慧和以毛主席为首的中国共产党领导层在这场与苏共斗争中的集体领导作用。冷西同志还如实、详细叙述了小平同志在1960年中苏两党会谈，同年10月在26国共产党起草委员会上与苏方的直接斗争，特别是同年11月81党会议上小平同志与赫鲁晓夫面对面、你来我往的尖锐争论。此外，冷西同志在这部著作里还叙述了小平同志在党中央常委会议上发表的许多正确观点，以及他主持讨论《九评》的撰写过程中所发挥的组织、领导作用。虽然冷西同志自谦是

"述而不作",这部学术著作不仅具有重大的理论意义,而且具有极其重要的历史意义和现实意义,不仅对我党和我国青年一代具有极其重要的指导作用,而且对国际共产主义运动也将发生越来越大的影响。

这部著作完成,并由中央文献研究室所属的出版社出版后,冷西同志十分兴奋。他立即给我打电话(由于我搬了家,电话号码变了,他通过中国社会科学院查到了我的电话号码),表示要赠书给我。我也立即向他表示热烈祝贺。他说,这部著作完全是靠他自己在参加反对赫鲁晓夫修正主义的斗争过程中所记的笔记写成的。我对他的这种认真、顽强的作风表示十分钦佩。

上述各点,就是我所知道的作为一位伟大的共产主义战士吴冷西同志一生的一部分光辉业绩。虽然我因突击撰写一本著作导致右眼失明,从1999年冬季以来一直在治疗过程中,未能前往拜访冷西同志,但我们的心是相通的。谨写这篇回忆文章,作为对老领导、老战友、尊敬的冷西同志的永恒纪念。

冷西同志永远活在我们心中!

(原载《当代思潮》2002年第5期,第44—49页)

1966年4月10日,张海涛受到周恩来总理接见,前排右五为周总理,右六为张海涛,右三为新华社社长吴冷西,对外文委、国务院外事办和外交部负责同志也参加了会见

1966年4月10日,周总理与张海涛亲切握手、交谈

谈谈美国"反恐怖"战争

一 什么是事情的真相？

在进入主题之前，首先要说明，中国共产党历来反对恐怖活动，即使是在革命战争时期也是如此。以毛泽东同志为首的中国共产党人认为：革命战争是群众战争，只有发动群众，才能进行战争；只有依靠群众，才能进行战争；恐怖活动不可能解决革命胜利的问题，而是适得其反。在西安事变期间，中国共产党之所以从大局出发，力主有条件地释放在1927年举行反革命政变后屠杀了大批共产党人和工农群众、在土地革命时期对人民革命武装反复进行过所谓"围剿"、罪恶滔天的蒋介石，其原因是：杀掉蒋介石不仅不能解决联合抗日的问题，而是有利于亲日派，不利于抗日统一战线的建立和争取抗日战争的胜利。

在说明了这一点之后，我们就可以展开对这个问题的讨论了。

世界上有没有恐怖主义或恐怖活动呢？是有的。例如，我国公安部公布的"东突"组织，就是恐怖组织，进行着罪恶极大的恐怖活动。再如，俄罗斯车臣民族分裂分子不断在莫斯科市和其他地区进行着极其严重的破坏活动，当然也是恐怖活动。此外，先后发生在印度尼西亚、沙特阿拉伯等国的大规模爆炸事件，自然也是恐怖活动。就这个意义而言，我们是赞成、支持国际反恐怖合作的。

至于本·拉丹（这是新华社的正式译名，在我国又译本·拉登）反对美国，则情况比较复杂。他使用恐怖手段对付美国，无疑是极其错误的，是我们绝对不能同意的。之所以要指出这一点，是由我们反对恐怖活动的原则立场所决定的。然而他进行的反对美国的恐怖活动，却有其社会阶级根源。就其本质而言，他所代表的基本上是被压迫民族；他反对的主要对象是帝国主义。比如，主要是由本·拉丹发动的"9·11"事件。他为什么不袭击美国的普通居民区，而是袭击美国垄断资本集团的大本营，即纽约市的世界贸易中心大厦（垄断资本集团的经济中心）、阿灵顿市的五角大楼（垄断资本集团的军事指挥中心）和企图袭击美国首都华盛顿市的白宫（垄断资本集团的政治统治中心，未遂）呢？显然，他反对的主要目标不是美国人民群众（尽管对纽约世界贸易中心大厦的袭击中也伤害了不少美国和其他国家的人民群众，造成严重悲剧），而是美国垄断资本集团本身。这反映的是什么矛盾呢？答曰：基本上是世界上被压迫民族与美国垄断资本集团之间的矛盾。

在这里简略提一下今年3月11日发生在西班牙的"恐怖"活动（简称"3·11"事件）。这场大规模的列车爆炸事件，由于其矛头直接指向西班牙政府的亲美倾向，特别是它支持美国入侵伊拉克的政策，因而震惊了西班牙和所有在入侵伊拉克问题上与美国绑在一起的国家。事件发生三天之后，即3月14日，支持美国入侵伊拉克的西班牙政府就在大选投票中被选民推翻。在支持美国入侵伊拉克的几个国家中，这是第一个被本国选民推翻的政府。新当选上台的社会党政府领导人立即表示：将在今年6月30日之前把协助美国入侵伊拉克的1300名西班牙军队全部撤回国内；并且说：入侵伊拉克的战争是建立在谎言基础之上的，小布什总统和布莱尔首相应当作自我批评。小布什总统呼吁西班牙继续与美国在伊拉克的占领军站在一起，遭到西班牙新政府领导人的严词拒绝。继西班牙之后，洪都拉斯政府也表示，将要把本国派往伊拉克的370名军人撤回国内。这无疑是对美国政府发动的入侵伊拉克战争的一个沉重打击。实际上，这次西班牙爆炸事件所反对的还是美国垄断资本集团及其所从事的对外侵略，西班牙前政府只不过是追随美国的一个牺牲品而已。

值得注意的是：本·拉丹袭击美国恐怖活动的参加者，不仅有拉丹从国外派遣的人员，而且有不少美国本土的美国公民。其中包括美国士兵、大学生及其他各界人士。就美国士兵而言，仅仅是美联社在一周之内的报道，就有两名"国民警卫队"队员因被指控做本·拉丹的内应而遭逮捕。如果没有他们（她们）所做的配合，拉丹本领再大，也不可能对美国实行袭击。这反映的是什么矛盾呢？答曰：是美国国内的阶级矛盾。

更为重要的是：以小布什总统为首的美国政府对"9·11"事件所采取的态度。一系列权威的事实证明：是美国政府故意让"9·11"事件发生，以之作为对阿富汗、伊拉克发动战争的借口。据英国前环境国务大臣迈克尔·米彻在《卫报》上发表的文章透露：首先，在"9·11"事件发生之前，至少有包括以色列在内的11个国家向美国提供了有关将发生"9·11"事件的情报，但美国政府根本不予理睬。其次，在飞机袭击纽约世界贸易中心大厦，特别是在袭击五角大楼之际，距离首都华盛顿仅10英里的安德鲁斯空军基地却没有出动一架战斗机起飞拦截。再次，美国政府不是口口声声、发誓赌咒地声称：一定要逮捕本·拉丹吗？可是，除总统以外的美军最高指挥官、参谋长联席会议主席迈尔斯将军却说："逮捕本·拉丹根本就不是我们的目标！"文章还提到，早在2000年9月，美国副总统切尼、国防部部长拉姆斯菲尔德、小布什总统的弟弟杰布·布什等高级军政官员就拟订了一个"美国主宰世界的蓝图"。美国的国家档案显示：在1941年12月7日发生"珍珠港事件"之前，罗斯福总统就已经接到了有关情报；但总统扣押了该情报，始终没有将该情报传达给停泊在珍珠港的美军舰队，让日本飞机一批又一批地对美军舰队实行狂轰滥炸，从而引发了美国参加第二次世界大战。① 同样，小布什政府拟订的上述"美国主宰世界的蓝图"也指出："如果没有像珍珠港那样的灾难性的刺激事件"，要将美国变成"明日的主宰"，可能是一个漫长的过程。上述这两个借口的唯一不同之处是：罗斯福总统制造借口，是为了参加一场正义战争，即反法西斯战争；而小布什政府制造借口，则是为了打阿富汗，特别是入侵伊拉克的非正义战争。

小布什政府制造借口，还有其他许多证据。例如，曾经在里根政府、老布什政府、克林顿政府和小布什政府的国家安全委员会任职，为小布什政府的首席反恐怖专家、2003年2月才辞职的理查德·克拉克，在他撰写

---

① Michael Meacher, "This War on Terrorism is Bogus—The 9/11 attacks gave the US an ideal pretext to use force to secure its global domination", *Guardian*（英国《卫报》），2003年9月6日；新华社特稿：《英前环境大臣米彻著文惊世："9·11"原是阴谋一场》，http://www.hnol.net，2003年9月11日。

并于 2004 年 3 月 21 日开始销售的专著《反击一切敌人》和 3 月 19 日在哥伦比亚广播公司《60 分钟》节目的答记者问中，都公开指责小布什总统蓄意让"9·11"事件发生而不予理睬。克拉克说，早在 2001 年 1 月 24 日，他即曾就本·拉丹可能对美国发动袭击一事向小布什政府的国家安全委员会送交了备忘录，要求召开紧急会议予以讨论；但是他的要求没有被接受。他说："在'9·11'事件发生之前，我们本来有可能采取措施予以制止，但总统对此事一直压着，不予理睬。"① 还有，在"9·11"事件发生的两年之前，多达 19 名的"9·11"事件的参与者即曾被许多美国高级官员描绘为遵纪守法的旅游者，因而获准在美国合法居住；但事实证明：其中至少有 13 人的护照明显是通过种种非法手段伪造的，而美国政府有关部门却让他们安然无恙地在国内居留。再如，在"9·11"事件发生之前不久，情报部门已经感到恐慌了，但美国政府的航空管理当局对加强防范袭击却什么措施也没有采取。又如，对于"9·11"事件，一位新泽西州前州长做了这样的评论："我们都沉睡不醒，所有防范此事件的机会都丧失殆尽了。"此公所说的机会，包括一批又一批的伪造签证不予识破；以及尽管存在着种种警告，但航空管理当局在机场入口处的安全检查没有制止可疑人员入境。为了制造借口，小布什政府的教育部部长罗德·佩奇甚至不惜将全国最大的教师协会宣布为"恐怖组织"。有关这类的证据还有不少，不再一一列举，就算是"为尊者讳"吧。

那么，小布什政府及其高级军政官员为什么故意让"9·11"事件发生，制造这一系列借口呢？一句话，是为了大量增加军费，对内刺激经济，对外发动所谓"反恐怖"战争，目前主要用于阿富汗、伊拉克战争。据美国联邦国会研究中心提供的数字（换算成 2003 年可比价格），美国在第一次世界大战中支付的军费为 5880 亿美元；在第二次世界大战中支付的军费为 4800 亿美元；在侵朝战争中支付的军费为 4080 亿美元；在侵越战争中支付的军费为 5840 亿美元；由老布什总统发动的第一次海湾战争中支付的军费仅为 820 亿美元。那么，小布什政府在这场"反恐怖"战争

---

① Rebecca Leung, Clarke's Take on Terrer—What Bush's Ex-Adviser Says About Efforts to Stop War On Terror, CBS（美国哥伦比亚广播公司），2004 年 3 月 19 日。

中要支付多少军费呢？到 2004 年为止，总额将在 1500 亿美元。也就是说，小布什政府为了打这一场自己制造借口的"反恐怖"战争，支付的军费大大超过了老布什政府打的第一次海湾战争，只是低于上述其他战争（除第二次世界大战外，均为帝国主义战争和对外侵略战争）。小布什政府为什么要这么做？如果借用美国前总统艾森豪威尔的话来说，站在这个政府的背后在发挥作用的，是"军事—工业集团"。

事情还不仅如此。为了实行所谓的"反恐怖"战争，美国政府到处逮捕，"将来自几乎半个世界"（准确地说，是 40 多个国家）、讲着 18 种语言（包括英语讲得很好的知识分子）的大批（至少 660 人）所谓"恐怖分子"关押在被美国长期占领的古巴"关塔那摩海军基地监狱"，也就是"集中营"，用极为残暴的恐怖手段对付这些"恐怖分子"。这些人被"戴着手铐，封着嘴巴，蒙着眼睛，身着囚服"，无休无止地被囚禁在那里。监狱当局还让医生强行给"恐怖分子"注射，使被注射人处于瘫痪状态，头脑麻木，不能思考任何问题。"那里不实行美国宪法有关监狱的规定，没有释放的日期，没有法庭，也不能上诉，一切均由美国总统决定。"也就是说，要由小布什总统决定。连美国《华盛顿邮报》也以《关塔那摩的无法无天》为题，发表署名文章，指出："那种与世隔绝、完全绝望的处境，已经导致了重大伤亡。""在被囚禁者中，20％的人被迫服用抗镇静药物；32％的人曾经企图自杀。""再没有任何人士比国防部部长拉姆斯菲尔德更为傲慢的了。2002 年 1 月，在答复为什么《日内瓦公约》不能适用于这些被囚禁者的提问时，这位部长竟然说：他对这些被囚禁者所受到的待遇连最低限度的同情也没有！"[①] 不仅如此，甚至连美国基督教会要求派一个小型代表团，前往关塔那摩海军基地探视这些所谓的"恐怖分子"时，五角大楼也断然拒绝！难道这就是美国政府所宣称的"反恐怖"战争吗？如果说是美国政府在从事恐怖活动，是不是更准确一些呢？美国政府信誓旦旦地宣称要"保卫人权"，难道如此残酷地摧残这些被囚禁者，就是"保卫人权"吗？如果说这是美国政府在侵犯人权，是不是更准确一

---

① Richard Cohen,"Lawless in Guantanamo", *The Washington Post*（《华盛顿邮报》），2004 年 1 月 20 日。

些呢？

小布什政府打阿富汗和入侵伊拉克的战争，所举的旗号都是"反恐怖"。美国政府说打阿富汗是为了"反恐怖"，有点道理，因为本·拉丹曾经在阿富汗境内活动过；然而也并非完全有理，因为拉丹行踪不定，此人有时在阿富汗境内，有时在巴基斯坦境内，美国军方最近甚至扬言，说此人的活动区域已经延伸到了非洲。至于说入侵伊拉克是为了"反恐怖"，就完全没有道理了。尽管美国政府副总统切尼等人一口咬定伊拉克前领导人与本·拉丹关系密切，但就是小布什总统本人2003年9月在会见美国联邦国会议员时也不得不承认："我们没有证据能证明萨达姆·侯赛因（按：美国入侵前的伊拉克总统）卷入了'9·11'事件。"① 美国政府在以"反恐怖"为名发动的阿富汗、伊拉克战争中，屠杀了手无寸铁的、成千上万的平民百姓，包括妇女、儿童，而且至今仍在屠杀着，难道这也是"反恐怖"吗？如果说这是美国政府自己在从事恐怖活动，是不是更准确一些呢？

那么，美国政府费了九牛二虎之力发动的"反恐怖"战争，战果究竟如何呢？对这个问题的答案是：不仅没有反掉"恐怖"，而是适得其反。笔者在《七论美国"赌博资本主义"》一文中，曾经援引过美国一家报纸提到的埃及总统穆巴拉克的预言："对伊拉克的战争将产生100个新本·拉丹。"事实证明，这位埃及总统的预言是正确的。何以见得呢？请看以下事实：（1）卡塔尔半岛电视台一再播放本·拉丹的讲话录音。此人在讲话中反复谴责美国对伊拉克发动的战争，并号召伊拉克人民继续抵抗美国占领军。（2）根据美联社最近所做的一项调查，包括美国的两个邻国和五个欧洲国家的绝大多数人认为：美国对伊拉克发动的"反恐怖"战争不仅未能减少"恐怖"活动，而是使这类活动对全世界的威胁进一步增加了。（3）近来，"恐怖"活动还直接威胁到美国联邦国会和白宫。这就是今年2月相继在联邦国会大厦和白宫发生的蓖麻毒品事件，在参议院大厦里至少

---

① Bush, No Link Between Iraq, Sept. 11 Attacks, FoxNews.com（美国福克斯新闻），2003年9月17日；James P. Pfiffner, Did president Bush Mislead the Country...Does It Matter? www.American Heritage.com（美国传统网）。

有16人中毒，曾迫使国会大厦里的参议员办公室一度关闭。（4）最近，美国中央情报局的负责人在联邦国会参议院情报委员会举行的听证会上作证时说，本·拉丹现在仍然有能力再一次对美国发动"9·11"式的突然袭击。（5）为了防止本·拉丹对美国客运飞机的袭击，美国政府已正式提出在这类飞机上安装反导弹技术设施。那么，时至今日，美国究竟把本·拉丹逮捕到了没有呢？有人说，已经逮捕；但美国政府和军方坚持否认，看来是没有抓到。退一步说，即使是抓到了本·拉丹，美国政府发动的"反恐怖"战争就可以告捷了吗？显然不能。如前所述，本·拉丹所从事的恐怖活动，有其社会阶级根源，也就是美国所面临的国际、国内矛盾（归根结底，这些均属于阶级矛盾的范畴）。只要这些矛盾没有解决，它所面临的"恐怖"威胁就不可能结束。而美国政府既不愿意又无能力解决这些矛盾。

二 为何要打阿富汗和伊拉克？

先简略说一下阿富汗战争。

美国政府为何要出兵打阿富汗呢？首先，它是为了占领阿富汗，进而将其势力范围推进到中亚，从而威胁俄罗斯，并从西北方向包围我国。只要翻开世界地图看一看，它的这种意图就一目了然。其次，是为了石油。20世纪的历史事实表明，美国经济是靠剥夺国外（主要是中东地区和拉丁美洲）的廉价石油发展起来的。现在，它剥夺的范围已不再局限于上述地区，而是要扩展到中亚。阿富汗并不盛产石油，但这个国家对美国攫取中亚（里海沿岸国家，包括土库曼斯坦、乌兹别克斯坦、哈萨克斯坦等国）石油和天然气却十分重要。只要占领了阿富汗，美国就可以绕过俄罗斯，直接将油气管道从中亚经阿富汗铺设到巴基斯坦，将中亚石油和天然气输送到阿拉伯海，转道运往美国和其他国家。早在"9·11"事件发生前几天之前，小布什政府能源部的下属机构即曾提交书面报告，说明了阿富汗这种"战略地缘地位"的重要性。就这样，美国对阿富汗的战争于2001年10月7日开始打响。

现在再说伊拉克。

美国为什么要入侵伊拉克呢？

第一，是为了争夺战略资源，即石油和天然气。笔者在《七论美国"赌博资本主义"》里，已经就小布什总统、切尼副总统等本人及其家族与美国石油垄断资本集团之间的密切联系，以及打伊拉克这场战争是为了夺取石油等问题，做过说明。此处需要补充的是：1973年中东战争期间，包括伊拉克在内的海湾阿拉伯产油国（它们是欧佩克——石油输出国组织，即第三世界实力最强的原料输出国组织中的主要成员）和伊朗曾经使用"石油武器"，对美国实行石油禁运，对美国国民经济形成过严重威胁。小布什政府此次出兵占领伊拉克，就是为了剥夺海湾产油国再次使用石油武器对付美国的权利，并企图一举摧毁欧佩克，为美国石油垄断资本恣意横行扫清道路。不仅如此，美国政府还企图通过占领伊拉克，将包括沙特阿拉伯、阿拉伯联合酋长国、科威特等国在内，占全世界石油储量67%的海湾地区掌握在自己手中，从而控制世界石油供应，进一步建立美国的石油霸主地位，钳制世界其他国家。如果有谁敢于违抗美国的命令，美国就可以卡谁的脖子，中断其石油供应。归根结底，美国政府要在与世界列强对战略资源的争夺战中抢先占领战略制高点，造成有利于自己的形势。这也就是包括法国、德国、俄罗斯在内的主要欧洲国家为什么反对美国入侵和占领伊拉克的重要原因之一。

第二，是为了占领战略要地。（1）美国政府出兵占领伊拉克，首先是为了将它变成美国的附属国；用英国《经济学家》的语言来说，是为了制造"又一个现代保护国"（another modern protectorate）。就是美国政府为伊拉克制定的"临时宪法"，也是以《美利坚合众国宪法》为基本蓝图的。按照美国宪法的模式为伊拉克制定"临时宪法"，就是为了将伊拉克"美国化"。这是为了将美军占领下的伊拉克建成像美国那样强大的主权国家吗？当然不是。恰恰相反，所谓"美国化"，就是要将伊拉克变成美国的"保护国"或曰"托管地"。还有一个美国占领军的问题。美国参谋长联席会议副主席比得·佩斯将军不是早就声明过：一旦"任务完成"，美国占领军就将撤出伊拉克吗？事实的真相果真如此吗？请听听美军驻海湾地区司令约翰·阿比蔡德将军是怎么说的吧。这位将军说："简而言之，没有美国军队的保护，任何新的伊拉克政府都不可能生存。"再请听听美国政府国防部部长拉姆斯菲尔德是怎么说的吧。这位部长说：美国"没有早期从伊拉克撤军的计划"。再请听听小布什总统是怎么说的吧。这位总统说："我们可能有较少的军队驻在伊拉克，我们可能有与现在同样数量的军队驻在伊拉克，我们也可能有更多的军队驻在伊拉克，总之，一切均以保证伊拉克的安全为必要前提来决定。"那么，一旦美国政府将管理伊拉克的权力交给了伊拉克人（无论真假，此事总有一天是要办理的）以后，美国占领军就会撤出伊拉克吗？答曰：不会。那么，美国占领军有什么办法继续在伊拉克待下去呢？答曰：办法有的是。据美国政府官员说，其中的一种，就是美国占领军"应伊拉克新政府的邀请，为确保伊拉克稳定及其继续重建"而进一步在伊拉克驻扎下去。这是什么意思呢？这就是说，无论如何，美国占领军也不会从伊拉克撤走，充其量也不过是驻军多少而已。此外，美国还正在培养伊拉克人，充当亲美的伪军。

第三，美国政府入侵并占领伊拉克，其目的也不仅仅限于伊拉克。伊拉克处于中东地区的要害部位。美国占领伊拉克，其战略目标是为了控制整个中东地区。美国政府不是还有一个"大中东民主化"的"伟大"工程吗？也就是说，它要按照所谓的美国"民主模式"改造整个中东地区，包括沙特阿拉伯王国、阿拉伯联合酋长国、科威特王国等等国家，一直延伸到埃及，将它们一律纳入美国的附庸国范畴。小布什总统不久前在一篇公开演讲中，即曾就实行所谓的"民主制度"问题向埃及、伊朗、叙利亚等国发起挑战。为达此目的，美国政府一方面在上述海湾阿拉伯国家驻军或保留军事基地，另一方面也正在采取其他措施，包括宣传手段。在伊拉克，美国政府已经采用了这种手段。在伊拉克现在准许出版、发行的报纸中，每天发行量达75万份的一家日报，就是美国五角大楼主办的。五角大楼还在伊拉克开办了一家电视台，对伊拉克观众从事亲美宣传。对整个中东的阿拉伯国家（实际上，阿拉伯国家还延伸到非洲，包括埃及、利比亚、阿尔及利亚等国），美国政府也采取了同样，甚至是更强有力的措施。其中包括开办阿拉伯语广播的"萨瓦电台"，出版阿英双语的杂志《嗨》；此外，还开办了名为"自由一台"的阿拉伯语卫星电视台，进行亲美宣传。这家电视台的总部设在美国首都华盛顿，并在包括巴格达在内的好几个阿拉伯国家的首都设了办事处。由此可见，美国政府为了在世界上占领战略要地，与包括法、德、俄在内的欧洲列强争夺势力范围，企图达到独霸世界的目的，真可谓用心良苦。

三 帝国"雄心勃勃"

我们说小布什政府的"帝国雄心勃勃"，其主要依据是：

从这届政府上台执政的2001年起，已连续打了两场战争，即上述阿富汗战争和伊拉克战争。这两场战争，至今仍在继续进行中。

小布什总统宣称，打阿富汗和伊拉克是为了"保卫美国的安全"。由于联合国安全理事会多数常任理事国和绝大多数非常任理事国持坚决反对态度，美国是在没有得到联合国安理会授权的前提条件之下入侵伊拉克的。小布什总统事后扬言："为了保卫我们国家的安全，美国将永远不会寻求别人的批准！"[①] 这位总统还说："美国有足够的资源和意志将这场战争打到底，直到取得最后胜利。无论是我们的朋友或敌人都不应怀疑这一点。"

2003年11月，在访问英国前夕，小布什总统对英国《太阳报》发表谈话说："如果有必要，为了确保世界的长期安全，美国将单独地、再次地发动战争！"

由此可见，小布什总统可以说是目空一切，实在是"雄心勃勃"就是了。

小布什总统如此目空一切，还有他的理论基础。这就是总统在2003年9月20日公布的《美国国家安全战略报告》里所提出的"先发制人"战略。实际上，小布什总统入侵伊拉克，使用的就是这种"战略"。美国政界将总统提出的这种"战略"称为"布什主义"。

应当指出，小布什总统提出的"先发制人"的对外发动侵略战争的"战略"，即所谓"布什主义"，是继承了美国进入垄断资本，也就是帝国主义阶段后对外发动侵略战争的遗产。从1900年至1991年，在这91年

---

① "Text of President Bush's 2004 State of the Union Address", *The Washington Post*, 2004年1月20日。

的美国对外战争史里的最后一场战争，就是小布什总统的父亲、老布什总统打的海湾战争，也就是第一次入侵伊拉克的战争。小布什总统打的这场入侵伊拉克的战争，是继承父志，打的第二次入侵伊拉克的战争。但小布什总统又有发展。其主要表现是：（1）小布什总统不仅有战争行动，而且有理论，就是以"先发制人"为内容的"布什主义"。（2）老布什总统打的第一次入侵伊拉克的战争，未能如愿以偿，中途停战。小布什总统不仅入侵，而且占领了伊拉克。（3）老布什总统打过一场入侵巴拿马的战争，但那是在距离不远的美国政府的所谓"后院"，而且打了就撤走。小布什总统则不然。他不仅打了远离美国万里之外的阿富汗战争和伊拉克战争，而且打了不走，美国军队至今仍然留在那里，没有撤走的迹象。

小布什政府本来是企图在占领伊拉克之后，紧接着就使用武力，一鼓作气地把叙利亚拿下。但是，由于联合国安全理事会（美国入侵伊拉克，即曾遭到安理会的断然拒绝）、广大阿拉伯国家和全世界发展中国家的坚决反对，加上阿富汗，特别是伊拉克战争一直未能结束，美国在兵力上捉襟见肘，因而不得不偃旗息鼓，未敢贸然进犯叙利亚。但是，尽管美国政府公开承认叙利亚政府并未隐藏伊拉克的所谓"大规模杀伤性武器"，也没有窝藏萨达姆政府的高级官员，没有做任何冒犯美国的事，美国政府仍然经过联邦国会通过了"制裁"叙利亚的法案，小布什总统还正式签署该法案，使之成为法律，对叙利亚实行所谓制裁。

小布什政府对外扩张，除了发动战争外，还有另一手，即官方与民间相结合、使用美元这种方式。其中之一，在中东以外，就是格鲁吉亚。格鲁吉亚前总统谢瓦尔德纳泽曾经是苏联共产党的高级干部，在担任戈尔巴乔夫政府的苏联外交部部长时，就是一个亲美派人士，在协助美国演变苏联的"事业"中，曾经为美国老布什政府立过汗马功劳。苏联瓦解后，格鲁吉亚从苏联分裂出来，成为独立国家。谢瓦尔德纳泽回到故乡，就任格鲁吉亚总统，在位11年期间继续推行亲美政策。此公万万没有想到，小布什政府竟然对他不满，要把他这位亲美派总统拉下马！2003年11月，美国政府通过官方与民间结合的方式，由金融巨头绍罗什出面，用巨额资金大力支持谢氏的反对派，将这位亲美派总统赶下了台。下台以后，谢氏在接受新闻记者采访时还说，他不明白为什么美国要把自己赶下台！令这位格鲁吉亚前总统不明白的真正原因有两点：(1) 他容允俄罗斯在格鲁吉亚保留军事基地，这是美国所不能接受的；(2) 小布什政府不仅有一个"大中东民主化"的蓝图，而且要在格鲁吉亚实行美国式的"民主化"。因此，在谢氏被迫宣布辞职时，美国白宫立即表示欢迎。简而言之，就是美国政府要与俄罗斯争夺格鲁吉亚，美国在这场争夺中取胜，从而进逼俄罗斯，而谢瓦尔德纳泽则成了这场争夺中的牺牲品。由此可见，谢氏的屈辱下场可为世界上一切亲美派人士提供可资借鉴的教训！

此外，对小布什政府来说，有一个更为重要的地区必须实行美国式的"民主化"。这就是历来被美国统治集团视为"后院"的拉丁美洲。目前，小布什政府的首要目标是委内瑞拉。作为欧佩克的重要成员国，在美国入侵伊拉克之前，委内瑞拉总统查维斯曾经访问过伊拉克，受到当时的伊拉克总统萨达姆的热烈欢迎。查维斯总统对拒不实行美国式"民主制"的社会主义古巴奉行友好政策，并经常批评美国的对外霸权主张。凡此种种，都使这位总统成为美国政府的眼中钉，必欲除之而后快。包括总统国家安全事务助理赖斯女士在内的美国政府高级官员一再公开指责查维斯总统不讲"民主"和奉行与古巴友好的政策。小布什总统也公开发表讲话，说"美洲没有独裁者存在的余地"。他将所谓"独裁者"的矛头直接指向古巴，并指桑骂槐地涉及委内瑞拉。最近一个时期以来，委内瑞拉政局一直不稳，反对派进行着种种反对查维斯总统的活动，要将这位合法总统在2007年任期届满之前推翻。查维斯总统反复指责美国政府给委内瑞拉反对派提供资金，干涉委内瑞拉内政。委内瑞拉是美国的主要石油供应国之一。查维斯总统严正声明：如果美国不停止干涉委内瑞拉内政，委内瑞拉将被迫停止向美国供应石油。目前，委内瑞拉与美国之间的激烈较量还在继续中。最近发生的海地政权更迭事件，幕后操纵者主要也是美国。

四　帝国的困境

然而小布什政府对外扩张虽"雄心勃勃"，却志大才疏，已经使美国统治集团陷于严重困境之中。其主要表现是：

小布什政府打的阿富汗战争，至今已两年零五个月了，仍在继续中。

虽然美国到现在还有10000名军人在阿富汗，虽然北大西洋公约组织也向阿富汗派遣了不少部队，虽然美国政府的国防部部长拉姆斯菲尔德亲自赴阿富汗视察，发号施令，但这场战争就是结束不了。塔利班仍在顽强抵抗；阿富汗的诸路军阀也各霸一方，不肯听命。

小布什政府入侵伊拉克的战争，至今也已满一年了。举世周知，美国军队已经陷入了伊拉克游击队不断打击的泥潭中而不能自拔。美国政界早已将入侵伊拉克战争与入侵越南战争相提并论。为什么呢？请看以下事实：

首先，据美国国防部公布的官方数字，从2003年3月19日到同年4月底，即在对伊拉克的正式战役期间，美军被打死的官兵只有115人。但截至2004年3月13日，美国在伊拉克被打死官兵已达664人，其中549人是在小布什总统于2003年5月1日宣布对伊拉克战争的主要战斗已经结束以后被打死的。此外，有3212名美军官兵在伊拉克战场上受伤，其中大部分是在2003年5月1日以后受伤的。这样，美国在伊拉克伤亡的总人数为3876人。但五角大楼公布的这个数字，并不准确。据美国报刊报道，仅运送到位于德国的美国军事医院的美军在伊拉克的伤兵即高达10000人。他们被送回美国后，即被零零星星地分散在全国各地的医院里，借以掩盖实际伤亡人数的真相。

其次，美军用以镇压伊拉克游击队的直升机，不断被伊拉克游击队击落。从小布什总统2003年5月1日宣布伊拉克战争的主要战斗结束以后，到2004年3月14日止，美国在伊拉克的军用直升机共被击落15架，机上的官兵基本上被击毙。

再次，值得一提的是：在伊拉克战场上被击毙的美军官兵里，有美国五角大楼国防情报局"反恐怖"情报部门负责人基克·阿克曼。另外，迄今为止，在伊拉克战场上被击毙的，还有15名美国女兵。她们是为了挣钱求学，或者是为了摆脱贫困，而参加美国军队、走上伊拉克战场的，不料一失足成千古恨，竟被打死在异国他乡！

最后，在伊拉克游击队的炮火袭击下，一系列美国高级军政官员差一点被击毙，可以说九死一生。其中最重要的一位，就是美军中央司令部司令、中东地区美军统帅阿比扎伊德将军。2004年2月12日，当这位将军的车队抵达巴格达以西费卢杰市的民防司令部院内后，突然遭到伊拉克游击队的火箭弹袭击。在美军还击的保护下，这位将军侥幸逃脱。最重要的第二位，是美国国防部副部长、这场入侵伊拉克战争的主要策划者之一沃尔福威茨。2003年10月26日，这位副部长为在现场视察美军作战状况，住在巴格达的拉希德饭店，突然遭到伊拉克游击队的火箭弹袭击，守卫该饭店美军士兵多人伤亡，副部长侥幸保住了自己的生命。此外，美国驻伊拉克临时管理当局的主要负责人，也曾遭到伊拉克游击队的袭击，侥幸逃脱。

这场伊拉克游击战具有如下特点：

第一，小布什政府本来以为，只要美国军队长驱直入，占领了伊拉克全境，这场侵略战争基本上就胜利了。出乎他们意料的是，对伊拉克人民群众来说，国土被占领，只不过是这场战争的开始，真正的反侵略战争还在后头。

第二，伊拉克国土大部分是沙漠地带，不适宜于打游击战。但是，伊拉克人民群众就偏偏在这样的国土上展开了持久的游击战。这也是小布什政府意料之外的。

第三，在占领伊拉克之后，包括小布什总统、拉姆斯菲尔德国防部长在内美国军政要人曾一再亲自赴伊拉克视察，在现场对美国军队发号施令。遵照总统、国防部长和参谋长联席会议主席的命令，在伊拉克的美国军队，包括在美国和世界上都是最强的数字化部队，即第四机械化步兵师，对伊拉克游击队实行了包括所谓"铁锤"战役在内的一系列"围剿"。但这一切都无济于事。伊拉克游击队只有步枪、短程导弹、手榴弹和地雷，还有就是与敌人同归于尽的"人体炸弹"。就是这样的装备处于绝对劣势的游击队，却弄得美军无计可施。游击队到处袭击，而将袭击的重点摆在美军司令部鼻子底下的巴格达。巴格达被英国《经济学家》称为"炸弹之城"（Baghdad, city of bombs）。美军对此却无能为力，频频挨打。

另外，美国军事当局不是还培训了70000名伊拉克警察部队吗？难道这些伊拉克警察就会那么忠诚地为美国服务吗？实际情况说明：不会。

第四，美国政府认为，伊拉克游击队是由前总统萨达姆领导的；只要抓着了萨达姆，就可以在消灭伊拉克游击队之战中毕其功于一役。2003

年 12 月 13 日，美军果然把萨达姆抓到了。这以后，伊拉克游击队就被消灭了吗？没有。不仅没有被消灭，伊拉克游击队对美国侵略军的袭击还进一步加强了。在国破家亡之际，即使是有些原来对萨达姆不满的人，现在也抗议美军逮捕萨达姆。就在萨达姆被捕后的几个小时，巴格达至少发生了三次爆炸事件，造成驻伊美军大量伤亡。随后，在伊拉克众多城镇，都发生了人民群众抗议美军逮捕萨达姆的游行示威，甚至用砖块袭击美军。在费卢杰，数百名伊拉克人民举着萨达姆画像，走上街头游行示威，朝天开枪；有不少人还冲进了伊拉克"临时政府"大楼。之后，伊拉克游击队的袭击活动继续进行，至今没有停止或减弱的迹象。据报道，伊拉克游击队实际上是由前伊拉克政府第二号人物易卜拉欣领导的。他是伊拉克游击队的领导核心。迄今为止，美军并未能抓住他。退一步说，即使易卜拉欣被捕，伊拉克游击队的活动就会停止吗？不会的。只要美国对伊拉克的占领不结束，伊拉克人民的游击队活动就不可能结束。届时还会有第二个、第三个易卜拉欣站出来领导。

本文写到这里，有一个问题需要回答。这就是：为什么如此强大、不可一世的美国军队，却打不赢这么弱小的伊拉克游击队？就原则而言，是战争的性质问题。美国军队打的是一场非正义战争；而伊拉克游击队则打的是一场保卫祖国的正义战争。具体地说，其原因有如下几点：(1) 美国军队不仅占领了伊拉克国土，迫使广大伊拉克人民沦为亡国奴，而且残酷地屠杀大量手无寸铁的平民，不能不引起伊拉克人民群众起来反抗。根据一家权威机构，即设在英国伦敦的国际内科医生防止核武器组织所做调查后发表的报告（美国"内科医生支持社会责任"组织也签署了这个报告），仅截至 2003 年 11 月，被美军屠杀的伊拉克平民就在 21000 到 55000 人之间；那些幸存者的健康状况也在急速恶化。如此大规模残害平民，难道是能够容忍的吗？此外，美国军队还杀害了不少他们自己培训的伊拉克警察。(2) 美国军队的士兵都是雇佣兵，被本国政府以高薪引诱入伍；加上入侵伊拉克出师无名，他们（她们）大都是被迫走上战场的，因而士气低落。由于在伊拉克游击队不断袭击面前产生恐惧，1/5 的美国占领军在精神上处于高度紧张的反常病态之中。到 2003 年 12 月止，已经有 600 名以上的美军男女士兵出于"非正常的健康"原因，被撤出伊拉克。截至 2004

年1月24日，在伊拉克的美国占领军里至少有22名士兵自杀，其中绝大部分是在小布什总统宣布伊拉克战争中的主要战斗结束以后发生的。一些从伊拉克和阿富汗轮换归国的士兵还杀害了自己的妻子；有些士兵杀妻以后自杀。(3) 就伊拉克游击队战士而言，情况恰恰相反。他们是为保家卫国而战，为正义而战，因而表现得十分顽强勇敢。一个愿意用"人体炸弹"，即用自己的生命与敌人同归于尽的民族，即使武装到牙齿的美国军队能够战胜吗？

小布什政府要在整个中东地区实行美国式的"民主化"的"伟大"计划，能实现吗？从目前形势来看，这充其量不过是纸上谈兵，幻想而已。在美军占领下的伊拉克境内实行美国式的"民主化"，由于小布什政府在伊拉克穆斯林中采取分而治之的政策，主要扶植什叶派，遭到逊尼派的激烈反对，还引起库尔德民族的不满，已经举步维艰。反对美国此项企图的，还有伊拉克的周边国家。自美国发动入侵伊拉克的战争以来，包括沙特阿拉伯、约旦、叙利亚、土耳其、伊朗、科威特、巴林、埃及等国的外交部长，先后举行了五次会议，反对美国入侵和占领伊拉克。第五次会议于2004年2月15日在科威特城举行，并通过联合宣言，强调必须保持伊拉克的独立和领土完整，尊重伊拉克主权，不干涉伊拉克内政；并强调伊拉克人民有权决定自己的政治命运。阿拉伯联合酋长国总统扎耶德也明确指出：美国（还有英国）"应该将政权交还伊拉克人民，让伊拉克人民自己管理自己"。至于说在整个中东，甚至把埃及也包括在内的广大地区实行所谓的美国式"民主化"，亦即将这个地区的所有国家变成美国的附属国，那就不过是望梅止渴罢了。难道沙特阿拉伯王国、阿拉伯联合酋长国会同意吗？难道阿拉伯叙利亚共和国、黎巴嫩共和国会同意吗？难道阿拉伯埃及共和国会同意吗？难道阿拉伯国家联盟会同意吗？他们都不会同意。埃及总统穆巴拉克首先举起了反对美国"大中东民主化"的旗帜。这位总统在访问意大利首都罗马时公开说："我们自己比任何别人都更好地了解我们这些国家。""我们不会准许从外面将某种模式强加在我们这些国家的头上。"① 在小布什政府威胁叙利亚时，这位埃及总统立即飞往大马士革，与叙总统举行会谈，表示埃及坚定支持叙利亚。埃及在其中发挥重要作用的阿拉伯国家联盟不仅举起了反对美国入侵伊拉克的旗帜，最近也举起了反对美国的所谓中东"民主化"的旗帜。不仅如此。难道所有穆斯林国家会同意吗？难道全世界发展中国家会同意吗？难道欧洲联盟会同意吗？他们都不会同意。如果美国政府一意孤行，岂不是把鸡蛋往石头上碰吗？

小布什政府是以伊拉克前总统萨达姆手中握有"大规模杀伤性武器"为借口，出兵入侵伊拉克的。美军占领伊拉克以后，美国政府为搜集证据，派遣了大批核武器和情报专家赴伊拉克，将这个被占领国翻了个底朝天，结果一无所获。小布什总统不得不承认："我们没有找到那些我们原来认为储存在那里（按：指伊拉克）的（大规模杀伤性）武器。"② 实际上，这个借口早已不攻自破，只是给小布什总统留下了一个笑柄而已。附带加一句，这个借口还使美国、英国、澳大利亚同时发生了所谓"情报门"事件，特别是使美国、英国的政局闹得很不安宁。

小布什政府发动的这场入侵伊拉克战争，还打出了一个结果，即法国、德国和俄罗斯（现在还有意大利）联合反对美国。尽管法、德、俄在减免伊拉克债务问题上有所让步，但这些国家与美国的关系还是进一步恶化了。其主要表现是：(1) 法、美关系。在入侵伊拉克问题上，法国总统雅克·希拉克带头反对美国。在2003年9月召开的联合国大会上，希拉克总统与小布什总统在全世界面前公开唱对台戏。当年9月22日，小布什总统作为联合国所在地的东道主第一个在大会上发表演讲。他说，在美国军队占领伊拉克之后，中东地区和全世界人民"都更加安全了"。他还呼吁其他国家向伊拉克提供援助。③ 紧接着，希拉克总统发表演说。他说，对伊拉克发动的战争是联合国历史上"最严重的危机之一"，此事破坏了

---

① Mubarak warns against ME plan, AFP（法新社），2004年3月6日。
② John Lumpkin, Bush defends Iraq invasion in face of new weapons report, Associated Press（美联社），2004年10月7日。
③ Transcript of Bush U. N. address, CNN. com（美国有线电视新闻网），2003年9月23日。

世界上的"多边体系"。希拉克还严厉指责了小布什总统提出的先发制人"战略"。他说:"在这个开放的世界上,没有任何人能够孤立地生活,没有任何人能够以所有其他人的名义单独采取行动,也没有任何人能够接受一种无法无天的无政府状态的社会。"这就把所谓"单边"与"多边"之争公之于全世界了。① 当天,希拉克总统还对《纽约时报》发表谈话,反对小布什总统"逐步"向伊拉克移交政权的主张。他说,法国希望有一个向伊拉克移交政权的具体时间表,比如在 6 个月到 9 个月的时限之内。② 他的这项提议立即遭到美国政府的拒绝。在美国发动伊拉克战争之后,希拉克总统实际上执行的是一条原则,即凡是美国提出的主张,他几乎都反对。在小布什总统提出的所谓"大中东民主化"问题上,就是如此。2004年 3 月 6 日,埃及总统穆巴拉克访问法国。在法、埃两国元首会谈后向新闻界发表谈话时,埃及总统表示反对美国式的"大中东民主化",法国总统持同样立场。希拉克总统说:"我们支持在国与国之间协商、合作基础上的现代化。换句话说,没有任何事情能够强加于人。现代化,赞成;干涉,反对!"在最近发生的海地问题上,也是这样。如前所述,海地政权更迭事件的幕后操纵者主要是美国政府。海地原总统阿里斯蒂德被迫辞职、离开本国国土后,对新闻界发表谈话说,他是被美国特工人员用手枪顶着离开自己的祖国的。与此同时,法国国防部部长米歇尔·玛丽表示:这位海地原总统已在法国部队的保护之下。(2) 德、美关系。其特点是,表面缓和,实际紧张。特别是在美国要求包括德国在内的北大西洋公约组织出兵伊拉克、与美军分担风险的问题上,德国政府坚决不干。在一次国际防务年会上,在美国国防部部长拉姆斯菲尔德就在会场的情况下,德国外交部部长费希尔表示,北大西洋公约组织不会向伊拉克派兵。他说,在这个问题上,"绝对必须考虑的是:失败及其潜在的危险是非常严重的,对联盟(按:指北大西洋公约组织)来说,其后果可能是致命的"。(3) 俄、美关系。2004 年 1 月下旬,美国政府国务卿鲍威尔将军访问俄罗

---

① Chirac: U. S. action brought crisis, CNN. com, 2003 年 9 月 23 日。

② Elaine Sciolino, "The Struggle for Iraq, The French Leader Outlines Two-Stage Proposal", *The New York Times*(《纽约时报》), 2003 年 9 月 22 日。

斯。在双方正式会谈之前,鲍威尔就在俄罗斯报纸上发表文章,公开对俄罗斯的内政、外交说三道四。他写道:"最近数月来,俄罗斯政治和对外政策的某些发展使我们感到不安。""俄罗斯的内政体制,看来还没有找到行政、立法、司法部门互相平衡的政府模式。""俄罗斯对车臣以及对从前苏联独立出来的一些邻国所采取的政策的某些方面也使我们感到担心。"①鲍威尔将军就是用这种傲慢、挑战的态度会见了俄罗斯总统普京。会见后,他说,他已经向普京总统提交了上述一系列问题。看来,美国政府不仅要在"大中东"地区和拉丁美洲实行美国式的所谓"民主化",而且还要在俄罗斯实行这种"民主化",要把俄罗斯这样一个大国变成美国的附庸国,野心实在不小。除此以外,它还要干涉俄罗斯的外交政策。对此种种,俄罗斯在外表上表现克制,内心深怀不满。紧接着,俄罗斯就用自己的实际行动回答了美国。从2004年2月12日起,俄罗斯便举行了一场包括核武器和常规武器在内的大规模军事演习。普京总统亲自乘重型战略导弹潜艇出海,视察核武器发射演习。据美国报刊报道,俄罗斯在这场演习中,成功地试验了一种可以穿透美国防御线的新型战略导弹系统。(4)意、美关系。意大利是欧洲联盟里的重要成员国之一,也是入侵伊拉克的参战国,在反对美国方面,它一般不出头露面。但最近,意大利政府也公开站出来,反对美国。在前述埃及总统穆巴拉克访问罗马期间,意大利政府负责人借此机会表示,中东问题应该由中东各国自己处理,反对美国政府提出的所谓"大中东民主化"。(5)英、美关系。在欧洲各国中,英国与美国之间可以说是最好的战友了。在入侵伊拉克方面,英国政府派遣的军队一直与美军并肩作战。但在欧洲反美、英国人民群众反战高潮的影响之下,英国工党政府也发生了动摇,正在逐步向欧洲靠拢。为了争取英国,小布什总统于2003年11月正式访问了英国,但未能获得实质性进展。相反,法、德等国却把英国拉到自己一边,决定在欧洲联盟内组建一支英、法、德联合组成的"战斗群"。(6)欧洲联盟与美国的关系。从伊拉克战争爆发以后,欧盟与美国之间的关系就不好。2003年12月10日,

---

① Secretary Colin L. Powell: Partnership, Under Construction, Op-Ed, Russian Newspaper Izvestiya(《消息报》), U. S. Department of State archive(美国国务院档案), 2004年1月26日。

美国政府又火上浇油，决定将法、德、俄等反对入侵伊拉克的国家排除在伊拉克重建工程之外，也就是不准这些国家的公司参与承包伊拉克的一切重建项目。此言一发，立即引起欧盟的强烈反应。12月11日，欧盟布鲁塞尔总部发表声明，指责美国政府此举是在重新制造大西洋两岸之间的分裂。法、德、俄三国也分别发表声明，愤怒地谴责美国。随后不久，欧盟便宣布对美国实行贸易制裁。美、欧关系急转直下。

在这里，还要简略提一下以小布什政府为主所提出和实行的"调解"巴勒斯坦与以色列之间冲突的所谓"路线图"问题。2002年，由美国主导，并拉拢欧洲联盟、俄罗斯和联合国安理会，提出解决巴、以冲突的"路线图"。本来，如果美国政府确有诚意，这个"路线图"是可以解决巴、以冲突，使巴勒斯坦人民得以和平建国，使巴、以双方和平相处的。但是，由于小布什政府始终坚持偏袒以色列一方的政策（以色列人民是值得同情的，但偏袒以色列政府不可能解决巴、以冲突问题），始终坚持除掉巴勒斯坦民族解放事业的创始人、巴民族权力机构主席阿拉法特（小布什总统公开宣布："我们必须除掉阿拉法特"[①]），不仅将支持巴勒斯坦解放事业的叙利亚排除在"路线图"之外（以色列至今仍然占领着叙利亚的领土戈兰高地，还不时袭击叙利亚），而且"制裁"叙利亚，这样，小布什政府在路线图问题上就走进了死胡同。迄今为止，巴、以之间的武装冲突不断发生，和平解决"看不到隧道尽头的亮光"。可以说，小布什政府在这个问题上也陷入了困境。

这里还需要提到，在这个"路线图"问题上，欧洲联盟虽然参与其事，但其所持立场则与美国政府相反。特别是在对待巴勒斯坦领袖阿拉法特的态度上，欧盟与小布什政府针锋相对。小布什总统坚持要将阿拉法特除掉，而欧盟则反复声明，支持阿拉法特主席，"承认他是巴勒斯坦人民的合法领袖"[②]。最近在美国首都华盛顿当着美国国务卿鲍威尔将军的面，欧盟代表也表示了这种立场。欧洲联盟的成员国正在进一步扩大。制定欧盟宪法虽然遇到困难，但迟早是会被克服的。欧盟本身的武装也在建立和

[①] "We must get rid of Arafat" warns Bush，AFP，2003年12月21日。
[②] 欧盟呼吁巴以总理立即直接会谈 仍支持阿拉法特，中国日报网站，2004年3月12日。

发展。届时，欧盟不仅在领土面积、人口总数上要超过美国，就是在政治、经济、军事上的力量也可能赶上甚至超过美国。如果美国不改弦易辙，将是一个强大的欧盟与它在全世界争夺。如果再加上俄罗斯的军事力量，美国就很难抵挡了。

由此可见，如今的美国政府在国际上已经孤立到了何种地步！难道这一切不是美国政府自作自受吗？

还有一个包括美国在内的世界人民反对美国入侵伊拉克战争的群众运动，正在挡住小布什政府的战争步伐。在《七论美国"赌博资本主义"》一文里，笔者已经就包括美国、欧洲、亚洲、大洋洲、非洲、拉丁美洲在内的4000余万人民群众空前规模的反战高潮，做过叙述，本文不再提及。实际上，包括美国在内的世界人民反战运动仍在继续发展。在此仅说其中的两件。第一件，小布什总统2003年11月访问伦敦期间，英国人民群众举行大规模反战示威。在小布什总统抵达伦敦前，即11月18日，英国人民就在他即将下榻的女王伊丽莎白二世的白金汉宫前举行抗议示威。一位反战女青年攀上了王宫铁大门的门顶，高呼："伊丽莎白：他（按：指小布什总统）不受欢迎！"同日，反战群众还将一份由10万人签名、表示反对美国总统访问英国的请愿书，交给了英国首相府。11月20日，当这位美国总统在伦敦开始正式访问时，由老人和青年、医生和教师、学生和失业职工参加的，代表英国各个地区和各种肤色的20万反战群众的示威队伍[①]，举着"世界上头号恐怖分子，滚回家去！"的标语牌，高呼反战口号，浩浩荡荡地穿过包括英国首相府所在地的唐宁街在内的伦敦各大街道。第二件，在2004年3月20日美国军队入侵伊拉克一周年时（小布什总统宣布开始入侵伊拉克是美国东部时间2003年3月19日晚，但伊拉克时间是3月20日），世界上至少有400余万（实际上算不清楚）群众举行了大规模反战示威。在巴格达，上万名伊拉克人民上街示威，抗议美国军队对自己祖国的占领。这场示威的最大特点，是什叶派和逊尼派穆斯林开始挫败美国政府分而治之的政策所采取的第一次联合行动，因而具有重要

---

① Tens of thousands of people have protested in London against President Bush and the war on Iraq, BBC（英国广播公司），2003年11月21日。

意义。在美国，旧金山人民群众首先走上街头示威，反对美国占领伊拉克，18 名示威者被警察逮捕。在纽约市中心区曼哈顿，10 万以上群众走上纽约最繁华的第五马路等大街游行。在洛杉矶，数千群众举着反对小布什总统和切尼副总统的标语牌示威。在佛蒙特州的蒙彼利埃市，示威群众沉默无言地将一双双鞋放在州政府门前的台阶上，就美国政府送往伊拉克战场被打死的诸多士兵一事提出抗议。在小布什总统的家乡得克萨斯州的克劳福德，从该州各地来到该市的示威群众高呼："一二三四，把谎言踢出门外去"；还有人呼吁弹劾小布什总统。在芝加哥，数千群众在市中心区游行。在西雅图、亚特兰大、匹兹堡、奥古斯塔（缅因州）等城市，也都爆发了反战示威。在欧洲，罗马市参加反战示威的群众达 200 万人之众。在西班牙，参加反战示威的群众多达数百万人（millions）。在伦敦，约 10 万群众举着"反对再发动战争，反对再说谎！"的标语牌，走上市区大道上游行。在悉尼，约 3000 名群众在"结束占领，军队撤出！"等口号声中示威；在澳大利亚其他城市也发生了反战示威。在东京，约 3 万名群众举着"美国佬滚回家去"、"现在就要世界和平"的标语牌，在蒙蒙细雨中上街游行。在达卡，在马尼拉等城市，也爆发了人民群众的反战示威。

  小布什政府企图用大量增加军费、发动对外战争以刺激美国经济，其结果又如何呢？笔者在《七论美国"赌博资本主义"》里已经做过说明，此处再补充几点：(1) 在军事工业大发展的推动下，美国的国内生产总值确有上升，但其中包含着不少虚假成分。连《纽约时报》也发表文章，说美国经济是"不可能被承认的复苏"。(2) 失业率一直居高不下；长期失业率达到 1983 年以来的最高水平。无家可归者（包括有职业，但工资太低，付不起房租的工人）的流浪汉和妇女、儿童，遍布全国，包括纽约市和首都华盛顿。(3) 联邦政府和居民债台高筑。其中联邦政府负债总金额在 2002 年底为 6.4550 万亿美元，到 2004 年 3 月 12 日已达到 7.1104 万亿美元。包括美国联邦储备委员会主席格林斯潘在内的一些经济、金融专家曾就联邦政府的高额负债一再提出警告。(4) 美元霸主地位正在急剧下滑，其汇率不断贬值。即使如此，美国对外贸易的逆差仍在上升中。(5) 最近一段时间以来，股票市值又在大幅度下降，其中以科技公司股票为主组成的纳斯达克指数已经降到 2000 年的水平以下。(6) 最近几个月来，石油价格又在上升。今年3月17日，纽约商品交易所每桶原油价格已经上升到38美元以上，达到了1990年10月以来的最高峰。这对美国的物价将产生不利影响。它说明，小布什政府以占领伊拉克、进而加强控制欧佩克产油国的企图，进展并不顺利。（7）今年3月16日，美国联邦储备委员会决定，将其基本利率——"联邦基金利率"（就是该委员会所属会员银行之间的隔夜拆借资金的利率）继续保持在1％的水平。此项利率，在2001年8月21日为3.75％，以后即不断下降；2002年11月6日降到1.25％；2003年6月25日就降到1％。此后，包括今年3月16日在内，该委员会连续举行的8次会议均做出了同样决定，将这种利率保持不变，即1％，这是美国自1958年以来的最低利率。该委员会在今年1月28日举行的会议上强调，在目前美国经济的状况之下，不能调整利率；在3月16日举行的会议上，该委员会得出的结论仍然是这样。由此可见，美国经济至今情况不佳，至少是未能达到小布什政府预期的效果。还应当指出，美国政府以"反恐怖"为名对外发动侵略战争，其另一后果，是国内对"恐怖"活动忧心忡忡，政府不时提高"反恐怖"级别，弄得全国杯弓蛇影，草木皆兵。在这种状态下，能够促进国民经济上升吗？事实证明，这至少是很难的。

现在简略提一下我国对美、英等国入侵伊拉克所持的态度。就我国政府而言，我国常驻联合国代表在联合国安全理事会讨论美、英等国提出的对伊拉克开战的提案时，早就说明了我国政府的态度：反对！至于我国广大人民群众反对美、英等国入侵伊拉克的态度，也是旗帜鲜明的。我们在这里只说一件事。2003年7月22日，英国首相布莱尔访华期间，曾经前往清华大学与学生座谈。在布莱尔首相和夫人就座后准备回答学生提问时，全场90多名学生同时举起了手。首相大为惊奇，笑着说道："天啊，看来需要一两天的时间来回答问题了。"学生陆娅楠第一个提问，她提的问题是："到目前为止，还没有任何确凿的证据证明伊拉克拥有大规模杀伤性武器，而您的这次环球外交之旅也被英国媒体称作为一种掩饰，您是否后悔做出了对伊开战的决定？"首相在回答中回避了对伊拉克开战的原因。学生郝郁倩紧接着问："最近您曾表示一个国家有权入侵另一个国家来解放该国人民，但是这一论点遭到了众多国家的反对，在国际法中有没有一条法规能支持您的这种言论?"首相的答复仍然闪烁其词。直到座谈会的最后一个问题,首相面对的依然是伊拉克战争问题。一位女生问道:"您和我父亲是同样的年龄,您和他一样很慈祥。那么,当着孩子的面,您是否可以坦诚地告诉我,在伊拉克战争问题上,您是否撒谎了呢?"① 布莱尔首相在回答时,仍然是答非所问。在整个座谈会的过程中,首相始终回避了这个重要问题。请看,清华大学这些青年学生很讲礼貌、有根有据的提问,难道不是典型地代表了我国人民群众反对美、英等国入侵伊拉克的庄严态度了吗?我国有了这样优秀的社会主义事业的接班人,难道还不足以使我们感到自豪吗?

2004 年是美国大选年。入侵伊拉克战争和国民经济状况,已经成为小布什总统竞选连任所面临的两大难题。

以下是本文的几点基本结论:

第一,美国政府所从事的"反恐怖"事业,基本上是虚伪的;在"反恐怖"的名义下发动对外侵略战争,与欧洲、俄罗斯争夺战略资源和战略要地,才是真实的。

第二,美国发动对外侵略战争,特别是入侵伊拉克的战争,不仅遭到伊拉克广大人民群众及其游击队的坚决反对,还遭到阿拉伯国家、穆斯林国家和全世界发展中国家的坚决反对,遭到以法、德等国为主要成员的欧洲联盟的反对和抵制,引发"单边"和"多边"之争有增无减。俄罗斯所持的反对态度更为引人注目。美国政府所获得的苦果是众叛亲离,自我孤立。

第三,美国政府发动侵略战争唤起了全世界人民的觉醒。世界范围人民群众的反战运动高潮一再出现,就是明证。这是反对帝国主义战争、保卫世界和平的重要保证。

第四,凯恩斯提出的"战争增加财富"论断的破产,早已被第二次世

---

① Donald Macintyre,"Awkward audience for the PM is silenced by Cherie (Blair faces students' questions)", *The Independent UK* (英国《独立报》),2003 年 7 月 23 日;Blair denies approving Kelly leak, cnn,2003 年 7 月 22 日;中新社特写:《布莱尔与清华学子的"圆桌会"》,中国新闻网,2003 年 7 月 22 日。

界大战结束以来的美国历次对外侵略战争的后果所证实,其中就包括小布什总统的父亲,即老布什总统打的第一次海湾战争。小布什总统打的入侵伊拉克的战争,实际上是第一次海湾战争的继续,也可以称为第二次海湾战争。美国目前的实际经济状况说明,这场战争也未能证明"战争增加财富"的论断是正确的。

第五,美国的军队数量有限,而美国政府又将这支部队分布在世界上的几乎每一个角落,仍然是十个指头抓跳蚤。美国政府国防部现在正调整美军在全球的部署。但是,由于美军在阿富汗,特别是伊拉克泥足深陷,小布什政府不愿,也不肯把他们撤出来,这种调整的幅度也是有限的。实际上,美国政府现在已陷于捉襟见肘、进退两难的境地。这场入侵伊拉克战争的教训是十分深刻的,但美国政府并不愿意接受这种教训。尤其是美国在我国周围的军事部署,值得我们注意。

第六,从我国国家安全的角度来看,不能不注意到,美国仍在扩充军备,包括继续研制全国导弹防御系统,继续研制新式武器,准备发动新的战争。只要国家垄断资本,即帝国主义制度不废除,情况就只能是如此。如果单纯就军事而言,这场伊拉克之战总还是让美国军事指挥系统取得了一些实战经验,这也算是一种收获吧。在台湾问题上,美国政府虽然在口头上承认一个中国,不同意台湾"独立";但历史事实表明,美国在这个问题上一直是言行不一,说的是一套,做的是另一套。美国向台湾当局提供武器,至今没有停止。此外,近几年来,美国政府还做了不少侵犯我国主权的事情。考虑到中、美两国的正常关系符合两国人民的利益,本文就不一一列举,借用曹雪芹的语言,就"甄士隐"了吧。还有与我们一衣带水的邻国——日本,军国主义势头正在迅速发展,虎视眈眈,也不能不引起我们的警惕。总而言之,在从事社会主义现代化建设的同时,我们不能不大力加强国防力量,以保卫我国的主权和安全,完成祖国统一的大业。

还有一个我国经济安全的问题,也应引起注意。我国的外汇储备主要是美元(用于购买美国国债券)。随着美元的不断贬值,我们的外汇储备也要受损失。因此,有必要考虑我国外汇储备的多元化问题。俄罗斯早已这样做了,我们也有必要这样做。

（原载毛泽东旗帜网，2004年4月7日）

简评"民主社会主义"

20世纪90年代以来,"民主社会主义"一词即在我们党内和我国社会上时隐时现。1992年以后,有的党员干部甚至提出了把中国共产党改名为"社会民主党"的荒唐主张。现在,又有人公开发表文章,鼓吹"民主社会主义"。文章认为,在西欧各主要国家长期执政的"社会党、工党等改良主义派别"实行的是"改良的社会主义";认为"马克思的历史哲学也强调'一元多线',通往社会主义的道路也不应是唯一的。革命的社会主义道路和改良的社会主义道路,都是由各自的历史条件决定的,彼此之间既不能互相排斥、又不能简单地相融,历史可能走出一条殊途同归的道路"。这就是说,西欧的工党(如英国)、社会党(如法国)和社会民主党(如德国)所实行的是"民主社会主义",亦即"改良的社会主义",它与"革命的社会主义"(按:应为科学社会主义)可能"殊途同归"。

这样,我们就不能不予以简短的评论了。

在马克思主义发展史上,充满了马克思主义与种种反马克思主义(机会主义,修正主义)的斗争。一部国际共产主义运动史就是这样写成的。从马克思主义发展到列宁主义,从马列主义发展到毛泽东思想,均如此。远的不说,就说说工党、社会党和社会民主党的来源及其本质吧。

只要略微具备国际共产主义运动史知识的人们都知道,马克思创立的科学社会主义,是以唯物史观和剩余价值论为基础的。恩格斯在他的名著《社会主义从空想到科学的发展》里,十分清楚地说明了这一点。从唯物史观和剩余价值论出发,马克思和恩格斯还指出,为了建立科学社会主义,作为向共产主义的过渡,必须实行无产阶级革命和无产阶级专政。在帝国主义时代,列宁和毛泽东进一步阐明和发展了这些理论观点。而社会民主党(包括工党、社会党)所反对和"修正"的,恰恰是马克思主义的这些基本原理。在恩格斯直接指导下的社会民主党第二国际，曾经坚持马克思主义的革命方向。但在恩格斯逝世后，以伯恩斯坦（后来还有考茨基，此人曾反对列宁领导的俄国十月革命和无产阶级专政）为代表的修正主义者反对无产阶级革命和无产阶级专政，主张改良和"和平长入"社会主义。第一次世界大战爆发后，参加第二国际的绝大多数社会民主党支持本国资产阶级从事帝国主义战争，从而彻底蜕变为资产阶级政党。列宁毕生与第二国际的修正主义作斗争，在这场斗争的过程中撰写了一系列理论著作，被斯大林定义为列宁主义。在列宁的提议下，俄国社会民主党改称共产党。正是在列宁的领导和斯大林的协助下，取得了伟大的十月革命的胜利，随后组成了苏联，并成立了第三国际，即各国共产党的国际组织，作为马克思、恩格斯创立的第一国际的继承。中国共产党就是在列宁和第三国际的直接关心下建立起来的。

作为资产阶级政党的社会民主党（包括工党、社会党）造成的主要危害是，以社会改良麻痹工人阶级的队伍，维护垄断资本的统治。长期以来，在工党治理下的英国，在社会党治理下的法国，在社会民主党治理下的德国，都是垄断资本在国民经济中占统治地位。长期在社会民主党治理下的瑞典，树立了所谓"瑞典模式"。戈尔巴乔夫当政时期，曾经对"瑞典模式"心向神往。我国改革开放初期，有些同志也曾经很羡慕"瑞典模式"，不久以后才发现，所谓"瑞典模式"乃是典型的垄断资本统治。

社会民主党（包括工党、社会党）为垄断资产阶级服务，除了维护垄断资本统治外，其危害还有：（1）破坏无产阶级革命；（2）反对社会主义国家；（3）入侵发展中国家。

其主要表现是：

第一，第一次世界大战结束，继十月革命之后紧接着发生的1918年德国革命和1919年的匈牙利革命，由于共产主义者未能掌握领导权，先后在右派社会民主党的破坏下归于失败，对国际共产主义运动造成巨大打击，使苏联不得不在资本主义包围之下艰难地建设社会主义。如若不然，现在的世界历史就要改写。

第二，第二次世界大战以后，在赫鲁晓夫修正主义的影响之下，在西欧出现了否定列宁主义、否定无产阶级专政的所谓"欧洲共产主义"，意大利共产党甚至连党的名称也改了,变成了与社会党类似的政党(党内一部分马克思主义者分裂出来,组建了新的马列主义政党),对国际共产主义运动再次造成严重危害。

第三,1991年前后,苏联解体,苏共亡党,东欧易帜,主要是戈尔巴乔夫集团背叛社会主义事业的结果。但与此同时,这种世界历史的大倒退,也是西欧各主要社会党等党派紧紧追随美国垄断资本集团,对苏联、东欧实行"和平演变"战略而造成的极为严重的恶果。

第四,中华人民共和国政府平息了美国垄断资本集团大力煽动的1989年动乱。西欧各工党、社会党、社会民主党紧紧追随美国之后,对社会主义中国实行所谓"制裁",对我国社会主义建设事业造成严重损失。其中,法国(当时正值法国大革命200周年)社会党政府的表现尤为恶劣。

第五,1999年,西欧各执政的工党、社会党、社会民主党与美国垄断资本集团紧密配合,公开入侵南斯拉夫,随后予以肢解。为了推翻南斯拉夫政府,西欧几个国家的情报机构与美国中央情报局一起在南境内大肆活动。据美国报刊报道,在2000年南斯拉夫选举期间,英、德等西欧国家与美国垄断资本集团共向南政府反对派提供了6000万美元的活动经费。将南政府推翻后,英勇抵抗帝国主义侵略的原南斯拉夫总统米洛舍维奇却被押到海牙国际法庭受审,至今仍在关押中。

第六,2003年3月至今,英国工党政府与美国垄断资本集团一起,制造借口,入侵并占领中东文明古国伊拉克。

凡此种种,难道还不足以说明西欧这些工党、社会党、社会民主党的资产阶级政党的本质吗?难道这些政党真是在搞什么"社会主义"吗?难道它们搞的所谓"民主社会主义"真能与科学社会主义"殊途同归"吗?难道这种所谓的"殊途同归"不是异想天开吗?

只要尊重事实,就不难看出事情的真相。

有一点需要提到,由于各国情况不同,无产阶级革命和建设社会主义必然具有各自的特点。但是,将马克思主义的基本原理与本国实际相结合,这一条是普遍适用的。"民主社会主义"不可能建设社会主义。

还有一点需要指出,从1871年的巴黎公社以来,至少到目前为止,我们只看到了社会主义国家被"和平演变"为资本主义,还没有看到任何国家"和平长入"社会主义。

在当前的国际形势下，我国与西欧各国，包括英、法、德等国以及以它们为主要成员的欧洲联盟保持和发展友好关系，是正确的，也是很重要的。但在意识形态领域，我们一定要与它们划清界限。我党在社会主义初级阶段的基本路线是一个中心，两个基本点。其中的一个基本点就是坚持四项基本原则，包括坚持人民民主专政，坚持马克思列宁主义、毛泽东思想等。这四项基本原则是我们的立国之本，任何时候、任何情况下都不能违反。为此，就必须与种种错误思潮，包括"民主社会主义"思潮作坚决斗争。我党具有反对修正主义的优良传统。在毛泽东同志的领导下，我党曾与赫鲁晓夫修正主义作过坚决斗争。吴冷西同志在其所著的《十年论战》里详细论述了那一段历史。毛泽东同志提出的有关社会主义国家有可能发生资本主义复辟，要反对和防止帝国主义推行的"和平演变"战略等理论观点，也已为历史事实所证实。现在，在以胡锦涛同志为总书记的党中央领导下，我党一定能够战胜包括"民主社会主义"在内的各种错误思潮，将我国社会主义事业不断推向前进。

（原载毛泽东旗帜网，2004年4月13日）

苏联解体、苏共亡党 13 年祭

——寻访十月革命遗迹过程中的一些思考

一 寻访十月革命遗迹

2004 年 6 月到 8 月,在苏联解体、苏共亡党 13 周年即将到来之际,本文作者偕夫人江红怀着敬仰和沉重的复杂心情赴俄罗斯,寻访十月革命遗迹。敬仰是很自然的,因为十月革命的故乡——伟大的苏联一直是我们向往的圣地;它的领导者——由伟大的列宁缔造并由列宁事业的继承者斯大林长期主持的俄国和苏联共产党,在一段很长的时期里一直是我们景仰的无产阶级革命政党。心情之所以沉重,是因为在将近 13 年前的 1991 年底,发生了令人惊心动魄的历史大倒退:苏联解体,苏共亡党,资本主义制度已经在苏联境内复辟;我们现在赴俄罗斯,只能"寻访十月革命的遗迹"了!

让我们先从十月革命的理论准备说起。

沙皇俄国是第一次世界大战的参战国。1917 年取代沙皇执政的资产阶级政权、以克伦斯基为首的临时政府对外继续参与世界大战,对内镇压工人阶级的革命斗争。在国内工人斗争高涨、国外帝国主义各国在大战中互相厮杀的形势下,经历了 1905 年革命和 1917 年二月革命的苏联共产党的前身——俄国共产党(布尔什维克),正在为在帝国主义链条的薄弱环节——俄国发动无产阶级革命做种种准备,其中具有决定意义的理论准备,主要是由列宁完成的。

这种理论准备的名著之一《国家与革命——马克思主义关于国家的学

说与无产阶级在革命中的任务》，是列宁在十月革命前夕——1917年8、9月间，在秘密状态下写就的，写作的地点是在圣—彼得堡（即列宁格勒，当时称彼得格勒）西北部的两个小地方——萨拉伊和沙拉什。我们驱车沿芬兰湾东北岸行驶，找到萨拉伊。这是一个非常荒僻的地方。列宁在这里的一间木屋里开始《国家与革命》的写作。由于克伦斯基政府的追捕，列宁不得不迅速化装转移。我们在这间木屋（为了保护革命遗迹，苏联政府在这里建了一个玻璃罩子，将木屋罩在里面）的墙壁上看到了一幅列宁的丝织像。令我们感到自豪的是，列宁像下端绣着一行中文："中国杭州东方红丝织厂。"我们前往沙拉什。在距离沙拉什5公里的亚历山大罗夫斯卡雅火车站附近，我们瞻仰了苏联政府为纪念列宁撰写《国家与革命》而竖立的一座雕像。它显示：列宁正在为撰写《国家与革命》而聚精会神、俯首疾书，将革命领袖在险恶环境下从事理论创作的形象表现得惟妙惟肖。在沙拉什，我们瞻仰了列宁撰写《国家与革命》时居住的草屋和列宁纪念馆。草屋已毁，由于经费缺乏，尚未修复；但苏联政府为纪念这个重大事件、用钢筋水泥竖立起来的模拟草屋的建筑物，仍然屹立在这里。在规模不大的列宁纪念馆里，一位女工作人员热情地为我们讲解了列宁撰写《国家与革命》的过程以及当时列宁化装的模样和使用的证件。在这里，我们看到了《国家与革命》的中译本，感到特别亲切。

列宁在《国家与革命》里全面阐明了被资产阶级和修正主义者歪曲、阉割过的马克思、恩格斯关于国家的学说，论述了马克思主义关于无产阶级革命（使用暴力夺取政权）、无产阶级专政和无产阶级革命政党的学说，不仅对指导十月革命的胜利，而且对指导其他国家的社会主义运动和无产阶级革命，均具有十分重要的意义。

在这里还应该提及列宁在1916年上半年撰写、1917年初出版的另一部理论著作《帝国主义是资本主义的最高阶段》。列宁在这部名著以及这个时期撰写的其他有关著作（包括《论欧洲联邦口号》和《无产阶级革命的军事纲领》）里指出，资本主义已经发展到帝国主义阶段；在帝国主义制度下，资本主义的发展是不平衡的；随着资本主义的这种不平衡的发展和矛盾的加剧，使帝国主义战争不可避免；资本主义发展的这种不平衡性，使帝国主义的战线有可能在其薄弱环节被突破；社会主义在所有"文明"国家里同时取得胜利是不可能的，而在一个资本主义国家内取胜则是可能的。显然，列宁的这些理论著作不仅对于指导十月革命，而且对于指导世界社会主义运动和无产阶级革命也都具有十分重要的意义。

此处还应提到，在马克思主义得到传播以前，民粹主义一度在要求革命的俄国知识青年中流行。民粹派的特点之一，就是主张使用个人恐怖手段反对沙皇制度。列宁的兄长亚历山大·伊里奇·乌里扬诺夫（按：列宁的原名是弗拉基米尔·伊里奇·乌里扬诺夫，列宁是他的化名）就是一个民粹派，因从事暗杀沙皇的活动而被沙皇政府绞杀。我们此次在圣—彼得堡期间，曾从涅瓦河边乘小艇，驶到拉多加湖畔，在那里参观访问了沙皇时期关押囚犯的一座监狱——什里谢利堡（也译为彼得要塞）。列宁的这位兄长就是在这里被绞死的。由于民粹主义阻碍了马克思主义在俄罗斯的传播，列宁在19世纪90年代上半期就不得不撰写理论著作（《什么是"人民之友"以及他们如何攻击社会民主党人？》），与民粹主义作斗争。

俄历1917年10月24日夜到25日（因此被称为"十月革命"），也就是公元1917年11月7日，伟大的十月革命爆发。此次在圣—彼得堡期间，我们寻访了以下十月革命遗迹：

第一，我们以无限崇敬的心情瞻仰了十月革命的指挥部——位于东涅瓦河畔（涅瓦河的主流穿过圣—彼得堡市中心区，由北而东拐了一个弯）的斯摩尔尼宫（在沙皇时期，斯摩尔尼曾经是一所贵族女子学校）。十月革命时，对武装起义发号施令、以列宁为首的革命军事委员会就设在斯摩尔尼宫里；由赤卫队（工人）和革命士兵（包括陆军士兵和水兵）组成的起义队伍也集结在这里及其附近地带。我们走进斯摩尔尼宫的大门，只见大门左、右端上方由苏联政府为纪念十月革命的胜利雕刻着两排金光闪闪、十分醒目的标语："无产阶级专政的第一个苏维埃"，"全世界无产者联合起来"，不禁肃然起敬！走进院内，我们瞻仰了苏联政府建造、分别伫立在东西两方的革命导师马克思、恩格斯的雕像；雕像下面鲜艳的菊花丛引人注目。在斯摩尔尼宫主楼前，耸立着左手握着革命文书、右手指向前方的列宁雕像。

第二，我们瞻仰了在十月革命中发挥过重大作用、现在停泊在北涅瓦河北岸拐弯处、距离冬宫不远的阿芙乐尔巡洋舰。这艘舰艇原为沙皇政府的海军舰只；十月革命前夕，在俄共（布）的教育下，全舰士兵决定起义，转向革命方面。1917年11月7日，阿芙乐尔号上的全体官兵遵照以列宁为首的革命军事委员会的命令，将舰只开到涅瓦河上冬宫对岸，向冬宫院内开炮，向全世界宣告了十月社会主义革命的开始。当天，该舰又播发了由列宁签发的俄共（布）《告俄国公民书》，宣告俄国家政权已转到苏维埃手中。现在，尽管该舰已于1948年从苏联海军退役，但远远望去，这艘英雄舰艇的雄姿依旧。我们走近它，沿着舷梯，登上舰艇，走上舰艇前端的主炮下。炮座前面的一段文字说明：十月革命时攻击冬宫的炮弹，就是从这门主炮发出的。毛泽东同志在《论人民民主专政》里回顾中国先进人士寻找革命真理的经过时说："谢谢马克思、恩格斯、列宁和斯大林，他们给了我们以武器。这武器不是机关枪，而是马克思列宁主义。"他又形象地写道："在十月革命以前，中国人不但不知道列宁、斯大林，也不知道马克思、恩格斯。十月革命一声炮响，给我们送来了马克思列宁主义。"[1] 我们现在来到了这"十月革命一声炮响"的地方，感到特别高兴。我们永远要感谢马克思、恩格斯、列宁和斯大林，感谢阿芙乐尔号的革命官兵们！

第三，我们参观了位于北涅瓦河南岸的冬宫。十月革命以前，冬宫是克伦斯基反动政府总部的所在地。1917年11月7日，在阿芙乐尔号攻击冬宫的炮声响起以后，依据革命军事委员会的命令，由革命的工人、士兵和水兵组成的武装起义队伍向冬宫发起冲锋。起义队伍与克伦斯基政府的守卫部队（士官生和突击营）经过一阵交火，夺取了冬宫大门的铁门，进入冬宫广场；然后冲进冬宫二楼，逮捕了克伦斯基政府的部长们，从而宣告了克伦斯基政府的倒台和武装起义在当时俄国首都彼得格勒的胜利。在我们参观时，冬宫大门的铁门已经拆除；冬宫二楼的191、190展室，就是武装起义队伍逼近克伦斯基政府的地方；189展室（孔雀石厅）是克伦

---

[1] 《毛泽东选集》第4卷，人民出版社1991年版，第1469—1471页。

斯基政府召开最后一次会议的地方；188 展室（孔雀石厅隔壁的餐厅）就是克伦斯基政府的部长们被起义队伍逮捕的场所。

随后发生的事情是，莫斯科和俄国其他城市的工人阶级纷纷起而响应，十月革命在全国范围内获胜；1918 年 1 月迁都莫斯科；同年 7 月，在苏维埃第五次代表大会上通过宪法，正式成立俄罗斯苏维埃联邦社会主义共和国；1922 年 12 月，成立苏维埃社会主义共和国联盟，简称苏联。这就是全世界第一个由共产党领导、实行无产阶级专政的、伟大的社会主义国家！

然而帝国主义者和国内反革命势力并不罢休。第一次世界大战临近结束时，英、法、日、美等帝国主义国家对俄罗斯苏维埃联邦社会主义共和国不宣而战，国内被推翻的资产阶级、地主阶级及其武装力量起而响应；于是在俄罗斯苏维埃联邦社会主义共和国的历史上形成了 1918—1920 年反对外国武装干涉和国内战争的时期。我们此次寻访十月革命遗迹的过程中，曾走访了伏尔加格勒，也就是斯大林格勒。在十月革命及其以后的一个时期，这座城市称为察里津。1918 年 7 月—1919 年 2 月，斯大林奉命领导南方战线（军事委员会成员中包括著名将领伏罗希诺夫），指挥了保卫战略铁路枢纽和内河港口城市察里津的战役，先后三次粉碎了受到帝国主义支持的克拉斯诺夫反革命武装对察里津市的进攻，保卫了苏维埃共和国的安全，保证了南方的粮食、煤炭、石油对莫斯科和彼得格勒的供应。这场战役，史称"保卫察里津战役"。我们在这座城市里，瞻仰了"察里津保卫者纪念碑"，并参观了位于共产主义街上的"保卫察里津纪念馆"。

此处有必要简略提一下斯大林。

约瑟夫·维萨里昂诺维奇·斯大林，1879 年诞生于格鲁吉亚第比利斯州的哥里城（父亲是修皮鞋工人，母亲是农奴的女儿），1898 年加入俄共（布）的前身——俄国社会民主工党，1899 年走上职业革命家的道路；1912 年初，受党中央委托，到彼得格勒创办《真理报》，同年 9 月任该报主编；在反对沙皇政府的斗争过程中曾多次被捕并多次被流放。从 1912 年到 1917 年，斯大林多次被选进党中央领导机构，担任负责职务；在十月革命中，协助列宁指挥武装起义。在前述 1918—1920 年反对外国武装干涉和国内战争时期，斯大林任俄罗斯苏维埃联邦社会主义共和国革命军事委员会委员,南方战线、西方战线和西南战线革命军事委员会的主要负责人,全俄中央执行委员会驻国防委员会代表。在这一时期,除上述保卫察里津战役外:(1)1919年5月,斯大林曾奉命领导打击尤登尼奇反革命武装进犯、保卫彼得格勒的战役。(2)1919年夏,在帝国主义者支持下的白卫军将军邓尼金率领反革命军队,从南方进攻,威胁莫斯科,苏维埃共和国处于危急之中。斯大林受党中央委托,偕同伏罗希洛夫、布琼尼(看过苏联著名小说《钢铁是怎样炼成的》的读者应当熟悉这个名字,保尔·柯察金就是布琼尼率领下的骑兵部队里的战士)等将领,再次前往南方,指挥红军部队,歼灭了邓尼金反革命武装的主力。(3)1920年5月,斯大林在西南战线指挥红军,打退了波兰贵族在帝国主义支持下发动的进攻,收复乌克兰首府基辅。1922年,斯大林被选为俄共(布)中央委员会总书记。

下面,我们简略叙述一下此次寻访十月革命遗迹过程中涉及的两件事:

一是苏联社会主义建设。

在莫斯科期间,我们多次看到市内最引人注目的"斯大林式建筑"。它们是:位于列宁山(现在改称麻雀山)上的莫斯科大学主楼;坐落在波德戈尔滨河街上的艺术家大楼;位于街垒街的科学家大楼;坐落在斯莫棱斯克林荫道上的外交部大楼;位于花园—斯巴斯街的交通部大楼;坐落在库图佐夫大街上的乌克兰宾馆;坐落在卡兰切夫街上的列宁格勒宾馆。这些建筑物气势磅礴,雄伟非凡。就其气势而言,在莫斯科和我们到过的俄罗斯其他城市,几乎看不到能与这些"斯大林式建筑"相提并论的建筑物了。它们是在斯大林领导苏联时期建设起来的。

在莫斯科期间,我们曾多次乘地铁或者参观地铁站。莫斯科地铁以其规模宏大、风格优美闻名于世。它的布局由市中心呈放射形延伸,连接市内各个主要街道、住宅区、火车站和广场。它的车站以不同的历史事件和人物为主题,采用大理石、花岗岩、陶瓷等材料镶嵌成多彩多姿的浮雕以及壁画,加上华丽的灯具和富丽堂皇的大理石地面,被人们称为地下宫殿。莫斯科地铁的主要部分,是在充满革命激情的20世纪20年代末期到30年代建设起来的;1935年开始通车,随后继续建设。

"斯大林式建筑"和莫斯科地铁,使我们的思想回到了苏联社会主义建设的热火朝天的年代。

苏联的社会主义工业化和农业集体化,主要是在以斯大林为首的苏联共产党(布)中央的领导下,通过第一个五年计划(1928—1932)、第二个五年计划(1933—1937)、第三个五年计划的头三年(1941—1945年为卫国战争时期,这个五年计划的后两年被迫中止)和第四个五年计划(1946—1950)、第五个五年计划(1951—1955,斯大林于1953年逝世)期间实现的。这些伟大成就曾经鼓舞过包括中国在内的全世界无产阶级和广大劳动群众,并且在20世纪30年代震惊了处于严重经济、政治危机之中的美国垄断资产阶级。富兰克林·罗斯福1933年3月上台执政,紧急推行"新政",运用国家垄断资本主义挽救美国垄断资本于垂危之中,就是在这种背景下发生的。本文作者在有关拙著里已经谈过这一点[①],此处不再赘述。

二是苏联卫国战争。

此次寻访十月革命遗迹,我们重点参观、访问了三个城市,即莫斯科、圣—彼得堡(列宁格勒)和伏尔加格勒(斯大林格勒)。第二次世界大战(在苏联,这场战争称为卫国战争)期间,这三个城市分别是举世瞩目的"莫斯科会战"(1941年9月30日到1942年4月20日)、"列宁格勒保卫战"(1941年7月10日到1944年8月10日,其中城市被围困达900天)和"斯大林格勒会战"(1942年7月17日到1943年2月2日)的所在地;它们分别被苏联最高苏维埃授予"英雄城市"的称号。

在莫斯科期间,我们参观了:(1)"卫国战争纪念馆";(2)希特勒下令运来准备在德军"占领莫斯科"后修建纪念碑、现在是莫斯科市特维尔大街(原高尔基大街)上一排建筑物的基石——赭色花岗岩石;(3)德国法西斯军队推进到莫斯科市最近、现在仍然保留着苏联红军防御"路障纪念碑"的地方——城市西北方向距离市中心23公里处的希姆基;(4)瞻仰了斯大林1941年11月7日检阅苏联军队的红场。这后一

---

① 参见《三说美国——国家垄断资本主义危机》,当代中国出版社1998年版,第177—179页。

件事情给我们留下的印象最深。1941年11月初，莫斯科面临着极为严峻的形势：德国法西斯重兵压境；德军飞机连续轰炸；城市内的国防工厂、苏共中央和苏联政府的部分机关、大部分外交使团已经紧急东迁。但是，以斯大林为首的苏共中央政治局、苏军最高统帅部、苏军总参谋部仍然留在莫斯科，指挥莫斯科保卫战。当年11月6日，在莫斯科地铁马雅可夫斯基车站，苏联领导人与首都人民群众一起举行了庆祝十月革命24周年大会。7日，在敌军重重围困之下，苏军最高统帅斯大林毅然决然走上红场检阅台，检阅即将开赴前线的部队，并发表演说，号召苏联军民粉碎法西斯侵略者，消灭德国占领军。斯大林从红场上发出的沉着而充满力量的声音，鼓舞了正在抗击法西斯侵略者的苏联军民和包括中国在内的全世界正在反抗德、意、日法西斯侵略者的广大人民群众。

在圣—彼得堡，我们瞻仰了列宁格勒保卫战纪念馆，并参观了伊萨大教堂。希特勒曾经决定，德国法西斯军队"占领列宁格勒"以后，在这座教堂的大厅里举办庆祝宴会，并且已经发出了请帖。在以斯大林为首的苏军最高统帅部的领导和朱可夫元帅的直接指挥下，被围困900天的列宁格勒军民浴血奋战，粉碎了希特勒的梦想。这座教堂身上现在仍然保存着的被德国军队炮击的累累伤痕，既谴责着德国法西斯的罪行，也歌颂着列宁格勒军民的英勇无畏精神。

在伏尔加格勒（斯大林格勒），我们参观了位于伏尔加河畔的斯大林格勒会战纪念馆，并瞻仰了玛玛耶夫高地（也译为"玛玛耶夫山"或"玛玛耶夫山岗"）上苏联政府建立的《祖国母亲在召唤》巨型雕像。斯大林格勒会战期间，玛玛耶夫高地曾被德国法西斯军队占领；苏联军队从伏尔加河畔向玛玛耶夫高地反复冲锋。在斯大林格勒会战期间，玛玛耶夫高地是双方血战最激烈的地区之一。这座在玛玛耶夫高地上耸立着的高度为52米、重量为8000吨的"祖国母亲"，右手握剑，指向前方，头发和衣襟仿佛随风飘荡，形象伟大、美丽而崇高。她召唤着祖国的儿女们保持警惕，时刻准备保卫社会主义祖国。这座雕像俯视着伏尔加河。在这条著名河流里行驶的船只经过此处时，向她鸣笛致敬。我们乘游艇游览伏尔加河时，就目睹了这种令人十分感动的情景。

斯大林格勒会战，是在英、美等国拖延开辟第二战场，由苏联红军在以斯大林为首的苏军最高统帅部的领导之下单独进行的。就苏军而言，整个会战分为两个大阶段，即战略防御阶段和战略进攻阶段。在这场会战的第一阶段结束时，毛泽东同志即为延安《解放日报》撰写社论，题为《第二次世界大战的转折点》。① 美国总统罗斯福也是承认这一点的。这位美国总统1944年5月曾以"美利坚合众国人民"的名义授予斯大林格勒和列宁格勒荣誉证书，由当时美国驻苏联大使哈里曼交给斯大林。罗斯福在授予斯大林格勒的荣誉证书里说，斯大林格勒的保卫者"取得的辉煌胜利遏制了侵略的势头，成为反侵略力量同盟的战争的转折点"②。

上述各项参观和瞻仰活动，都引起了我们的高度敬仰。然而有些参观却使我们的心情感到无比沉重。这后一个方面，主要是：(1) 位于莫斯科市东北部、1939年开始建立、随后又曾扩建、总面积达300余公顷、规模宏大、金碧辉煌的苏联国民经济成就展览馆。这是一个展览馆群。走进大门，就是苏联展览馆，也就是总馆。它的顶端是红星，下面并排排列着苏联15个加盟共和国国徽，中间从左到右刻着一排大字：苏维埃社会主义共和国联盟。往里面走，分别排列着当时苏联的15个加盟共和国的展览馆，由15名（象征15个加盟共和国）手握麦穗的金色少女组成、彩虹与金色交相辉映的"民族友谊"喷泉，以及航天馆、种子馆、冶金馆、有色金属馆、电力馆、通信馆、医疗馆、文化馆，等等。这个展览馆群原来共拥有展品十万余件，展示了苏联作为经济大国、政治大国、军事大国、科学技术大国、文化大国等等方面的卓越成就。然而走进苏联展览馆一看，展品一无所有，里面已经变成了一个摊贩市场；走进其他展览馆，情况也是如此。经过打听，原来在1992年以后，在叶利钦政权的主持下，所有的展品已陆续出卖，卖给了俄罗斯商人和外国人；其中，陈列在航天馆里的苏联第一个航天员加加林的宇航服，已经卖给了美国人！如今，这里已经不再是展览馆，而是一个地地道道的摊贩市场了。(2) 位于莫斯科河北

---

① 参见《毛泽东选集》第3卷，人民出版社1991年版，第884—889页。
② 苏联档案：《斯大林往来信件》第195号。

岸、克里姆林宫附近的苏联共产党中央委员会办公大楼，也早已换了主人！这两次参观再次提醒我们早在将近 13 年前已经发生过的一个严酷的现实：苏联解体，苏共亡党，伟大的苏联和苏联共产党早已不存在了，付出了无数革命烈士鲜血和工人阶级、广大劳动群众汗水而取得的十月革命和苏联社会主义建设的成果已经丧失殆尽，资本主义制度已经在苏联境内复辟，作为国家主人的工人阶级和广大劳动人民已重新沦为雇佣奴隶。这实在是令人痛心！

二　主要教训

苏联解体、苏共亡党的主要教训是什么？

在这次寻访十月革命遗迹的过程中，本文作者感触最深的有如下几点：

第一，革命的根本问题是政权问题，即夺取国家政权的问题；实行无产阶级专政的国家仍然存在着政权问题，即巩固无产阶级政权还是丧失政权的问题。无产阶级取得了政权，并未进入保险箱，不能高枕无忧，还有可能丧失政权。一旦丧失了政权，就会丧失一切，社会主义建设的成果会丧失殆尽。苏联解体，苏共亡党，充分说明了这一点。处于执政地位的无产阶级政党对此必须保持高度警惕，决不可麻痹大意，必须采取种种措施（包括经济、政治、军事、文化）为巩固政权和保持政权的无产阶级性质而斗争。

第二，苏联的情况说明，无产阶级取得政权以后，不可能在短期内消灭阶级。实际上，阶级矛盾和阶级斗争，在苏联存在的整个历史时期始终存在，而且在后期愈演愈烈。不能仅仅依据经济战线的进展而断言"所有的剥削阶级都消灭了"。即使剥削阶级，首先是资产阶级的所有制被消灭了，但他们在政治、思想领域的影响将长期存在；何况他们的所有制还有可能复活。在社会主义时期，资产阶级与无产阶级之间的阶级斗争是长期的。执政的无产阶级政党对此必须保持清醒的头脑，决不能放松警惕，不能放弃阶级斗争的武器。

与此相关的是，在国内阶级矛盾和阶级斗争、国际帝国主义制度还存在的时期，党在观察国内、国际形势时，不能放弃阶级分析的方法。在社会主义事业取得重大进展以后，很容易忽视这一点。如果忽视了这一点，党对形势的判断以及与之相应的决策就会发生失误。

第三，苏联共产党的历史说明，要正确处理发展马克思主义和防止修正主义的关系；在社会主义制度建立以后，要注意防止修正主义；在无产阶级专政之下，要注意有人打着"发展马克思主义"的旗号推行修正主义，要特别警惕这一点。

客观情况是不断发展的。在马克思主义的基本原理的基础上，依据当时已经发展了的新情况，依据各国革命和建设的具体实际，发展马克思主义，当然是必需的，正确的。然而马克思主义的基本原理，包括辩证唯物主义和历史唯物主义的世界观和方法论、关于无产阶级革命和无产阶级专政的学说在内，又是不能违反的；违反这些基本原理，提出与之相反的所谓"理论"，就是修正主义。

社会主义制度在苏联基本建立和斯大林逝世以后，就出现了赫鲁晓夫修正主义路线。随后，这条修正主义路线在苏联始终没有得到纠正，而且进一步发展为戈尔巴乔夫集团彻底背叛社会主义、背叛苏联共产党的路线。他们又都是打着"发展马克思主义"的旗号，推行修正主义的。因为在无产阶级专政之下，只有打着"发展马克思主义"的旗号从事欺骗，才能提出和推行修正主义。他们得逞了，其结果就是苏联解体，苏共亡党。

第四，不能低估赫鲁晓夫修正主义的危害性。

列宁逝世后，以斯大林为首的苏联共产党中央全力维护列宁的威望。斯大林反复发表演说，阐明列宁学说，将它界定为列宁主义；并在全国各地竖立列宁雕像，在各有关的地方建立列宁纪念馆。但斯大林逝世后，赫鲁晓夫抓住他自己曾全力参与并大加颂扬过的肃反扩大化全盘否定斯大林，连斯大林的遗体也予以焚毁。斯大林担任苏联共产党主要领导职务的时期，特别是在1924年到1945年期间，苏联是在资本主义包围之中、一国单独建设社会主义，而且没有任何先例可循。应当说，发生失误或者错误，是难以完全避免的。客观事实也说明，的确是发生过失误，甚至相当严重的错误，肃反扩大化即其中之一。严格依据当时的历史条件，采取辩证分析态度，总结经验教训，是完全必要的。但赫鲁晓夫不是这样做，而是全盘否定斯大林，使用各种恶毒的语言咒骂他昔日称为"慈父"的斯大林，这就与反共、反社会主义的帝国主义者和各国反动派走到一起了。全盘否定斯大林，也就否定了斯大林毕生为之奋斗的苏联社会主义制度和无产阶级专政，否定了斯大林全力捍卫过的马克思列宁主义，大大削弱了人民群众对社会主义制度和马列主义的信仰，不仅为苏联解体、苏共亡党提供了条件，在当时就引发了波兰、匈牙利的政局大动荡和国际共产主义运动转入低潮，而且直到现在仍然是俄罗斯共产主义运动所面临的一大难题。赫鲁晓夫提出"全民国家"、"全民党"，完全背离了马列主义的国家学说和无产阶级革命政党的学说，使党脱离了工人阶级和工农联盟，背离了无产阶级专政。这就无异于釜底抽薪，为苏联解体、苏共亡党奠定了基础。赫鲁晓夫提出的"和平过渡"，根本违背了马列主义关于无产阶级革命的学说，对国际共产主义运动危害极大。戈尔巴乔夫等人就是在赫鲁晓夫修正主义路线下成长起来的，戈尔巴乔夫的叛徒路线是赫鲁晓夫修正主义路线的直接继承和恶性发展。

第五，在党的建设中，要努力解决在党的最高领导机关反修防修问题。

苏联解体、苏共亡党的教训说明，问题主要发生在党内，特别是发生在党的最高领导机关。赫鲁晓夫是什么人呢？他是苏联共产党中央委员会的总书记！戈尔巴乔夫是什么人呢？也是苏联共产党中央委员会的总书记！在苏联解体过程中起过极为恶劣作用的叶利钦是什么人呢？他是苏联共产党中央政治局候补委员和莫斯科市委第一书记！这类事情，难道不令人触目惊心吗！

很明显，在无产阶级专政之下，资产阶级要实现复辟，必须夺取无产阶级的司令部——共产党的最高领导权，将无产阶级的司令部变为资产阶级的司令部。如果发生了这种情况，政权的性质就会完全改变了，由无产阶级专政变为资产阶级专政了。

无产阶级要防止资本主义复辟，就必须创造条件，使修正主义分子不能进入领导机关，特别是共产党的中央领导机关；即使进入了，也能及时予以清除。苏联没有做到这一点，但它用自己的教训将这个问题提到了全世界共产党人,特别是已经处于执政地位的共产党人的面前。这个问题不解决,即使取得了政权,建设了社会主义,也不可能巩固,并且存在着已经获得的成果全部丧失的危险。

第六,苏联的情况说明,社会主义与资本主义谁战胜谁的问题,是社会主义国家面临的一个十分重大的问题,关系到社会主义事业的兴衰成败。然而这个问题短期内又难以解决,要做长期斗争的准备。苏联存在的时期,始终没有解决这个问题。执政的无产阶级政党对此必须保持清醒的头脑,决不能轻言社会主义制度的"完全胜利"。

在这种情况下,必须解决社会主义事业一代又一代的接班人问题。这更是一个十分重要的问题。不解决这个问题,社会主义事业就很难继续下去,甚至可能夭亡。苏联共产党没有解决这个问题,马克思主义的领导仅仅保持了列宁、斯大林两代,第三代就发生了大问题。苏联的教训也将这个问题提到了全世界共产党人,特别是正在从事社会主义建设的共产党人的面前。

第七,在社会主义建设中,要正确处理经济、文化、国防建设和改善人民生活之间的关系,要大力提高人民群众的生活水平。社会主义制度有可能做到这一点;也只有如此,才能使人民群众切身感受到社会主义制度的优越性。苏联没有处理好这个问题,对提高人民群众的生活水平注意得不够,但它的教训说明,必须处理好这个问题,否则社会主义制度就难以巩固。

第八,在意识形态领域,要正确处理坚持马克思主义的指导地位和保障人民群众的言论自由的问题。这也是苏联共产党没有解决而又必须解决的一个重大问题。

毫无疑问,在社会主义国家,在意识形态领域必须坚持马克思主义的指导地位。但是,如果像赫鲁晓夫、戈尔巴乔夫之流的修正主义者占了统治地位,绝不可能在意识形态领域坚持马克思主义的指导地位,而是恰恰相反,形形色色的反共、反社会主义的反动货色在意识形态领域占了统治地位,马克思主义者遭到排斥,他们的发言权甚至完全被剥夺。另外,社会存在决定社会意识,这也是党在社会主义建设中必须高度重视的一条马克思主义的基本原理。如果经济基础出现了不利于工人阶级的重大变化，仅仅在意识形态领域企图保持马克思主义的指导地位，也是很难奏效的。

不能将坚持马克思主义的指导地位与保障人民群众的言论自由相对立。无产阶级专政的对象是社会主义制度的敌人，它要保护的对象是人民群众。

党内民主问题，也是如此。在列宁领导时期，俄共（布）对这个问题处理得比较好；在斯大林领导的时期，联共（布）在这个问题上就发生了失误；到了赫鲁晓夫及其以后的时期，情况每况愈下。党内民主是人民民主的前提和基础。党内民主问题不解决，人民民主问题也很难解决。

总之，要"造成一个又有集中又有民主，又有纪律又有自由，又有统一意志、又有个人心情舒畅、生动活泼那样一种政治局面"。苏联没有做到这一点，但它的教训说明，必须全力以赴、力求做到这一点。

第九，肃反要执行正确的方针。要实行"有反必肃，有错必纠"和"一个不杀，大部不抓"的方针。如果把人错杀了，后果严重。

第十，对帝国主义的军事进攻与"和平演变"交替使用的两手策略，必须保持高度警惕。苏联对前者处理得比较好，但对后者缺乏甚至没有准备。赫鲁晓夫推行修正主义，与以艾森豪威尔为代表的美国垄断资本集团的影响直接有关。戈尔巴乔夫推行叛徒路线，与以里根、老布什为代表的美国垄断资本集团给予的非常醒目的配合更是密切相关。防止和反对帝国主义的"和平演变"战略，是已经取得政权、正在建设社会主义的国家必须采取的一项十分重大的战略措施。采取则存，不采取则亡。

这次寻访十月革命遗迹的过程中，我们在圣—彼得堡的玛尔索沃空地，瞻仰了苏联政府为纪念在十月革命中牺牲的革命烈士而修建的革命战士纪念碑，纪念碑前的火炬长年放射光芒。在莫斯科，我们拜谒了列宁墓。走出列宁陵墓后，我们瞻仰了苏联政府为纪念在十月革命的岁月里牺牲的革命烈士而修建的墓地。这个墓地上刻着烈士们的姓名；令我们感到自豪的是，其中还有两位中国烈士。墓地上方，刻着一行大字："在为苏维埃政权的斗争中牺牲的革命烈士们永垂不朽！"凡此种种，都使我们铭刻在心，永远难忘。

从长远的观点看，社会主义事业遭受曲折、反复，难以完全避免；但归根结底，人类必然沿着十月革命的道路前进。这是毫无疑问的，十月革命的火炬永放光芒！

(原载中国社会科学网，2004年8月31日)

2004年7月张海涛与老伴江红在圣彼得堡"阿芙乐尔"巡洋舰上

附

"美国式民主"的另一面
——推荐《再说美国》

江 流

改革开放和中美建交以来,如何正确认识美国社会,深入了解美国自我宣扬的"美国式民主"的实质,成为不能回避的现实问题。北京出版社近日向读者奉献了中国社会科学院世界历史研究所研究员张海涛同志的新著《再说美国——关于民主、自由、人权的书信》(1991年7月出版,34万字),适应了社会的需求。该书出版社介绍说:"较之对此类问题一鳞半爪的观感或道听途说后的猜想,这部作品的内容要扎实、确凿的多。"的确,这本书很值得一读。它能帮助我们了解有关美国民主、自由、人权方面许多重要的深层次问题。

这部书是作者1987年出版的《我说美国》(北京出版社,22万字)一书的续篇。全书由18封长信组成。它们既能独立成篇,又具有有机的联系,浑然一体。全书内容包括:谈1988年美国总统大选,包括候选人提名、竞选的全过程,民主党和共和党的阶级属性以及它们的分歧所在;论述美国内战至里根执政的124年的政治史,国家机器的基本职能和实质;论述联邦军队、国民警卫队和警察的性质和任务;揭露美国中央情报局几十年来反共反人民的罪恶事实;对美国的法制社会进行了剖析。

由于作者1972年至1977年任新华社驻联合国分社社长,在美6年,1988年又赴美作学术访问1年,1983年以来开始潜心研究美国当代史,这就为作者提供了将感性认识和理性认识有机结合的条件,使他能够以辩证唯物主义和历史唯物主义的观点为指导,对美国的社会制度进行实事求是的分析，在指出其阶级实质的基础上，对其中含有的合理成分也进行了说明，并给以适当的肯定。书中讲述的事实许多是作者亲身经历或目睹，具有很强的说服力。

近年，对"美国式民主"的宣扬风靡世界。在我国，一些人不了解美国的真实情况，把美国理想化，甚至神化。《再说美国》一书可以把那些想入非非的人们拉回到现实中来。

国家，从来都是在经济上和政治上占统治地位的阶级镇压被压迫阶级、维护自己统治的工具。这在马克思主义的政治学辞典中已经讲得明明白白。资产阶级的宣传中竭力掩盖资本主义国家对广大劳动人民实行专政和镇压的实质，而拼命宣扬它的"民主"。毋庸置疑，"民主"听起来要比"专政"、"镇压"顺耳得多。然而，"民主"又是什么呢？实际上，民主作为一种国家形式、国家制度，它的性质是由这个国家的社会经济制度和掌握国家政权的阶级来决定的。世上从来不存在抽象的民主，也不会有什么"纯粹的民主"，更不会有适用于一切社会、一切国家的所谓"一般民主"。这样的民主，只存在于善良人们的美好幻想中，或存在于资产阶级的欺骗宣传中。"美国式民主"是否真的与"专政"和"镇压"截然对立？是否真如自我标榜的那样"纯粹"呢？是否真如一些人向往的那样"一般"？《再说美国》一书中提供的事实对此作了很好的回答。

1988年美国总统选举时，作者正在美国，进行了一些实地考察。在书中，他提示了每位候选人的政治、经济背景。原来，参加这场选举最后角逐的共和党和民主党正、副总统候选人无一不是百万或亿万富翁，拥有石油、天然气、房地产、报业等巨额财产，都属于资产阶级，其中多数甚至是大资产阶级。由此，作者点破了"美国式民主"的一个真谛："在美国，选举权和被选举权是分离的……被选举权只属于资产阶级，是资产阶级的专利品，法律文字上无此规定，但他们实际上是这么做的，历来如此，并非自1988年始。"

美国实行的是"两党制"和所谓"多元化政治"，并且实现了"普选制"，似乎真的很"民主"。但是，作者通过对它们的深入剖析，揭示出这种"两党制"、"普选制"的真正目的是在于给老百姓布设迷魂阵。普通百姓以为他们能按照自己的意愿投票，在行使民主权利。然而选过来、选过去，由于最终确定的候选人都是资本家或资本家的代理人，因此，选上台的依然是资本家或他们的代表人。在美国这样的资产阶级民主共和国内，正如恩格斯所说，"财富是间接地但也是更可靠地运用它的权力的"。

人权是民主的一个重要内容。美国是最先在宪法中承认了人权的国家，然而，美国宪法中所承认的人权毕竟没有超出资产阶级的局限，不过是资产阶级享有的人权而已。它从一开始就具有无可避免的先天不足，并且打着"种族特权"的美国印记。美国黑奴制不是直到19世纪60年代内战后才失去存在的法律依据么？黑人的各种法律上的权利不是直到当代才由黑人自己经过前仆后继的斗争和反抗而开始获得么？时至今日，歧视有色人种的情况甚至暴行，在美国仍屡见不鲜，这是任何人都有目共睹的。《再说美国》书中所提供的60年代美国政府和军队残酷镇压黑人反对种族歧视、争取平等权利的抗暴斗争的内幕，更鲜明生动地向人民展示了美国政府的人权记录。这还远远不是这部记录的全部，书中所列举的其他有关事例更多地揭露了美国人权的资产阶级性质。

1989年2月，作者在美国得克萨斯州首府奥斯汀亲眼目睹一家电视台在晚间新闻中广播联邦调查局发布的一则通缉令，通缉一名"鼓吹"用暴力推翻美国政府的女共产党员。曾经要求毛泽东主席于1963年发表支持美国黑人反对种族歧视斗争声明的美国黑人领袖罗伯特·威廉先生，经长期流亡后，在1972年一踏上美国这块"自由之土"，便因此事被通缉、被逮捕。这样的例子并非绝无仅有，更不必说麦卡锡主义肆虐时期进步人士遭受的迫害和长期以来美国政府对罢工工人的镇压了。当这些事情发生的时候，美国宪法中所承认的人权究竟在哪里呢？实际上，这正是美国所标榜的"美国式民主"实质的真实写照的缩影。

民主在美国国内政治生活中的含义如此，在美国的对外事务中，它的政治含义又是什么呢？

80年代，美国曾推行过"民主外交"。正是在"民主外交"的旗号下，美国于1983年10月出兵占领了东加勒比海的岛国格林纳达。这一赤裸裸的霸权主义行径遭到国际社会的普遍谴责，联合国大会以压倒多数通过决议，要求外国军队立即撤出格林纳达，尊重该国的主权、独立和领土完整。这种地地道道的侵略本来是对所谓"民主外交"的极大讽刺，却被

"民主外交"的倡导者们说成是"从共产党人手里解放了格林纳达,帮助这个岛国恢复了民主"。看来,美国"民主外交"的主要内容便是反共。

美国还推行所谓"人权外交"。在"人权外交"的旗号下,美国国会的某些先生为东欧人的权利大声疾呼,谴责中国政府"侵犯人权",甚至连中国的计划生育政策也成了指责对象。人们不难看出,美国某些政界人士祭起"人权"的大旗,要打的主要目标仍然是共产主义。反共是其始终不渝的目标。

美国某些政界人士在指责别国的时候,总是忘记自己国内存在的人权问题,忘记"美国式民主"历史中那些不光彩的篇章。这样人们就难免不问:有着如此"人权"和"民主"记录的美国,究竟有什么资格对别国的事务指手画脚?

海湾战争后,世界各国都在谈论"建立国际新秩序"问题。美国政界的一些人士似乎被战争的胜利冲昏了头脑,意欲挟战胜者之余威,建立一种以美国为主宰,以美国的民主、自由、人权甚至主权观为基础的"国际新秩序"。然而,只要窥知美国民主、自由和人权的实质,看一看"美国式民主"的具体内容,翻翻美国政府的人权记录,人们就不难想象出美国式"国际新秩序"是个什么样子。

《再说美国》一书以翔实的史料和生动的实例为我们展示了被人忽视的"美国式民主"的另一面,使人民能够对"美国式民主"的实质有较深刻的理解,是一部了解和理解美国资产阶级民主制度的历史和现状的不可多得的好书。

(原载《人民日报》1991年10月25日第5版)